DE LA BN À LA BnF

5-7, rue de l'École-Polytechnique – 75005 Paris

www.editions-harmattan.fr

ISBN : 978-2-343-15450-3
EAN : 9782343154503

Emmanuel LE ROY LADURIE
Anita HOCQUARD

DE LA BN À LA BnF

CHRONIQUE
DE LA GRANDE BIBLIOTHÈQUE
(1987 – 1991)

Entretiens

L'Harmattan

AVERTISSEMENT

C'est à l'automne 1987, et pour un projet qui sera rapidement abandonné, que nous avons rencontré Emmanuel Le Roy Ladurie. Absorbé par sa fonction d'Administrateur général de la BN alors domiciliée rue Richelieu à Paris, il donne rapidement à nos entretiens la forme d'une chronique de la vénérable Maison. Ainsi, à ses réflexions sur la discipline historique — thème initialement prévu — se mêlent, dès les premiers mois, des considérations éparses sur les grèves, la sécurité, le métier de conservateur(e) mais aussi des fragments de sa propre biographie, traversée par sa jeunesse stalinienne et l'engagement paternel durant la période de Vichy. Rien que de très attendu. Quand, le 14 juillet 1988, le président François Mitterrand, tout juste réélu, annonce la création d'une bibliothèque « *d'un genre totalement nouveau* », la donne change brutalement. L'affrontement entre une institution héritière de la *Librairie* des rois — dont certains annoncent la mort prochaine — et une bibliothèque en gestation, parée de toutes les séductions et utopies de la modernité, devient à partir de là, inévitable. La BN va, sans avoir pu s'y préparer, traverser une période de turbulence.

Nos rencontres vont dès lors suivre le fil des événements, saisissant, çà et là, non seulement les grands moments mais aussi les menues péripéties de l'histoire houleuse de cette genèse[1] — genèse de ce qui allait devenir, contre toute attente, la Bibliothèque nationale de France (BnF). Car, il est important de le souligner, il ne s'agissait pas, au départ, de construire une nouvelle bibliothèque nationale, en remplacement de celle, vieillissante et saturée, de la rue Richelieu. La Très Grande Bibliothèque (TGB) chère au rêve présidentiel, devait s'ériger non pas à côté mais contre la BN, en une sorte de super-Beaubourg.

Ceci dit, un tel témoignage n'a pas qu'un intérêt historique. Il opère également — et peut-être surtout — comme un véritable analyseur social et politique.

Quoi d'étonnant ? Si l'on devait s'en tenir à l'origine même du projet, on aurait déjà toutes les conditions d'une politisation des polémiques à venir

---

[1] Pour un autre regard sur cette période, voir Jean Gattégno, *La Bibliothèque de France à mi-parcours, de la TGB à la BN-bis*, Éditions du Cercle de la Librairie, 1992.

avec, d'un côté, un président bâtisseur soucieux de laisser sa trace dans toute une série de Grands Travaux et, de l'autre, un Administrateur général, historien d'envergure internationale, bien connu pour ses engagements partisans. Mais il y plus.

Le caractère politique d'une BN est inscrit dans son essence même. N'a-t-elle pas été « royale » ou « impériale », avant d'être « nationale » ? En effet, si l'on attribue à Charles V la création de ce qui deviendra la Bibliothèque nationale, François Ier quant à lui crée le fameux dépôt légal. Par l'ordonnance de Montpellier (1537) seules l'impression ou la vente des ouvrages déposés dans sa Librairie sont autorisées, « *afin d'obvier aux méchantes œuvres et erreurs qui se sont par ci devant imprimées ès pays étrangers et apportées de par deça.*» Le texte précise, en outre, que toute infraction sera fermement sanctionnée. Défense du territoire et censure, autoritarisme mais aussi légalisme et souci de légitimation, autant d'attributs du fait politique comme « monopole de la violence physique légitime ».

En effet, tout au long de ces chroniques, le conflit est omniprésent. Les personnes et les institutions qui, en l'occurrence, se penchent sur la douloureuse naissance de la BnF, passent, d'une semaine à l'autre, de l'alliance à l'antagonisme, de la bienveillance au dénigrement. Grand lecteur de Saint-Simon, ELRL ne peut se montrer insensible aux « *cabales, factions et autres camarillas* » qui se jouent dans les coulisses du pouvoir, jeu dans lequel il est à la fois témoin mais aussi acteur — et non des moindres.

Disons-le, sans les campagnes de presse déclenchées, à son initiative, contre la fameuse coupure de 1945 dans les collections — et approuvée par une large partie de l'intelligentsia — jamais n'aurait été prise, par le pouvoir en place, la décision de déménager *in fine* la totalité du fonds sur le site Tolbiac et donc d'y installer, contraint et forcé, la Bibliothèque nationale.

Mais, au bout du compte, tout s'est passé comme si les antagonismes, loin de les stériliser, avait accru les forces en présence pour aboutir à l'édification, non prévue répétons-le, d'une des plus belles bibliothèques nationales au monde. La vielle dame de la rue Richelieu pouvait-elle espérer meilleur asile ?

Dernier point. Afin de donner à lire ces entretiens, il nous a fallu quelque peu les trahir. Qu'on le veuille ou non, la parole ne se plie pas à l'écrit. Ce sont des langues différentes. Nous les avons donc « peignés », en espérant demeurer toujours fidèle à leur contenu. Nos questions, elles-mêmes, ont été parfois réaménagées pour apporter des informations utiles sur le contexte de nos échanges ou pour baliser la lecture. Certaines ont d'ailleurs été supprimées, laissant de longues séquences ininterrompues pouvant donner à certains passages l'aspect d'un journal. Toutefois, nous nous sommes interdit tout anachronisme, dissimulation, pseudo-prédiction ou autre intervention *a posteriori*, sur les propos tenus. Quelques remarques faites par ELRL lors de la relecture du manuscrit ont ainsi été portées en notes de bas de page et signalées comme telles.

A. H.

PRINTEMPS 1988

— Par fonction et par vocation vous étiez un lecteur professionnel. Avec votre nomination à la tête de la Bibliothèque nationale, vous devenez un professionnel de la lecture. Comment vous êtes-vous retrouvé à ce poste ?

Dès les années 1970, il avait été question de moi ou de mon ami Furet pour la fonction d'Administrateur général de la BN, à la demande d'Édgar Faure.

Au bout de quelques années, André Miquel, patron de Richelieu — et avec lequel j'ai encore déjeuné aujourd'hui — en a eu assez. Il trouvait le poste passablement usant. À son départ, Michel Boyon, directeur de cabinet de François Léotard, l'actuel ministre de la Culture, m'a convoqué pour me proposer de reprendre la place. Je suis en effet un vieux lecteur de la BN. Je fréquente cette institution depuis 1951 quand j'étais encore étudiant, et je suis toujours resté fasciné par son espace circulaire de travail mais aussi de rencontres. Il existe, on ne le souligne pas assez, un côté social très important à la salle Labrouste, notre grande salle de lecture.

Sur le coup, je n'ai dit ni oui ni non et, après beaucoup d'hésitations, j'ai fini par refuser et je suis parti à Londres où je devais diriger un séminaire. Ceci se passait en octobre 1987[1]. J'ai envoyé un mot à François Léotard pour lui expliquer que j'avais des recherches à poursuivre et que de toutes les façons ses amis allaient être battus aux élections, me laissant face à un ministre vraisemblablement socialiste qui pourrait bien me regarder de travers. Sur ce, et alors que je me trouvais en Grande-Bretagne, il m'a téléphoné pour m'indiquer qu'il y avait une espèce de malentendu puisque le conseil des ministres allait en parler le lendemain et que pratiquement les dés étaient jetés. « Si vous refusez, vous allez nous rendre ridicules », a-t-il ajouté. J'en ai parlé à Miquel qui m'a dit : « Puisque je m'en vais, autant être remplacé par quelqu'un dont les propos à mon égard ne seront pas malveillants. » Nous nous sommes embrassés en nous quittant. Il savait que son successeur ne dirait pas à tous propos : « Mon prédécesseur était un ambitieux, mon successeur est un imbécile. Qui donc dans cette maison s'occupe des bagages ? »

[1] Époque où François Mitterrand était chef d'État et Jacques Chirac Premier ministre.

Alors, j'ai accepté. Après tout, ce genre de proposition ne se refuse pas longtemps. Je connaissais pourtant les difficultés qui m'attendaient. Je savais que j'allais échanger une vie studieuse et douce contre une existence hyper active. Mais j'assume ma décision même si ma femme, pour sa part, s'est montrée sur le coup moins enthousiaste[1].

— Pourtant, vous aviez déjà eu des responsabilités à Richelieu.

Certes, Giscard m'avait déjà placé au Conseil de la BN, quelques années auparavant. Mais cet organisme était purement consultatif. Je me rappelle d'y avoir fait une intervention pour protester contre la façon dont les fiches de demande d'ouvrage étaient rédigées. Ces fiches portaient une mention qui, à tout bien réfléchir, était insultante pour le lecteur. Elle indiquait : « Ouvrage déjà communiqué à vous-même, le … ». Elle laissait entendre que le demandeur souffrait de troubles de la mémoire.

Quand, en 1981, Jacques Le Rider est parti, victime d'un véritable coup de pied au derrière de la part de son ministre de tutelle, j'avais fait son éloge *a posteriori* – c'est le cas de le dire — et il m'en avait été reconnaissant. Si, à cette époque, on m'avait simplement confié la partie informatique de l'établissement, j'aurais été intéressé. Mon nom a, en effet, toujours été lié à cette technique. Or, je dois reconnaître qu'en histoire, j'ai souvent utilisé l'informatique[2] mais jamais sans le concours d'informaticiens de métier.

En revanche, en tant que patron de la BN, j'aimerais que mon mérite personnel soit attaché à l'informatisation de cette Maison — un chantier que je compte relancer le plus rapidement possible.

— Vous évoquez le retard de l'informatisation mais, si l'on en croit le rapport Beck[3], la BN souffre également d'autres insuffisances et dysfonctionnements, à commencer par le manque de place.

En effet. Si l'on veut améliorer l'organisation générale de Richelieu, je crois qu'il faut se placer, au point de départ, dans la perspective des critiques qui lui ont été faites. Je pense évidemment au rapport Beck, que vous évoquez. Disons simplement que les critiques de Beck présentent un certain intérêt mais sur quelques points seulement. Pour le reste, nos avis divergent fortement.

Des critiques peu méritées ?

Un exemple : on accuse la BN d'en faire trop, d'avoir une volonté d'exhaustivité trop grande — matérialisée, il est vrai, par la formidable

---

[1] Cf. p. 148.

[2] Cf. Emmanuel Le Roy Ladurie, *Le territoire de l'historien*, Gallimard, 1973, 1ère partie.

[3] Francis Beck, *Mission d'étude et de propositions sur la Bibliothèque nationale : rapport final*, Ministère de la culture, 1987.

institution du dépôt légal. En réalité, cette exhaustivité est à la base même d'une bibliothèque nationale. Les chiffres que j'ai eus en main, lors de mon installation à Richelieu, montrent d'ailleurs que nous sommes loin du compte. Même pourvue du dépôt légal, la BN reçoit 280 000 volumes par an. Sur ce nombre, elle en conserve 80 000 et redistribue les 200 000 restants à d'autres bibliothèques. Dans le même temps, et à titre de comparaison, la Bibliothèque du Congrès, aux Etats-Unis, reçoit trois millions de volumes annuels et en redistribue *grosso modo* un million. On ne peut donc pas dire que la BN en fait trop. De toutes les manières, je le répète, elle possède une vocation d'exhaustivité, au moins nationale. Il est vrai que nous ne sommes pas obligés de garder la totalité des éditions locales des journaux de province. Elle conserve le *Midi-Libre* ou *Ouest-France* mais non le journal des Moustiers-en-Cinglais ou celui de Saint-Laurent-de-Condel.

— *Parmi les critiques visées par ce rapport, figurent également les secteurs spécialisés – les fameux Départements : Monnaies et Médailles, Estampes, Cartes et Plans et quelques autres.*

Sur ce point, je considère ces attaques encore plus injustes car ces départements prestigieux fonctionnent très bien. Ce sont de belles collections, elles ne prennent pas trop de place et elles s'accroissent lentement. Il n'est donc pas question de nous en débarrasser car elles sont avec nous depuis longtemps, en particulier le département des Estampes qui constitue vraisemblablement le plus beau musée d'estampes du monde. Nous y abritons ainsi les collections de l'abbé de Marolles. Il fût, sous Louis XIV, un collectionneur littéralement enragé. Il a détenu jusqu'à 200 000 estampes voire davantage, qu'il a cédées à Louis XIV en espérant être nommé, en retour, précepteur du Dauphin. Le roi a pris les estampes de l'abbé mais ne l'a pas nommé précepteur. Il lui a préféré l'abbé de Fleury, devenu plus tard cardinal et premier ministre de Louis XV. Comportement royal, s'il en est. Les estampes ont donc fini à la Librairie du roi, rebaptisée plus tard Bibliothèque nationale.

Après la « nationalisation » des biens du clergé, dans les premières années de la Révolution, nous pûmes assister à cette étonnante journée où des charrettes venues de tous les monastères et établissements ecclésiastiques parisiens, chargées de paperasses et de manuscrits précieux, se sont déversées dans la cour de la BN. Mais, au lieu d'en faire un gigantesque brasier, on a eu l'idée de les rassembler dans l'actuel département des manuscrits. C'est la plus belle collection d'enluminures qui soit au monde et elles ont vocation à rester à Richelieu. Quant aux Cartes et Plans — une très belle collection également — il n'y aurait, là encore, aucun sens à s'en dessaisir. En revanche, il n'est pas choquant que les imprimés déménagent sur un nouveau site[1]. Mais, incontestablement, les petits départements, je le répète, doivent rester à Richelieu.

— Vous ne seriez donc pas hostile à ce que la BN décentralise une partie de ses imprimés ?

Pas le moindre. Nous comptabilisons actuellement 11 à 12 millions de volumes et leur nombre, c'est vrai, est en constante progression à cause du dépôt légal et des acquisitions. Nous faisons partie du club des cinq sœurs — les cinq plus grandes bibliothèques du monde — les quatre autres étant anglophones : Harvard, *New York Public Library*, *Library of Congress* à Washington et la *British Library*. Les Français devraient donc se rendre compte qu'ils ont cette chance de posséder l'une des cinq plus grandes bibliothèques mondiales. Ceci dit, ne nous le cachons pas, la place, en effet, commence sérieusement à manquer.

En un sens, la décentralisation de la BN existe déjà puisqu'on possède d'autres sites, comme celui de Versailles, pour ne citer que celui-là. Mais ce sont de petites annexes. La réalité est qu'on étouffe, notamment sous le poids des périodiques. On peut évidemment creuser le jardin Vivienne[2]. Mais, la solution vraiment révolutionnaire consisterait, à l'exemple de ce qu'ont fait les Anglais à Saint-Pancras, à abandonner Richelieu pour construire une grande bibliothèque de 160 000 m^2 au lieu des 100 ou 120 000 actuels. On installerait des *compactus*, ces espèces de rayonnages mobiles montés sur roulettes et capables de se rapprocher les uns des autres. À ce moment-là, au rythme des entrées actuelles, on pourrait vraisemblablement tenir un siècle. L'idéal serait qu'on nous donne le bâtiment de la Bourse, voisine de la BN — même s'il est attristant d'abandonner Richelieu et ses salles magnifiques.

L'autre solution — car il existe une autre solution — consisterait à ouvrir une BN-bis. On peut toujours objecter que la BN n'est pas une amibe, qu'elle ne peut pas se dédoubler si facilement. Les lecteurs, de leur côté, accepteraient-ils d'aller à deux endroits différents, selon leurs demandes ? Possible mais pas certain.

Quoi qu'il en soit, dans l'hypothèse d'une BN-bis, Richelieu garderait le vieux fonds, à savoir les livres jusqu'en 1985-1990 et les périodiques jusqu'en 1959 puisque, aujourd'hui déjà, une partie des périodiques se trouve à Versailles ou ailleurs. On pourrait ainsi mieux loger le vieux fonds, le bichonner et il constituerait en même temps une espèce de musée.

---

[1] C'est en effet ce qui se produira.

[2] Celui du site « Vivienne » — du nom de la rue — faisant face au bâtiment principal de la BN, rue Richelieu.

— Reste les millions d'ouvrages en voie d'acidification et d'autodestruction. Que comptez-vous en faire ?

Il faudra les sauvegarder par des bains désacidifiants et les microfilmer. Contrairement à ce que l'on pense, le coût d'une telle opération ne revient pas si cher puisqu'on peut baigner sept cent volumes à la fois. Nous disposons pour cela de deux procédés : le procédé liquide installé sur notre site de Sablé — legs d'un ancien sympathisant de la rue Richelieu — et le procédé américain au gaz. Mais ce dernier explose assez régulièrement. C'est un peu embêtant. Pour les documents mais surtout pour les gens qui travaillent autour. Ceci dit, le bain désacidifiant n'a pas que des avantages. On ne peut plus présenter l'ouvrage au lecteur, il faut le mettre en conserve pour pouvoir le prêter à quelques privilégiés et, cinquante ou cent ans plus tard, on pourra le microfilmer.

En fait, d'un pays à l'autre, les pratiques diffèrent. J'ai visité la Bibliothèque nationale canadienne à Ottawa, où les livres sont désacidifiés dès leur entrée au titre du dépôt légal et des acquisitions. Ils sont ensuite microfilmés. Inconvénient : le lecteur ne pourra plus avoir accès qu'au microfilm dont la lecture est plus difficile. Il va y avoir là toute une culture à changer côté lecteur alors que les procédés de lecture, eux, n'ont guère bougé depuis les papyrus. Sans compter que le micro-fichage revient très cher puisqu'un livre micro-fiché coûte environ 200 francs[1]. Prix de revient de l'opération appliquée à une collection entière : 200 millions voire davantage. D'où l'idée d'une souscription. Il s'agirait d'organiser des journées BN télévisées, avec l'aide de Bernard Pivot[2] et d'autres.

Quoi qu'il en soit, le livre a toujours un grand avenir car il est pratique. Sur un écran, on ne peut, de toutes les façons, ni commenter ni surligner un texte. Au Ministère, Beck enfourche le cheval, un peu fourbu à mon sens, de la modernité et de la lecture sur écran. Mais je me suis renseigné en écrivant à la bibliothèque d'Harvard et de quelques autres. Eux voient le livre encore bien vivant pour un demi-siècle au moins. De même que les protestants ont la communion sous les deux espèces — vin et croûtons de pain — nous, nous soutenons le point de vue de la communication des livres, sous les deux espèces — papier et écran. Les nouveaux supports sont évidemment très importants pour les livres abîmés mais le support papier traditionnel a l'immense mérite de produire un objet usuel, démocratique et éventuellement esthétique. Ceci dit, notre chaîne du livre, côté catalogues et fichiers, est en voie d'informatisation. On n'écrira plus, tout sera enregistré sur mémoire d'ordinateur. N'est-ce pas remarquable pour des gens qu'on traite régulièrement de dinosaure ? Bientôt, nous aurons accès à tous les livres, sous forme d'entrée par auteur, par titre, par matière ou par sujet. Ce sera un très grand succès, n'en doutons pas.

---

[1] Un peu plus de 30 euros.

[2] Célèbre animateur de l'émission littéraire de l'A2 — *Apostrophes* — des années 1970-1980.

— Le bilan est moins flatteur du côté des bibliothèques universitaires (BU). La France en compte actuellement 61 contre grosso modo 145 en RFA[1] *et 554 en Grande-Bretagne. Est-ce qu'une partie des problèmes de la BN ne serait pas réglée par une augmentation du nombre des BU ?*

Ce sont en général des bibliothèques de moyenne importance mais je reconnais que la situation de la France, en matière de bibliothèque universitaire, n'est guère brillante.

La supériorité américaine en ce domaine est bien connue — inutile d'insister — mais il est vrai, qu'en plus, à la *New York Public Library*, pour ne prendre que cet exemple, tout le monde peut entrer. Une précision : la bibliothèque de Columbia et celle de la New York University, qui comptent plusieurs millions de volumes chacune, drainent quantité d'étudiants et soulagent ainsi la *Public Library*. Le drame de la BN, à la différence de ce qui se passe aux Etats-Unis, est qu'elle focalise toute la clientèle de lecteurs, française et étrangère. En France, Beaubourg doit dépasser le million de volumes alors qu'aux Etats-Unis, la *Public Library* en est à douze millions, au moins. Mais enfin, rien n'est perdu. La France n'avait-elle pas, après la Seconde Guerre mondiale, un médiocre réseau téléphonique ? Or, aujourd'hui, les choses vont bien.

Les musées, de leur côté, ont beaucoup progressé même si c'est de façon partielle. Ainsi, leurs conservateurs, sur initiative balladurienne, ont été augmentés en termes de salaires, contrairement aux conservateurs de bibliothèque. Injustice bizarre. Du coup, les conservateurs de bibliothèques et d'archives sont mécontents et je les comprends. Balladur a peut-être procédé à cette augmentation salariale pour garder le Grand Louvre où il possède de superbes bureaux dédiés aux finances. Il avait sans doute besoin de se concilier les conservateurs. En règle générale, les magasiniers gagnent entre 5000 à 6000 francs[2] par mois, les conservateurs en chef terminent à 10 000 pour une moyenne située entre 8000 et 12 000. En comparaison, un magasinier canadien se fait autour de 10 000 francs mensuels. Aux exigences des enseignants eux-mêmes, qui sont loin d'être satisfaites, la BN et les bibliothèques en général, restent un bras mort du système salarial.

Le grand problème est que les ministères sont des lieux protégés. Un ministre s'arrange toujours pour donner des primes à son personnel ou des treizièmes mois afin d'éviter les grèves. Il est à la fois juge et partie : chaque fois qu'il doit prendre des informaticiens ou trouver un directeur financier, le ministère se garde les postes. Quand il faut supprimer des emplois de conservateurs, suite à des réductions du nombre de fonctionnaires, on ne peut le faire à Rodez à cause d'un député local trop influent. Mais à Paris, curieusement, cela devient possible. Je pense que certains des Princes qui

---

[1] La réunification effective de l'Allemagne date du 3 octobre 1990.

[2] En 1988, les 10% de salariés les moins bien rémunérés touchaient moins de 4500 francs par mois (INSEE, 1989).

nous gouvernent considèrent, sans trop le dire, que les bibliothécaires étant souvent des femmes, elles protesteront moins.

— *Ceci n'explique pas tout. N'existe-t-il pas, en même temps, une certaine pesanteur institutionnelle, au sein de la Maison ?*

On ne peut tout à fait l'exclure. Ce sont des choses que je ne peux pas dire trop fort mais le personnel est, dans un certain nombre de cas, surtout pour une partie des strates les moins payées, assez décontracté. Ma fille a été magasinière, elle a fait le même travail à la BN et à Harvard. Outre-Atlantique, on travaille ferme. A huit heures, elle était au boulot, elle travaillait avec beaucoup d'intensité en comparaison avec ce qui se passe ici[1]. Entre les deux systèmes, il existe sans conteste un problème de productivité différentielle et d'habitude nationale spécifiquement française.

Jusqu'à présent, nous n'avons connu que trois petites grèves, facilement désamorcées. Il s'agit d'un sport assez délicat pour l'Administrateur mais je commence à en avoir la maîtrise. Le gouvernement vient en effet d'octroyer un nouveau statut au personnel. Cette mesure va permettre de voir venir les choses. Mais tout peut recommencer à tout moment. Ceci dit, il faut reconnaître, répétons-le, que les salaires des magasiniers sont vraiment bas. Quand les grèves surviennent en juillet, la chose est particulièrement pénible car c'est l'époque où, comme les hirondelles — du temps où il y en avait encore — les Américains arrivent en France pour travailler à Richelieu et ils sont furieux de trouver portes closes. Les Hexagonaux aussi, du reste. Les Français sont toujours favorables aux grèves quand elles ont lieu dans les banlieues rouges.

A côté de cette pesanteur, liée entre autres aux différents corporatismes de la Maison, on trouve aussi, notamment parmi les conservateurs, des gens ouverts, lesquels sont en grande majorité des femmes. Comment expliquer cet état de choses ? Par l'éternel problème des salaires féminins *de facto* inférieurs aux salaires masculins puisque le métier de conservateur n'attire pas tellement les hommes. Il est vrai que quand elles ont de jeunes enfants, les horaires de la Maison peuvent s'adapter sans trop de souci. Les femmes constituent donc un matriarcat que personnellement j'apprécie.

Le personnel spécialisé compte, à lui seul, 230 personnes environ, auxquelles s'ajoutent 500 cadres et 500 à 600 magasiniers. Bien sûr, il existe aussi des mouvements de nature syndicale ou apparentée, notamment cégétiste, parce que Balladur a commis de grosses injustices vis-à-vis d'eux. Mais en règle générale, côté conservateurs en tous cas, ces revendications, lorsqu'elles ont lieu, ne sont pas de caractère idéologique.

Il existe bien à la BN un syndicat CGT mais il est relativement peu influent, sauf à la grande salle de lecture, autrement dit au département des imprimés. Quand la CGT est vraiment décidée, elle peut assez facilement

[1] Cf. p. 137 et 180.

déclencher une grève. Du coup, les lecteurs sont furieux. Je m'arrange quand même pour trouver dix « jaunes » susceptibles d'ouvrir la salle, sinon c'est moi qui me fais insulter par les usagers. En effet, la CGT touche surtout — pour ne pas dire exclusivement — les magasiniers, les conservateurs étant plutôt syndiqués à la FEN, la CFDT, la CFTC ou FO. Disons au passage que ce pluralisme syndical à la française, avec les incitations à la concurrence qu'il produit, a quelque chose d'un peu ridicule dont on n'a pas l'équivalent dans les pays anglo-saxons. J'avoue que la faible syndicalisation des conservateurs m'arrange plutôt. Je me souviens, qu'en pleine affaire Devaquet[1], Antenne 2 avait interviewé le Président d'une université méridionale. Profitant de son passage à la télévision celui-ci avait lancé un appel à tous les étudiants pour les inciter à se mettre en grève. Je le connaissais bien, c'était un socialiste très en pointe mais j'ai trouvé excessif qu'un président d'université appelle lui-même à l'arrêt de travail. Imaginons le PDG de Renault appelant les ouvriers à faire grève contre lui-même. Grotesque.

La BN a connu des mouvements de contestation dans le passé. Mais il s'agissait surtout de mouvements de magasiniers, là encore. On retrouve un peu le vieux système des offices français, en place depuis Louis XI : je te donne un office, tu es titulaire à vie, tu peux même le léguer à ton fils ou à ton gendre — c'était le cas sous l'Ancien Régime — en contrepartie, moi l'État, je te paye trois fois rien mais tu as le droit de ne rien faire et de contester. Je parle, on l'aura compris, de l'époque de Louis XII. En fait, la fonction publique ne marchait pas si mal au XIXe siècle, avant que Courteline se moque des fonctionnaires car, depuis 1910, ce système s'est quelque peu dégradé. Il n'empêche, sans entamer une restructuration complète du modèle bureaucratique, je pense qu'on pourrait être un peu plus efficace. Un exemple : il se produit assez souvent que nos factures ne soient payées par nos services que six mois plus tard. Un problème énorme : on met plus de six mois à payer les fournisseurs. Du coup, ils ne veulent plus fournir et certains d'entre eux font même faillite. C'est presque incroyable.

— L'un des problèmes majeurs de la Bibliothèque nationale ne vient-il pas également de ce qu'elle dépend de deux ministères à la fois : la Culture et l'Éducation nationale ?

En effet. Ce poste — celui que j'occupe actuellement — a été progressivement démantelé. Normalement, je devrais être directeur de toutes

---

[1] Le projet de loi sur la réforme des universités vers plus d'autonomie — présenté en 1986 par Alain Devaquet, alors ministre délégué chargé de l'Enseignement supérieur et de la Recherche durant la première cohabitation —, avait donné lieu à de vastes mouvements de protestation de la part des étudiants. Ces manifestations s'étaient soldées par la mort de l'un d'entre eux, Malik Oussekine, passé à tabac par la police. Suite à ce décès, le projet fut définitivement abandonné.

les bibliothèques de France, comme le fut Julien Cain[1] en son temps. Durant trente années, il a dirigé, à partir de ce bureau, un vaste réseau franco-français de bibliothèques, sous l'égide de l'Éducation nationale.

Mais, mes prédécesseurs ont laissé croupir le système jusqu'à ce que Lang, pour arrondir le budget de son ministère a, selon l'élégante expression d'Emmanuel de Roux, « piqué la BN à son collègue de l'Éducation et l'ayant piquée, il s'est aperçu que ce n'était pas un cadeau. »

Ainsi, lors de grèves du personnel, il faut voir, outre les deux ministères concernés — l'Education nationale dont dépend une partie de notre personnel et la Culture —, le Budget, les Finances et Matignon. Par une chance extraordinaire, l'Élysée est actuellement dans l'opposition et il n'y a donc pas besoin d'ajouter à la liste le président de la République. Ce problème de bigamie crée un casse-tête permanent. Si on ne veut pas courir à la catastrophe, il faut en effet abandonner sur le champ toutes affaires courantes et s'occuper des grévistes. Ce n'est évidemment pas la tâche que je préfère mais elle est indispensable. Je suis un patron du XIXe siècle. Quand il y a grève dans son ministère, le ministre peut toujours augmenter les salaires de son personnel, lui octroyer des primes ou placer un cordon de CRS dans la rue. Tandis que moi, j'ai les grévistes dans le vestibule de mon bureau et je me fais un devoir de dialoguer avec eux. Dès qu'il y a un piquet de grève, je n'hésite pas, pour calmer les choses, à aller serrer les mains des dits grévistes et à les recevoir. Ils veulent entrer dans mon bureau tous à la fois. J'ai beau leur dire : « Seulement cinq, pas plus », ils se ruent dans la place. C'est pittoresque au début mais à la longue, ça lasse. J'ai mon délégué CGT, qui travaille dans le secteur des Archives. Il emploie de grands mots : « existentiel », « surréaliste », etc. Quelqu'un qui a sans doute une certaine culture. De toutes les manières, pour le moment, tout est calme. Je savais, en acceptant le poste, que j'aurais eu à m'affronter à ce genre de choses. Mais, comme toujours, on ne le mesure vraiment que sur place. Certes, l'Administrateur général vit d'une vie qui n'est pas celle du fonctionnaire moyen : il a deux chauffeurs, un bel appartement, une femme de chambre, quelqu'un qui sert l'apéritif quand il reçoit[2]. Si j'étais postier à Montélimar, je trouverais que c'est la grande vie. Mais, à certains moments, je me dis qu'il est plus amusant d'être chez soi et d'écrire des livres. Ce petit moment de cafard est cependant vite passé.

Ceci dit, nous ne sommes pas plus malheureux à la Culture. L'Éducation nationale compte des millions de personnes — élèves inclus — et se désintéresse totalement de la BN. Être à la Culture n'est donc pas forcément un mal. Je suis sous les ordres d'une Direction du Livre qui est dirigée par

---

[1] Cf. p. 28 et 44.

[2] A propos de réception, il fut mis fin à cette coutume très libérale, souligne ELRL, de permettre au personnel de base de la BN de s'inviter à ces agapes réservées aux seuls convives, pour terminer petits fours et champagne.

Jean Gattégno, un type assez intéressant bien que pointilleux et interventionniste. Balladur, de son côté, a fini par augmenter les salaires de la Culture et notre situation n'est plus forcément si mauvaise. A tout prendre, il vaut probablement mieux être un gros établissement dans un petit ministère que l'inverse. Sans compter que la rue de Valois est, de ce point de vue, un très bon ministère : le ministre n'a pas à gérer l'inflation ni le chômage. Il n'a qu'à se montrer à la télévision. Lorsqu'on a restauré la statue du Mont Saint-Michel, Léotard était dans l'hélicoptère pour remettre l'archange à sa place, sur l'extrême pointe du Mont. Il semblait ravi. C'est évidemment assez coûteux pour le contribuable mais l'effet publicitaire pour le ministre est, à tous les coups, assuré.

Une bibliothèque nationale, pour quoi faire ?

— A quoi sert, au juste, une bibliothèque nationale à l'heure du numérique et de l'internationalisation des centres de documentation ?

En fait, une bibliothèque nationale trouve son identité d'abord dans le dépôt légal c'est-à-dire, pour la France, dans la production principalement francophone, de tout ce qui s'édite sur notre territoire. Elle est une sorte de mémoire nationale et va très au-delà de l'Histoire comme discipline. Elle touche pratiquement toutes les branches du savoir, même scientifique. Elle possède donc un rôle d'archivage. Or, l'archive est ce qui survit mais le principe de sélection est très souvent dû au hasard des destructions. Le fait est que depuis Colbert on a commencé à rassembler les imprimés plus systématiquement. Parmi ceux-ci dominent évidemment l'histoire religieuse, nationale et civique. Se sont surimposées, plus tard, les exigences d'objectivité de la recherche pure, avec une extension du domaine de l'édition scientifique. Le principe du dépôt légal, d'abord français, a été étendu par la suite à presque toutes les nations du monde. Le dépôt légal existe donc depuis longtemps en France et devient *de facto* obligatoire avant même la Révolution française. Il est sûr qu'aujourd'hui, avec ses 90 dépôts d'archives départementales, manuscrites ou imprimées, la France a fait un fantastique effort de conservation du passé.

Cette exhaustivité inclut au passage la littérature maudite. Pour l'accueillir, nous disposons, faute de mieux, de l'Enfer de la BN. Mais cet enfer ne concerne pas que la littérature érotique. Je songe notamment au livre de Jean Edern-Hallier, très hostile à Mitterrand, et où il était question des liaisons et des frasques de ce dernier. Le texte a circulé sous le manteau alors qu'il n'était pas encore imprimé. Après l'avoir lu, je l'ai transmis à Jacqueline Piatier, journaliste au *Monde*, qui elle-même l'a remis à André Fontaine, son patron. Un beau jour il faudra placer ce manuscrit à l'Enfer mais pas maintenant. D'après mes souvenirs, l'expression en était assez grossière — je n'insiste pas. Car il existe, quoi qu'on en pense, des tabous en la matière. Ne parlons pas de l'obscénité, la chose va de soi. Mais dans un tout autre domaine, celui des idées et des idéologies, on se confronte aussi à des tabous. Outre Edern-Hallier, je songe également au tabou Faurisson, dépôt légal ou pas. Autrement dit, l'obscénité a changé de camps. L'Enfer de la BN, réservé jadis à la pornographie, est toujours en place mais ne porte plus sur les mêmes secteurs.

Ego histoire

— *Lorsque vous avez été nommé à ce poste, certains membres du personnel ont craint, au début, que vous ne vous occupiez pas assez de la BN. Ils vous croyaient trop engagé dans la recherche pure et peu dans l'action. Or, vous avez été aussi, comme en témoigne votre passé politique, un militant actif.*

En effet, on peut même dire que j'ai été un activiste. Pour être précis, je l'ai été par trois fois dans ma vie : une première fois au PC, de 19 à 25 ans avant de passer au PSU ; une seconde fois lorsque j'ai fait de l'administration avec Braudel, entre 1965 et 1970 ; et enfin ici-même, à la BN[1].

De fait, j'ai longtemps eu l'impression, par vanité sans doute, que j'avais quelque talent pour l'action, et plus particulièrement, vous l'avez souligné, pour l'action politique. Ma famille me dirigeait naturellement dans cette voie. Mon père et mon oncle étaient des leaders syndicalo-politiques ou des banquiers. Ils ont été cassés à cause de leur vichysme[2]. Mais sans ce destin familial contraire, je serais probablement aujourd'hui député « Indépendant et Paysan », exploitant agricole dans le Calvados.

— *Qu'est-ce qui fait que cela n'a pas eu lieu ?*

Je suis devenu communiste. La décision fut très lourde et du reste elle me pèse encore aujourd'hui. Cela m'a éloigné de tous mes amis d'enfance, les gens de mon village, ma famille. Encore aujourd'hui, il règne, entre eux et moi, comme une impression, malgré tout, de trahison. En sorte que, même aller sur la tombe de mes parents — chose tout à fait normale – ravive chez moi un passé parfois difficile. J'y vais de temps en temps mais je me sens un peu interdit de séjour dans ce village familial. Évidemment, c'est idiot et irrationnel. Est-ce la raison pour laquelle j'aime cette vie à la BN ? Probablement. On peut serrer des mains, croiser toutes sortes de gens. Je retrouve un peu le village.

En fait, si j'avais suivi cette voie « naturelle », j'aurais sans doute épousé la fille du châtelain d'à côté et j'aurais été à la tête d'une famille nombreuse. Au demeurant, je l'ai bien connue la fille du châtelain. Elle s'est

---

[1] Cf. p. 44.

[2] Cf. *infra*.

effectivement mariée, est partie en Afrique du Sud et a eu de nombreux enfants. Pour moi, elle demeure l'un de mes premiers amours d'adolescence.

Ceci dit, mon engagement communiste m'a quand même permis de m'affranchir d'un certain nombre de préjugés. Mais enfin, ce détour a été assez dévastateur. Je vois maintenant comment j'aurais pu arriver au même résultat mais en suivant des voies moins dramatiques. J'aurais pu devenir l'espèce de centriste que je suis au fond, catholique un peu sceptique et vaguement épicurien.

— Compte tenu de l'engagement vichyste de certains membres de votre famille, et plus particulièrement de la participation de votre père au premier gouvernement de Pierre Laval, ne peut-on expliquer votre entrée au PCF par le besoin de prendre vos distances, en épousant une ligne idéologique contraire ?

Je crois, en effet, que la guerre y est pour beaucoup. La honte de Vichy, le refus d'assumer certaines conduites de la bourgeoisie pendant le conflit, ont probablement joué. Certains d'entre eux ont été des résistants, ils n'avaient donc pas à rougir. Mais la pression anti-vichyste au sortir de la guerre était forte. Du reste cette pression n'a cessé de croître depuis. J'ai parlé avec Dominique Jamet de cette période et il me disait qu'on était beaucoup plus indulgent avec les vichystes entre 1945 et 1965 que maintenant. Je lui ai glissé que c'était-là quelque chose que Mitterrand devait fort bien sentir. Bien sûr, à partir de mon engagement communiste j'aurais pu « faire » de la politique. Mais à ce moment-là, il aurait fallu que je reste un militant stalinien. C'est ce que je pensais entreprendre au début, une espèce de carrière dans le PCF tout en me rendant compte de ses limites et de ses aberrations. Mais, même- là, la chose était impossible parce qu'il y avait le poids du passé familial. On me l'aurait constamment reproché. Je me serais alors peut-être tourné vers le syndicalisme ou je serais devenu ce que je suis aujourd'hui : un historien. De toutes les façons, à partir de 1955-1956, j'ai compris que cet engagement était ridicule.

J'ai bien pensé un moment passer à l'extrême gauche en entrant au PSU. J'ai même eu, pendant quelque temps, une tentation trotskiste. J'ai d'ailleurs connu Lambert et surtout Castoriadis[1]. Mais je n'ai jamais pu totalement m'inscrire à l'extrême gauche parce que j'étais devenu trop anticommuniste. En même temps, je suis comme tout le monde c'est-à-dire double. Je vis sur un fond d'indignation permanente à l'égard de tas de choses. Heureusement, ma situation actuelle à la BN m'empêche de commettre des bêtises, étant soumis à l'obligation de réserve. Si on ne m'avait pas octroyé ce poste j'aurais, sans aucun doute, continué mon engagement anti-totalitariste. Un

[1] Pierre Lambert et Cornélius Castoriadis ont été deux grandes figures militantes de l'extrême gauche française. « Le plus intelligent était sans nul doute Castoriadis, précise ELRL, il préconisait une destruction totale de toutes les institutions. Une véritable arme atomique. »

jour, j'ai lu dans le *Quotidien de Paris* une interview d'Étienne Balibar sur le prolétariat, donnée au bord de sa piscine. St Tropez comme pôle de l'ultra gauche des années 1960, ça ne me semble pas très sérieux.

A l'inverse, j'aurais pu revenir à mon milieu d'origine. Mais il était un peu tard. De nos jours, les gens de talent, nés dans la bourgeoisie, ne sont ni enseignants ni intellectuels. On méprise les « intellos » et les « pédagos » dans ce milieu, ce que je suis doublement devenu.

En fait, j'ai plusieurs sujets d'indignation que je garde pour moi. De vieilles blessures, probablement. Je viens d'une famille de droite et cela n'a pas été sans conséquences. Mon grand-père a été chassé de l'armée, vidé de la préfecture de Caen parce que monarchiste ; mon père, bien que résistant, a également participé au régime de Vichy, comme vous l'avez rappelé, et sa carrière en a été brisée, au même titre du reste que mon oncle. Il existe donc un petit sentiment d'exclusion à l'arrière-plan et peut-être la crainte permanente — sans doute injustifiée — d'être rejeté.

Hier, j'ai lu le journal de Georges Friedmann, couvrant toute la durée de la guerre de 39. Fils de banquier, cet ancien normalien et militant communiste se reproche, dans ce beau texte, de ne pas avoir été gentil avec sa mère. J'ai senti une espèce de communauté de destin avec lui. Il confesse un moment : « Ce n'est pas de ma faute, c'était les circonstances. » Le XXe siècle a offert ainsi beaucoup de circonstances pour des désirs de rupture plus ou moins forts. Du coup si c'était à refaire j'agirais sans doute différemment et je ferais une carrière moins visible. C'est curieux, mon père m'a dit un peu la même chose : « Si c'était à refaire je ne serais plus ni ministre de Vichy ni résistant parce qu'à chaque fois j'ai pris trop de risques et de coups. »

ÉTÉ 1988

Fin de la cohabitation et retour de la gauche au pouvoir

— Le 14 juillet dernier, soit deux mois après sa réélection à la présidence de la République, François Mitterrand donnait, à partir des jardins de l'Élysée, une interview à une grande chaîne de télévision[1]*. Il a annoncé, au cours de cet entretien, la construction prochaine de « la plus grande bibliothèque du monde. » Qu'en pensez-vous ?*

Le projet est évidemment grandiose. Inutile de le nier. C'est le plus grand projet culturel du septennat. Ceci dit, je suis à la tête de l'institution qui devrait accompagner ce projet. Or, je n'ai pas encore rencontré Mitterrand et si j'ai croisé Lang, c'est presque par hasard. Cela montre à quel point je suis désormais marginalisé. Chirac aurait probablement fait la même chose vis-à-vis d'un socialiste. Qui sait ? Mais cela trahit quand même le côté factieux de ce pouvoir qui semble avoir écarté mon idée de BN-bis.

Dans un récent entretien au *Nouvel Observateur*, je faisais l'éloge du projet Mitterrand, en me hasardant, à peine du reste, à en dire quelques mots. Cela n'a pas loupé : j'ai reçu un coup de téléphone très irrité du directeur de cabinet du ministère de la Culture, le dénommé Beck. J'expérimente ainsi et progressivement le fait de n'être pas membre de la faction au pouvoir. Ceci dit, le Beck en question ne constitue pas un contact très précieux. J'ai aussi un ministre de tutelle avec lequel les choses se passent plutôt bien. Je ne veux donc pas jouer les victimes même si je me fais tancer par ses subordonnés. Mais je me heurte tout de même à un système assez clos.

Sur les rapports entre la BN et la future bibliothèque, il existe en l'état actuel des choses, bien des ambiguïtés. Ce projet est une façon, à la fois, de reprendre mon idée de BN-bis et, en même temps, de l'élargir. Il n'est finalement pas exclu qu'ils me gardent à mon poste. Ils me laissent d'ailleurs libre de faire un certain nombre de choses ici. Mais, ne rêvons pas, l'actuel projet risque, dans tous les cas, de marginaliser la BN pourtant incontournable.

---

[1] TF1.

On me dit quelquefois que la BN est « inadministrable ». Non, elle est administrable. Simplement, si j'avais été bien en cour avec Mitterrand, comme je l'étais du reste avant qu'il arrive au pouvoir, c'est moi qu'on aurait investi de la chose comme c'est le cas de mon homologue avec la bibliothèque Saint-Pancras, en Angleterre. Or, ce n'est pas l'option qui a été apparemment choisie et ce, pour des raisons politiques et uniquement politiques.

L'idée d'une BN-bis

— En quoi consistait, au juste, ce projet de BN-bis, auquel vous semblez très attaché ?

Le projet de BN-bis, dont je suis l'auteur, date du temps de Léotard. Il consistait à transporter à Saint-Denis, dans un endroit très convenable puisque proche d'un métro, tous les périodiques depuis 1959-1960, les journaux, le dépôt légal, l'informatique et les nouveaux arrivages (achats, usuels et ainsi de suite). Le président de la République de l'époque — Jacques Chirac — et l'un de ses collaborateurs, avaient en effet repris mon idée. C'est là où l'on voit, au passage, la dureté du monde politique. Se faire voler son idée — la mienne en l'occurrence — sans que l'on ne puisse rien dire. Parce qu'en même temps, ils sont absolument persuadés que ce sont eux qui l'ont eue. Mon collaborateur, Jean-Sébastien Dupuit, me confiait récemment qu'en lisant Baltasar Graciàn il avait trouvé cette phrase merveilleuse : « Quand vous voyez le Prince, ne lui dites pas, '' j'ai une idée que je vous soumets'' mais ''vous avez eu cette idée que vous avez oubliée et que je me permets, sir, de vous rappeler''. » Un comportement somme toute très mitterrandien.

C'est ce projet que l'actuel Président a, lui aussi, repris mais de façon, je dois le reconnaître, tout à fait grandiose. J'en suis donc heureux. Sauf que j'en suis exclu.

Faut-il pour autant parler de la « plus grande bibliothèque du monde » ? Ridicule. La plus grande bibliothèque du monde est la bibliothèque du Congrès — *Library of Congress* — à Washington. Ce n'est pas Mitterrand qui va refaire la bibliothèque du Congrès. Tout ceci, malheureusement, est symptomatique d'un certain provincialisme français. Elle peut néanmoins devenir une très grande réalisation, à l'échelle européenne et même mondiale.

— Où va-t-on la construire ?

À Saint-Denis, semble-t-il, à la sortie du métro, avec une sorte de parvis pour l'entrée des lecteurs. Un peu comme la TWA, à New York. On ferait une arche et des tapis roulants à trois minutes du RER. Ce sont les derniers bruits qui circulent et sur lesquels je préfère observer pour le moment une certaine discrétion. On parle d'un terrain de 600 000 m^2 dont 420 000 construits, des jardins et 2000 places de parking.

— En fin de compte, cette « Très Grande Bibliothèque » dépendra-t-elle ou non de la BN ?

Pour notre Maison, il serait important qu'elle en dépende. On voit d'ailleurs mal comment il pourrait en être autrement à cause du dépôt légal. Ils veulent, en effet, le garder. Or, le dépôt légal revient de droit à la BN. Ce serait un coup de force sans précédent de nous l'enlever. Il y aura donc, d'une façon ou d'une autre, un lien entre les deux établissements. Entre nous, je ne souhaite pas que cette nouvelle bibliothèque s'appelle bibliothèque Pierre Maurois ou Valéry Giscard d'Estaing. La BN s'est toujours appelée Bibliothèque « royale » ou « nationale ». Elle n'a jamais porté le nom d'une personne.

À l'heure actuelle je possède un ou deux contacts — sincères ? — dans les sphères du pouvoir : Attali et Biasini. D'après ce que j'ai compris, le projet mitterrandien reprendrait complètement le principe d'une BN-bis mais avec une dimension technologique encore plus importante. À partir de cette idée de BN-bis, on ferait une coupure générale vers 1960. Cela obligerait du coup à entreprendre le récolement[1] de tout le vieux fonds de la rue Richelieu. En tout cas, il y aurait dans la nouvelle bibliothèque un fonds de livres commençant en 1960, tout le vieux fonds restant ici, à savoir les petits départements ... et les livres, bien sûr. Mais les choses peuvent encore évoluer. J'ai l'impression malgré tout qu'on va choisir 1960 comme ligne de démarcation entre les deux établissements, l'ancien et le nouveau. A mon avis, quelle que soit la date, ils ont tort car ils vont obliger à trier les livres. A moins de faire un récolement général. Ce serait pour le coup une excellente chose puisqu'on possède ici un tas d'ouvrages égarés ou mal classés par des magasiniers parfois peu consciencieux. La légende veut qu'il n'y ait pas eu de bon récolement depuis l'abbé Bignon, sous l'Ancien Régime. En fait, il y en a eu au moins un après la seconde guerre mondiale.

— Qu'appelez-vous les « petits gags de la vie de courtisan », pour décrire votre quotidien d'Administrateur général ?

Se déroulait l'autre jour une réunion au ministère de la Culture où je n'étais pas invité. Je m'y suis rendu quand même. Du coup Lang s'est pointé. On s'est entretenu très aimablement pendant une dizaine de minutes et j'ai pu mesurer à cette occasion le contraste saisissant avec l'adjudant-chef qui lui sert de directeur de cabinet alors que lui-même sait se montrer très agréable. Double jeu classique. Nous nous étions donc très peu vu — alors que le projet d'une BN-bis aurait dû nous amener à nous côtoyer davantage. Il n'empêche, Lang s'est aperçu hier que venait de sortir une *Histoire de la*

[1] Inventaire.

Bibliothèque nationale, écrite par l'une de nos collaboratrices et il a fait téléphoner, assez mécontent, qu'il ne l'avait pas reçue. Nous nous employons donc ce matin à lui faire parvenir, dans les plus brefs délais, cet unique exemplaire.

Autre gag de la vie de Cour : Lang m'a fait envoyer dernièrement ce carton où il est écrit : « dans le cadre de ses soirées de prestige, TF1 a prévu de réaliser une émission sur Marie-Antoinette. Il y aura Paul Lefèvre, Maître Paul Lombard et Maître Gisèle Halimi. Elle aura pour grand témoin M. le ministre Jack Lang. Nous serions honorés par votre présence sur le plateau. » Je me trouve donc parmi les invités de Jack Lang. Je ne parlerai pas mais je serai figurant. Cela m'incite à penser que je ne suis pas trop mal en cour en ce moment. Je ne suis pas de sa bande — et je ne tiens pas à en être — mais il semble m'apprécier.

Stoléru, de son côté, fait des commissions de planification à tout va et il m'a nommé dernièrement Président de la commission de l'An 2000. Je connaissais Stoléru du temps où il était giscardien. Je l'avais rencontré deux ou trois fois. C'est un type pas très amusant, un peu sinistre mais on me dit qu'il fut un assez grand économiste. Il s'est reconverti à la politique qu'il sert plutôt bien. Du coup, le voilà ministre d'un gouvernement de gauche. Il m'a donc sollicité pour présider cette commission sur un sujet pour lequel je n'ai ni plus ni moins de compétence qu'un autre. Lors de notre rencontre, il a même été, un moment, assez désagréable alors que c'est lui qui était venu me chercher. Il s'est adouci par la suite au point de devenir plutôt cordial.

Dans ce groupe, il y aura Harlem Désir — ce qui ne m'amuse qu'à moitié — Lévi-Strauss et quelques autres. Bon, j'y vais. Non pas que la chose m'enthousiasme mais il faut bien traîner un peu dans les arènes du pouvoir.

On le voit, ce n'est pas vraiment un métier de courtisan mais il y a quand même un peu de cela. Il faut à la fois déchiffrer les signes et jouer le jeu. Ceci est utile pour la BN. Il existe une sorte de bourse officielle des valeurs et, dans un système socialiste, les gens qui n'en sont pas sont perpétuellement sur le qui-vive.

A ce propos, je me rends compte aujourd'hui à quel point mes prédécesseurs ont subi des pressions auxquelles ils auraient peut-être pu ne pas céder autant. Ainsi, nous avons à la BN un fonds Aragon[1] qui est manifestement un cadeau de Lang aux communistes, du temps de l'Union de la Gauche.

Autre désagrément : on s'est fait voler un codex aztèque par un Mexicain, un petit salaud qui a voulu le revendre[2]. Il s'agissait d'un manuscrit précieux faisant le lien entre la période aztèque et la période espagnole. C'est le vol le plus grave que la BN ait connu ces dernières années. Il date du temps où mon ami Miquel occupait le poste que j'occupe actuellement. Nous sommes,

---

[1] Cf. p.184.
[2] Cf. p. 138 et 254.

il va de soi, en négociations permanentes avec le Mexique mais, jusqu'à présent, la France n'a jamais pu récupérer le document. Quand même, Lang avait forcé mon prédécesseur Gourdon à envoyer des Picasso au Mexique. Et comme le personnel s'y opposait, les Picasso sont sortis par la cour arrière. Je ne me suis personnellement jamais abaissé à de tels actes de servilité vis-à-vis du Pouvoir.

— *Qu'en est-il de vos rapports, à l'intérieur même de la Maison, avec les membres du personnel ?*

Je connais mal l'histoire de la BN aux XIXe et XXe siècles mais il y aurait eu une époque, assez étonnante, où les chefs de départements étaient tout-puissants et dirigeaient les choses en soviet. Ce temps est révolu mais il subsiste toujours chez eux une tendance à n'en faire qu'à leur tête.

Ainsi, nous devions choisir un nouveau responsable pour le département des imprimés. D'aucuns voulaient que je fasse une réunion de tous les responsables de départements pour le nommer. J'ai tenu bon. Ils n'ont pas eu leur réunion et j'ai nommé la personne à mon idée, non pas un vieux de la vieille mais une jeune femme, compétente et active, Madame Sanson. Sur ce point, j'ai été soutenu par le ministère y compris, une fois n'est pas coutume, par Beck, membre influent, comme on sait, de la rue de Valois.

Ce n'est pas tout. J'ai appris dernièrement qu'on fermait le service de prêt le samedi. J'ai poussé un coup de gueule et j'ai été voir le responsable. On a produit une note et on a embauché cinq vacataires pour assurer le service.

Je sais, par ailleurs, que le travail dans les magasins est extrêmement lent. Je vais, là aussi, intervenir. Bref, je prends le pouvoir peu à peu. La dame du département des imprimés partant à la retraite — une excellente chose — ce département, atteint de gréviculture chronique, vient donc d'avoir une nouvelle directrice, laquelle devrait le sortir de sa léthargie. Quant au directeur administratif et financier, j'espère m'en séparer dès le mois de septembre. Nous avons énormément de mal à congédier les gens ici.

Enfin, autre spécificité de la maison : les menaces de grève endémiques. L'an dernier, en dépit de la présence d'André Miquel, excellent administrateur, il y a eu au mois de juillet une grande grève qui nous a fait un tort considérable et qui donne raison aux médisants qui prétendent, à tort, que la BN est ingouvernable. Pour ma part, j'ai réussi jusqu'à présent à éviter les arrêts de travail trop importants. Nous verrons la suite. Il y a bien eu dernièrement une grève des bibliothécaires-adjoints mais elle était localisée. L'important est que ces mouvements sociaux n'affectent pas la lecture et surtout la grande salle des imprimés, véritable baromètre, pour les lecteurs, de l'activité de la Maison. C'est aux imprimés que les batailles se gagnent ou se perdent. Jusqu'à présent, je crois pouvoir dire que je suis parvenu à les éviter. Mais peut-être pas pour longtemps car se profile, en ce moment même, une histoire de prime d'habillement. Les magasiniers sont très mal payés comme on l'a déjà dit et si on leur enlève cette prime — parfaitement illégale par ailleurs — cela réduit leur salaire de 500 francs.

Autrefois, en effet, on leur fournissait un costume puis on leur a donné un bon pour acheter le costume et aujourd'hui le bon est devenu une somme d'argent qui en fait s'intègre au salaire et se dévalue de temps à autre du fait de l'inflation. Le conflit actuel porte sur la revalorisation de cette prime. J'ai donc intérêt à rester en bons termes avec le Ministère et les syndicats. Je multiplie ainsi les petits gestes d'apaisement pour ne pas me retrouver du jour au lendemain avec des salles de lecture fermées.

De quelques grands administrateurs au cours du xxe siècle

— Sans remonter à Charles V, époque à laquelle vous situez les origines de la Bibliothèque nationale – alors appelé Bibliothèque royale – pouvez-vous évoquer quelques figures marquantes, parmi vos prédécesseurs, au cours de la période contemporaine ?

Si l'on devait retracer l'histoire de la BN — tout au moins pour sa partie contemporaine[1] — je la ferais commencer à l'administration de Julien Cain, véritable icône de cette grande Maison. Nommé assez jeune, c'était un politique dans son genre. Etait-il le protégé d'un ministre ? Toujours est-il qu'on lui a donné la direction de la Bibliothèque nationale. Il s'est révélé un excellent administrateur et est resté en poste jusqu'en 1964, avec une interruption durant les années d'Occupation. Globalement, il a fait du bon travail. Grâce à ses connaissances et à ses réseaux, il obtenait facilement des crédits. Cela lui a permis de construire et de rénover cette noble institution et il a fini par devenir un personnage très influent à qui quantité de ministres ont fait la cour. Nous étions sous la Troisième République, ne l'oublions pas, où les hauts fonctionnaires étaient plus puissants que les ministres eux-mêmes du fait de l'instabilité gouvernementale. Franc-maçon et homme de gauche, il s'est fait révoquer sous Vichy, comme il fallait s'y attendre. Cain était une personnalité très mondaine et comme tout mondain, il organisait des petits cocktails où l'on pouvait trouver des gâteaux faits à partir des groseilles de son jardin. Un type pittoresque en somme. Lui-même n'écrivait pas mais il recevait le Tout-Paris intellectuel et yankee. Beaucoup de gens l'ont connu.

Lorsqu'il a été déporté, on a mis à sa place un historien du nom de Faÿ. Vichyste convaincu, ce dernier a néanmoins assez bien défendu les manuscrits de la BN contre la convoitise des Allemands. Y est-il complètement parvenu ? Je ne saurais dire. Faÿ avait été un pilier des

[1] Pour l'histoire de la BN, antérieure à cette période, cf. Emmanuel Le Roy Ladurie, *Histoire de la Bibliothèque nationale*, conférence du soir donnée au Collège de France, le 13 avril 1995.

mondanités les plus distinguées dans l'entre-deux-guerres, avec Gertrude Stein et la colonie américaine de Paris. Il était animé, non par la haine des juifs mais par un rejet viscéral des francs-maçons. J'ignore pourquoi. Sa première action, sitôt nommé à la tête de Richelieu — où il est resté durant les quatre années de l'Occupation — a été d'installer le centre de lutte antimaçonnique à l'emplacement de la Grande Loge de la rue Cadet. Il s'était donné pour tâche de récupérer les archives des « frères ». Au volant d'une vieille camionnette, il ratissait les villes réputées maçonniques pour récupérer ces documents, notamment dans le midi de la France et plus particulièrement dans les Cévennes. Dans quel état d'esprit le faisait-il ? Évidemment dans le cadre de la politique antimaçonnique de Vichy mais aussi avec l'idée de les conserver. Sa collecte achevée, il les déposait dans un des magasins de Richelieu, sous un toit qui, malheureusement, prenait un peu la pluie mais sans trop entraîner de dégât. Après la guerre, les francs-maçons s'étant plaints de cette mesure un peu discriminatoire, furent néanmoins très contents des précautions prises par la BN pour assurer malgré tout une bonne conservation de ces archives. Si l'Occupation avait duré deux ans de plus, je crois que Faÿ aurait racheté à peu près tous les immeubles du quartier pour les annexer à la BN. À la fin de la guerre, il a évidemment été mis à la porte et arrêté. Mais ça ne s'est pas trop mal passé pour lui puisqu'il a gagné la Suisse où il a obtenu un poste de professeur. Il y a d'ailleurs fini ses jours, me semble-t-il.

Cela étant, pour quelle invraisemblable raison, la BN, du vivant même de Julien Cain, a-t-elle inscrit dans la grande salle des catalogues et en larges caractères : « Salle Julien Cain, Administrateur général, de 1930 à 1966 », éclipsant ainsi la période vichyste et la présence de Bernard Faÿ — au nom d'une révision de l'histoire inadmissible de la part de ce grand historien que fût Julien Cain ? Bizarre.

Après Cain, on nomma Etienne Dennery, un ambassadeur un peu sur le retour. La légende veut, qu'un jour, cet ancien normalien soit descendu à la salle des catalogues et qu'il se soit exclamé : « Tiens, il y a des petites fiches en carton ici ? Comme c'est curieux. »

De 1974 à 1981, lui a succédé Georges Le Rider. Celui-ci a fait du bon travail. Un peu trop impérialiste, peut-être, puisqu'il pensait qu'on pouvait étendre le dépôt légal non seulement aux imprimés mais aussi aux films, aux vidéos[1], aux photos, aux costumes de théâtre, et que sais-je encore. Des problèmes personnels l'ont malheureusement freiné dans son action et il a dû démissionner. C'est un peu dommage car, sans cela, il serait resté nettement plus longtemps.

---

[1] Cf. p. 58 et 236.

— Avec l'arrivée de la gauche, en 1981, on voit apparaître à votre poste, Alain Gourdon, une vieille connaissance à vous.

Gourdon est en effet un de mes vieux camarades. Nous nous sommes connus en khâgne, à Henri IV, durant l'année 1944-1945. À l'époque, il n'était pas vichystophobe, comme beaucoup de gens après la Libération. Ce dont les jeunes générations ne se rendent pas compte, c'est qu'à la Libération, pas mal de jeunes avaient gardé des sympathies vichystes, pro-allemandes ou favorables à la milice. Moi-même, quoique jeune, j'étais plutôt vichyste pour des raisons familiales. Denis Richet appartenait aussi à cette génération ayant dû virer sa cuti, passant de la vichystophilie à la vichystophobie, ainsi que Delamarre — devenu banquier par la suite — et évidemment Gourdon. Ce dernier a d'abord fait une carrière de conseiller d'État je crois, une espèce de planque où on l'a extrait pour devenir Administrateur de la BN. Il a écrit quelques ouvrages. D'abord sur le Tiers-Monde où il attaquait tous les pourris du Tiers-Monde : Nehru, Sukarno et quelques autres. Bref, il faisait une espèce d'éloge du colonialisme. Puis, il a donné dans l'histoire sexuelle et a écrit une sexologie de l'Occident. Il était en fait lié d'amitié avec Mitterrand et franc-maçon. Il faisait partie de ces amis de Mitterrand, originairement de droite, passés ensuite à gauche. Gourdon n'était pas dépourvu d'un certain humour. Entre autres textes, il a rédigé un livre sur les cadres. Je ne sais pas pourquoi, il n'y connaissait rien. Il m'a confié alors qu'il avait été pendant six ans l'amant de la femme d'un cadre. C'était une sorte d'intellectuel à gros grains, assez mondain, avec de temps à autre un côté « m'as-tu-vu ».

Premier socialiste installé à la tête de cette Maison, il a très mal inauguré son règne. Dans les nombreuses interviews qu'il donnait ici ou là, il disait qu'il n'avait jamais mis les pieds à Richelieu, que c'était un fromage, qu'il aurait dû être ministre mais que finalement il n'était pas mécontent du fromage. Entre autres initiatives malheureuses, il a interrompu le prêt le samedi — prêt qu'on a eu toutes les peines du monde à rétablir par la suite. La parole d'un administrateur peut avoir parfois des conséquences inouïes. Ainsi, a-t-il crû que les gens de la BN travaillaient 36 heures par semaine alors qu'ils en faisaient en réalité 38. Il a donc fallu les mettre à 36. Des bêtises sans nom. Gourdon a suivi par la suite une formation et les choses se sont un peu arrangées. Mais il était en mauvais termes avec Lang. Il s'est imaginé qu'il pouvait, avec le soutien de Mitterrand, aller contre Lang. Il a donné une interview — une de plus — où il attaquait celui-ci. Il a été limogé dans les jours qui ont suivi.

Entre autres difficultés, Gourdon avait dû avaler la couleuvre de l'informatique et le choix calamiteux de la firme GEAC[1]. Je crois qu'il avait fini par se faire à la tâche et même par devenir un administrateur convenable.

---

[1] Cf. p. 223-224.

Au terme de son mandat, André Miquel a pris la suite. Ami de Lang et de moi-même, il a passé plusieurs années à Richelieu. Mais, pour d'obscures raisons, il s'en est lassé. Il a, et c'est à son actif, développé considérablement l'informatique. Je crois, en fait, qu'il appréciait assez peu la mentalité des conservateurs. La goutte d'eau a probablement été le rapport Beck. Léotard, le ministre de la Culture de Chirac, avait eu en effet l'idée, faute de mieux, d'occuper Beck qui, en tant que socialiste, n'avait plus grand-chose à faire dans un ministère de droite. Il lui a donc confié le soin d'établir un état des lieux de la BN. Cela a abouti à ce fameux rapport que Beck s'est efforcé de rendre très agressif. Est-ce que Miquel a cru que le rapport allait le mettre en cause ? Toujours est-il qu'il a préféré démissionner.

— Vous parlez peu de l'Arsenal, cette bibliothèque située non loin de l'Ile-Saint- Louis. Elle constitue pourtant un satellite important de la BN, même si elle y a été rattachée sur le tard.

A l'origine, l'Arsenal était l'ancien hôtel particulier de Sully. C'est là qu'il entreposait ses canons puisqu'on mélangeait, à l'époque, public et privé. D'où le nom d'arsenal. Puis, aux XVIIIe et XIXe siècles, l'Hôtel est devenu une bibliothèque. À l'heure actuelle, l'Arsenal est une espèce de boîte à livres, abritant près d'un million de volumes, contre 11 à 12 millions à la BN. L'Arsenal, satellite de la BN, est donc une bibliothèque importante. Placée sous la direction de Jean-Claude Garreta, elle est surtout composée d'un fonds littéraire. En droit elle dépend donc de la BN mais en fait elle fonctionne toute seule.

On y trouve notamment le département BN des Arts du spectacle. En effet, Julien Cain avait reçu en dépôt une importante collection de livres sur le théâtre — soit environ 200 000 volumes. Et puis, on ne sait pourquoi, il a eu l'idée de récupérer également des costumes et des maquettes alors que ce n'est pas vraiment notre vocation. Résultat : on ne sait pas quoi faire de ces costumes qui ont, par ailleurs, une très grande valeur. Beck, évidemment, nous a également critiqués sur ce point. Ainsi, une partie non négligeable de notre fonds est entreposée à l'Arsenal, lequel est plein à craquer. Si se construit un jour la nouvelle BN, on pourra sans doute y déplacer ce fonds. Mais le plus étonnant dans cette bibliothèque concerne le fichier. Longtemps, il n'y a pas eu de fichier alphabétique mais un fichier « matière » entièrement écrit à l'encre noire. Cela lui donnait un caractère archaïque impressionnant. Si bien qu'il y a encore vingt ans, pour venir faire des recherches, il fallait tenir compte des auteurs de ces fiches superbement rédigées. Pour mettre fin à cette situation ubuesque, Garreta s'est donc lancé dans la création d'un fichier alphabétique. En fait, il faudrait informatiser la totalité du fonds. Je trouve que nous avons-là l'exemple même de ces aberrations françaises en matière de bibliothèque : nous nous trouvons en présence d'un million de volumes et un simple fichier matière. En même temps, la bibliothèque de l'Arsenal n'est pas très connue. Personnellement, quand je voulais travailler, j'allais à la BN. Je n'avais pas l'idée d'aller à l'Arsenal.

— Nous arrivons à la fin de l'été 1988. Où en est le projet TGB ?

Aux dernières nouvelles, partiraient dans le nouvel établissement, tout le fonds depuis 1960, tous les périodiques et tous les journaux. Ce sera mieux que le local de Versailles, beaucoup trop petit. Versailles du reste devait être une BN-bis après la guerre et puis Poniatowski, porte-flingue de Giscard, a préempté en 1974 le tiers du terrain disponible pour en faire un commissariat de police.

Plus généralement, le problème des pressions politiques sur le choix des emplacements est un problème récurrent. L'archipel des terrains et des bâtiments dont dispose Richelieu est fonction de l'histoire politique. Je suppose que beaucoup d'administrations se trouvent dans cette situation. Un exemple parmi d'autres : l'installation du site de désacidification, à Sablé, dans l'ancien fief du ministre gaulliste de l'époque, Joël Le Theule. Il est installé dans un joli château du XVIIIe siècle, avec des toits en pente et des murs lambrissés. Mais le bâtiment n'est pas du tout fonctionnel. L'avantage dirais-je, si je voulais être cynique, est que la main-d'œuvre y est aussi mal payée qu'à la BN. À l'époque socialiste, il y avait eu une autre idée d'établissement satellite de la BN, en Ariège cette fois. Heureusement, cela n'a pas eu de suite. Il s'agissait d'un vieux bâtiment, situé en pleine montagne, sans aucune autoroute pour y conduire. On devait disposer aussi d'un bâtiment à Redon, chez Madelin, un libéral assez doctrinaire, un « fils du peuple », selon une expression chère à Maurice Thorez. Cela faisait partie du jeu complexe des socialistes, avec des cadeaux à gauche bien sûr mais aussi, de temps à autre, un cadeau pour un politicien de droite susceptible de leur rendre service. Il serait même question, ces temps-ci, d'un terrain BN à Saint-Quentin en Yvelines.

Ceci dit, le projet avance et, pour le moment, j'en suis assez content. Nous avons une nouvelle Mission composée de Michel Melot, directeur de Beaubourg, et de quelques autres. Il semble que ce sera le même Administrateur général qui dirigera les deux établissements, BN et BN-bis. Le nouveau site serait donc implanté à Saint-Denis avec le dépôt légal mais l'Administrateur garderait son appartement de prestige ici. Le plus important est de conserver une unité entre ce merveilleux fonds, irremplaçable, et l'extension. Pour le moment, ou bien nous devenons l'extension de Saint-Denis ou c'est l'inverse. En tout cas, l'idée d'une unité organique entre les deux semble maintenant bien assurée. Sur ce point, je suis donc plutôt optimiste.

Un bonheur n'arrivant jamais seul, j'ai pu enfin croiser Mitterrand l'autre jour et j'ai eu droit à un sourire. En bon lecteur de Saint-Simon, j'ai scruté le visage du monarque pour le décrypter. Du coup, j'ai contacté quelqu'un à l'Élysée. Je crois qu'en ce moment, il y a une double série de conflits entre, d'une part, l'Élysée — et probablement Lang qui pourtant soutient ce projet — et, d'autre part, l'Éducation nationale et la question des BU — les bibliothèques universitaires. Petit bémol : à l'intérieur même du projet, une « mission TGB » s'est formée dont je suis apparemment exclu.

AUTOMNE 1988

— Quels sont vos rapports avec le pouvoir socialiste, vous qui avez été placé à ce poste par un gouvernement de droite ?

Il existe dans le pouvoir culturel socialiste — comme dans le pouvoir socialiste en général — quelque chose qui me frappe au plus haut point : l'espèce de facilité avec laquelle les gens se plient au modèle monarchique et admettent volontiers qu'ils font partie d'un gang ou à tout le moins d'une caste. Ils se positionnent, comme on dit aujourd'hui, par rapport à Mitterrand, dans la posture de ceux qui reçoivent des faveurs et qui sont capables d'en transmettre — qui sait de quelle façon. Une belle illustration de la mutation d'un groupe de démocrates en un groupe d'oligarques comme sous-jacente à l'idée de démocratie. J'ai rencontré, il y a peu, un garçon charmant, Erik Orsenna. Il a obtenu du pouvoir actuel un poste de conseiller d'État et il admet volontiers l'existence de l'octroi des faveurs et des ressources par le Pouvoir, réduit finalement à la décision d'un seul et démultiplié par l'entourage. Ce sont des gens qui possèdent un système de valeurs mais qui en même temps sont bien décidés à profiter des avantages que donne ce même Pouvoir.

Premiers voyages

— Vous multipliez ces temps-ci les voyages à l'étranger — ce que vos détracteurs vous reprochent, du reste. Où êtes-vous allé ?

Pour mon premier voyage, en tant qu'Administrateur général de la BN, je me suis rendu en URSS, à la Bibliothèque Lénine. J'ai un peu parlé avec les gens et j'ai perçu un changement assez sensible au niveau des mots et des publications. Ils ont un service informatique composé de 80 personnes alors que nous n'en avons que 20. Mais nous, nous possédons une véritable informatique alors qu'eux sont encore très en retard. Il s'agit, plus globalement, d'un personnel en surnombre assez important. En même temps, les rayonnages sont bien tenus. Là aussi, le personnel est entièrement féminin. Plus encore qu'ici. Pour le reste, rien n'a changé : il n'est pas facile, par exemple, d'inviter quelqu'un à prendre un verre. Ils refusent, ils ont des directives. Gorbatchev, pour sa part, est vu comme un salaud, responsable de tous les malheurs de l'actuelle Union soviétique. À cette occasion, je me suis rendu compte que j'avais un vocabulaire de marxiste des années cinquante. Ainsi, la notion de classe ouvrière n'a plus le prestige qu'elle avait jadis.

Après l'URSS, j'ai effectué un voyage, aux États-Unis cette fois. J'étais accompagné par un diplomate du nom de Chouraki, un type agréable, et Lang bien sûr. Je connaissais Lang par l'image très négative qu'en donnait Gourdon. En réalité, Lang est quelqu'un de plutôt courtois. Nous nous sommes rendus à Washington pour visiter la Bibliothèque du Congrès. J'ai été impressionné par l'informatique. La BDC compte en effet 700 personnes qui ne s'occupent que de ce secteur. L'invitation m'avait été faite par Lang. Ceci dit, je devais me rendre en Angleterre avec lui dans quinze jours. Mais plus personne n'en parle : ou le projet a été annulé ou ils ne m'ont pas inclus dans le voyage.

Une carrière d'historien

— Quel regard jetez-vous sur votre carrière d'historien à présent que vous êtes installé dans cet illustre bureau de la rue Richelieu ?

Elle s'est déroulée sans trop de problème. Regardons Barthes. Lui et Foucault étaient en plein triomphe. Ils ne sont pas oubliés, certes, mais ils sont peut-être morts trop tôt. Braudel, en revanche, s'est épanoui sur le tard et sa biographie demeure un modèle *post-mortem*. Même un ami comme Furet, qui fait un très beau parcours, me plonge dans une espèce d'ambivalence : je suis partagé entre une joie sans mélange et, parfois, une sorte de réserve. Toujours ce vieux réflexe. C'est déjà ce que remarquait Jean-Paul Aron à propos de Foucault. Aujourd'hui, je figure souvent parmi les anciens. Une espèce de prime à l'âge, sans doute.

En règle générale, on trouve presque toujours des hauts et des bas dans une carrière. Personnellement, j'ai connu quelques creux et puis il y a eu la sortie de mon *Histoire de France*[1] ainsi que ma nomination ici. Cela ne m'empêche pas de conserver des ambitions intellectuelles puisque je travaille actuellement sur le tome III de l'*Histoire de France*[2]. Mais, je n'ai plus d'ambitions politiques comme lorsque j'étais jeune. Elles sont à présent derrière moi. La BN constitue donc le sommet, assez escarpé du reste, de ma carrière et j'en suis plutôt content. Il est vrai que si on me le proposait aujourd'hui, avec tout ce que je sais, peut-être ne l'accepterais-je pas. Je ne mesurais pas, en effet, à quel point le personnel de la Maison était difficile. Avec les conservateurs les rapports sont vivables mais les magasiniers, surtout s'agissant de salaires, sont plus susceptibles. On peut néanmoins

---

[1] Emmanuel Le Roy Ladurie, *Histoire de France*, « L'État royal », Hachette, 1987.

[2] Emmanuel Le Roy Ladurie, *Histoire de France*, « L'Ancien Régime », Hachette, 1991.

comprendre les réactions de frustration et de jalousie sociale. Les bibliothécaires-adjoints, qui étaient restés tranquilles jusqu'à présent font, à leur tour, des espèces de grèves perlées et les magasiniers réclament sur le champ, une prime au même titre que les bibliothécaires-adjoints. On peut trouver la chose méprisable. D'un autre côté, ce sont des gens qui gagnent mal leur vie. On pourrait dire que les conservateurs constituent une sorte de bourgeoisie, voire d'aristocratie, d'un niveau intellectuel supérieur ; les bibliothécaires-adjoints, la classe moyenne tant aimé des « bons rois » ; et les magasiniers forment la classe laborieuse, au meilleur sens du terme. Les comparaisons internationales sont, de ce point de vue, instructives. A Tokyo, par exemple, ils ont privatisé la communication des livres désormais plus rapide, en la confiant à une entreprise privée. C'est le Japon. Rien à voir avec le côté un peu courtelinesque de l'administration française.

Pour en revenir à ma carrière, je ne crois pas que je pourrais la mener comme avant. Le travail de l'historien, qui fut longtemps un travail d'équipe, a beaucoup changé.

— En quoi a-t-il changé ?

Jusqu'en mai 68, on avait non pas de modestes collaborateurs mais des vacataires qui faisaient des recherches — de qualité variable — pour l'enseignant titulaire : recueillir des données chiffrées, trouver des références bibliographiques, et ainsi de suite. À partir de mai 68, on a titularisé tous les vacataires. À ce moment-là, ils ont pris leur indépendance et ce système n'a plus été possible. Je crois, au fond, qu'il y a deux façons de travailler : la thèse, dans laquelle vous vous immergez pendant une dizaine d'années, ou effectuer la même tâche en deux-trois ans mais avec des collègues et amis.

Le tournant, pour moi, s'est produit en 1970, quand je suis entré à la Sorbonne. Braudel m'en a un peu voulu car lui-même n'avait jamais réussi à y être nommé professeur. La chose semblait l'avoir attristé et il voulait que j'intègre directement le Collège de France, à partir de l'EHESS. Mais je n'ai pas le tempérament d'un Bourdieu, d'un Braudel ou d'un Furet qui sont des gens capables de diriger des groupes très importants, avec pas mal d'autorité et de mener, à côté de cela — ou à partir de cela — une œuvre. J'ai donc choisi d'aller à Jussieu. Là, j'ai fait une bêtise. J'aurais dû rester à la Sorbonne où je venais d'entrer. En fait, j'avais le choix entre Paris IV et Paris I. Paris IV était trop à droite, Paris I trop à gauche. Je suis donc parti à Paris VII.

— Cette université n'avait-elle pas, à l'époque, la réputation de se situer plutôt à l'extrême gauche ?

A ce moment-là, je l'ignorais. Il y avait là des gens qui m'étaient sympathiques, des innovateurs, des anarchistes, comme Robert Jaulin par exemple, même si, quelles que soient ses qualités, son principal sport dans l'existence était quand même de démolir Lévi-Strauss et de militer en faveur des Amérindiens. Je ne me souviens plus dans quelle circonstance il avait giflé l'auteur de *Tristes tropiques*. On y trouvait également Chesneaux lequel dérivait lui aussi vers une sorte d'écolo-gauchisme et l'historienne Michelle Perrot avec laquelle je suis resté ami. J'ai donc passé trois ans à Jussieu puis je suis entré au Collège.

Ceci dit, il y a bien des façons de faire carrière. Le cas de Philippe Ariès est intéressant. Il avait été collé à l'agrégation. Quelqu'un l'avait même insulté en le traitant de marchand de bananes. En fait, il travaillait dans une entreprise de fruits tropicaux. Ariès était au départ un maurrassien, peut-être pétainiste dans les années 1940. Son livre sur l'enfant a eu un énorme succès auprès des gauchistes américains. Finalement, Furet l'a fait entrer à l'EHESS. Ce fut l'une des bonnes actions de mon ami François.

Les débuts de la TGB

— La mission d'étude, chargée par le Président de la République d'examiner le projet « Grande Bibliothèque », vient de remettre son rapport à Michel Rocard, le Premier ministre. Leurs auteurs, Patrice Cahart et Michel Melot, y font un certain nombre de propositions[1]*. Comment s'annoncent les choses pour la BN ?*

Le projet se dessine peu à peu en fonction des suggestions des uns et des autres dont celles de Cahart et de Melot, chargés tous deux de cette mission d'étude. Président du conseil d'administration de la BN et directeur de la Monnaie, Cahart est un ancien UDR[2] tendance socialiste. Il a été nommé par Léotard mais il est assez loyal vis-à-vis de moi. On trouve à ses côtés Melot, directeur de Beaubourg, un très bon bibliothécaire et un socialiste convaincu. Lui, en revanche, me tient complètement à l'écart. En fait, le projet s'équilibre actuellement en fonction de considérations techniques, politiques mais aussi psycho-sociales telle la gloire.

En effet, depuis Louis XIV, la gloire est l'un des principaux mobiles d'action, y compris dans la construction des palais et des bâtiments pharaoniques. Quand on lit les Mémoires de Louis XIV, on se rend compte que la gloire est en principe du côté militaire. « J'ai trop aimé la guerre et les grands bâtiments », dira Louis XIV, quelques jours avant sa mort. Avec Mitterrand, on retrouve cette motivation dans tous les chantiers et projets architecturaux qu'il entreprend. Certains ont d'ailleurs cru y voir des signes maçonniques comme le nombre de fenêtres de la pyramide du Louvre. Délire ? Je ne crois pas que Mitterrand soit franc-maçon mais il doit être

---

[1] Patrice Cahart et Michel Melot, *Propositions pour une Grande Bibliothèque*. Rapport au 1er Ministre, novembre 1988 (éd. La Documentation Française, 1989).

[2] Union pour la Défense de la République. Ancien nom en 1968 du parti gaulliste. L'UDR fera place en 1976 au RPR, le Rassemblement pour la République.

habité par une espèce de mystique pythagoricienne ou para-chrétienne qui l'incite à laisser des signes partout : la pyramide, l'arche ... Il y aurait quand même, dit-on, une quinzaine de francs-maçons dans son entourage proche.

— *Apparemment, le site de Saint-Denis, où devait se construire le futur bâtiment, vient d'être rejeté. Pour quelles raisons ?*

Le site n'a pas été retenu car le quartier était considéré comme peu fréquentable. On va donc se rabattre sur Tolbiac. Pourquoi Tolbiac ? Pour des raisons essentiellement politiques, une fois de plus. L'idée, émise le 14 juillet dernier, de construire la plus grande bibliothèque du monde, aurait été soufflée à Mitterrand par un obscur décideur de la Mairie de Paris. La personne en charge du dossier était en vacances. C'est donc un remplaçant qui a soufflé l'idée selon laquelle la future BN ne pouvait se trouver ailleurs qu'à Paris. Or, à l'Élysée, on pense que sans Chirac, on ne peut rien faire dans la capitale. Le problème est qu'il n'y a pas de métro pour desservir le lieu. On parle d'un train, du nom de Météore, qui devrait se construire dans les années à venir. Il y a aussi le RER à Saint-Michel ou encore Austerlitz qu'il faudra rallonger. Quel est l'avantage de Tolbiac ? L'endroit n'est pas mal situé. On disposera quand même d'espace avec un sous-sol et quatre étages pour les bâtiments de base. Reste un problème : que va-t-on y mettre ? Personnellement, je le répète, j'étais partisan de déménager tous les imprimés après 1960. Mais même ainsi, ce choix n'était pas sans nous poser un problème puisque toute notre modernisation informatique porte justement sur cette partie de notre fonds commençant à 1960. Aujourd'hui, on parle de reculer cette période à 1945 voire 1900. Les difficultés risquent d'être encore plus importantes. Sans compter qu'il va rester énormément de place à Richelieu même, au point qu'on ne saura plus quoi en faire. Aménager de la place à Richelieu est une bonne chose, elle permet d'aérer les collections. Mais, si on enlève les périodiques et une bonne moitié du département des imprimés, il restera alors trop de place. Au lieu de reprendre ce que l'on voulait faire, à savoir, Richelieu étant plein, développer une BN-bis qu'on aurait remplie au fur et à mesure, va-t-on laisser un Richelieu à moitié vide ? Tout ceci semble par moments absurde.

— *Quels sont, en l'état, vos rapports avec la hiérarchie et plus particulièrement avec Jack Lang, votre ministre de tutelle ?*

Mes rapports avec la hiérarchie sont délicats. Le ministère de la Culture n'est pas un ministère *de* la culture mais *sur* la culture. En haut vous avez un monsieur très vif, Jacques Lang, un homme qui a un certain talent, qui jusqu'à présent se désintéressait des bibliothèques mais qui, maintenant, s'en fiche un peu moins à cause de l'existence de ce grand projet. En revanche, immédiatement en dessous, se trouvent Beck son directeur de cabinet et ses acolytes. Tous me tiennent à l'écart et me torpillent tant qu'ils peuvent. Une situation humiliante, s'il en est. Ceci dit, je crois que Lang lui-même n'est plus très bien avec l'Élysée. Nous sommes dans un système complètement monarchique — on dirait aujourd'hui régalien[1] — où le vrai patron est Mitterrand, secondé par Attali avec lequel je ne suis pas en mauvais termes. J'ai donc fait passer à Attali les statuts de la Bibliothèque du Congrès, aux États-Unis, laquelle ne dépend pas du Président mais du Congrès. En France, par contre, on reviendrait à l'Ancien Régime où le directeur de la BN était le Garde de la Librairie du roi. Je dirais bien qu'Attali est actuellement très aimable avec moi mais « aimable », ne veut pas dire grand-chose dans ce milieu. En tout état de cause, je vais devoir travailler avec lui et gérer cette mesure, complètement indigeste, d'une coupure à 1900 dans les imprimés — une idée qui a l'air de s'imposer de plus en plus[2]. On transformerait alors la partie vide de Richelieu en centre culturel pour des colloques. Moi, je veux bien. Mais j'ai accepté ce poste pour m'occuper de bibliothèques. Je ne suis pas un imprésario. Je me fous de leurs colloques. Quel est le but de tout cela ? Le triomphe de Mitterrand. Qu'il puisse inaugurer pour son départ la bibliothèque des XXe et XXIe siècles. La gloire, encore et toujours.

Outre Attali, je conserve également un lien avec Biasini, le secrétaire d'État aux Grands Travaux. Il doit nous rendre visite prochainement. Je lui ai signalé que j'allais prévenir Lang et il m'a répondu : « N'en faites rien. Je ne dépends que du Président. » J'essaie par conséquent de jouer la carte Attali-Biasini. Voilà le métier que je fais du point de vue tactique. Tout ceci n'est pas très sain. Même si le projet global reste exaltant, le personnel est quand même très angoissé. L'idée d'un déménagement, inquiète. Mais comme je l'ai déclaré lors d'une réunion des conservateurs BN : « c'est comme en 14, il faut y aller ! » Gattégno, lui, voudrait déménager la totalité des imprimés, ce qui à la limite n'est pas idiot[3]. Tel est donc, pour l'heure, l'état de la question.

---

[1] « Il est curieux de constater que le mot ''régalien'', lié à la royauté, revient tellement à la mode, en cette fin du XXe siècle », souligne ELRL.

[2] En fait, cette date (1900) ne s'est imposée que très peu de temps.

[3] C'est du reste la solution qui s'imposera plus tard, définitivement.

HIVER 1988 – 1989

— *Il vous arrive, m'avez-vous dit, de croiser d'anciens étudiants dans les couloirs de la BN. Avec le recul, pensez-vous avoir été un bon enseignant ?*

Que dire ? Je crois avoir été un « assez » bon prof de lycée. Mais pour être un « très » bon prof de lycée, il faut l'être à plein temps. Or, parallèlement à mon service dans le secondaire, je travaillais à ma thèse. Je ne crois pas toutefois que j'avais la valeur d'un enseignant jésuite du XVIIIe siècle. J'ai dirigé ensuite des séminaires. C'était un peu mieux. L'ennui, c'est que j'aime bien parler et peu écouter les autres. Enfin, j'ai été nommé professeur à la Sorbonne, puis à Paris VII et là il y a eu un hiatus entre cours magistral, TD et avenir professionnel des étudiants devenu progressivement l'enjeu majeur des études. Finalement, ce que j'ai le mieux réussi ce sont les cours au Collège de France. Mais le Collège de France est un piège — du reste confortable — situé en dehors du cycle universitaire classique. J'aurai ainsi traversé cette carrière d'enseignant sans jamais m'adapter totalement à la vocation des établissements dans lesquels je travaillais. C'est peut-être pour cette raison que je me retrouve à la BN.

L'intérêt de l'enseignement est quand même d'éprouver la validité de la recherche. Tout d'un coup on s'aperçoit que la recherche pointue intéresse peu de monde. Est-ce à dire que la recherche en histoire est seulement destinée à une élite ? C'est pourtant la solution qu'avaient choisi mes collègues au Collège de France et aux Hautes Études, exception faite de l'effet de masse qu'ont cultivé avec talent Foucault et Barthes. Je me souviens du vaste parking à motos qu'était devenue la cour du Collège lorsque Foucault donnait ses cours. L'autre problème est le système d'enseignement français. En Allemagne, il existe un enseignement professionnel remarquable. Chez nous, on place tout le monde en filière générale. Cela étant, il n'est pas exclu qu'avec une formation plus généraliste, le système français prépare mieux les gens à la société post-industrielle. Ils peuvent s'adapter à un tas de nouvelles carrières même s'il ne faut pas négliger le chômage des littéraires. On me parle souvent de la baisse du niveau des jeunes, notamment en orthographe. Mais ce n'est pas si nouveau. En 1970, quand j'étais à Paris VII, il y avait déjà nombre d'étudiants dysorthographiques. Ce n'était pas brillant non plus.

— La BN a connu récemment un mouvement de grève. Une de plus ?

Il n'y en a pas autant qu'on pourrait le penser. Il s'agissait d'une grève partielle mais plutôt gênante. Une grève de plus de trois semaines, de la part des magasiniers de la CGT, entre autres. Nous sommes aujourd'hui le 24 novembre et elle s'est terminée il n'y a que quatre ou cinq jours. Elle aura duré près d'un mois. On leur a finalement obtenu une augmentation salariale. Rien d'énorme. Ils avaient mis les lecteurs à trois livres par jour au lieu de dix. Un malheur n'arrivant jamais seul, les bibliothécaires-adjoints se sont eux aussi mis en grève. Conséquence : gros ralentissement du catalogage. Le mouvement des magasiniers était un infarctus, celui des bibliothécaires-adjoints, une récidive. Les lecteurs n'en souffrent pas sur le coup mais ils en subissent les effets six mois plus tard, quand les ouvrages ne sont pas catalogués. Bon, elle est terminée également. Ceci dit, je ne me fais pas d'illusions, la situation sociale reste fragile dans la Maison. Comme le disait l'humoriste Henri Rochefort sous le Second Empire : « La France compte 38 millions de sujets, sans compter les sujets de mécontentement. »

Coup de tonnerre dans un ciel serein : Dominique Jamet, patron du projet TGB

— Dans un article du Monde, *Emmanuel de Roux affirme que vous êtes au cœur du système. Est-ce exact ?*

Il se trompe. J'ai l'impression, depuis la dernière fois, qu'au-delà de ma personne, la Culture tout entière est tenue à l'écart du projet — comme moi je l'ai été jusqu'à présent. Est-ce que Lang n'est plus dans les bonnes grâces de Mitterrand ? Difficile à interpréter. Il est certain que les gens de la Culture ne sont pas les maîtres d'œuvre. Le véritable patron est Biasini, lequel Biasini — qui est théoriquement un subordonné de Lang — reçoit ses ordres directement de l'Élysée. Il existe donc un certain embarras parmi les gens influents de la rue de Valois. Jacques Attali reste certes la cheville ouvrière — c'est lui qui donne en partie les directives — mais en même temps, on dit du côté de Chirac, autrement dit d'Alain Minc, de Dominique Jamet et de quelques autres, qu'il est désœuvré. Est-ce parce que Bianco contrôle la voie romaine par où passent toutes les décisions et qu'Attali se trouve, non pas dans une espèce de disgrâce, mais retenu dans la conciergerie jouxtant le bureau de Mitterrand ? Tout ceci reste assez mystérieux. Par moments, Attali m'apparaît comme la grande duchesse de Gerolstein élyséenne.

— À la stupéfaction générale, Dominique Jamet vient d'être désigné comme responsable des travaux de préfiguration de la nouvelle bibliothèque. Ne peut-on voir dans cette nomination une volonté d'écarter la BN du grand projet ?

Cette nomination a quelque chose d'effarant. Du Balzac pur jus. Jamet a fait le bon choix avec cette opération de débauchage et de « trahison ». Voilà un journaliste d'extrême droite ou tout au moins de droite très marquée, qui retourne sa veste — une veste qui avait déjà été retournée plusieurs fois — et il se voit récompensé par un très gros poste. Les gens de la Culture ironisent mais ils ne sont pas contents d'être court-circuités par une personnalité d'extrême droite. C'est du Mitterrand tout craché. Biasini lui-même, qui est un type plutôt bien, aurait tiqué : cette promotion est tellement inattendue. Ceci étant, je suis prêt à travailler avec DJ car je ne peux pas faire autrement. Mais tout ceci me laisse pantois. On lui a donné un bureau. Il possède donc à présent un cabinet et des collaborateurs.

Je connaissais Dominique Jamet comme journaliste, un journaliste excellent du reste dans son domaine. C'est le seul qui durant le procès Barbie avait eu le courage de dire qu'il n'était pas normal de passer des films très engagés durant le procès, que c'était une façon de faire pression sur les jurés. La chose avait été soulignée en Allemagne, en Angleterre et dans différents autres pays. Mais personne n'avait osé le dire en France. Je lui ai donc téléphoné et il m'a invité à dîner. La rencontre a été sympathique. On a évité de parler politique, sauf de Vichy, puisque nous sommes tous les deux issus d'une famille vichyste. Cela nous a fourni un terrain de conversation. En fait, Jamet a peut-être bénéficié du côté vichyste de Mitterrand lui-même, lequel possède ses relations à droite et à l'extrême droite. DJ n'est d'ailleurs pas le seul « converti », il y a également Renouvin junior à être passé à gauche et que Mitterrand a nommé, il y a peu, au Conseil économique et social. Quand vous lisez le bulletin royaliste de Renouvin, on trouve quand même pas mal de socialisme dans ce royalisme-là. Mais, avec la nomination de Jamet, l'Élysée vient de faire un très beau coup politique.

Certes, ma position se complique un peu plus. Mais en réalité, je reste un passage obligé. Mon poste d'Administrateur général me permet de rencontrer un grand nombre de protagonistes liés au projet TGB et plus largement des politiciens et des journalistes. Biasini, que j'ai reçu à la BN, a visité notre Maison et s'est montré surpris. Sans doute s'imaginait-il trouver une espèce de taudis. Or, il a pu constater que les locaux, les fichiers et les collections étaient en bon ordre. Il est vrai que nous avons souvent été diffamés y compris par certains administrateurs eux-mêmes, antérieurs à André Miquel.

Au demeurant, je ne rencontre pas que des gens de gauche. Ainsi, dimanche, je vois Jacques Chirac. Je l'avais croisé, entre deux petits fours dans une soirée mondaine à l'Hôtel de Ville. Il est toujours très aimable mais je crois aussi que l'amabilité, comme j'ai eu l'occasion de le souligner, est proportionnelle aux systèmes de réseaux et de factions que l'on possède. Après tout, c'est lui qui m'a fait nommer à ce poste. Il parle de céder quelques hectares à Tolbiac. « Biasini m'a demandé sept hectares, dit Chirac, mais je ne lui en donnerai que quatre. »

Lors de cette soirée, j'avais également croisé le duc d'Harcourt et Raymond Barre, porteur de tous les espoirs de la République. J'avais trouvé un Barre très boursouflé — la maladie ? — une sorte de Bouddha un peu flasque mais distingué. Connaissant mes positions, il m'a confié qu'il fallait réaliser deux bibliothèques, la BN et l'autre. Je l'ai jugé assez opportuniste.

« Il va falloir se battre »

— Suite à sa nomination, Dominique Jamet a créé l'Association pour la Bibliothèque de France (BDF)[1]. *Cette instance, indépendante de la BN, a pour objectif de préparer la mise en place du futur édifice. Comment réagissez-vous ?*

Il va falloir se battre. Mais ça n'est pas pour me déplaire : la BN et son avenir en valent la peine. Preuve supplémentaire, s'il en était besoin, qu'il n'y a pas d'incompatibilité entre le chercheur que je suis et l'homme d'action[2].

Lavisse, du reste, en est un exemple. Il était « Second Empire » et précepteur du prince impérial avant de se faire penseur de la République sous la Troisième. Il a écrit des mémoires à la Raymond Aron du style « Regardez quel type merveilleux j'étais. » Lavisse a donc été l'historien de l'action au service de la République. L'École des Annales, à l'inverse, s'est toujours prétendue apolitique encore qu'on l'a souvent classée à gauche.

Du côté des administrateurs de cette Maison, Julien Cain[3] a également tenté de concilier les deux — historien et politicien — sans trop d'états d'âme. Il a écrit un ouvrage, *Éloge de la trahison*, un livre assez vulgaire et dans lequel il soutient que savoir s'adapter est une force.

Pour clore la discussion sur ces rapports entre l'histoire et l'action politique, je citerai Paul Veyne, lequel prétend que l'histoire n'a rien à voir avec le civisme. Voilà un point de vue que je ne partage absolument pas. Lavisse, on l'a vu, mêlait avec un savoir consommé l'histoire, la politique et le républicanisme. Il est l'auteur, comme chacun sait, de la meilleure *Histoire de France*.

---

[1] On observera qu'à ce stade du projet, la Grande Bibliothèque n'est toujours pas envisagée comme la future Bibliothèque nationale dans l'esprit de ses concepteurs. D'où le sigle BDF (Bibliothèque de France) utilisé à cette époque, et non BNF (Bibliothèque Nationale de France) comme elle se nommera plus tard avant de devenir l'actuelle BnF. Cf. p 98, note.

[2] Cf. p. 19.

[3] Cf. p. 28 et sv.

— La BN est hors-jeu mais le ministère de la Culture reste, de son côté, assez silencieux sur le projet. En quoi consiste au juste la chaîne de commandement ? Qui dirige quoi ?

La création d'une instance spécifique, dirigée par Dominique Jamet, a effectivement quelque peu changé la donne. DJ m'apparaît décidément comme un homme de pouvoir. Récemment, à *France Culture*, il s'est fait agrafer par certains journalistes et il a très mal pris la chose.

Cela étant, la chaîne de commandement, en ce qui concerne la TGB, se confirme et va presque directement de Mitterrand à DJ, en passant vraisemblablement par Sautter et Biasini — Jack Lang étant effectivement un peu hors du coup, comme moi. Certes, je me suis partiellement réinséré dans ce système mais les processus de décision restent en dehors de mon champ d'action. Encore une fois, cette exclusion n'a pas d'importance en elle-même, l'essentiel est ce qui va se passer du côté BN. Mais enfin, disons qu'il est amusant de voir comment fonctionnent les rouages du pouvoir. Ainsi, le ministère de la Culture réintroduit progressivement ses hommes c'est-à-dire Beck, Gattégno et Silicani, un homme de droite. Celui-ci tente, si j'ose dire, de se placer auprès de Jamet.

« Comme deux scorpions dans une bouteille »

En fait, mon exclusion n'est pas totale puisque l'Association pour la Bibliothèque de France, chargée de préparer l'établissement public qui émergera d'ici quelques mois — et dont Jamet est le président — m'y a réservé une place. Gattégno et moi-même en sommes les deux vice-présidents mais comme deux scorpions dans une bouteille. Biasini qui m'aime bien, c'est du moins ce que j'imagine, a placé sa confiance en Jamet. On est un peu dans une situation analogue à celle qui fleurissait sous Louis XIV, lequel choisissait socialement des « hommes de rien » qu'il était sûr de dominer. Jamet ne peut que marcher droit. Outre la façon dont il a été sélectionné, c'est par ailleurs un homme vulnérable aux critiques. Biasini a déclaré : « Nous avons un président c'est Jamet, nous avons deux vice-présidents Gattégno — par ailleurs directeur du Livre — et Le Roy Ladurie. » Mais tout ceci est sans importance. Les choses sont en train de se faire.

Parmi les autres membres, on trouve aussi Goldberg et Castro, l'un des favoris du Prince. Je reste malgré tout dans le collimateur même si je figure dans le processus de délibération, à défaut de l'être dans celui de la décision. Nous sommes dix dans le groupe qu'on appellera pourtant « décisionnel » mais de toutes les façons, la chose va de soi, rien ne se jouera à la majorité. Il y aura délibération, peut-être, ainsi que des décisions d'ordre mineur, mais en réalité tout se passera de l'Élysée au secrétariat d'État de Biasini. Ce dernier est dans la position, aux XVIIe et XVIIIe siècles, d'un Mansart ou mieux encore de Marigny, le beau-frère de la Pompadour. Reste à savoir si Biasini en aura le talent. De toutes les manières, il demeure en ce moment, le préféré du Président ou du moins l'un de ses préférés. Quoi qu'il en soit, il a une influence certaine. S'agissant du coût financier de la nouvelle bibliothèque, celui-ci oscille entre 4 et 8 milliards de francs, à ce qu'on laisse entendre.

Ceci dit, Jamet pourrait être sympathique mais en fait je le sens très dominant à mon égard. Tout en étant cordial, il ramène toutes les cartes à lui. Puisque nous sommes dans un système monarchique, où un sourire du Président peut valoir de l'or, je m'interroge sur l'image que Mitterrand garde de moi. Grande question d'ordre strictement personnel.

— Connaissiez-vous François Mitterrand, avant son accession au pouvoir ?

Je l'ai assez bien connu vers le milieu des années 1970, quand est paru mon livre sur Montaillou. Il m'avait invité à déjeuner et avait eu cette phrase, lors d'une interview avec un journaliste qui lui demandait s'il avait écouté l'intervention de Giscard : « Non, je ne l'ai pas écouté, je lisais *Montaillou.* » Ce qui était évidemment merveilleux pour ma modeste personne. Nos relations à l'époque étaient rares. Je pense qu'il voulait me recruter, de même qu'il a recruté des personnalités éminentes parmi les fils de ses anciens amis de Vichy. Mais, à l'époque (1976), je ne l'ai pas compris[1]. Par la suite, nos relations se sont distendues dans la mesure où j'étais hostile à son alliance avec les communistes français.

Pour l'heure, je lui dois un cadeau BN car les présidents de la République ont droit à des dons et cadeaux « Richelieu » de diverses sortes. Le nôtre consistera en une *Histoire de la Bibliothèque nationale*, magnifiquement reliée par nos ateliers. Mais je ne lui donnerai l'ouvrage que de la main à la main[2].

---

[1] Cf. p. 121 et 164.
[2] Cf. p. 49.

PRINTEMPS 1989

— *Depuis janvier, comment évolue la collaboration entre Dominique Jamet, chargé du projet TGB, et la BN – autrement dit, vous-même ?*

Dominique Jamet, *officiellement* nommé à la tête du chantier de la TGB, prend très au sérieux ses nouvelles fonctions. Il s'agit pour lui d'une transition ascensionnelle depuis sa position un peu marginale de journaliste à tout faire, un peu droite dure, un peu crypto-mitterrandiste, avec d'inévitables souvenirs de Vichy compte tenu de sa famille. Cette accession à ce que l'on peut appeler dans le jargon actuel une très grosse situation de pouvoir reste cependant inévitablement momentanée. Une situation importante en effet puisqu'il est chef d'une Mission. J'imagine qu'il a un salaire convenable — ce qui est normal — étant membre du cabinet de Biasini. Il se prend donc très au sérieux, avec en même temps, on le sent, une certaine méfiance, sans doute congénitale chez lui mais accentuée également par le fait qu'il se sait très contesté, intimement ou ouvertement, par beaucoup de gens puisqu'il ne tient vraiment, outre ses qualités personnelles, qu'à la faveur du Prince. En d'autres circonstances, différentes de celle-ci, Mitterrand a toujours eu pour principe de renvoyer les ascenseurs jusque dans les sous-sols. Mais il les renvoie toujours. Je m'empresse de dire que Mitterrand n'est certainement pas un simple liftier mais un *godfather*, un parrain. Telle est simultanément sa force et sa négativité.

Ceci dit, mis à part Mitterrand, Jamet a peu de soutiens. Ni à l'Élysée, où les collaborateurs du chef de l'État l'attendent au tournant, ni à la Culture. En ce qui me concerne, j'ai décidé de travailler avec lui ; il est très aimable, très courtois ; il s'est constitué une équipe comprenant de nombreux attachés de presse, essentiellement des gens de communication, ce qui, entre nous, est grotesque s'agissant d'un projet de construction. Mais nous vivons hélas à l'âge de la « com. ». Il y a également Belmont qui, si j'ai bien compris, est un homme de chez Chirac. On ne le voit cependant pas beaucoup.

Où il est déjà question de silos et de coupures chronologiques

— Parmi les problèmes communs aux deux établissements, l'actuel et celui à venir, il y a la question récurrente des silos. Où en sont les choses ?

La question des livres rarement consultés, que Jamet a du reste évoquée dans *Livre Hebdo,* est en effet un problème récurrent. Mais il oublie qu'il s'agit là, précisément, d'une des qualités de la BN. Elle a le privilège de fournir à un lecteur curieux, un livre rarissime qui en temps ordinaire ne sort jamais des rayonnages. L'autre problème est parfois la lenteur de l'arrivage du livre, à partir des magasins, jusque sur la table des lecteurs, arrivage qui dépend à la fois des pannes du monte-charge ou de l'éventuel embarras d'un magasinier. Jamet parle même d'un silo pour les livres rarement consultés, difficulté qui se posera en effet vers 2018 étant donné l'énormité des arrivages du dépôt légal.[1] Et encore, si le dépôt légal des livres est assez respecté, il y a quand même des ouvrages qui manquent vu que les petits éditeurs de province ne s'y plient pas toujours. Nous n'avons presque pas d'armes légales contre eux. Nous leur écrivons simplement lorsque nous apprenons que certaines publications ne nous sont pas parvenues. Nous devons détenir, il est vrai, cinq exemplaires de chaque publication dont un que nous remettons au ministère de l'Intérieur. C'est assez lourd.

Ceci étant, l'informatisation du catalogue fait actuellement l'objet presque unique de mes préoccupations d'Administrateur général de l'actuelle BN. Mais se profile une autre source d'inquiétude : sommes-nous en route vers la mise en place, déjà faite ou à réaliser dans le futur, de deux BN vivantes, l'une rive droite, l'autre rive gauche ? S'il s'agit de faire deux BN, accroissant chacune leur dépôt légal et leurs acquisitions, les chercheurs lyonnais ou toulousains diront : « à Paris une, mais pas deux ». J'ai essayé d'expliquer la chose à Jamet. Je crois que mes propos sont parvenus jusqu'à son oreille mais pas nécessairement jusqu'à sa matière grise. Si intelligent soit-il par ailleurs.

— En fin de compte, quelle partie du fonds BN va-t-on déménager vers la nouvelle bibliothèque ?

J'ai eu l'honneur de côtoyer Jacques Attali lors d'un déjeuner à l'Élysée. Tandis que Jamet exposait son projet, entre la poire et le fromage, Attali attachait sur moi son œil de velours et cela d'autant plus que, tout à fait à l'origine, le projet de Mitterrand vient entre autres de lui. Mais sa position n'est pas très claire. Il a tendance à gambader dans la chronologie. Tantôt il envisage de déménager le fonds BN à partir des livres publiés depuis 1945, tantôt à partir de 1900. Comme moi il connaît sans doute assez bien les bibliothèques américaines mais, contrairement à moi, fort peu les

[1] Cf. *infra.*

bibliothèques françaises. En fin de compte, l'expérience dînatoire élyséenne se reproduira-t-elle ? Faut-il penser que les intéressés ultérieurement ne seront pas libres ? Ou préfèreront-ils faire leur grande cuisine entre eux ? Lors de ce déjeuner, il y avait, outre Attali, Sautter — qui s'occupe également du projet — et Madame Bouchet, la culturelle de l'Élysée. Le protestant Sautter, venu de l'École des Hautes Études, et qui est un « sous-Bianco », occupe aujourd'hui d'importantes fonctions à l'Élysée. Etaient également présents, Lang bien sûr, Jamet et moi.

Avant déjeuner, Mitterrand avait fait une apparition, pas du tout pour boire l'apéritif mais pour nous serrer la main, toujours très froid. Comme je l'ai déjà mentionné, la direction de la BN avait fait établir, à son intention, une superbe reliure pour lui rendre plus agréable encore l'histoire de la Bibliothèque nationale. J'avais demandé à Lang : « Croyez-vous que je puisse remettre cet ouvrage au Président, de la main à la main ? Cela ne sera pas assimilé aux diamants de Giscard ? » « Mais non, nulle comparaison. Donnez-lui donc », me répondit Lang. J'ai donc transmis l'histoire susdite de la BN et là, soyons équitable, comme il adore les livres, il est devenu charmant pendant quelques minutes. La Statue s'est animée, c'était un autre homme. J'ai demandé une fois de plus s'il n'était pas incongru de faire un cadeau au Président et il m'a répondu : « Non ! J'adore les reliures. » Il a été aimable durant tout ce temps. J'ai trouvé le moyen de gaffer, comme cela m'arrive de temps à autre. Mitterrand se plaignait en effet qu'il n'y avait plus assez d'ouvriers dans les ateliers de reliure. J'ai commenté ses propos en faisant remarquer que beaucoup de dames du monde faisaient effectivement de la reliure, réalisant aussitôt qu'une de ses amies proches était elle-même relieuse. Mais il n'a pas réagi. Un de nos grands écrivains du XVIIe siècle mourut, paraît-il, de chagrin à la suite d'une gaffe du même ordre, en présence de Louis XIV et de la Maintenon.

Mitterrand ou « La hantise de la souveraineté »

Mitterrand dans toute cette affaire s'est comporté selon le mode royal. Il en était conscient et cela ne me choque pas a priori puisque je suis historien de la monarchie. Il y a de toutes les façons, entre Mitterrand et Louis XIV, un point commun : quand on leur propose quelque idée nouvelle, tous deux réagissent aussitôt avec prudence par la célèbre formule « je verrai ». Mitterrand, la chose est bien connue, est un monarque républicain, comme du reste tous les présidents de la Ve République. Il y a chez lui, comme l'a magnifiquement remarqué François Furet, « une hantise de la souveraineté. » Mitterrand ne disait-il pas de la Constitution gaullienne, « Cette Constitution, j'y étais très hostile mais je m'y sens à l'aise » alors même qu'il s'y était opposé dans le passé comme en atteste son ouvrage *Le coup d'État permanent ?*

Cette gaffe m'en rappelle une autre : j'avais assisté, il y a quelques années, à une cérémonie officielle au ministère de la Culture, au cours de laquelle Douste-Blazy, au moment de la remise de médaille à mon ami Steven Kaplan, un historien américain, le félicite d'être un disciple de Marcel Bloch. Par quoi, il entendait évidemment Marc Bloch, confondant le grand avionneur et le grand historien. Depuis cette époque, j'ai toujours été tenté d'écrire une vie de Marcel Bloch. Il donne l'hélice et l'aviation à l'armée française durant la première guerre mondiale ; entre 1920 et 1939, il révolutionne l'historiographie française en compagnie de Lucien Febvre. Il est résistant. Il survit à la guerre. Il donne le Mirage aux Israéliens. Il meurt sur le tard, couvert de gloire et d'honneurs. Cette fusion des deux personnages, Marc Bloch le grand historien et Marcel l'avionneur, m'a toujours fasciné et m'a paru un trait du génie de Monsieur Douste-Blazy.

— *Revenons au repas, si vous le voulez bien.*

On était moins d'une douzaine de convives, on a un peu parlé de la nouvelle bibliothèque et FM a eu cette phrase incroyable : « Donc, vous comptez y mettre les collections des bibliothèques de province ! » J'imagine un instant la tête du bibliothécaire de Lyon ou de Toulouse à ces seuls propos. Centralisme pas mort. Effondré par cette sottise, j'ai regardé mes pieds me demandant quelle tête faisaient les autres. Il est vrai qu'ils n'étaient pas tous au courant de ce qui était en jeu. Bien entendu, il n'a jamais été, et il ne sera jamais question de cela. On aurait cru Bonaparte dévalisant les bibliothèques italiennes. Pour le coup, Mitterrand disait n'importe quoi. Une ignorance parfaitement excusable au demeurant puisqu'il avait accepté, et même avec enthousiasme, l'idée d'une nouvelle bibliothèque venue de nous-même et de Léotard ; il l'avait faite sienne et gonflée ; mais, de toute évidence, il n'avait pas eu le temps de l'examiner en profondeur. Et pour cause : si à l'origine de l'entreprise mitterrandienne, il y avait Attali, au point de départ, je le répète, ce fût bel et bien mon idée.

En fait, j'avais proposé au gouvernement Chirac, quelque temps avant sa chute, un projet de BN-bis[1] qui m'avait beaucoup occupé. Lors du dernier Conseil des ministres, Léotard, alors en charge de la Culture, l'avait défendu avec enthousiasme. C'est ainsi que la proposition d'un doublement du territoire BN, à Saint-Denis ou ailleurs, fut adoptée. C'est bien la seule fois où l'une de mes propositions a été retenue. Dès la fin de ce Conseil, Mitterrand s'était entretenu, de façon insistante, avec Léotard, de mon projet. Il avait donc été très intéressé. La suite m'échappe mais il est certain qu'entre Mitterrand et Attali mon idée a pris corps. Elle a donc, en fait, plusieurs auteurs : moi-même suivi par Chirac et Léotard, puis l'Élysée et Attali, après la réélection de Mitterrand.

[1] Cf. p. 12 et 17.

Il y eut aussi cet autre dîner mais cette fois chez Attali. Parmi les invités figurait, entre autres, Michel Serres. Les autres étaient des gens que je ne connaissais pas à l'exception de la chanteuse Barbara qui arborait une paire de lunettes noires. On discuta longuement de la coupure : 1900 ? 1918 ? 1945 ? Il s'agissait de dépouiller une partie de la BN pour la mettre dans le futur site. Une catastrophe. Michel Serres était consterné lui aussi. Je sortis de là plutôt effondré, tant il me paraissait sur le moment qu'on était devant une proposition de démantèlement de la BN[1].

— *Pas plus que celles des silos ou de la coupure chronologique, la question du site ne semble définitivement réglée. Où en est-on ?*

Plus les choses avancent, plus j'ai l'impression, et même la certitude, que l'on va vers un site Tolbiac. Marchais a refusé Saint-Denis en disant, stupidité oblige, « Je ne vais pas faire cette fleur à Mitterrand. » Phrase imbécile quand on sait l'avantage qu'en aurait pu tirer la ville de Saint-Denis. En réalité c'est Mitterrand qui faisait une fleur à Marchais. Une de plus. Ceci dit, Saint-Denis garde quelques partisans, notamment Roland Castro. Architecte farfelu, ancien mao, homme des grands travaux, il est aussi membre de toute cette espèce de cour, d'équipe bizarre, qui entoure Mitterrand. Jamet lui-même n'en est-il pas un exemple ?

Chirac nous a quand même fait nommer, moi et Duby, au comité *ad hoc* de préparation à la Grande Bibliothèque. Duby va partir vers les sommets. Il est actuellement responsable de la septième chaîne de télévision[2]. A ceci près que Duby ne fait pas ce que je fais. Il doit être à son bureau huit jours par mois. Heureusement il a des assistants qui assurent le travail tandis que je me suis quant à moi complètement identifié à l'institution de la Bibliothèque nationale. Quoi qu'il en soit, Duby et moi, avions les titres et compétences voulus. Notre nomination, qui à la BN, qui à *la Sept*, n'avait rien de scandaleux. Je pense qu'il finira par quitter *la Sept*. En ce qui me concerne, je vais sans doute faire mes cinq ans et demi parce que Lang voit bien que je suis à mon bureau à huit heures du matin. Cela a fini par lui être répété. Duby, c'est différent. Par rapport à ses actuelles fonctions télévisuelles, il a pris une attitude de détachement de grand seigneur. Ajoutons, en outre, qu'il a un certain âge : cela peut expliquer voire justifier son insouciance.

Pour revenir à l'idée de coupure chronologique, à la BN nous y réfléchissons depuis plus d'un an, en compagnie de Cahart et Melot. Il est question, par moments, de mettre cette « saignée » à 1960 en fonction d'une coupure chronologique déjà existante dans le département des périodiques. Cela correspondrait aussi à la fin de l'un de nos grands catalogues. Ceci dit,

---

[1] ELRL devait avoir, par la suite, une relation plus étroite avec Michel Serres, à propos d'un rapport pour François Mitterrand, sur le projet TGB (cf. p. 75 et sv.)

[2] Georges Duby, médiéviste et professeur au Collège de France, avait été nommé, de 1986 à 1989, à la direction de la chaîne de télévision *La Sept*, ancêtre d'Arte.

je n'exclus pas que, par suite des décisions présidentielles (qui sont en fait les décisions d'Attali), cette coupure intervienne en 1945. Une chose est de prendre une décision ; une autre est de l'appliquer.

Problème supplémentaire : le déménagement. Il comporte éventuellement un risque de dommage sur les livres. Mais ne soyons pas trop scrupuleux. Après tout, les Anglais eux déménagent tout et ils considèrent que les dégâts seront évités[1]. On prélèvera en bloc les périodiques et on les mettra dans des caisses. Il y aura quand même des dommages mais minimes. Supposons que la coupure intervienne effectivement en 1960, les périodiques postérieurs à cette date sont en général en assez bon état et il n'y aura pas de problème. S'il s'agit, en revanche, de prélever les volumes fragiles antérieurs à 1960, les problèmes seront plus délicats. Les volumes parus avant cette date sont en effet plus vulnérables, question d'ancienneté et de papier.

Mais revenons à la question du site : plus on avance et plus la question de l'emplacement du futur site se complique. La chose peut se comprendre. Paris est un « lieu de cohabitation » avec Chirac, j'ai déjà eu l'occasion de le dire. Biasini, ce haut fonctionnaire, est avant tout un technicien, non un politique, du moins pour le moment. Il vient de l'équipe Chaban et il est aussi bien gaulliste que mitterrandien. Au total, Biasini est un homme de qualité. Intégré à l'équipe Mitterrand il cherche simultanément la collaboration avec Chirac. En revanche, Jack Lang, qui déteste Chirac dit-on, voudrait Vincennes comme Jamet, lequel, pour faire sa cour à Lang, se dit lui aussi favorable au Val-de-Marne. Moi, j'étais pour Saint-Denis mais Tolbiac me convient tout à fait. J'aime assez Chirac et je pense qu'on pourra travailler avec lui, d'autant qu'il est un personnage central en tant que maire de Paris. En fin de compte, je crois que Tolbiac est ce qu'il y a de moins mauvais. Vincennes, en effet, est un peu loin, situé en fin de ligne de métro. Il me semble que Tolbiac va passer et le bon sens l'emporter.

— Finalement, vous ne semblez pas si hostile à la future TGB. Est-ce exact ?

J'ai l'air, par moments, de critiquer le projet mais en réalité j'y suis très favorable. Il s'agit d'un grand projet. On aura peut-être une crise du côté de la Cité des sciences ou de l'Opéra-Bastille d'ici quelques années. Mais, si on s'y prend bien, on ne devrait pas en avoir à la Grande Bibliothèque.

Jamet est tout fier, c'est son côté un peu mégalo. Il dit « Ça va coûter quatre milliards, peut-être sept milliards voire seize milliards avec la consultation à distance. » Nous, à la BN, si on reste dans le coup, serons-nous comme l'ouvrier qui a gagné à la loterie ? C'est le danger de trop d'argent. Jamet, me dit-on, a été prié de se taire. Réactions bien compréhensibles devant ces chiffres énormes. En tous les cas, quatre milliards, c'est certain.

[1] La bibliothèque Saint-Pancras (*British Library*), ouvrira en 1997.

— *La consultation à distance ?*

C'est l'apport spécifique d'Attali dans toute cette affaire. Rendons-lui justice. Il y a chez cet homme un côté utopique du genre polytechnicien socialiste voire fouriériste. Consultation à distance : je tapote sur un clavier et le livre demandé apparaît sur un écran. Ce n'est pas idiot, loin de là, mais cette pratique n'existe actuellement que dans certaines institutions privilégiées des États-Unis. On travaille à partir d'une bibliothèque électroniquement équipée. A la limite on sera en mesure de le faire de chez soi, dès lors que l'on pourra s'offrir *at home* l'ordinateur personnel ou le terminal adéquat. Soyons claire, tout cela commence à se faire, notamment à la Librairie du Congrès[1]. J'en ai pris connaissance sur place et cela dépasse le stade expérimental.

En résumé, si j'ai apporté l'idée initiale de ce projet, Attali a développé le concept d'un équipement presque totalement électronique. Une idée, pas bête en somme. Lira-t-on sur écran des thèses de mille pages ? En ce qui concerne les articles de revues, savantes et autres, la chose va de soi. Comme disait de Gaulle « l'intendance suivra », je veux dire la technologie. Mais il faudra aborder aussi l'un des points majeurs de la BN : l'informatisation du catalogue[2].

Jamet s'est exprimé dernièrement. Je le trouve excellent sur la question de l'unité des deux bibliothèques. Il est partisan d'un administrateur unique. Sur ce point, il n'y a rien à dire et je le soutiens. Au prochain Salon du Livre, situation un peu ridicule, le panonceau du stand sera « Bibliothèque de France » — cette appellation permettant de maintenir haut et ferme le concept d'unité — avec, au-dessous et à droite, « Bibliothèque nationale » et, en haut à gauche, « Association pour la Bibliothèque de France » que préside Dominique Jamet. *Grosso modo*, j'ai peu d'objections sur tout cela, si ce n'est que l'équipe Tolbiac tient toujours à son projet, très dangereux à mon sens, d'évacuer 50% du fonds BN. Faut-il alors penser qu'il y aura deux dépôts légaux, l'un à Richelieu et l'autre dans le nouvel établissement ? On aurait donc deux BN, avec un dépôt légal à Paris, tandis que la province posséderait la portion congrue. Sur tout ceci, et sur d'autres sujets, il faudrait consulter ce que DJ a écrit récemment dans *Livre Hebdo*, sans faire allusion néanmoins aux silos. Il en a donné une nouvelle version dans le *Figaro* en un texte assez bref.

— *Comment le personnel de Richelieu réagit-il à la situation ?*

Il se demande ce qui se passe. Des personnes bien intentionnées me conseillent, concernant Jamet, de lui « rentrer dans le chou. » Il n'en est pas question bien sûr et pour toutes sortes de raisons. J'ai pour l'heure de bonnes

[1] Néologisme courant pour désigner la bibliothèque du Congrès, aux Etats-Unis (*Library of Congress*).

[2] Cf. *infra*

relations avec ce cher collègue et il est important que je les maintienne. J'ai l'impression, de ce point de vue, qu'il n'est pas totalement pris au sérieux, ni par Jack Lang, ni au ministère de la Culture en général, ni aux échelons infra présidentiels de l'Élysée. Mais enfin, le fait est qu'il voit Mitterrand assez longuement et assez régulièrement. Donc on ne sait jamais, une décision du Prince peut intervenir pour nous faire déménager 50% de notre fonds. Je crois que c'est un caprice et ça m'étonnerait qu'on arrive à la faire passer mais si la chose devait se produire, ce serait presque pour moi un motif de démission. Enfin, on n'en est pas là pour le moment mais, tout bien pesé, je ne me vois pas présider au déménagement de 50% du fonds. Il faudrait être tombé sur la tête. En fait, nous vivons en France dans un régime de lubies présidentielles. J'agite ça, seul ou avec quelques amis, comme un épouvantail mais je n'arrive pas à y croire. Simplement, contre ce dangereux projet, il faudrait parvenir à mener habilement une campagne de presse sans pour autant nous fâcher, à la BN, avec DJ. C'est la quadrature du cercle.

Installation de la TGB à Tolbiac

— En attendant, vous multipliez les visites chez les uns et chez les autres pour informer et vous informer. Votre côté activiste, sans doute.

Indéniablement. Récemment, j'ai fait une visite intéressante à la Villette. J'y ai rencontré un homme de qualité, le bibliothécaire des sciences dont le nom est Reiner. C'est un bibliothécaire professionnel. Est-ce pour cela qu'il m'a mis en garde contre l'emploi des disques optiques numériques ? La Villette possède une bibliothèque interactive, comme on dit, avec des écrans partout. C'est un peu ce que sera à certains égards notre nouvelle bibliothèque. Pourquoi pas ? Ce monsieur m'a dit : « la meilleure façon de stocker l'information, et la moins chère, c'est encore et toujours, jusqu'à nouvel ordre, le papier. » Nous avons parlé disquettes, disques optiques numériques, textes bruts. Mais une fois de plus, selon cet interlocuteur, le papier demeure espoir suprême et suprême pensée. Reste le problème récurrent : garder ou ne pas garder, conserver ou ne pas conserver, comme un annuaire téléphonique, par exemple, ou un dictionnaire. Une bibliothèque de conservation comme la BN a en effet tendance à garder l'exemplaire périmé, de façon à ce que le lecteur puisse avoir connaissance de l'état ancien de la question. Donc, François Reiner réagit quelque peu contre la folie technologique. Et pourtant, lui-même est un technologue et bien qu'il régisse une bibliothèque ultra-moderne, il met en garde en faveur du papier. Selon certains témoignages, l'histoire des sciences à l'heure actuelle est encore un peu déficitaire à la Villette. Ceci dit, rendons justice à cet établissement, il détient par exemple toute la bibliothèque de ce grand érudit que fût Bertrand Gille.

Quoi qu'il en soit, j'améliore plutôt mes relations avec le pouvoir — le pouvoir ministériel, en tout cas. Jusqu'à présent, je n'étais pas ravi des intermédiaires qui nous régentaient depuis la rue de Valois. Mais, dorénavant, nous sommes en relation avec une dame fort aimable, Madame Benhamou. Elle s'occupe bien de nous. Lang viendra bientôt pour visiter l'une de nos expositions. Cela se passera certainement mieux qu'à l'époque où François Léotard était ministre de la Culture. Nous avions une exposition venue du sud. Les vitrines des gravures exposées étaient presque toutes fêlées mais il avait eu la gentillesse de trouver ça superbe. Grâce à Madame Benhamou, les relations avec Jack Lang sont devenues sereines.

Aujourd'hui, je déjeune avec un responsable de Matignon, un dénommé Larquier qui, dans son petit département particulier, gère les bibliothèques. Jusqu'ici, Matignon, autrement dit Rocard, s'est très peu occupé de nous. Les choses vont-elles changer ? Dans la situation où je me trouve, me voilà contraint malgré tout de faire ma cour aux puissants. Notre exposition sur la Révolution m'en fournira peut-être l'occasion, y compris celle de voir le Président de la République. J'irai peut-être, avec quelques personnes de la Bibliothèque, à l'Élysée pour lui montrer divers échantillons de cette exposition

— *La TGB va-t-elle créer des emplois ?*

Oui, bien sûr. Le contribuable est là pour ça. Quant à l'attitude du personnel de la BN, elle est complexe. Un certain nombre ira sur le futur site. Ils seront bien installés, dans des locaux efficaces, modernes et vastes. Pour eux, c'est évidemment la meilleure chose. Certains en sont ravis par avance. Mais, simultanément, les racontars sur un déménagement annoncé comme chaotique inquiètent beaucoup de gens ici et je les comprends.

En ce qui concerne le financement de la TGB, le problème ne se trouve pas tellement dans les crédits pour la construction — ils oscillent, on le sait, entre 4 et 8 milliards voire 16 milliards, dans les rêves les plus fous — mais dans les crédits de fonctionnement. Ceux-ci seraient de six cent millions de francs par an soit « à la louche » 2,2 fois les crédits annuels actuellement dévolus à la BN.

Dans toutes ces affaires, il se commet quand même des gaffes : je ne sais quel petit personnage, vraisemblablement de l'Élysée, a parlé avec éloge, lors d'un voyage aux États-Unis, de « la plus grande bibliothèque du monde », selon les termes de Mitterrand. Ces propos ont fait, avec raison, très mauvais effet à la Bibliothèque du Congrès à Washington, laquelle est effectivement la plus grande bibliothèque du monde avec ses trente millions de volumes. Mon ami Billington, son actuel président, y a reçu récemment Jack Lang. Y a-t-il eu des retombées désagréables lors de cette rencontre ? J'avoue ne rien savoir. À priori, aux États-Unis comme ailleurs, il y a jusqu'à présent de la curiosité vis-à-vis de l'ouverture de notre bibliothèque à venir mais pas d'antipathie. On aura un papier dans le *Time* même si les journalistes étrangers se plaignent du manque d'informations précises. Ils considèrent que c'est un trait général de tout ce qui se fait en France, à savoir l'absence de discussion démocratique quant à ce projet et à bien d'autres. La presse française fait pourtant son travail, un peu grâce à moi du reste. J'ai fait discrètement passer à Emmanuel de Roux, au *Monde*, de la documentation, ainsi qu'à *Libération*. Sinon, je suis à mon tour tenu un peu, voire beaucoup, à l'écart des informations venues d'en haut. Il peut sembler que je critique à priori le projet mais en réalité, comme je l'ai déjà souligné, je lui demeure favorable. Simplement, il est normal que j'en relève les aspects négatifs lorsqu'ils existent.

— En dehors du projet de Très Grande Bibliothèque et de votre quotidien d'Administrateur, avez-vous d'autres activités en interne ?

Oui et c'est le moment de parler du problème des préfaces. J'en ai personnellement produit, dans mon existence, de très nombreuses mais celles que je « donne » aux catalogues d'expositions de la BN ont un caractère particulier. En effet, je suis bien incapable de préfacer un livre sur une exposition relative aux Aztèques ou à la Thaïlande. Les conservateurs ou bibliothécaires de la BN, compétents dans ces domaines, préparent donc un texte que je corrige et que je signe. Telle est la tradition à laquelle je me range depuis que je suis dans cette Maison. Je ne peux pas dire que je suis très heureux de sortir ainsi de mes habitudes de ne signer que des textes que j'ai écrit moi-même mais telle est la règle dans une grande administration et je m'y conforme.

A côté de cela, je continue incidemment mon activité journalistique. Elle est un peu réduite par rapport au passé mais j'ai tenu à la garder notamment à *L'Express*. Cette activité est du reste importante, en ce qui me concerne, vis-à-vis du ministère de la Culture, pour montrer qu'on n'est pas simplement un haut fonctionnaire mais aussi un homme des médias. Cela renforce quelque peu ma position, laquelle serait par moments, assez fragile puisque, vous l'avez rappelé, j'ai été nommé par Chirac et que je persévère sous Mitterrand.

— La coupure chronologique de 1945 dans les imprimés, semble se confirmer. La décision est-elle rédhibitoire ?

Il faut voir. Je me trouve actuellement dans une situation où je me sens à nouveau exclu. L'implantation à Tolbiac vient d'être officialisée et on doit faire face à ce projet absurde d'une coupure chronologique en 1945 et l'obligation d'exporter quatre millions de volumes. Il faudra fermer la BN pendant six mois. Ceci dit, c'est pour 1995, après mon départ. On a tout le temps d'y penser. La chose est tellement problématique que j'espère un sursaut de bon sens. On estime à 500 000 le nombre d'heures de travail *ad hoc*. L'alternative est claire. Ou on fait l'affaire avec le personnel qui existe ici et, dans ce cas, la lecture sera perturbée pendant deux ans. Ou on ferme momentanément l'établissement — ce qui me paraît être la bonne solution. J'essaie d'expliquer ces problèmes aux autorités supérieures mais c'est, ou ce sera, une décision prise *in fine* par Attali. Je pense que le Concorde a été conçu dans des conditions similaires. La coupure de 1945 est peut-être moins grave mais aussi stupide. On est en face d'une équipe de « schtroumpfs », tenue en main par l'Élysée. Il y a en premier lieu Biasini, lequel devait soi-disant me consulter mais, en fait, il n'en est rien. Quelle différence avec l'Angleterre où le patron de la *British Library* est aussi celui du chantier qui la reconstruit. L'arbitraire mitterrandien, comme toujours. Lang, sur ce point, est d'accord avec moi. Biasini a 67 ans et il est sous la coupe entière de Mitterrand. Il est encore actif et tellement reconnaissant au Président de la République de le maintenir en activité, qu'il est prêt à tout. Attali, lui, est un mélange d'utopie et d'incontestables billevesées. Ce ne sont pas des aberrations fonctionnelles. Il s'agit évidemment d'un homme intelligent. Il a une extraordinaire agilité d'esprit. Jamet, de son côté, n'est pas un type désagréable, bien au contraire, mais c'est comme si on faisait fabriquer le Concorde par des journalistes. Je n'ai rien contre cette profession mais il me vient à l'esprit une phrase de Régis Debray : « Quiconque attaque un journaliste est mort. » Je montre évidemment les mauvais côtés de la situation mais il y a aussi les bons aspects, je n'en disconviens pas.

Dans l'équipe Tolbiac quelqu'un a même essayé de proposer un autre projet, certainement déraisonnable : faire deux BN d'un coup. On l'a envoyé promener, à juste titre. Cette idée était délirante. Pour en revenir à Dominique Jamet, il est à bien des égards en porte-à-faux. Mais je pense qu'il est lié à Mitterrand depuis en fait de longues années. Mitterrand manipule et l'équipe Tolbiac n'a aucune envie ni capacité de résistance vis-à-vis de lui.

L'autre jour, à la conférence de presse de Lang, il y avait Jamet, Biasini, moi et quelques autres. Je jouais les otages sur le podium. Je faisais contre mauvaise fortune bon cœur et j'ai affirmé que je soutenais tout à fait le projet. Que dire d'autre ? Ce n'est pas la peine de se révolter publiquement contre les aspects baroques du projet en question sinon je serais limogé, ce qui n'avancerait à rien, puisqu'une fois de plus la BN aurait eu un Administrateur général pendant deux petites années. Ce serait catastrophique pour Richelieu. Donc, les décideurs s'appellent Biasini, Jamet et, dans une faible mesure, Lang puisqu'une partie de l'argent passe quand même par le ministère de la Culture.

— Le dépôt légal ne concerne pas seulement les imprimés. Ne s'applique-t-il pas également aux films et aux cassettes ?

Tout à fait. Notre dépôt légal BN des films et des cassettes[1] ne marche pas si mal, bien qu'on n'ait guère d'argent pour développer notre phonothèque. Madame Tasca a réuni une commission à ce sujet et, bien sûr, elle ne nous a même pas invités. Admettons qu'il y a un côté « groupie » dans tout cela mais l'aspect « petite bande » a sa légitimité puisque de toutes les manières le socialisme a été abandonné en tant qu'idéologie.

Une grosse bulle audiovisuelle semble fleurir ces temps-ci. On ferait à Tolbiac un vaste centre de communication de collections filmiques. Cela peut se défendre mais la bibliothèque ne sera-t-elle pas noyée dans ce nouveau et séduisant ensemble ? Et que deviendra, une fois de plus, Richelieu ?

La décision en faveur de Tolbiac vient bien entendu de l'Élysée. En soi, l'idée n'est pas mauvaise. Mais il faudra, d'une manière ou d'une autre, allonger quelques lignes de métro. À signaler que l'équipe bâtisseuse ne m'a jamais emmené à Tolbiac. La légitimité BN, on s'en moque. J'aurais pu, certes, y aller moi-même à titre personnel. Quoi qu'il en soit, le site Tolbiac est de qualité. L'avantage dans tout cela sera de permettre à la BN d'achever l'informatisation des catalogues. Si les promesses sont tenues, on aura de l'argent pour cette opération. Le risque est que Richelieu devienne un lieu mort. Sur ce point, Jamet est correct : il est pour l'unité à tout prix. Pour que le projet marche, il faudra veiller en effet à ce que les onze millions de volumes indispensables — l'intégralité du stock BN actuel — soient disponibles le jour de l'ouverture, de façon à éviter tout traumatisme à Richelieu et à Tolbiac. Mais je crois qu'un gouvernement socialiste — et même un gouvernement de droite — ne résistera jamais à l'idée de placer un camarade en dédoublant et en créant deux postes. Tout ceci représente un bref état, certes partiel et quelque peu embrouillé, des questions apparues ces jours-ci. Le dernier informé, comme toujours, c'est moi.

Suis-je « parano » ? Un collègue historien, qui occupe un strapontin à Matignon et qui se prend déjà pour un ministricule, a fait l'apologie, moi présent, de cette scission Richelieu/Tolbiac, au moins pour les livres. Ma femme l'avait pourtant invité à déjeuner. Rude épreuve …

J'essaie prudemment de faire savoir que cette émigration de six ou sept millions de volumes a quelque chose d'inutile et d'absurde. Mais en même temps je dois me méfier. J'en ai parlé à Duby au téléphone. Il m'a dit : « Méfie-toi ! Ton téléphone est peut-être sur écoutes. » C'est sans doute, une fois de plus, de la paranoïa. Mais *La Sept*, dont il est responsable, est très importante pour l'État. Georges a par moments l'impression, à ce qu'il me

[1] Les supports VHS étaient fréquemment utilisés à l'époque pour l'enregistrement de documents vidéo avant d'être remplacés par les CD et DVD eux-mêmes, aujourd'hui, en voie de raréfaction.

dit, que son téléphone est effectivement écouté. De toutes les façons, Duby à l'heure actuelle est marginalisé. C'est du reste amusant de voir comment maintenant, par la logique des positions qu'il occupe, il est considéré comme étant de droite. Il faut dire qu'au terme de sa valse-hésitation, qui a duré dix ou quinze ans — il a été nommé par Chirac à *La Sept* — le parti socialiste actuellement au pouvoir n'a plus confiance en lui et le lui fait sentir. En ce qui me concerne, je n'ai jamais prétendu flirter avec les socialistes. Ma situation est je crois d'une parfaite clarté. L'établissement ici suffit à mon bonheur. Disons que si les gens au pouvoir m'avait mis dans le coup « TGB », je passerais une bonne partie de mon temps chez Biasini à examiner les plans de l'architecte. Ce serait évidemment passionnant. Mais, je le répète, je suis entièrement à l'écart, du moins sur ces questions. Ceci dit, chassé par la porte, peut-être vais-je rentrer par la fenêtre ...

— *À propos d'architecture, sait-on à quoi va ressembler le futur bâtiment ?*

Non mais on commence en effet à se préoccuper de l'architecture. J'imagine qu'ils se sont adjoints au moins un bibliothécaire professionnel s'agissant des structures en question. Je suis à peu près certain que ce personnage existe. L'architecture va, sous peu, faire l'objet d'un concours. Couronnera-t-on le plus bête ? Le train est sur les rails. On est typiquement devant le modèle bien connu de la prise de décision apparemment déraisonnable faite par des conseilleurs qui ne sont pas les payeurs. Le jour où il y aura des problèmes, on aura oublié le rôle initial d'Attali. Les gens compétents servent d'alibi. Je suis moi-même un alibi. Je cherche néanmoins à dégager ma responsabilité. J'ai écrit à ce propos un ou deux textes que je garde par-devers moi et qui permettront, le cas échéant, de montrer que je ne suis pour rien dans toute la partie « sottise » du projet. Devons-nous mentionner, à ce propos, le fantôme de l'Opéra ? Attali m'a dit un jour : « Nous avons cassé Garnier en faisant l'Opéra-Bastille, sous-entendant, nous allons casser la BN en faisant Tolbiac. » Autour du projet, il y a des gens considérables comme Pierre Bergé, un grand homme d'affaires. J'ai donné une interview au *Débat*[1] où j'ai fait une allusion à la coupure de 1945. Évidemment, j'avais un bœuf sur la langue mais dans *Le Débat* il y aura, du moins j'imagine, des personnalités qui s'élèveront clairement contre la coupure[2]. Discrètement, j'ai informé quelques relations. Quand les gens du pouvoir auront lu un ou deux articles que j'ai inspirés, même s'ils n'écoutent pas mon téléphone, ils devineront que cela vient de moi. Il m'est difficile en tout cas de lancer ouvertement une campagne de presse contre une décision que je juge excessive. Mais je possède des amis dans les médias comme Jean-François Revel, Jean-Marie Domenach, Anne Pons ou Emmanuel de Roux.

---

[1] *Le Débat*, n° 55, mai-août 1989, p. 143. Gallimard.

[2] Effectivement, la coupure n'aura pas lieu. Cf. p. 48 et 98.

J'ai demandé par ailleurs à mon beau-frère Fauroux de m'aider à rencontrer Rocard. En conclusion, on m'a fait comprendre que Rocard avait autre chose à faire. Une fois de plus, le pouvoir isole. Rocard pouvait tout de même me consacrer une demi-heure seul à seul ...

J'ai eu néanmoins une rencontre avec Antoine Prost, l'historien de l'éducation ainsi que Larquier. Ce dernier m'a dit : « Faisons un déjeuner avec Rocard. Vous serez là. On sera cinq ou six et on mettra tout à plat. » Prost a commenté aussitôt : « Non ! Parce que ça ferait des histoires à l'Élysée. » Nous sommes ici en plein domaine réservé. Rocard a peur de Mitterrand. En ce qui me concerne, si Mitterrand me limoge de la BN, je reviens au Collège de France. Ce ne sera pas un drame. A l'inverse, dans l'entourage élyséen, je ne dirais pas qu'on tremble mais on est en quête d'un sourire du Prince. Je pense que cet état d'esprit dure depuis de Gaulle sauf que de Gaulle ne s'intéressait guère aux bibliothèques.

Pour en revenir, une fois de plus, à la coupure de 1945, il y a eu à coup sûr décision du conseil des ministres en ce sens. C'est presque aussi bête que ce qu'on a fait à Louvain quand on a scissionné les Wallons et les Flamands : on a attribué les cotations paires aux uns et les cotations impaires aux autres. Sans compter les problèmes de querelle linguistique, récurrents chez eux. Nous, nous sommes simplement confrontés, en ce qui nous concerne, à un problème de magnificence bibliothéconomique, selon une expression chère aux conservateurs.

— Avez-vous pu conserver, malgré vos fonctions actuelles, votre activité, même réduite, de chercheur ?

J'ai changé de rythme de vie mais j'arrive quand même à travailler un peu pour moi, généralement avant huit heures du matin, grâce à un secrétariat efficace. Après huit heures, je consacre tout mon temps à la partie administrative de ma tâche. Ceci dit, parler de recherche est un bien grand mot. Je m'attache uniquement à écrire le troisième volume de *L'Histoire de France,* chez Hachette. Entre les soirées, les week-ends et les petits matins, j'y parviens. De toutes les manières, vis-à-vis du Collège de France, je prendrai une année sabbatique l'an prochain mais elle sera complètement vouée à la BN. J'ai terminé mon dernier cours au Collège hier.

Je vais me rendre outre-Atlantique, au congrès mondial des bibliothèques. Il y aura Gattégno, qui est mon chef spirituel au ministère de la Culture ou, pour être précis, mon Directeur du Livre. Aussi, devrai-je être prudent puisque les choses sont aussitôt répétées.

Au passage, le problème du déménagement des livres en fonction d'une coupure chronologique en 1945, n'est plus un problème de fonctionnalité bibliothéconomique mais un problème purement politique. Si je suis contre cette coupure, que je trouve absurde, je suis classé à droite puisqu'en contradiction avec un gouvernement de gauche ; si je suis pour cette coupure, ce qui n'est pas le cas, je rallie les gros bataillons de la gauche.

Aussi claire que cela. Si demain, ce qui me serait assez facile, je donnais une interview au *Monde,* ou à un autre quotidien, pour dire que cette coupure est grotesque, je serais vraisemblablement limogé après-demain. Et même s'il n'y a pas limogeage, on peut toujours me couper les crédits. C'est coupure contre coupure. Je suis en fait très vulnérable. Pierre Nora, à qui j'en ai longuement parlé m'a dit : « N'oublie pas que tu es très fort. S'ils te vident, ça fera un énorme scandale national et même international. » Il y a un fond de vérité mais la phrase de Nora est excessive. En réalité, l'arme suprême est peut-être ailleurs : ils peuvent très bien ne pas me limoger mais simplement me laisser sécher sur pied. Ainsi, si j'ai une grève, ils peuvent parfaitement ne pas me donner les crédits qui me permettraient de la gérer. La BN a sans cesse besoin d'argent, or on doit procéder constamment à de nouveaux achats. Un exemple : on va acquérir prochainement *La Guirlande de Julie,* un très beau mais très coûteux manuscrit du XVIIe siècle. D'une façon générale, je suis « tenu ». En fait, il se joue ici deux choses : le devoir de réserve et, plus vulgairement, la mise au placard. Mon placard actuel est assez confortable mais le confort n'est pas nécessairement garanti pour les mois et les années à venir. Dans le cadre même de la BN, « en interne », je suis mon propre maître. On ne m'a jusqu'ici infligé, parmi mes collaborateurs, aucune personne issue du Pouvoir. Pas un instant on n'a cherché à m'imposer un collaborateur qui aurait *de facto* pris ma place alors qu'il semble bien que pour Duby, ce soit le cas.

Duby a toujours été grand seigneur, ce qui est parfaitement normal de la part d'un illustre médiéviste ; on lui a proposé le poste d'Administrateur de la BN que j'occupe à présent. Il a rétorqué : « J'accepte, le cas échéant, à condition qu'on me laisse passer six mois de l'année à Aix. » Duby m'a confié : « A l'heure actuelle, je suis tenu à l'écart ; ils ont mis le loup dans la bergerie. » Donc, il n'est plus patron. Moi, en revanche, je reste le patron réel à Richelieu. Simplement, comme nous avons peu de crédits ...

— *Vous restez ici « le patron », dites-vous. Pourtant, vous dépendez d'un ministre de tutelle et le projet TGB-BDF semble, par ailleurs, vous échapper. Ne ressentez-vous pas un peu d'amertume, vous qui, en un sens, auriez dû être à l'avant-poste de ce projet ?*

Madame Benhamou — notre nouvel interlocuteur au cabinet Lang — possède de nombreuses qualités mais ce n'est pas elle, en effet, qui remettra la BN dans le circuit de la Grande Bibliothèque. Ceci dit, je ne suis pas vraiment amer même si l'extension TGB est quand même ce qui aurait fait pour moi l'intérêt du poste. Qui suis-je à Richelieu ? Une espèce de doyen. Je le savais, plus ou moins, au moment d'assumer ce poste. Dès cette époque, j'avais écrit à mon futur ministre de tutelle, François Léotard. Je lui disais que les socialistes allaient revenir au pouvoir par le jeu de l'alternance et que je serai sous peu dans la situation où je me trouve actuellement. Il m'a répondu : « Tant pis ! Prenez le poste quand même. » J'ai donc accepté. A mes yeux, il s'agissait d'une expérience essentielle par laquelle j'espérais, en outre, rendre service. Mais il est vrai que l'expérience TGB aurait été pour moi quelque chose de passionnant et aussi de très utile pour la BN telle qu'elle est actuellement. Normalement, j'aurais dû être le patron comme c'est le cas aussi bien pour la *British Library* à Londres, que pour la Bibliothèque du Congrès à Washington. Dans les deux cas, les responsables de ces prestigieuses bibliothèques, comme il a déjà été souligné, sont également en charge des chantiers de reconstruction et d'exploitation de leur établissement. L'exclusion vient en fait d'un pouvoir socialiste puissamment sectaire. Il paraît d'ailleurs qu'il ne s'agit plus de socialisme à l'heure actuelle. Mais je n'entrerai pas dans ces débats théologiques.

— On a du mal à comprendre le statut de cette future bibliothèque. La TGB doit-elle devenir la nouvelle Bibliothèque nationale ? Ou se présente-t-elle comme un super-Beaubourg — voire une anti-BN — laissant à Richelieu son rôle et son statut traditionnels ?

C'est là qu'est le problème. Nous nous trouvons pour l'heure dans une situation confuse d'absence de statuts pour l'avenir. Il y a quand même un lien entre Richelieu et le projet Tolbiac, un lien chirurgical en tous les cas puisqu'on nous demande d'exporter quatre millions de volumes de la rive droite à la rive gauche. Dans toute cette affaire, je ne suis qu'un petit fonctionnaire, je n'ai pas le droit de dire non. Si j'étais dans un pays normal (Angleterre ou États-Unis), je les enverrais promener parce que la bibliothèque serait une authentique corporation. Ici, ce n'est pas le cas. Je suis tout au plus comparable à ce qui serait, en d'autres lieux, un super bibliothécaire de la Sorbonne. Mais, de toutes manières, être là est une situation intéressante pour moi et pour la BN. En tout état de cause, pour les cinq ou six années à venir, je peux laisser une trace, présider de façon très factuelle à l'informatisation du catalogue, et puis je peux tout simplement faire marcher la boutique — et de fait, en ce moment, elle ne marche pas trop mal. On a tellement de problèmes que, pour reprendre l'image de Galilée, je pourrais dire *E pur si muove !*[1] J'ai quand même une remarquable directrice du département des imprimeries, poste absolument central dans la Maison. Quand la salle de lecture des imprimés marche, les lecteurs ont l'impression que tout va bien et c'est ce qui compte. J'ai, en outre, à mes côtés, Jean-Sébastien Dupuit, en charge des finances et du personnel. Il est mon bras droit ou mon numéro deux, comme on voudra l'appeler, une sorte d'éminence grise. À la limite, on pourrait penser que c'est lui le vrai patron. Moi, je suis un personnage public avec un rôle inévitablement mondain, ou peu s'en faut. Au XVIIIe siècle, les choses étaient plus simples. Le vrai chef de la Bibliothèque Royale — actuellement Nationale — était un ecclésiastique, forcément célibataire. L'abbé Bignon, en effet, n'avait jamais

[1] « L'essentiel est qu'elle tourne ! »

pu devenir évêque car il avait une maîtresse et des bâtards. Mais ce prodigieux génie dirigeait non seulement ce qui est l'actuelle BN mais aussi ce qui correspondrait au CNRS de nos jours, et bien d'autres choses. Il avait évidemment un château et une chasse à courre à quelque distance de Paris. Tout cela est bien loin de nous.

Jean-Sébastien Dupuit vient de chez Léotard, un don de mon ancien ministre de tutelle. Il a, à ses côtés, un chef du personnel, fils d'immigrés d'origine andalouse, un homme remarquable également et qui fait aujourd'hui une brillante carrière de fonctionnaire. Quant à l'adjointe financière, elle vient d'une famille de harki. Elle comprend parfaitement le monde des finances. Mieux que moi en tout cas — ce qui n'est pas difficile. Donc, de ce côté-là, je suis très heureux.

Quant à ma position personnelle pour les années qui viennent, je prendrai ma retraite de professeur au Collège de France à 70 ans. J'en ai bientôt soixante mais le « fonctionnaire d'autorité », autrement dit l'Administrateur général de la BN, devra quitter la rue Richelieu à 65 ans. Cette vieille expression « fonctionnaire d'autorité », aujourd'hui un peu oubliée, était appliquée jadis aux cadres supérieurs de l'administration et qu'on pouvait éventuellement limoger. Cela signifiait, dans bien des cas, non pas qu'ils avaient une véritable autorité mais qu'ils étaient sous une autorité gouvernementale. Un certain nombre de grands personnages de la fonction publique, ayant dépassé 65 ans, souhaite qu'on les garde dans leur fonction active. Mais cela dépend, pour l'essentiel, d'une décision du Président de la République. Une fois à la retraite, soit de la BN soit ensuite du Collège de France, je redeviendrai lecteur de base à Richelieu puis, sans doute, à Tolbiac.

— *Vous parlez de votre retraite comme si vous l'appréhendiez. Est-ce le cas ?*

La retraite, autrement dit vieillir, c'est tout de même des ennuis de toutes sortes : l'arthrose, le déchaussement des dents, l'affaiblissement du corps en général. Les signes sont minuscules mais, chez quelqu'un comme moi qui se porte bien, et qui ne se sent guère différent de ce qu'il était il y a vingt ans, je commence à éprouver quelques problèmes de mémoire et notamment des noms propres. Je n'ai jamais été très bon sur les noms propres mais ça ne s'améliore pas. Empoigner son téléphone sur un appel et se dire tout à coup « Au fait ! Que voulais-je dire à ce Monsieur ou à cette Dame ? », se produit plus souvent à soixante ans qu'à quarante. La retraite d'un intellectuel, d'après de nombreux témoignages, est supportable et même parfois merveilleuse. La BN m'a donné une espèce de surface mondaine qui flatte ma vanité. Je suis invité sans arrêt. Consommation excessive de coupes de champagne ? En même temps, cette vie mondaine, nettement plus intense que par le passé, me prive quelque peu de contacts scientifiques — ou considérés comme tels. Je n'ai plus guère le temps de fréquenter des congrès historiographiques. Ces rencontres entre historiens relèvent du même système que pour des rencontres scientifiques au sens strict du terme. On évoque des points de détail ou des questions d'intérêt plus général, parfois des textes importants qu'on distribue et qu'on discute. C'est une activité qui équivaut peut-être à ce qu'étaient les salons autrefois notamment au XVIIIe siècle. Est-ce l'une des raisons pour laquelle je suis ici à la BN ? Je dois avouer plus simplement que ces fréquentations non point spontanées mais systématiques entre collègues ne me passionnaient pas au suprême degré. J'apprécie la sociabilité en général mais quand elle est imposée, j'y suis éventuellement moins favorable.

Je vais aussi à la Comédie-Française avec ma femme. Je dois évidemment serrer quelques mains, bavarder avec des gens que je croise dans des couloirs et dont certains me sont imposés par la conjoncture ministérielle. Cela ne m'amuse pas forcément. De toutes les manières, ce sont les règles du jeu et il n'y a là rien de dramatique.

L'historien face à ses juges

Question de vanité encore, je n'aime pas être jugé même si je n'ai pas cessé de faire l'objet de jugements critiques, positifs ou négatifs, durant presque toute ma carrière. Je me suis présenté à plusieurs élections universitaires, académiques ou au Collège de France. Cela dit, le rite des visites, quand il est obligatoire, est assez astreignant. Du moins ma nomination à la direction de la Bibliothèque nationale n'a-t-elle comporté aucune pratique de ce genre. Disons que je suis comme tout le monde : susceptible. Un compte-rendu désagréable me blesse. Publier des livres ou des articles, comme je l'ai fait maintes fois, c'est déjà être jugé. Mais certains comptes rendus m'ont paru, comme c'est souvent le cas, franchement injustes.

— *Lesquels ?*

En réalité, j'ai eu deux adversaires de taille. L'un était Michel Morineau et l'autre Georges Frêche. Mes relations avec ce dernier ont été toutefois plus complexes. Ce fut mon ancien élève quand j'avais une trentaine d'années et lui une décennie de moins. Il venait à mes cours et à mes séminaires, aux Hautes Études. Il était extrêmement aimable et poli. J'apprends quelque temps après qu'il passait sa thèse à Nanterre et que j'y étais attaqué en de nombreux passages de son travail. Je dois dire qu'il a été parfaitement correct dans cette affaire puisqu'il ne m'en a jamais voulu. Comme je l'aimais bien — c'est un personnage baroque typiquement méridional — j'ai mis un quart de siècle à me réconcilier avec lui, en investissant beaucoup d'effort. Depuis quelques années il m'appelle même, « Maître ».

Mais, une critique qui m'a affligé au plus haut point est venue d'un historien anglais, avec qui j'étais en bon terme du reste, à propos de mon ouvrage *L'Histoire de France,* une série en cinq volumes, écrite par moi, Duby et Agulhon. Ce critique anglais a prétendu que j'étais pour la Révocation de l'Édit de Nantes et hostile à la Révolution française. Deux accusations totalement absurdes.

— *Pouvez-vous préciser ?*

Je suis absolument contre la Révocation de l'Édit de Nantes même si j'estime — et je l'ai écrit — qu'elle s'est produite dans un contexte de persécutions religieuses qu'on trouve dans d'autres pays, notamment l'Angleterre, l'Espagne, la Russie, le Japon, vers la même époque — ce qui ne justifie rien mais donne une précision contextuelle. Quant à la Révolution française, ce critique me fournit l'occasion de préciser ma position.

La Révolution est faite au départ, à partir de 1789, par des légistes qui ne s'embarrassent pas trop des institutions existantes mais font d'assez prodigieuses réformes démocratiques, égalitaires et ainsi de suite. Ensuite, la Révolution devient folle, entre le 10 août — et, surtout, les massacres de septembre 1792 — et la fin de la Terreur, au 9 thermidor 1794. Sur ce point, je ne vois pas de raisons particulières de me solidariser avec cet épisode qui a duré deux années, même si, effectivement, là aussi des réformes durables et une politique de défense nationale ont eu un certain succès. En réalité, sur la Révolution française, j'adopte la position de François Furet qui l'avait peut-être empruntée lui-même à des historiens anglo-saxons — mais le point serait à vérifier. Pour Furet, en tout cas, et disons aussi pour Ferrero — grand historien italien écrivant souvent en langue française, et antifasciste de droite — la Révolution française, comme il le montre dans son livre *Pouvoir*[1], se situe comme transition entre deux légitimités : une légitimité aristocratique et monarchique qui va jusqu'aux années 1780 et une légitimité républicaine, bientôt démocratique, qui s'instaure dans les années 1870. Dans l'entre-deux il y a donc environ trois quarts de siècle sans véritable légitimité sinon qu'on danse d'un pied sur l'autre, d'une légitimité sur l'autre. C'est à partir de la défaite face à la Prusse de 1870-1871 que va se fonder une légitimité durable. En effet, le 4 septembre 1870, un groupe de gens, souvent assez jeunes, qu'on qualifierait aujourd'hui de braillards et de gauchistes, mais parmi lesquels il y a quand même des hommes politiques de premier ordre, proclame la République à l'Hôtel de ville, au moment même où se produit la défaite des armées françaises à Metz. Ce régime n'a donc aucune chance de durer. Or, paradoxalement, il est en place depuis cent vingt ans. C'est la raison pour laquelle je suis républicain depuis le 4 Septembre 1870 et c'est donc à ce jour anniversaire que je débouche ma bouteille de champagne, et non pas le 14 Juillet, fête de la Fédération certes, mais précédé d'un 14

[1] Guglielmo Ferrero, *Pouvoir. Les génies invisibles de la cité,* LGE, 1988.

Juillet 1789 assez sanguinaire. Du reste, en ce qui me concerne, je reprendrai le mot de de Gaulle : « Il n'y a pas de Troisième, Quatrième, Cinquième République. Il y a la République, un point c'est tout. » Une république progressivement améliorée, à mon sens, grâce à la fin des guerres coloniales et grâce à de Gaulle, dans une époque comportant par ailleurs d'autres défauts. Et voilà pourquoi je suis républicain. Sans enthousiasme particulier. Mais je le suis.

Discussions houleuses autour du projet

— *Le projet TGB semble avoir beaucoup avancé ces derniers temps.*

Il avance en effet. Nous avions déjà super-Pompom, autrement dit Beaubourg alias Pompidou, nous avons aujourd'hui, plus considérable encore, super Tonton. Des chiffres fous circulent actuellement. Mais faut-il les prendre au sérieux ? Certains parlent de 20 000 entrées par jour. Quant à moi, je suis paraît-il vice-président de l'association « TGB », tout comme Gattégno, mais en réalité tout se fait dans le groupe exécutif que dirige Dominique Jamet sous les auspices de l'Élysée. Jamet est lui-même assez occupé. Il dirige un journal confidentiel — le *Journal de 89*, je crois. Les collaborateurs de cette feuille y défoulent leur bile journalistique évidemment un peu comprimée ces temps-ci. DJ s'occupe aussi de l'Association des Démocrates qui serait celle des ralliés au système Mitterrand actuel. Serait-ce le second pilier, la jambe de laine de la majorité de gauche ? Il y aurait ainsi le gros pilier PS et un petit arc-boutant venu de l'ancienne majorité droitière voire extrême-droitière. Tout cela occupe passablement l'animateur du nouveau site Tolbiac. Si bien que ce sont des petits jeunes bien gentils, ou pas tellement gentils quelquefois, qui font eux aussi le gros du travail.

Ainsi donc, il y aurait dans l'établissement tout neuf, « *tous les savoirs, toutes les techniques, tous les publics.* » Cela peut paraître, à certains égards, excessif. On trouverait à Tolbiac une salle BN pour le coup bien équipée, avec mille places. Est-ce à dire qu'il en faudrait mille deux cents ou mille cinq cents ? Il y aurait aussi une autre salle de lecture, une sorte d'hyper-Beaubourg, spécialement pour les jeunes. Elle correspondrait à l'ambition démocratique et juvénile du Président de la République.

Il semble qu'au sein de l'équipe Tolbiac, on a compris que la collection BN n'avait pas à être mise à la disposition de cette salle tout public, différente en cela de la salle BN proprement dite plus élitiste. Tout cela n'est pas très clair. À Beaubourg, la chose est normale puisqu'il s'agit d'une bibliothèque de communication et non de conservation. Les livres peuvent y être assez rapidement abîmés et endommagés. Enfin, une troisième salle, dite d'actualité, serait prévue, avec mille cinq cents places pour la France et cinq cents pour des gens venus d'autres nations. Tout cela finira bien par se remplir du fait notamment de la carence des bibliothèques universitaires, y compris celle de la Sorbonne pourtant remarquable à d'autres points de vue. Les étudiants iront là et nul ne s'en offusquera. À mon sens, la salle d'actualité est calculée trop vaste — mais allez savoir ? — et la partie audiovisuelle, outre le département audiovisuel proprement dit, serait très importante. Dans le cadre général du département audiovisuel, il y aurait une section « Musique et sons » qui ne rencontre guère d'objections. Celle-ci serait équipée de cabines performantes, contraste agréable avec certains locaux actuels de la Sorbonne où se donnent les cours de musicologie : le piano joue dans une salle, on ouvre les fenêtres sur les rues avoisinantes suite au manque d'air et, du coup, le bruit de la circulation, en provenance notamment du Boulevard Saint-Michel, absorbe une partie de l'audition musicale et de l'énergie vocale du professeur. Autre département attaché à ce secteur : le département « TV, Cinéma » tout à fait légitime mais flanqué, est-ce là le grain de folie, de dix salles de projection cinématographique. Soit sept de vingt-cinq places, deux de cent places et une de trois-cents places. DJ fut un peu étonné quand je lui ai annoncé que ces précisions figuraient dans son projet. Est-ce à dire qu'il ne l'avait pas lu avec assez de soin ? Ces chiffres viendraient d'un certain Vincent, jeune fonctionnaire zélé.

— Lors du conseil des ministres du 12 avril dernier, Jack Lang et Émile Biasini ont défini les grandes lignes du projet. Il a été décidé, entre autres choses, de déménager à Tolbiac tous les imprimés à partir de 1945 — les Départements restant, pour leur part, à Richelieu. Qu'en pensez-vous ?

Cette mesure fait littéralement hurler ici. Nombreux parmi les cadres et les employés de la BN, moi inclus, pensent en effet qu'il s'agit là d'une absurdité totale. Elle équivaut à une éventration de ce trésor national des livres qu'est cette Maison. Est-ce vraiment définitif ? Passons sur cette idiotie compte tenu surtout du fait, qu'avec l'aide évidemment du personnel, je suis parvenu à rétablir des conditions à peu près correctes pour la lecture. Si le déménagement se fait, il faudra inventorier les livres, les marquer à nouveau, les coder. Nous serons derechef perturbés pendant trois ans. Tout cela, c'est du côté de la maison Jamet.

Il va y avoir à ce propos des interviews et des articles très critiques - que j'ai quelque peu télécommandés — dans *Le Débat* et quelques autres revues. Dans cette affaire, je me suis effectivement tourné vers les jeunes plutôt que vers les associations de lecteurs un peu poujadistes. Je suis très aidé par l'un d'eux, le jeune Yann Fauchois qui hurle et qui tonne contre la coupure, avec la plus grande énergie ou encore Denis Crouzet, lui-même issu d'une famille de trois ou quatre générations d'historiens. Ils ont des positions peut-être un peu raides mais finalement justifiées contre cette coupure qu'ils trouvent, avec raison, ridicule. Jacques Julliard écrit pour sa part un article dans *Le Nouvel Observateur* ainsi que Marc Fumaroli, dans *Le Figaro*. Je pense aussi à Pierre Nora qui réagit très bien et qui est indubitablement un lecteur même s'il n'est pas nécessairement un lecteur très assidu. Mais il sent que la communauté intellectuelle est mécontente.

D'où vient, en réalité, cette idée absurde de coupure ? Pour en revenir à la question des origines, comme on disait autrefois, j'ai longtemps pensé — sans doute à juste titre — que son auteur n'était autre que Jacques Attali, Mitterrand n'ayant absolument pas le temps de s'interroger sur des problèmes de ce genre. Qu'on songe aux sottises qu'il a proférées devant moi sur le fait qu'on allait loger les bibliothèques municipales à la Nationale. Ceci dit, je me demande s'il n'y a pas aussi là-dedans du Melot, lequel s'agite beaucoup dans cette affaire. C'est un bibliothécaire compétent, en charge de Beaubourg et qui semble animé par une volonté de revanche vis-à-vis de la BN où pourtant il n'a pas été malheureux. Il y a peut-être également en lui une manière de socialiste utopique, comme Attali, et qui s'imagine que tout sera sur écran avec un peu partout des réseaux de câbles et d'ondes hertziennes. Mais, n'en doutons pas, nous trouverons quand même, et pour très longtemps encore, également des bouquins. Mon intime conviction est qu'il est l'un des grands coupables de la coupure.

— L'espèce de fronde contre la future bibliothèque semble gagner du terrain. Manifestement, vous avez des alliés.

L'esprit oppositionnel, au bon sens du terme, commence en effet à se développer du côté non seulement de Nora mais aussi de mon ami Jacques Julliard que j'ai réussi à sortir de son sommeil dogmatique. Julliard est un compagnon fidèle mais sur des éléments qui pourraient l'agacer il a parfois, si l'on peut dire, des accès de langueur. Je l'ai donc invité. Nous invitons, en effet, de temps en temps, ma femme et moi, comme j'ai déjà eu l'occasion de le souligner, soit des amis soit des ennemis. Invitation à déjeuner ou à dîner : déjeuner pour les gens de gauche, dîner pour les gens de droite. Nous avons même invité Jamet à diverses reprises. Ce dernier se plaint néanmoins de l'occurrence trop fréquente du magret de canard. Personnellement j'aime beaucoup le magret de canard mais je crois qu'à l'avenir nous devrons faire attention. Julliard doit donc nous faire sur cette question, non pas sur le magret mais sur la nouvelle bibliothèque, un papier dans le *Nouvel Observateur*[1], un journal de gauche et c'est essentiel. Et puis à la Culture, rue de Valois, ils sont relativement raisonnables puisque Mitterrand les a mis, dans une certaine mesure, hors du coup mais moins que je ne le suis tout de même. Gattégno cependant reste redoutable. Y a-t-il des divergences entre Lang et Gattégno ? C'est possible. Lang, c'est certain, a été quelque peu écarté et peut-être même assez fortement écarté par Mitterrand sur l'affaire de la BDF. Mais il essaie de se raccrocher aux branches et je suis moi-même l'une de ces branches. Lang, dans le fond de son âme est possiblement hostile à la coupure et il semble trouver le projet audiovisuel

[1] Jacques Julliard, *Le Nouvel Observateur*, 22-28 juin 1989.

fou, fou, fou. Rocard qui, paraît-il, est publiquement humilié par Mitterrand — bien dans la manière du Prince qui nous gouverne — Rocard, donc, y serait lui aussi hostile. Selon une expression qui a cours dans son entourage, Rocard ne voit pas pourquoi on devrait se payer « un super Tonton monumental rive gauche.» Lang est tout à fait conscient de ce que l'on dit à savoir que la coupure est une bêtise. Peut-être est-il sur ce point « tuyauté » par Beck, son insupportable directeur de cabinet mais qui du moins connaît la BN. Comme on le sait, ce dernier a écrit sur la Bibliothèque nationale un rapport[1] qui, d'une façon ou d'une autre, m'a fortement déplu mais dont l'écho a été important.

Bien sûr, je ne dis pas « après moi le déluge », même si les dangers d'inondation, à Richelieu comme à Tolbiac, sont réels. Je travaille pour l'institution. Ceci dit, me prolongera-t-on ? Je n'en sais rien. En tout état de cause, si la gauche reste au pouvoir, elle ne me gardera certainement pas au-delà de 65 ans. Je ne lui en voudrai pas tellement parce qu'Administrateur général de la BN, ce n'est pas tout à fait mon métier. Je suis plutôt un chercheur. Mais justement, le fait de quitter mon poste en 1994, très probablement et en tous cas très réglementairement, voilà qui me rend libre, jusqu'à un certain point, d'avertir, de conseiller, de critiquer. L'un des modèles possibles, pour moi, demeure toujours le projet Saint-Pancras de Londres, en tous points excellent dès lors que l'on se place dans la perspective d'un déménagement total du fonds. En fait, deux solutions existent. La première, la plus économique, consisterait à exporter, de Richelieu vers un autre site, le département des périodiques. La seconde, dont je suis partisan en mon for intérieur, serait l'exportation totale du fonds des livres BN en rive gauche. Une solution superbe sans aucun doute mais plus coûteuse.

En fait, je suis toujours partagé entre l'esprit critique à l'égard de la mégalomanie du projet et un inévitable ralliement. Car la BN ne peut pas se permettre de rester en dehors du projet Tolbiac.

---

[1] Cf. p. 10.

ÉTÉ 1989

Au cours de mes rencontres avec des gens de presse, je suis tombé récemment sur un journaliste de gauche assez connu, Marc Ullmann, un charmant garçon vis-à-vis duquel je me suis exprimé franchement sur la TGB.

Petite anecdote : dans ma jeunesse, mon père et moi avions été reçus chez sa mère, la comtesse de Brinon, héroïne d'une étrange histoire. Juive et roturière, elle s'était remariée au très aristocratique et catholique comte de Brinon, l'ambassadeur de Vichy auprès des Allemands. Un type assez salaud, très engagé dans la Collaboration. Mais il s'est montré, semble-t-il, correct vis-à-vis de Marc son beau-fils. Il a été fusillé à la Libération, deux ans après Laval. La nuit précédant l'exécution de Brinon, on aurait assisté à une scène très shakespearienne où la fille de Pierre Laval — exécuté dès 1945 — et la comtesse de Brinon, reconvertie au catholicisme et future veuve, auraient prié ensemble toute la nuit, dans une espèce de communion mystique.

— *Revenons à la TGB. Les gens de l'Éducation nationale ne semblent pas, eux non plus, de farouches partisans de la Grande Bibliothèque. Pourquoi ?*

En effet, les gens de l'Éducation nationale sont assez hostiles à la TGB, à commencer par Lionel Jospin. Évidemment, l'argent de Tolbiac, c'est autant de moins, financièrement parlant, pour les bibliothèques universitaires. D'aucuns trouvent le futur bâtiment dispendieux et à vrai dire avec juste raison.

De fait, mes relations, même indirectes, avec Jospin, s'expliquent facilement : comme j'ai déjà eu l'occasion de le souligner, une partie de notre personnel est gérée par l'Éducation nationale. Mais, tôt ou tard se posera l'épineux problème des salaires. Car, l'entourage TGB de Jamet bénéficie, dans certains cas, de salaires supérieurs à ceux des gens de la BN et cela risque, à terme, de faire des étincelles. Ceci dit, les gens de notre Maison tiennent à leur appartenance au MEN[1] parce que beaucoup d'entre eux trouvent-là l'occasion de demander des postes dans d'autres

[1] Ministère de l'Education Nationale.

bibliothèques de Paris ou de Province. En outre, ils peuvent bénéficier des vacances de l'EN, en général plus longues que celles des employés d'autres ministères. Existe donc un souhait général pour rester dans l'Éducation nationale même si les salaires de cette noble institution sont malheureusement assez bas. La rationalité voudrait donc que nous soyons à cent pour cent dans le système ministériel « Culture ». Mais le réel n'est pas toujours rationnel. Ainsi, nous n'avons pas vocation à être une bibliothèque universitaire mais *de facto* nous le sommes. La « clientèle » fondamentale de notre Maison vient en effet des universités : professeurs, assistants, thésards, étudiants de maîtrise.

— Même le ministère de la Culture — pourtant censé chapeauter le projet — manifeste par moments quelques réserves.

Indéniablement. Il y a une quinzaine de jours, vers le 1er juin, j'ai déjeuné avec Jamet. La rencontre fut plutôt agréable. Jack Lang, de son côté, a donné une conférence de presse sur le Livre et il s'est montré fort aimable à mon égard. Il veut que l'on organise ensemble une conférence internationale « avec tous les Le Roy Ladurie du monde. » Bien sûr, il n'y en a qu'un seul. Mais c'était assez délicat venant de lui. Il peut en effet se montrer charmant mais son comportement est évidemment lié au fait qu'il se sent quelque peu marginalisé en ce moment et il souhaite que la BN lui serve de fer de lance ou de marchepied — on a le choix de la métaphore. Bref, je traverse une période rose, dans les divers sens du terme. Lang, je dois le dire, représente en ce moment, l'élément de rationalité dans le projet TGB alors que ce n'est pas forcément sa manière d'être habituelle. C'est une sorte de génie, façon *Mille et une Nuits*, qui sort de temps à autre de sa bouteille comme dans la fable. Il est *« ebullient »* comme diraient les Anglais. Mais, dans le cas présent, il a les pieds sur terre : il est en effet inquiet du caractère par moments monstrueusement audiovisuel du projet et, je dois le dire, il préfèrerait une bibliothèque, une vraie, avec des livres. Est-il en concurrence avec Attali ? À vrai dire, il est un peu en pénitence, me semble-t-il, comme les frères convers dans les abbayes du bon vieux temps. Diverses rumeurs, peut-être fausses, laissent entendre qu'il va quitter le Ministère. On aurait alors Stasi, dans le genre rénovateur, Debaucé, un ministricule d'ouverture, ou encore Queyranne, l'actuel porte-parole du PS. Certains évoquent aussi, ce qui m'embêterait davantage, le nom de Madame Tasca laquelle me fait l'effet, à tort ou à raison, d'une idéologue socialiste. Elle a toujours été charmante avec moi mais d'autres la trouvent imbuvable. Que doit-on penser ? Lang prendrait, selon un bruit qui court, l'ambassade de France à Washington.

Jamet s'est-il senti vexé par les amabilités de Lang à mon égard ? Toujours est-il que nos relations se sont un peu réchauffées. Il m'a invité à déjeuner et je ne lui ai pas caché que j'avais avalé quelques couleuvres. Depuis ce temps, il me tient un peu plus au courant.

Quoi qu'il en soit, le concours d'architectes va avoir lieu. Lequel d'entre eux sera favorisé par le Pouvoir ? Mitterrand a-t-il déjà pris sa décision ? Allez savoir. Une conservatrice de la BN — ou, dans le jargon actuel, une conservateure — sera notre représentante dans le pré-jury qui en principe choisira entre les projets. Sommes-nous un peu revenus dans le circuit ? Mauvais signe quand même : notre informaticien en chef a été exclu de l'informatisation de la TGB. Je me suis consolé en me rendant hier à la fête de la rose, non pas la rose socialiste mais la rose tout court, à Bagatelle où l'Administrateur général de la BN est invité tous les ans.

Le succès public de Montaillou

— L'autre matin, à la sortie de la salle Labrouste, un lecteur vous a interpellé. Il voulait savoir comment vous expliquiez l'incroyable succès de Montaillou[1]*, dans les années 1970. Qu'avez-vous répondu ?*

Je suis par vocation, personnelle et conjugale, un historien du Languedoc et d'un Languedoc sans frontière s'étendant jusqu'à l'Ariège et à d'autres régions de culture occitane — hors de ses limites provençales canoniques d'autrefois.

Je l'ai raconté en de maintes occasions. Ma découverte, tout à fait fortuite, du petit ouvrage de Jean Duvernoy sur l'inquisiteur Jacques Fournier, a été déterminante[2]. L'observation et l'écoute méthodiques des habitants, de la part de ce personnage à la fois odieux et talentueux, leur vie et leur mort, leurs travaux, leurs amours et plus longuement encore leurs croyances, m'ont permis de réaliser une véritable étude d'anthropologie rurale.

J'avais même risqué à cette époque la notion d' « histoire totale » étant donné la petitesse de cette communauté qui rendait toutes sortes d'explorations possibles.

Il faut bien le dire, les études de village étaient florissantes, dans les années 1960, du côté de l'anthropologie américaine et française, même si aujourd'hui cette mode est passée. Il y avait eu notamment l'enquête d'un Américain sur un village du Vaucluse et une autre sur un village mexicain[3]. L'anthropologue américain, lors de son séjour dans le Vaucluse, s'était installé dans un logement érigé sur un pont qui traversait le village. Il voyait ainsi passer les gens qui partaient le matin avec leurs bêtes ou leur charrue,

---

[1] Emmanuel Le Roy Ladurie, *Montaillou, village occitan de 1294 à 1324*, Gallimard, 1975-1982.

[2] Jean Duvernoy, *Inquisition à Pamiers. Interrogatoires de Jacques Fournier 1310-1325*, Privat, 1966.

[3] Oscar Lewis, *Life in Mexican Village,* Tepostlan Restudied, University of Illinois, 1951, 1963. Cet anthropologue s'est surtout fait connaître par son livre *Les enfants de Sanchez* [1961], trad. Paris, Gallimard, 1963.

revenaient le soir et ainsi de suite. Et il notait. Un moment, il interroge une femme du village et s'étonne qu'elle n'ait que trois enfants et celle-ci lui répond : « J'ai dit à mon mari : maintenant il faut mettre le bouchon ».

Je pensais que ce livre aurait peut-être un succès d'estime même si j'étais sorti, à cette occasion, de ma spécialité qui n'était pas médiévale. Je redoutais au reste les jugements des médiévistes. Mais ils furent dans l'ensemble indulgents ou favorables. Il faut dire que je ne respectais pas la limite sacrée : 1492, avec la découverte de l'Amérique ou 1452, avec celle de l'imprimerie.

J'imaginais en vendre quelques exemplaires à des lecteurs issus du public savant et probablement aussi en Ariège et dans des villes importantes de ce département comme Tarascon-sur-Ariège et Ax-les-Thernes, jusqu'au jour de l'émission de Bernard Pivot, « Apostrophes ». J'étais assis à côté d'un ancien journaliste d'*Ouest France*, Jakez Hélias. Il avait écrit un livre sur le folklore breton : *Le Cheval d'orgueil*. Je ne sais ce qui s'est passé mais ce fût le triomphe pour tous les deux. Contre toute attente, il s'est vendu de *Montaillou* des centaines de milliers d'exemplaires, avec des traductions un peu partout dans le monde. Face à ce succès inattendu certains ont pu parler de « phénomène de société »[1]. C'est toujours ce qu'on dit quand on ne comprend pas ce qui se passe. Si certains historiens ont pu faire la fine bouche, les anthropologues, en revanche, l'ont particulièrement aimé, notamment aux États-Unis où il est recommandé aux étudiants. Encore aujourd'hui, de nombreux cars, affrétés par des Japonais ou des anglo-saxons, s'arrêtent à Montaillou.

J'ai d'autres projets à l'heure actuelle mais je ne pourrai les concrétiser qu'une fois terminée *L'Histoire de France* aux éditions Hachette. Il s'agit, entre autres, d'une famille bâloise des XVIe et XVIIe siècles, les Platter. Malheureusement, ce sont des gens qui écrivent en dialecte bâlois. Je lis bien l'allemand, je le parle assez mal, mais encore faut-il s'adapter à ce langage germanique un peu particulier[2].

Ceci dit, inutile de remonter au XVIe siècle. Au cœur même de notre actualité, on trouve des choses étonnantes. Ainsi les récents événements de la Place Tien-An-Men, à Pékin[3]. C'est du Guderian, non pas celui des tanks et des avions, comme disait ce stratège germanique, mais des tanks doublés par la télé, le tout exterminant les contestataires. La télé, de toutes les manières, a valeur d'intimidation dans le Céleste Empire. Il y a eu des fusillades ce matin. Je crois que Julliard a bien mis les choses au point dans ses petits papiers de l'*Obs*, flanqué par la grosse artillerie de Jean Daniel. Parfois, Julliard est oiseux quand il perd son temps, et le nôtre, à attaquer Bernard Tapie ou des gens de ce genre. Mais là, il est totalement dans le

---

[1] Tel Pierre Nora.

[2] Emmanuel Le Roy Ladurie, *Le siècle des Platter*, Fayard, 1995 et sv.

[3] 16 juin 1989.

vrai. La Chine est un pays en croissance et qui essaie de changer de peau voire de structure politique. Elle fait penser à la France de 1789. Mais, pour le moment, Tien-An-Men correspond à un échec gravissime du mouvement protestataire. On assiste à un mélange de répression léniniste et de penchant à la cruauté héritée des siècles passés de ce grand empire fondé, rappelons-le, en 216 avant J.C. — le seul des anciens empires qui tient encore debout après plusieurs millénaires. La Chine, quoi qu'il en soit, a de belles perspectives devant elle. L'URSS, en revanche, est un pays où l'ultra-modernité (dans le domaine de l'espace, par exemple) le dispute à l'arriération d'une agriculture proche du Tiers-Monde.

Le triangle des Bermudes

Pour en revenir à la BN, je suis pris actuellement dans un triangle des Bermudes entre Lang, Biasini-Jamet et Jospin car, difficile de se l'imaginer mais ce dernier existe aussi comme co-ministre de la BN. Quoi qu'il en soit, le ministère de la Culture, sinon Matignon, semblent s'être aperçus que je pouvais constituer pour eux un atout face au comité TGB de Tolbiac. En somme, je n'ai pas l'impression d'être une tour ni même un fou — et encore moins un roi — dans cette partie d'échecs que je joue entre la rue de Valois et la rue Richelieu mais simplement un pion sur leur échiquier. Jack Lang, qui n'avait pas brillé par son amabilité à mon égard pendant les six premiers mois de son sacerdoce ministériel, vient à nouveau de me faire des compliments publics dans une conférence de presse et il voudrait donc que j'organise un colloque sur les grandes bibliothèques[1]. Le fait est que le torchon brûle entre Lang et DJ, Mitterrand pratiquant avec maestria la fameuse devise : *divide ut imperes*[2]. Il s'amuse à jouer Lang contre Jamet, et Jamet contre moi-même. En tout état de cause, il est quand même plus agréable de sentir Lang un peu moins éloigné de moi qu'il ne l'était auparavant, et cela, même si je n'ai pas de crédits pour transformer certains circuits électriques de la BN afin de passer du 110 volts au 220 volts ou pour repeindre les fenêtres de la Maison. Jamet du coup devient à son tour beaucoup plus agréable alors qu'il n'y a pas si longtemps il s'était montré d'une parfaite arrogance. D'une façon générale, la relation BN-TGB ressemble aux marécages de Floride : le ruminant côtoie l'alligator.

— Il existe un rapport officieux sur la « TGB », qui circule beaucoup ces temps-ci. Vous-même l'auriez eu en main récemment. Est-ce exact ?

En effet. Il m'a été communiqué dernièrement par Michel Serres. A l'Élysée, Michel Serres c'est un peu Saint-Simon tapi dans sa turne

---

[1] Cf. p. 106, 111 et 115.

[2] « Diviser pour régner ».

minuscule au palais de Versailles et écarquillant les yeux de tous côtés. Michel Serres, Max Gallo et Régis Debray sont toujours et plus que jamais dans le clan élyséen. Régis Debray parle du reste de l'Élysée comme de « notre petite sous-préfecture. » Je n'oserais jamais employer des mots pareils mais il est vrai que je ne suis pas bien en cour. Michel Serres, donc, a gardé une certaine influence qu'il investit fort heureusement dans la bonne direction, comme en témoigne l'épisode du fameux rapport.

Il me téléphone un matin pour me dire : « Écoute, Sautter vient de me livrer quatre volumes de cinq cents pages chacun, contenant toutes les spécifications sur la construction de la nouvelle bibliothèque. J'ai interdiction d'en parler, ajoute Serres, or, je dois remettre mon rapport mercredi et je n'y connais rien. Peux-tu me rédiger ce texte dont j'ai un besoin urgent ? » Avec l'accord de Michel Serres, je fais discrètement chercher à l'Élysée les quatre volumes en question. Nous y passerons plusieurs jours. On me dira que ce comportement est un peu ludique. Mais les enjeux, eux, ne l'étaient pas. Ainsi, les quatre volumes que j'étais censé devoir ignorer deviennent momentanément ma chose. On avait voulu me les cacher puisque je ne fais pas partie de la *camarilla* au pouvoir mais la démarche de Michel Serres a placé l'affaire dans un domaine semi-public que je me suis empressé de garder secrète jusqu'à la remise de mon rapport personnel à cette éminence intellectuelle élyséenne qu'est Michel Serres. En réalité, la sous-traitance a continué, descendant d'un degré dans la chaîne des êtres et des hiérarchies, puisqu'en fin de compte, c'est l'excellent monsieur Parbel, conservateur à la BN, qui a passé deux jours sur sa fin de semaine, à rédiger le rapport. Il a trouvé d'instinct le style langue de bois qui s'impose pour ce genre de production. Parbel est d'autant plus à sa place dans cette affaire que c'est un bibliothécaire de très haut niveau, qui travaille volontiers avec moi et avec Jean-Sébastien Dupuit.

Ce genre d'action en faveur de la TGB, je la pratique moi-même en petit comité plus souvent qu'on ne le croit. J'explique en effet aux gens où en est le projet, sans trop m'avancer, d'autant plus que, comme on le sait, je n'y suis pas sur le principe hostile — bien au contraire.

Ainsi, ai-je rencontré récemment, pour des histoires de commissions paritaires, un homme du Pouvoir, un cadre jospino-centriste, un certain monsieur Gasole. On a mangé une sorte de gros sandwich quelque part et je lui ai fait mon petit exposé sur l'état du projet.

Un géographe socialiste, Armand Frémont, encore un apparatchik de Jospin et spécialiste éminent de l'élevage bovin en Normandie, m'a demandé, de son côté, une audience. J'en ai été fort flatté. Mais j'attends la suite. Frémont est un professeur important et de toutes les façons l'Éducation nationale dont il est membre est, je l'ai dit, assez hostile au projet — ce qui n'est pas le cas de Frémont lui-même. Le syndrome TGB est en général assez mal vu en tant que méga-structure dispendieuse et un peu fou mais je me garde d'entrer dans ce jeu.

De toutes les façons, répétons-le, une partie importante de notre personnel appartient à l'Éducation nationale. On compte parmi eux non seulement les magasiniers mais aussi une partie des bibliothécaires-adjoints qu'on surnommait jadis d'un terme affectueux : les *sousbibs*. On a même écrit autrefois une pièce dans le cadre de la BN sous le titre de *L'enlèvement de la sousbib*. Et chaque fois que je prends un, et surtout une, bibliothécaire dans ma voiture, tout le monde crie : « c'est l'enlèvement de la sousbib ! » Il faut dire que je pratique beaucoup les rendez-vous-voiture dans ma volumineuse bagnole de fonction, notamment avec tel cadre ou tel syndicaliste de la Maison, ce qui permet d'utiliser les précieuses minutes des embouteillages pour un travail sérieux.

Dominique Perrault, architecte de la future Grande Bibliothèque

Le Pouvoir — en d'autres termes l'Élysée — a donc nommé hier l'architecte de la nouvelle bibliothèque : Dominique Perrault. Peu de temps après, une campagne de presse contre la fameuse coupure de 1945, s'est déclenchée comme prévu. Le dernier numéro du *Débat* en a longuement parlé[1].

Dans l'intervalle, Mitterrand a réagi à cette campagne en déclarant : « Tous mes conseillers m'avaient pourtant affirmé que cette coupure était pleinement justifiée. » Évidemment il n'avait consulté que la bande de ses courtisans habituels. C'est dans ce contexte que nous avons donné un dîner où j'ai réussi à inviter le couple Badinter. Peu après, comme je l'espérais, ces derniers ont évoqué avec Mitterrand le contenu de nos conversations lors de cette soirée. C'est un monde étrange. Autrefois, on s'occupait de la conquête de l'Alsace et de l'Algérie pendant que les États-Unis faisaient de même avec la moitié ouest de leur continent. Aujourd'hui, en revanche, le pouvoir politique se préoccupe de bibliothèque. Mais, après tout, peut-être est-ce aussi important que la Cisjordanie. Je crois du reste que chez Mitterrand il y a un côté royaliste des années trente[2]. On doit constater qu'il fût en effet légèrement maurassien à une époque où cela n'avait rien de déshonorant. Il existe cette idée, évidente chez lui, qu'il faut laisser de grands monuments partout, idée qui relève de louis XIV mais aussi de certains régimes autoritaires de l'entre-deux-guerres. Bien entendu, cela peut valoir aussi pour des démocraties. Kennedy, non sans succès, s'est voulu par moments un bâtisseur, de même que Pompidou avec Beaubourg. Giscard était plus distant par rapport à ces pratiques voulant sans doute éviter les

---

[1] *Le Débat*, n°55, mai-août 1989.

[2] « Ceci a été dit en 1989, bien avant l'apparition du livre de Pierre Péan », tient à préciser ELRL.

reproches qu'elles n'auraient pas manqués de susciter — même s'il a laissé la gare d'Orsay devenue Musée du même nom. De nos jours, personne ne discute en effet les crédits accordés au Président, bien qu'il fasse semblant de mégoter un peu. S'ajoute à tout cela un semis de signes cabalistiques, vaguement maçonniques, issu de ceux que Mitterrand appelait lui-même les « frères la gratouille ». Enfin, il y a en arrière-plan l'idée selon laquelle il aurait très peu de temps devant lui. Était-ce Napoléon ou quelqu'un d'autre qui disait : « Il faut que j'envahisse la Russie. J'ai 43 ans. Je serai trop vieux ensuite. » Le mot a fait fortune.

Globalement, la presse de droite se fiche de la future bibliothèque, comme d'habitude, et *Libération* aussi. Il faut donc lire *Le Monde* pour trouver enfin une réflexion critique sur la TGB.

La date terminale de la construction, à l'heure actuelle, est fixée à 1995-1996, ce qui fait un délai assez court. Espérons qu'il n'y aura pas trop de bêtises de faites. Les Anglais, eux, auront mis vingt-cinq ans à bâtir Saint-Pancras. Or, l'idée est désormais de créer un Saint-Pancras français et de déménager ainsi les onze à douze millions de volumes et de périodiques actuellement entreposés à Richelieu — autrement dit la totalité des imprimés. En soi, l'initiative n'est pas mauvaise. Encore faudra-t-il trouver, je le répète, les moyens de combler le vide énorme ainsi creusé à la BN une fois le déménagement effectué et s'assurer de l'existence d'un comité d'accueil à Tolbiac. Mais ce sont des bruits de couloir.

— Vous citez souvent la bibliothèque Saint-Pancras, à Londres. En quoi est-elle exemplaire ?

Nous sommes allés à Londres, moi et Madame Benhamou et nous avons pu observer le sérieux et le pragmatisme avec lequel travaillent les Britanniques. Contrairement à Mitterrand, Madame Thatcher se fout pas mal de laisser sa marque sur le fameux chantier si bien que nos amis d'outre-Manche fabriquent un petit colosse qui n'est pas spécialement esthétique certes mais très fonctionnel. Le Prince Charles, selon sa vieille habitude, en a du reste attaqué l'architecture. Selon lui cette « library » a l'air d'un cimetière. On prétend aussi — mais est-ce exact ? — qu'il conseille de soigner le cancer avec du jus de carotte. En tous les cas, l'ensemble architectural a fait l'objet de calculs très précis et très stricts. Je suis revenu de Londres fortement attiré par le principe d'un ensemble bibliothéconomique unique.

Finalement, il se confirme que les petits départements resteraient à Richelieu et l'immense masse livresque des imprimés traverserait la Seine. Bien sûr tout cela doit être nuancé. Je suis un peu comme certain héros de Rabelais qui ne sait pas trop s'il doit épouser ou non le projet global, panurgique, du tout-Tolbiac. J'ai fait sur ce point des rapports que j'ai envoyés à Lang, à Madame Benhamou et à Sautter de l'Élysée. Ce dernier m'a reçu, à ma demande, pour que je lui explique la chose. Une fois de plus,

Sautter m'a fait savoir que Jamet était très bien en cour. C'est assez amusant du reste puisque nous nous situons presque dans la longue durée : Jamet est toujours autant détesté par Lang et par Beck et, plus largement, par la droite et par l'ensemble du clan socialiste. Notre ami DJ doit toutefois se consoler : il reste fort apprécié par Max Gallo et par Michel Serres, deux mitterrandiens de longue date et qui le resteront j'en suis sûr.

En fait, l'hostilité de certains à l'encontre de Jamet et de sa nomination à la tête du projet TGB, a diverses origines. D'une part, DJ est tenu pour un journaliste de droite voire d'extrême droite, ce qui n'est pas un crime en soi[1]. C'est pourquoi, les apparatchiks socialistes ne l'aiment pas, comme j'ai déjà eu l'occasion de le dire. Mais, ils ne sont pas les seuls. Il y a d'autre part un grand nombre d'intellectuels qui trouvent — je leur laisse la responsabilité de cette opinion — que c'est une claque de l'avoir placé à ce poste éminent. Il est vrai que sur certains points, il y a problème. Jamet ne s'intéresse pas du tout à la recherche, même s'il commence à en prendre conscience. Mais il est un peu tard. Sa passion le porte davantage sur le cinéma, la télévision et les ouvrages grand public. En attendant, nous autres intellectuels plus ou moins distingués, nous sommes sur ce point, comme disent les Allemands, *kujoniert*[2].

Mais DJ n'est pas le seul en cause. Lors de ma visite dans le bureau des architectes — où étaient exposées les maquettes ayant participé au concours final de la TGB — j'y ai croisé Goldberg, un bon ingénieur. Il occupe un poste très important à la Villette mais lui non plus n'a pas la moindre idée — qui pourrait le lui reprocher — de ce qu'est la recherche universitaire en bibliothèque, notamment en sciences humaines. Il se présente comme un scientifique pur et dur, en aucun cas comme un littéraire. Dommage pour la BN. J'ai bien senti que je l'énervais mais cela m'a laissé totalement indifférent. Il trouve que je suis un vieux crabe passéiste avec mes bouquins. Ce qu'ils veulent, lui et ses amis, c'est de construire un bâtiment superbe dans le genre des halls de Rungis. Je lui ai dit : « Je vous apporte mes douze millions de volumes. » Il m'a répondu, sur le même ton : « Je vous en fous trois dans un silo. » Alors, à quoi bon ce projet gigantesque ? Les douze millions de volumes, il faudra bien les caser quelque part. C'est énorme. Voilà qui bouscule quelque peu leur grand projet audiovisuel. Du coup, on en met trois dans un silo — ceux qui ne sortiront qu'une fois par an, sans doute ? Pourquoi, dans ces conditions, entreprendre ce grand déménagement et opérer une coupure dans les collections, laquelle n'a aucun sens intellectuel ni scientifique ? Tout cela m'a beaucoup refroidi. Ce matin encore — nous sommes le 18 août — j'ai vu madame Benhamou et je lui ai fait part de mes diverses pensées à ce sujet. Elle, avec l'ensemble du

[1] Durant la campagne pour la présidentielle de 2012, il s'était présenté sur les listes du Front National.

[2] Mot allemand de l'adjectif français « couillonné ».

Ministère, serait plutôt pour un Saint-Pancras à la française. Autre problème : j'ai un jeune ami, lié à ma famille, et rattaché depuis peu au groupe de Jamet. Il faisait partie, il n'y a pas si longtemps, du cabinet ministériel de Léotard. Sans parler de tragédie racinienne, il se sent un peu déchiré : d'une part il m'aime bien mais d'autre part Jamet est son patron. Il a 30 ans et il songe à sa carrière, ce qui est compréhensible. Il m'a dit : « vous allez vraiment apporter tous vos bouquins à Tolbiac ? » Je suis également géographe et pour moi le problème Richelieu-Tolbiac, dans l'esprit de nos dirigeants, c'est un peu le rapport Australie-Japon. L'Australie a des matières premières et les expédie au Japon qui en fait usage pour sa grande industrie. De même, la BN a des livres, il faut donc les transporter sur l'autre site où on les classera en totalité sur le mode informatique. Voilà l'état du problème. Si à la Culture on reste attaché à l'hypothèse d'un Saint-Pancras, du côté d'Attali, je ne sais ce qu'il en est. Je ne l'ai pas revu depuis quelque temps. Attali est un peu le rêveur de l'équipe ou, selon le mot illustre attribué à Choiseul, de la « boutique ». Le type raisonnable, dans toute cette affaire — mais oui — est Sautter. Malheureusement, cet homme intelligent est aussi marqué par la courtisanerie ambiante de l'Élysée. Dans ce système monarchique nous le sommes tous un peu mais certains poussent l'esprit de Cour au maximum et ne se gênent pas pour le faire savoir. Dès mon retour d'Angleterre j'ai revu Sautter. Je lui ai à nouveau parlé de Jamet en lui confiant que nous avions parfois de petits conflits et Il m'a répondu : « j'ai trouvé Jamet formidable, plein de vitalité, ça marche très fort. » Il n'en pensait évidemment pas un mot. Mais j'ai compris que DJ était toujours dans les meilleurs termes avec Mitterrand. En fait, Jamet fait partie de la stratégie Mitterrand. Je pense en effet qu'il existe une stratégie PS stricte et une stratégie Mitterrand. La stratégie PS stricte consiste à placer des copains et à avoir une certaine politique qui parfois peut s'aligner sur celle des intellectuels et parfois non. La stratégie Mitterrand est de rallier une partie de la droite et même, au besoin, de la droite la plus bête du monde. Est-ce ainsi qu'il faut comprendre l'opération Guilhaume, ce chabaniste récemment nommé à la tête des deux chaînes nationales de télévision ? Tout le monde a salué en la circonstance l'impartialité du CSA[1] vis-à-vis d'un homme de droite. L'événement a d'ailleurs déclenché un arrêt de travail contre Guilhaume. Malheureux prolétaires, contraints de cesser le travail comme les mineurs de charbon du XIXe siècle. Germinal n'est pas loin. Mais, d'étranges rumeurs ont circulé à cette occasion. Selon certains, Mitterrand aurait voulu faire un coup — l'une de ses spécialités — avec Chaban. Une chose est sûre, lors de ma visite chez le député-maire de Bordeaux — comme je l'ai déjà souligné, je me dois de rencontrer, dans l'intérêt de la BN, un grand nombre d'hommes politiques — Chaban m'a confié : « Je prépare un coup avec Simone Veil et Barre. »

[1] Conseil Supérieur de l'Audiovisuel.

Sous-entendu : « On est de mèche avec Mitterrand.» Tout cela m'a fait une impression plutôt grotesque. Chaban, pour le moins, a quelque peu raté son coup lors des présidentielles. Mais enfin Chaban reste quand même un pion dans le jeu d'échecs de Mitterrand et de la droite. Mitterrand, dit-on, a fait voter en sa faveur, dans la région de Bordeaux. Le grand maître de l'Élysée agit à la manière des Martiens en envoyant ses pseudopodes tentaculaires à gauche et plus encore à droite. Et Jamet fait partie de ce jeu.

— Depuis quelques semaines, les tensions s'exacerbent autour du projet TGB-BDF, accentuée, semble-t-il, par cette impressionnante campagne de presse. Voyez-vous une issue à ce qu'il faut bien appeler une crise ?

Il est vrai que mes relations avec Dominique Jamet se dégradent à nouveau — comme si c'était possible. En fait, nous sommes au plus mal l'un avec l'autre. Il est venu s'installer sur nos terres, il a choisi un pari désagréable. Je ne dis pas toujours du bien de lui et réciproquement. Cela étant, nous sommes condamnés à vivre ensemble. La BN, il s'en fiche. Je dirais même qu'il la méprise royalement. Elle ne lui sert que de matière première et l'octroi, entre autres, d'un salaire élevé. Président du chantier TGB, il a répété sa position dans *Livre Hebdo* ces jours-ci, celle-là même qu'il avait déjà énoncée voici quelques mois : « Qu'on laisse la BN là où elle est ; qu'on lui laisse même un dépôt légal ; probablement Richelieu n'aura plus d'acquisitions étrangères. » Voilà qui n'est pas très aimable à notre égard. Les propos qu'on entend autour de lui sont toujours du même tabac : il ne faut pas s'embêter avec cette bande de vieux fossiles, tous ces bouquins qui tombent en poussière et *tutti quanti*. L'ennui, dans tout cela, est que manifestement DJ ne bouge pas d'un pouce, il ne modifie pas sa position. Il est entouré, il faut le dire, de gens qui détestent la BN. Il y a quand même Abécassis, un gentil garçon, chef de cabinet de Jack Lang — et qui, lui, est amical. La BN de son côté est loin d'être vierge de tout reproche. Je pense en particulier à l'excellente mademoiselle Bossua, directrice de l'immense département des imprimés, avant ma prise de poste. Sa manie était célèbre : chaque fois qu'un magasinier était malade ou se mettait en grève, elle fermait une lettre, par exemple la cote A, B ou C. Vous arriviez un matin, la lettre Y — autrement dit les cotes commençant par la lettre Y — était fermée. Cela rendait nos lecteurs complètement fous. J'ai maintenant interdit cette pratique. Madame Sanson, la nouvelle directrice du département des imprimés, est inflexible sur cette question et désormais on ne ferme plus une seule lettre. Je crois que les lecteurs apprécient. La BN, par définition, est le dernier recours, l'endroit où vous trouvez en principe un livre que vous ne trouvez nulle part ailleurs. J'espère que l'image de la Maison a changé. Une chose est sûre : on en parle davantage. Évidemment cela est dû au projet Mitterrand, ne le nions pas, mais aussi, depuis ma prise de fonction, les grèves sont, me semble-t-il, en voie de raréfaction. Je ne m'en attribue pas le mérite mais j'en suis extrêmement satisfait car pour l'Administrateur général, la pire des choses est la survenue d'une grève. Les lecteurs sont furieux. Bien sûr, d'un jour à l'autre, il peut y en avoir une. Je suis revenu il n'y a pas longtemps de mes quinze jours de vacances. On avait oublié de payer une prime aux magasiniers. Ils allaient arrêter le travail. Pour moi, c'était l'horreur. En sus, il n'y avait plus d'électricité, plus de lumière dans les magasins. Le désastre sur toute la ligne. Dès que je suis arrivé, la chose a été réglée en moins d'une heure. Encore fallait-il être présent.

Retour sur le concours d'architectes

A bien des égards, Jamet est un personnage balzacien. Parlant du futur site de Tolbiac, il aurait dit récemment « C'est grand comme la place de la Concorde.» Y a-t-il vraiment de quoi pavoiser ? Je préfère quand même, et de beaucoup, l'architecture de Gabriel, ce grand artiste qui a conçu la Place de la Concorde. De toutes les manières, je le répète, je suis complètement tenu à l'écart de tout processus de décision. On m'a demandé récemment si je conservais encore une position officielle dans le projet TGB. En fait, j'ai un titre totalement creux, je suis soi-disant « vice-président de l'Association pour la bibliothèque du site de Tolbiac ». Gattégno voulait y coller Galard, un garçon très gentil et qui s'est effacé devant moi. Mais mon titre ici est purement décoratif. Je suis une sorte de potiche d'honneur. On connait le système : dans ce qu'on appelait autrefois les « organisations de masse », il y avait le noyau vivant et puis un certain nombre de personnes figurant pour la galerie. C'est mon cas. Je suis en somme, dans cette affaire, comme était Alain Le Leap vis-à-vis de Benoît Frachon dans l'ancienne CGT stalinienne.

Jamet est une personnalité complexe, avec des origines familiales à la fois socialistes, européennes et d'extrême droite. Il en a parfaitement assimilé toutes les techniques de manipulation. Ainsi, l'instance de décision actuelle doit être Attali, Sautter à l'Élysée — autrement dit Mitterrand — un peu Biasini, même si d'aucuns prétendent qu'il est sur le retour, et puis, autour de Jamet lui-même, un petit groupe composé notamment de jeunes. On y trouve des gens comme Grunberg, parfois des anciens maos, Abécassis, directeur de cabinet de Lang, des énarques, pratiquement pas de bibliothécaires et, enfin, un personnage qui s'occupe de l'informatique et qui donne l'impression qu'il n'y connaît pas grand-chose. C'est cette équipe tellement peu technicienne, tellement peu bibliothécaire, qui veut nous larguer. Tout cela n'a pas de sens, bien entendu. Jamais en Angleterre, aux États-Unis ou en Allemagne, cela n'arriverait. Mais c'est l'utopie socialiste qui continue. On n'emploie plus ce genre d'opération dans la grande économie industrielle française — ou ce qu'il en reste. On a renoncé à foutre en l'air l'économie, comme on avait tenté de le faire avec un certain succès en 1981. Mais dans le cadre d'une grande bibliothèque, pourquoi se gêner ? Après tout, ce n'est pas bien cher : cela ne coûte que quelques milliards de plus pour les contribuables. On finira un jour par s'en apercevoir mais il sera trop tard. Passe encore de bâtir, disait La Fontaine, encore faudrait-il que ce soit avec des idées saines, sérieuses, rationnelles.

— Quels étaient, au moment du concours initial, les différents projets architecturaux, en lice ?

On n'aurait sans doute pas dû organiser un concours mais disposer d'un plan préparé par des spécialistes. Songeons que l'architecture d'une bibliothèque est une science. Mitterrand l'ignorait totalement, ce qui est excusable à son niveau mais beaucoup moins en ce qui concerne l'architecte lui-même. Vingt maquettes furent finalement présentées, presque aussi biscornues les unes que les autres. En face, trônait un jury assez ridicule où l'on trouvait pêle-mêle Paul Guimard, le romancier maritime, ami du Président bien entendu, Jiři Pelikan, brave contestataire tchèque dont le seul mérite est d'avoir été anticommuniste il y a quelques années et qui, qu'on me pardonne l'expression, n'avait strictement rien à foutre ici, et enfin le peintre Soulages avec lequel je suis lié d'amitié. Le seul oublié dans ce jury, c'était moi, pourtant vice-président de l'Association. Eux aussi sont des potiches du reste, mais des potiches de gauche, ce qui change tout.

À cette occasion, j'avais rédigé un petit texte sur les origines de la BN au XVe siècle et je l'avais envoyé à Jamet. Mais il ne m'a même pas répondu. Je crois savoir que sur les vingt maquettes, le jury en avait sélectionné quatre et Mitterrand, notre grand bibliothécaire comme chacun sait, a choisi l'une des quatre.

Il y a aussi dans l'entourage présidentiel les Badinter, amis proches de Mitterrand. Elle, Élisabeth, continue la Fondation de la vocation créée par son père, Bleustein-Blanchet. Elle est favorable à la BN car c'est une lectrice de longue date. Elle est très amicale à notre égard et sent les problèmes. Quant à son époux, petite anecdote amusante, nous étions l'autre jour dans les embouteillages du bicentenaire, sa voiture était devant la mienne, une grille nous barrait le passage, il est descendu de son véhicule et a enlevé cette grille. Scène étonnante pour un gardien de la Constitution. Mais enfin, l'amitié ne se négocie pas. Je suivais derrière avec la voiture de la BN, je suis descendu pour le remercier chaleureusement.

Les Badinter ont parlé avec Mitterrand des problèmes Richelieu-Tolbiac. Ils ont abordé au cours de la conversation le problème de la coupure. Mais en réalité, Mitterrand, coupure ou pas, s'en moque totalement. Ce qui compte pour lui est le bâtiment. On pense sur ce point à des gens qui n'étaient pas méprisables du reste, comme Napoléon III. Une fois de plus, le côté mussolinien du personnage transparaît. Etre immortalisé dans la pierre, n'est-ce pas l'essentiel ? Une grande bâtisse vaut bien une statue. Ici, à la BN, nous avons un portrait du bon roi René, le roi d'Anjou (1420), qui est le portrait craché de Mitterrand. Étonnante coïncidence.

Pour en revenir au concours, le Président de la République était donc allé voir les maquettes en compagnie des époux Badinter. Elle en avait profité, avec raison, pour lui expliquer certains problèmes liés au livre. En vain, semble-t-il. Mitterrand passe pour un ami du livre mais ces problèmes précis comptent peu pour lui. Architecture avant tout. Moi, on ne me demande absolument aucun avis. On s'arrange quand même pour me consulter, pour la forme, la veille des jours où il faut prendre des décisions. À l'évidence, je sers d'alibi. De toutes les façons, je n'y peux rien. Je dégagerai mes responsabilités le moment venu. Hier, Jamet a parlé à la télévision. À aucun moment, il n'a mentionné la BN. Onze millions de volumes, c'est quand même quelque chose, cela aurait mérité un coup de chapeau. Mais rien à faire ! Je n'ai pratiquement pas eu un coup de téléphone de la presse. Celle-ci a fini par comprendre que le siège du pouvoir n'était en aucun cas à Richelieu. Peu importe. Si je manque des attributs essentiels du pouvoir, de ce que Jean Bodin au XVIe siècle appelait la souveraineté, j'en profite pour mieux connaître les collections de notre Maison.

On m'a donc fait venir, au lendemain de la visite de Mitterrand et sur invitation de Goldberg, pour me montrer les maquettes. Au bout de dix minutes, lassé de toute cette comédie, je lui ai soufflé : « je regarde vos maquettes. Elles m'amusent. Mais dites-moi celle qui va être choisie puisque c'est ainsi que les choses se passent. » Il m'a aussitôt montré celle-là même qui, la veille, avait été choisie *de facto*. Au milieu de ce lot de plans prestigieux — ou se voulant tels — mais pour la plupart d'entre eux non fonctionnels, ceux de Perrault étaient probablement, et de loin, les moins mauvais. Consolons-nous ainsi. Mais, tout bien réfléchi, sa maquette est quand même exécrable avec cet immense gaspillage d'espace, ces tours dans lesquelles les livres vont se perdre et s'abîmer, entre autre chose. On y voit un immense quadrilatère avec des tours et un « cloître » comme l'appelle parfois Mitterrand, obsédé par sa jeunesse cléricale. Il pensait en effet à un cloître de Florence. Mais les cloîtres florentins sont petits, harmonieux, charmants. Là, en revanche, on est dans la bizarrerie et l'inutilité du vide. Dans le quadrilatère, par exemple, il y aura non pas des livres mais des arbres. Le problème de la BN sera finalement résolu mais à quel prix ? Alors qu'on aurait pu faire beaucoup mieux que cela et beaucoup plus simple. De toutes les façons, ça marchera. Comme à Beaubourg, un tas de gens viendront mais le problème de la BN c'est-à-dire d'une grande bibliothèque nationale, rationnellement organisée, ne sera pas nécessairement résolu sur le fond.

J'ai eu, par la suite, quelques conversations avec des spécialistes étrangers, notamment anglo-saxons. Ces derniers m'ont affirmé que tout cela exige un flot d'air conditionné incroyable, une dépense inutile et monstrueuse. Mais que faire ? Tout ce l'on peut dire est que les quatre tours d'angle sont légèrement plus élégantes que la tour de Jussieu. Est-ce un compliment ? Il aurait même été question qu'une tour analogue soit

« positionnée » ici même, à Richelieu. Mais c'était évidemment inconcevable.

Ces tours vont tout au plus servir de magasins et de fours solaires à défaut de volets isolants et occultants. Deux bibliothécaires, danois et canadien, ont été stupéfaits à l'idée que l'on construise encore une bibliothèque utilisant l'architecture de tours. Je le répète, fonctionnellement, c'est une absurdité même si, d'après mes souvenirs, je crois en avoir vu une à Stanford et une autre à la New-York University. Somme toute, on crée une carcasse et on verra bien.

L'incompétence du cabinet d'architectes m'est apparue récemment lors d'un incident assez particulier. Mon épouse conversait avec Monsieur Perrault, l'architecte en question, du problème de place. Ce dernier s'inquiétait malgré tout d'un manque éventuel d'espace pour les millions de volumes à caser. A quoi mon épouse lui fit remarquer qu'il pouvait recourir à des *compactus*. Perrault, sidéré, lui répondit : « des compacts quoi ? » Cet architecte farfelu ignorait l'existence même des *compactus*, ce qui est pourtant l'une des bases de rangement dans une bibliothèque. Ils permettent en effet de gagner de l'espace sur les couloirs[1]. Imaginons un grand musée, coiffée d'une pyramide, où il y aurait de l'argent pour les hôtesses et les restaurants mais pas de clous pour accrocher les tableaux. Comme toujours avec Mitterrand, c'est du tape-à-l'œil.

Comme on l'a vu, le choix était fait d'avance parce qu'il fallait que ce soit un architecte français. Je peux le comprendre puisque ces dernières années les architectes étrangers ont été favorisés pour d'autres chantiers. De ce point de vue, le projet de Perrault n'est pas le pire, en dépit des objections suscitées par les tours.

Une urgence : informatiser le catalogue de la BN

A la BN, en tous cas, nous souffrons beaucoup de la Bibliothèque de France qui avale tous les crédits. Pour le moment, nous ne tirons en effet aucun avantage de cette rêverie mitterrandienne qui a parfois des allures de fumisterie. Mais le jour viendra où on aura besoin de nous, notamment pour l'informatisation du catalogue car pour l'heure, côté informatisation, les choses n'avancent guère. Un exemple : je compte informatiser la totalité de notre catalogue — ce qui convient très bien au grand projet Tolbiac. J'ai donc demandé au ministère vingt millions par an c'est-à-dire, au total, cinquante à quatre-vingt millions — une somme modeste parce qu'en réalité les frais seront beaucoup plus élevés. En fait, nous aurons tout au plus cinq millions, et encore, il faudra en distraire pas mal pour d'autres choses plus

[1] « Cela n'a pas empêché Dominique Perrault de devenir, grâce à cette construction quelque peu biscornue, l'un des grands architectes de notre époque », ironise ELRL.

urgentes. Donc, informatisation du catalogue, pour le moment : crédits zéro. J'ai pourtant dit, à plusieurs reprises à DJ que c'était important. Il m'écoute poliment. Mais, d'une part, sa compétence n'est pas très étendue et, d'autre part, mon impression est qu'il s'en moque. Impression fausse ? Je suis persuadé, en fait, qu'il veut garder cela pour son propre chantier, ni lui ni Mitterrand n'ayant compris que le catalogue BN est aussi important que la bétonisation du système. Mais je l'attends au tournant car nos livres, pour le moment, c'est à Richelieu qu'ils se trouvent et non à Tolbiac. Si l'on veut informatiser ce fonds immense, il faudra bien nous consulter. A moins que je ne sois vidé par Mitterrand, d'ici-là[1]. J'essaie donc de multiplier les rencontres avec le Président du plus que je peux. Quoi qu'il en soit, si je fus en très bons termes avec lui il y a longtemps, aujourd'hui je vis la disgrâce, ce qui est plutôt drôle. Une fois de plus, la seule chose qui l'intéresse, c'est l'architecture, le reste — les bouquins — il n'en a aucune idée, il a autre chose à faire même s'il est vrai qu'à Latché il a toute la collection des Livres de Poche. C'est pourquoi, de temps en temps, je lui offre un bel exemplaire que je fais relier à son intention par nos ateliers, de façon à améliorer le stock présidentiel.

Il est à noter que j'ai, en plus de l'histoire de la BN, encore deux livres qui pourraient devenir des cadeaux pour le Président. Ce sont à nouveau, me dira-t-on, des histoires de courtisanerie. Mais comment faire quand on est responsable d'une grande institution et que toute décision passe par le sommet de l'État ? Je dois dire que j'ai du mal à jouer ce rôle. Mais enfin, BN avant tout. Mitterrand nous a même demandé, à l'occasion, de lui préparer un volume relié d'un livre d'art qui l'intéressait.

Cela m'amuserait davantage de revoir Rocard qui est un vieux camarade. Mais je n'arrive pas à l'approcher, lui non plus. C'est un homme très occupé. Je ne peux quand même pas devant mille personnes lui remettre un bouquin-cadeau dans les mains. Il faut que j'aie un contact personnel d'au moins trois minutes. Même mon beau-frère Roger Fauroux, ministre de l'industrie et grand ami de Rocard, n'a pas été en mesure de m'assurer un contact avec mon vieux copain. Si la chose avait été possible, je lui aurais parlé de la Bibliothèque. Je vois Jack Lang plus souvent que Mitterrand, c'est évident, lequel reçoit beaucoup plus facilement des gens qui lui tirent dans les pieds, comme mon excellent ami Vitez.

Vitez vote en effet communiste et il le fait savoir à tout le monde. La parole de Vitez est libre et d'autre part il va dans le sens du pouvoir actuel. En ce qui me concerne, c'est un peu différent. J'ai bien sûr quelques idées politiques mais j'évite toute expression en public, sauf dans mes articles à *L'Express*. Il s'agit cependant presque toujours d'articles à contenu

[1] En fait, ce « vidage » aura bien lieu, au printemps 1994 — avec quelques mois d'avance sur sa mise à la retraite. Mais, ironie de la chose, le décideur ne fut pas Mitterrand mais Edouard Balladur.

historique, des comptes rendus de livres, entre autres. J'en profite pour me défouler un peu sur la Révolution française dont on fête cette année le bicentenaire. Dans un de mes papiers j'explique ainsi que la Révolution donnait des récompenses, des prix, des couronnes aux pères et aux mères de quinze enfants. J'ironisais discrètement, ce qui n'a pas empêché un lecteur indigné de m'accuser de « glorifier ce comportement ridicule.» Mes supérieurs hiérarchiques sont tout sauf idiots. Ils distinguent facilement dans un article ce qui est politique contemporaine et ce qui est jugement d'historien. Mais je reste de toutes les façons, très prudent.

— Où en êtes-vous, à l'heure actuelle, avec l'informatisation du catalogue ?

De fait, l'informatisation du catalogue est ralentie. Pour ma part, j'ai envie de me vendre aux Américains. Ils possèdent un organisme (l'OCLC) qui informatise les bibliothèques du monde entier. Je vais leur proposer le marché. Au moins ce sera fait. Avec le problème de l'extraordinaire lenteur bureaucratique du ministère de la Culture — et des autres ministères — on risque en effet d'attendre longtemps. Je vais leur dire : nous avons des catalogues, informatisez-les, donnez-nous en la jouissance et vous aurez le droit de les vendre. On gardera la vente pour l'Hexagone et l'Afrique francophone et vous, vous aurez le droit de les vendre dans le monde entier. J'ai conscience de ce que mes propos peuvent avoir de scandaleux mais à l'heure où le monde entier a informatisé ses bibliothèques, à l'exception de la BN, il me semble qu'il faut faire quelque chose, même contre les traditions normales et nationales de l'administration.

— En attendant, la BN continue, plus que jamais, ses activités. Entre les expositions, les visites de personnalités, les articles dans la presse, les colloques, elle n'a rien de la belle endormie. Une façon de réagir contre ceux qui voudraient l'enterrer trop vite ?

Sans aucun doute. Je suis en tous cas très frappé, une fois de plus, par les marginalisations en série que j'observe autour de moi, comme je le suis moi-même depuis longtemps. Ceci dit, je ne me sens pas trop malheureux. J'essaie de réaliser, à mon niveau, un certain nombre de choses. J'ai même eu droit à un compliment du ministère de la Culture. Formidable, non ? Incidemment, je suis passé rue de Valois, pour rencontrer Madame Benhamou. Il y avait là le chef de cabinet de Lang ainsi que son directeur de cabinet. Naturellement, ce sont deux positions absolument différentes : le chef de cabinet réserve les chambres d'hôtel, les billets d'avion et s'occupe des déplacements de l'équipe ministérielle. Il m'a dit « bravo ! » J'aurais préféré que le compliment provienne du Directeur de cabinet, infiniment plus influent. Mais on doit se contenter du peu qu'on a. C'est moi qui les tiens au courant de mes actions, dans la mesure du possible ou du nécessaire.

Une fois de plus, j'ai des relations avec les médias. Ainsi, ai-je une amie à *Paris-Match* — mes collègues me disent que ce n'est pas très distingué mais tant pis — et dans d'autres organes de presse comme Anne Pons à *L'Express*. J'organise des réceptions à la BN, en espérant renforcer plus ou moins ma position. On fait de merveilleuses visites pendant les expositions et notamment à l'occasion des manuscrits à peinture — puisque la BN, rappelons-le, est le plus grand musée de peintures médiévales du monde. Nous avons un système bien réglé : on commence avec la Rotonde[1], on montre de beaux manuscrits à peinture, on en profite pour visiter l'exposition en cours et on termine enfin aux Estampes où la directrice et moi-même montrons les Dürer, les Clouet, c'est splendide. Les gens repartent en général complètement éblouis.

Considérations impromptues sur le religieux et le politique

— Vous ne rencontrez pas seulement des politiques. Vous voyez également des religieux. Quels bénéfices en attendez-vous, pour Richelieu ?

Je ne sais pas encore. J'ai été voir dernièrement le pape. Il m'a donné sa bénédiction. Cela peut être utile … À vrai dire, j'y vais tous les deux ans et je ne suis pas le seul, bien sûr. Cette fois-ci, à cause d'une histoire de Carmel qui a irrité certains groupes, Lévinas n'est pas venu. Ricœur était là, ainsi que des intellectuels juifs, notamment américains. Mais les juifs français, à la différence des autres années, étaient absents. Ils semblent très marqués par ce projet de Carmel à Auschwitz[2]. Il s'agissait donc d'un séminaire polonais-allemand organisé par le Vatican. Nous étions logés dans un couvent de bonnes sœurs fort aimables. Geremek était présent et j'ai longuement parlé avec lui, c'est un grand ami. Il a prononcé certains jugements définitifs et amusants sur Walesa. Selon lui, c'est un personnage charismatique, un gros pépère mais très malin. Il n'a aucune intelligence mais une formidable intuition. Lisons Bergson. Geremek a sans doute raison. Oserons-nous comparer Mitterrand à Walesa ? Mitterrand en effet est très habile mais, par ailleurs, il est aussi très intelligent. Comme Geremek du reste, lequel ne se destine peut-être pas à une grande carrière politique. Tous ces intellectuels polonais se considèrent en phase pré-révolutionnaire. Il y avait aussi, au Vatican puis à Castel Gandolfo (la résidence de vacances du pape), Michnik. C'est un type très astucieux, en dépit ou à cause de son bégaiement. Il est allé à Moscou et leur a dit : « Nous les Polonais sommes en avril 1917. C'est un peu dangereux. La révolution sociale-démocrate de Kerenski est faite. Il nous reste à effectuer notre révolution d'octobre à l'envers. Nous sommes en avril 17 au Soviet de Petrograd. C'est le moment où les mencheviks

[1] La grande salle de lecture.

[2] Dans les années 1980, une poignée de religieuses avait investi le camp d'extermination d'Auschwitz pour y installer un carmel, suscitant de vives protestations de la part de la communauté juive. Le projet fut finalement abandonné.

s'étonnent : ''Il n'y a donc aucun parti digne de ce nom dans votre révolution ?'' A quoi Lénine, selon une version peut-être inventée, aurait répondu, son bras tendu vers la droite et le regard balayant l'horizon : ''Si ! Ce parti existe !'' » Dix mille tableaux des années trente à cinquante, ont immortalisé la scène. La seule différence est qu'à Petrograd il s'agissait du parti bolchévique et en Pologne de Solidarité. Les solidaristes, en tous les cas, ont une tactique excellente. En Afghanistan, on coupe la gorge aux communistes, en Pologne, Solidarité leur fait une place. Elle leur donne une chance — ou fait semblant — un comportement dont Roosevelt a été incapable vis-à-vis des Allemands : à Casablanca le président des États-Unis avait exigé en effet la capitulation sans condition de l'Allemagne. Cela a provoqué un raidissement très dangereux de la stratégie germanique. Quoi qu'il en soit, actuellement, Jaruzelski-Pétain prépare Walesa-de Gaulle. Embrassons-nous Folleville !

Ceci dit, Geremek a rencontré un émissaire de Gorbatchev. Il s'agissait d'un apparatchik historien et Geremek lui a dit : « Nous voulons garder le PC mais nous espérons l'aider à se transformer en parti social-démocrate.» Le soviétique lui a alors répondu, de façon tout à fait inattendue : « Mais pourquoi, diable, voulez-vous garder le PC ? » Il y a évidemment une part de comédie dans tout cela. Il y a du Juan Carlos là-dedans mais la Russie n'est pas l'Espagne.

Une autre histoire circule, provenant de Mitterrand cette-fois, et que celui-ci tient de son interprète. Il s'agissait de Tchernienko posant la question à Gorbatchev : « Depuis quand notre agriculture marche-t-elle si mal ? » Et Gorbatchev de répondre : « Depuis 1917.» Cela montre que les esprits ont beaucoup évolué ces dernières années : il y a bien maintenant en URSS voire en Russie, une conscience des retombées catastrophiques de la Révolution d'Octobre.

Pour en revenir à ce séminaire papal, ma femme, plus encore que moi, a été impressionnée par le souverain pontife. Elle n'a pourtant pas retrouvé la foi de ses ancêtres malgré mes objurgations inutiles. En réalité, je suis catholique, sans aucun doute, mais puis-je dire que moi-même j'ai la foi ? A mon sens, la foi est certes une invention de Saint-Paul mais qui était un peu tombée dans l'oubli. Au XVe siècle on donnait un écu à un pauvre et on améliorait sa petite place au paradis. N'importe quel imbécile pouvait comprendre cela. Voilà Luther qui arrive et qui exige la foi. Il est vrai qu'il s'agit d'une attitude générale de l'être humain, demandée par ce grand homme mais c'est vraiment une exigence démesurée. Kolakowski, grand philosophe polonais et écrivain catholique, mais qui, c'est vrai, a passé quelques années de sa vie dans le communisme et dans le marxisme, expliquait que la foi est une exigence folle. Au XVe siècle, on se contentait de beaucoup moins. On parlait simplement, et surtout, de bonnes œuvres.

Il y a deux ans, j'avais beaucoup parlé avec le pape. Cette fois-ci, moins. Il a un peu vieilli, il est un peu fatigué — est-il aussi un peu sourd ? Il roupille de temps en temps mais enfin on a eu un déjeuner où on a pu échanger quelques propos. C'était sympathique. Du coup, je l'ai invité à la BN. Il a eu un borborygme pontifical plutôt positif que j'ai interprété comme une acceptation. Encouragé, je me suis dit que j'allais me lancer sur ce terrain, du côté des religieux. Je pense qu'un de ces jours, j'inviterai des représentants de la communauté juive. Car si je commence par les cathos, je vais me faire incendier au Ministère. J'ai des amis à la Fondation du judaïsme français, je vais les inviter d'ici quelques semaines. L'idée d'inviter les représentants du judaïsme français en même temps que le cardinal Lustiger n'est peut-être pas raisonnable. Même s'ils ont des contacts officieux, il ne m'appartient pas de les organiser. Ils sont officiellement en froid depuis l'affaire du Carmel. Par la suite, je pense inviter Lustiger puis les protestants. Les musulmans ? Cela attendra. En réfléchissant, pourquoi pas les orthodoxes également ?

Concernant ces séminaires pontificaux, j'ai fini par être le seul à surnager, par élimination successive. Peut-être vont-ils me vider un de ces jours, du reste. Le pouvoir et l'argent dans l'Église sont allemands et la langue employée est de plus en plus, comme partout, l'anglais. J'ai fini par me dire qu'au Vatican aussi je suis potiche, comme c'est le cas avec Dominique Jamet. A Castel Gandolfo comme à Tolbiac, je suis chaque fois vice-président de l'organisation mise en cause. C'est décidément mon destin. Mais, je m'en moque un peu, ce qui m'amuse en l'occurrence est d'y aller.

L'organisme gestionnaire de ce genre de séminaire papal s'appelle Institut pour les sciences de l'homme. Son siège est à Vienne à cause, sans doute, des restes du Rideau de fer, pas totalement éliminés. Certains de mes amis, il y a quelques années encore, pensaient qu'il s'agissait de personnalités liées au KGB. Abominable calomnie, certes, mais ils avaient des contacts avec le gouvernement polonais tout en étant dans les meilleurs termes avec le Pape. Quoi qu'il en soi, les Geremek et autres solidaristes sont en train de gagner la partie. Il s'agit d'une très belle opération. Quoiqu'il n'est pas exclu, en souterrain, que des subventions venues peut-être des États-Unis soient allées jusqu'en Pologne via le Vatican.

Au départ, indépendamment de ce circuit souterrain entre l'Amérique, le Pape et la Pologne, il s'agissait pour notre modeste colloque de Castel Gandolfo, d'argent allemand. L'Église catholique germanique est riche, les intellectuels allemands présents ne se confondent pas en expiation perpétuelle vis-à-vis de la Pologne. Le tout est organisé à partir de Vienne et son fil direct avec le Vatican fait de Vienne la plaque tournante depuis longtemps entre l'Est et l'Ouest. On se croirait dans le film de Carol Reed, *Le Troisième homme*. Les Polonais présents appartiennent donc à Solidarité mais il y a peut-être aussi quelques personnes liées à l'appareil d'État communiste. A côté des catholiques en provenance de Pologne et d'Amérique du Nord, on trouve aussi des personnalités juives, sympathisants du catholicisme à quelque degré, comme le vieux sociologue américain

Schils. Il déclare tout de go que l'on devrait fermer la plupart des grands séminaires catholiques et autres, qui sont en réalité des écoles d'athéisme pour leurs élèves. Je me suis demandé au début si Schils n'était pas un peu sénile mais son propos après coup m'a paru intéressant et intelligent. Il y avait aussi Lewis, islamologue réputé, conseiller du Pentagone et qui de temps à autre lance une guerre dans ces pays-là, avec la bénédiction de la Maison Blanche. Supposez, à Rome ou ailleurs, un colloque sur les éléphants, Lewis vous fera sans broncher une communication sur les éléphants et l'Islam.

A l'origine, il devait y avoir, dans ce colloque pontifical, les trois Français déjà mentionnés : Lévinas, Ricœur et moi. Représentants les trois religions du Livre, Lévinas devait figurer le judaïsme, Ricœur le protestantisme et moi, je suppose, le catholicisme. Par la suite, certaines pressions que je ne me permets pas de caractériser, expliquent sans doute l'absence de Lévinas. Ricoeur, qui est assez à gauche, s'est abstenu lui aussi de venir, peut-être pour la même raison. En fait, comme tout intellectuel de haut niveau, il est assez compliqué. Il flaire la droite, il se méfie, peut-être même a-t-il des soupçons sur moi. Est-ce un grand esprit ? Probablement. En tout cas, c'est un homme de qualité et un calviniste important. Du coup, je me suis retrouvé le seul Français à ce colloque.

— *Vous avez évoqué, à plusieurs reprises, certaines marginalisations par rapport à ce projet. En dehors de vous, à qui d'autres songiez-vous ?*

Les marginalisations ne sont pas rares, même ailleurs. Duby a été marginalisé à la télévision, plus précisément à *La Sept*. On l'a placé dans un comité de surveillance. Personnellement, je partirai en juillet 1994 en laissant une maison en état de marche. On verra bien ce qu'ils seront capables d'en faire.

Jamet a la joie très juvénile de ne pas avoir sur le dos les syndicats, les grévistes et les embêtements quotidiens de toutes sortes. Quoi qu'il en soit, je serai désolé pour Jamet, après ce moment fulgurant à Tolbiac, lorsqu'il retombera inévitablement dans l'oubli. Mais tant que Mitterrand est là ... Il reste tout de même un homme de culture malgré sa vulgarité puissante et tous ses défauts — mais qui n'en a pas ? Il en souffre du reste. Peut-on dire pour autant qu'il est un marginal ? Question journalisme, absolument pas. Question bibliothèque, sans aucun doute. Mais il reste bel et bien comme le cheval que Caligula a nommé sénateur. Un journaliste s'était plaint de ce qu'on comparait Mitterrand à Caligula. Mais le journaliste en question ignorait que Caligula, dans cette affaire, n'était pas le symbole de la cruauté mais de l'incapacité à décider de nominations intelligentes et valables.

Jack Lang est marginalisé lui aussi mais d'une tout autre manière. Il demeure quand même au cœur du système même si son rôle est loin d'être central. Demain, au congrès de l'IFLA[1], il devrait dévoiler l'ensemble du projet. Une façon sans doute de remettre la main dessus. Voilà pourquoi, il m'a demandé d'organiser un colloque à ce propos, fin janvier 1990. Lang voudrait reprendre l'entier contrôle du projet. Mais il est loin d'y parvenir.

Gattégno lui-même, le Directeur du Livre, est mal vu de Lang. Est-ce parce qu'il ne s'est pas fait hara-kiri le jour de la prise de pouvoir de Léotard, rue de Valois ? Le fil ténu du pouvoir — pas si ténu que cela du reste — passe en réalité par Attali et Jamet.

Mitterrand, paraît-il, s'est fait engueuler l'autre jour par Bérégovoy. Comme toujours, en effet, le rapport difficile est celui du roi au Contrôleur général des finances. Il lui dit, bien entendu, que sa bibliothèque revient trop chère. Ce dont Mitterrand se fout totalement. Finalement, il y a eu une évaluation, certainement sous-estimée, puisqu'on en est à quatre milliards pour le projet Grande bibliothèque. En comparaison, le satellite IPARCOS coûtera à lui seul deux milliards et demi soit deux fois moins que la bibliothèque de Tolbiac. Ceci dit, le projet TGB reste fascinant même si Jamet dit que la facture montera facilement à sept ou huit milliards. De toutes les façons, l'escalade financière, et sous-entendu fiscale, ne va pas tarder. J'en parlais ces jours-ci avec mon ami Jean-François Revel : « Ici, avec un milliard, on ferait des merveilles. Là, à Tolbiac, on va mettre quatre milliards, et probablement plus, et le risque d'être croupissant. » Certains risques, notamment aquatiques, ne sont, en effet, pas négligeables. On revient toujours à cette obsession centrale de laisser des monuments comme Louis XIV a laissé Versailles. Dans le fond, je crois que Mitterrand reste, et ce n'est pas nécessairement une critique, un homme des années trente, de cette époque où la méga architecture fleurissait un peu partout, y compris dans des régimes que nous détestons. Dans tous les cas, cela démarre à marche forcée et déjà les touristes viennent à Tolbiac.

Dernièrement, j'ai reçu la visite de Frémont, l'adjoint très proche de Jospin. Il était en compagnie d'un garçon dénommé Renou, le nouveau chef du bureau des bibliothèques à l'Éducation nationale. J'ai fini par dire : « Il n'y a qu'à vider Jamet. » Ces deux-là ne m'ont pas trop contredit. J'espère qu'ils n'ont pas répété mes propos. Je sens qu'il y a de l'eau dans le gaz et que chez Jospin le projet est mal vu parce qu'il prélève des crédits, « objectivement » comme disent les marxistes, aux bibliothèques universitaires. Je rappelle que Malraux, dans *La condition humaine*, déclare qu'il reconnaît, dès leurs premiers propos, les militants communistes à ce qu'ils prononcent perpétuellement le mot « objectivement ». Cela dit, la TGB sera sans doute un grand centre de lecture publique. Pour adolescents et vieillards ? Pourquoi pas.

En principe, il n'existe aucun rapport entre la TGB et les bibliothèques universitaires. Mais l'informatique fait qu'il pourra y avoir des catalogues

[1] Fédération internationale des associations et institutions de bibliothèques

communs interconnectés. Le projet pan-électronique d'Attali est pour le moment dans les choux mais il fera nécessairement surface d'ici quelques années quand les progrès de l'informatique, inévitables et souhaitables, auront facilité les choses. Dans le projet initial tout était sur câbles et sur écrans mais pour le moment on se rend compte que tout cela est encore un peu prématuré.

Enfin, autre marginalisé : Michel Melot. Remarquable bibliothécaire, il est le chef des rayonnages livresques du centre Beaubourg. Certes, cette bibliothèque n'est pas trop agréable, les gens travaillent dans toutes les positions, viennent en famille avec des enfants, l'ensemble est vraiment hétéroclite mais elle est très efficace. Melot est un homme capable et aurait dû être à la place qu'occupe actuellement Jamet. Mais DJ le tient à bout de bras et tout à fait à l'écart du projet. Il va finir comme président du nouveau Conseil des bibliothèques qui est une sorte de fromage. Fait-il de l'ombre à Jamet et est-ce pour cela qu'il est marginalisé ? Une chose est sûre, Jamet préfère régner sur des hommes plus jeunes qu'il ne l'est lui-même cependant que lui ne tient son pouvoir que de l'Élysée.

La Révolution française et « Le patrimoine libéré »

— On fête ces jours-ci le bicentenaire de la Révolution française. A cette occasion, la Bibliothèque nationale organise une importante exposition. Elle semble connaître un certain succès.

Notre exposition sur la Révolution française était inévitable. Elle concerne en particulier un projet sur le patrimoine qui est entré massivement dans les collections BN, lors des premières années de la Révolution quand on saisissait les biens de l'Église. Le titre de cette exposition « *Le patrimoine libéré* » ne me convient pas vraiment car il ne s'agissait pas d'une libération mais tout de même d'une spoliation. Ceci dit, cette décision des révolutionnaires de transformer les biens de l'Église en biens nationaux est considérée depuis toujours comme légitime. N'insistons pas.

Sur l'affichage de notre exposition, des gens d'extrême droite, éventuellement des royalistes, ont inscrit des graffitis faisant remarquer que la Révolution française a décapité quantité de femmes. Je ne sais pas ce qu'en pensent les féministes.

Un journal d'extrême droite, *Rivarol*, a publié un article plutôt injurieux sur moi. Je reçois aussi des lettres de Faurisson dans lesquelles il me reproche ma « lâcheté », mon « arrivisme». Évidemment, je ne lui réponds pas. A priori, cela ne me dérangerait pas d'avoir, le cas échéant, un dialogue avec ce monsieur. Faurisson a dû être en khâgne en même temps que moi et que Vidal-Naquet. Mais tout cela est bien loin. Comment expliquer à ce journaliste de *Rivarol* que je ne suis pas l'horrible gauchiste qu'il a l'air de penser. Signalons au passage que le titre *Rivarol* du journal en question est fâcheux puisqu'il déshonore aux yeux de quantité de gens un grand écrivain du XVIIIe siècle, méridional, d'origine populaire et qui a su maîtriser au plus haut point la langue française à partir de son occitanisme de base.

À propos de la constitution des collections de la BN à partir des biens de l'Église, j'en ai parlé au cardinal Lustiger lors d'un repas. Il nous a donné une sorte de bénédiction au dessert. Le crime de spoliation, semble-t-il, est donc pardonné. Le vrai problème, non pas de morale ou de droit, car on en discuterait à l'infini, mais *de facto,* est celui des vols commis par les armées révolutionnaires et impériales en Allemagne, en Italie, au Vatican et ailleurs. Serons-nous un jour obligés de les restituer ? En 1815, quand la France, par le génie de Napoléon, a été définitivement battue, il a fallu rendre ses larcins. Les bibliothécaires toutefois avaient planqué quantité d'ouvrages sous les escaliers et on a réussi à en garder une bonne partie. Mais, avec les Prussiens, ça ne rigolait pas et il a fallu beaucoup restituer. En revanche, avec le Vatican, il n'a pas été nécessaire d'en arriver là car, comme disait Staline, « le Vatican, combien de divisions ? »

Ceci nous ramène à nouveau à la Révolution française. J'y ai perdu deux ou trois de mes prédécesseurs, Administrateurs généraux BN de l'époque, décapités ou suicidés par le fait des extrémistes robespierristes. Il y avait parmi eux un certain d'Ormesson. Mais son descendant Jean, se défend, avec raison, faisant remarquer qu'il a aussi des ancêtres du côté révolutionnaire. Il y avait surtout le grand écrivain Chamford, Administrateur général et qui a dû se suicider pour ne pas être guillotiné. On peut se consoler des spoliations, effectives ou non, en se disant que beaucoup de ces ouvrages et autres trésors saisis, auraient disparu dans les successions des châteaux, la dissolution des abbayes et qu'ainsi nous avons sauvé énormément de choses. Cela explique les bénédictions d'arrière-saison du cardinal Lustiger.

— Vous parlez des « trésors » de la BN. Le Louvre n'a-t-il jamais été tenté d'en réclamer une partie, compte tenu de la conjoncture ? Je pense, en particulier, aux fameux manuscrits à peinture.

Sans doute. Ils sont du reste à la merci d'un court-circuit avec les fils électriques qui traînent sur les planchers. Je pense également au système de climatisation peu fiable. Des champignons apparaissent en effet sur les livres, y compris les livres précieux normalement conservés dans la Réserve. La cause de ce développement est-elle due à la douceur du récent hiver ? On trouverait des champignons également à la bibliothèque de l'Arsenal. Ceci dit, que va-t-il se passer avec le projet TGB ? Une solution serait de transporter tous les livres et d'y ajouter les manuscrits au lieu de les laisser à Richelieu.

Lang devait venir à l'occasion de notre exposition révolutionnaire et patrimoniale mais il n'est pas venu. C'était différent du temps de Léotard, le précédent ministre qui venait facilement visiter nos manifestations. Lang s'est quand même déplacé pour une ou deux expositions. Outre moi-même, les hauts fonctionnaires de la Culture se plaignent de ne pas pouvoir l'approcher. Je l'ai quand même vu de temps à autre et les dernières fois il était beaucoup plus aimable, il m'a même fait des compliments mais je pense que c'était pour enquiquiner Jamet. Je dois dire que, dès que surgit le moindre chanteur pop, Lang arrive coudes au corps.

— *L'un des secteurs importants de la Bibliothèque nationale concerne les acquisitions et en particulier les dations. Quelles sont celles dont la BN s'est enrichie récemment ?*

De ce point de vue, les dernières nouvelles sont intéressantes. Si certaines sont tout à fait confidentielles et amusantes, en cette fin d'été, d'autres se trouvent dans le domaine public.

1989, « annus mirabilis »

Pour nous, 1989 aura été *annus mirabilis*, une année admirable. Nous avons acquis, en effet, la première édition de quelques pièces de Molière. Nous avons également acheté pour pas très cher *La guirlande de Julie*, l'un des plus beaux souvenirs iconographiques de la préciosité au XVIIe siècle, lors des commencements du féminisme aristocratique. Enfin, nous avons récupéré les papiers d'Apollinaire ainsi que le manuscrit de *Mon cœur mis à nu*, de Charles Baudelaire. Tous ces documents devraient rester à Richelieu.

De son côté, Madame Lebon de Beauvoir, fille adoptive de Simone, et femme d'une extrême gentillesse, nous a fait une dation. Dans ce fonds Beauvoir-Sartre, il y a bien sûr des correspondances mais aussi des carnets de jeunesse avec parfois un petit côté intime qui peut être drôle, intéressant, y compris dans les paragraphes que Simone de Beauvoir, d'après ce que l'on m'a dit, avait caviardés avant de les publier, ce que je comprends fort bien. Je n'ai pas eu la curiosité un peu malsaine d'y mettre mon nez. L'essentiel est que les spécialistes de Sartre et de Beauvoir puissent y avoir accès. C'est assurément un événement littéraire et même politico-littéraire.

Mauricette Bern, l'une de nos grandes conservatrices, a joué un rôle important dans cette affaire et la presse fait légitimement référence à sa personne — même si, au quotidien, c'est une raseuse de premier ordre. Jamais souriante, peu sympathique mais elle accomplit correctement son travail.

Deux mots, en passant, sur Sartre et Simone de Beauvoir. Le couple a eu une double destinée extrêmement contrastée. L'un et l'autre avaient refusé d'entrer dans la Résistance — ce qui ne me choque pas — mais ils y sont entrés résolument dès la Libération, profitant de l'épuration d'un certain nombre d'écrivains indésirables plus ou moins collaborationnistes. On a vu ainsi de vieux académiciens octogénaires, couverts de gloire et d'honneurs, passer quelques années en prison.

Quand, en 1949, Simone de Beauvoir publie *Le Deuxième sexe*, elle se hisse vers les altitudes célestes du féminisme et devient ainsi une formidable icône internationalement connue. Sartre, c'est un peu différent. Alors que dans *Les mains sales*, il avait pratiqué une critique assez virulente du communisme et surtout du stalinisme, il a par la suite, sous l'influence des jeunes normaliens ralliés en masse au Parti Communiste français[1], sombré dans le stalinisme et, plus tard encore, quand il comprend son erreur, du maoïsme. Il ne réussit hélas qu'à se ridiculiser. Il fait à quarante ou cinquante ans ce qu'un certain nombre de jeunes gens font à vingt ans.

Donc, le couple, à la fois diverge, l'un en grimpant vers les sommets, l'autre en descendant vers les abysses. Mais, étonnamment, il tient bon. C'est un bel exemple de solidité conjugale - sinon toujours de fidélité.

— Certains journaux vous accusent nommément d'avoir déclenché la campagne de presse à l'encontre du projet BDF. Quelle est, au juste, votre part de responsabilité ?

En effet, je viens d'apprendre, en lisant les journaux, que j'aurais déclenché, avec quelques amis, une campagne de presse à l'encontre, non pas du projet global mais de certains de ses aspects. Je ne le nie pas. Jacques Julliard, Pierre Nora, des conservateurs de la BN ainsi que les époux Badinter en excellents termes, comme chacun sait, avec Mitterrand, m'ont de ce point de vue beaucoup soutenu. Mais, peut-on imaginer que j'allais rester les bras ballants ? J'estime qu'il est de mon devoir d'alerter sur certains arbitrages nuisibles au projet. Peut-être sous l'influence de Madame Badinter, Mitterrand renoncera-t-il ainsi à la coupure de 1945 ? En attendant, il choisit une maquette probablement incapable de contenir tous nos livres si on y inclut les idées baroques de DJ et de son équipe. Ce sont sans doute les contradictions de la vie.

Je me suis donc rendu à l 'association de Jamet, sise dans un immeuble de la gare d'Austerlitz. Dans ce groupe on trouve des amis de Jamet, des neutres et des faux-amis comme jadis au PCF. Je leur ai fait une scène, leur disant : « Écoutez ! J'ai avalé assez de couleuvres comme ça ! », ceci devant cinq ou six personnes de l'association, poursuivant : « Il faut maintenant que vous m'associez aux décisions.» Cela s'est passé il y a une quinzaine de jours. J'ai été tout juste poli et il est bien possible que tout ce que j'ai dit ne serve pas à grand-chose puisque je n'ai pas le pouvoir de les obliger à suivre mes avis. Les résultats sont-ils bons ou sont-ils mauvais ? Je ne saurais me prononcer. J'ai vu ensuite Jamet en particulier. Je lui ai fait comprendre que je n'avais aucun complexe d'être politiquement à sa droite, que j'avais lu tous ses articles avec intérêt de 1981 à 1986, notamment dans le *Quotidien de Paris* et que ses écrits n'étaient pas spécialement de gauche. Pas un

---

[1] Cf. p. 165.

muscle de son visage n'a bougé. C'est un personnage qui, à de nombreux égards, n'est pas dénué d'intérêt. On s'est quitté bons amis mais enfin …

Finalement les choses ont évolué dans le bon sens, si l'on peut dire, puisqu'il y a deux jours Biasini, le secrétaire d'État aux Grands Travaux et Jamet, m'ont invité. Sautter n'est pas venu mais eux étaient présents, dans cet excellent restaurant de Latour-Maubourg. Là, ils me disent : « On vous accordera tout ce que vous voulez ». Je leur ai répondu : « Comme gage de bonne volonté et de coopération, donnez-moi vingt millions par an pour faire l'informatisation de mon catalogue. Donnez-moi aussi pas mal d'argent pour informatiser la communication des livres dans la salle de lecture.» Leur réponse fut nette : « Aucun problème, nous acceptons, du moment que ces investissements ne prennent pas sur le fonctionnement proprement dit de la nouvelle bibliothèque. » J'ai répondu : « Associez-moi à ce petit groupe au sommet ainsi qu'un ou deux de mes collaborateurs proches dont Madame Sanson et Monsieur Dupuit. Jamet, bien sûr, gardera la responsabilité du projet.» Ils ont été d'accord.

Sur ce, je reçois hier un coup de téléphone de Madame Benhamou et je lui dis : « Vous savez qu'avec Jamet c'est le grand amour.» Elle me répond : « Ne vous y fiez pas, il y a en ce moment un bras de fer entre la Culture et Biasini pour savoir si oui ou non vous serez au conseil d'administration de l'établissement constructeur de la nouvelle bibliothèque. Jamet et Biasini ne veulent pas de vous, poursuit madame Benhamou, mais nous, nous vous voulons. » Il semble que Lang, en ce moment, m'a un peu à la bonne et compte m'utiliser. Je me laisserai faire volontiers. Ça ne me dérange pas. Je trouve tout cela assez merveilleux. On m'achète avec vingt millions pour se débarrasser de moi ou du moins pour me rendre plus coopératif. Cela dit, si vraiment ils tiennent parole — ce qui n'est pas certain — c'est toujours ça de pris.

J'ai vu dernièrement l'architecte, Dominique Perrault. Il semble sympathique et plus ouvert pour nous que tous ces gens-là. Nous avons eu aussi le congrès de l'IFLA, le congrès international des bibliothécaires. On a fait une soirée dansante, j'ai serré la main de 2000 personnes à l'entrée. Je jouais les présidents de la République aux petits pieds.

Il y eut enfin une réunion de tous les directeurs de bibliothèques nationales du monde entier. La maison BN s'est vraiment mise en quatre : mon épouse en particulier s'est beaucoup dévouée, y compris culinairement parlant. C'était très réussi.

Abandon de la coupure de 1945 et déménagement total du fonds

— Dans les conflits actuels, le ministère de la Culture semble reprendre la main.

Jack Lang essaie, en effet, de se défendre comme un beau diable. Au cours de son dernier week-end à Latché, il y a huit jours, il m'a téléphoné très aimablement et nous avons discuté pendant plus d'une demi-heure. Voilà une faveur que je n'avais pas eue si souvent. Il m'a demandé : « Pensez-vous que le déménagement total des imprimés est jouable sans les petits départements ? » J'ai répondu que oui. Il voyait Mitterrand le soir même. Résultat : il a obtenu de lui l'annulation de la coupure de 1945 et le déménagement de la totalité des imprimés sur le site Tolbiac. Biasini a pourtant apporté un bémol. Citant les ultimes propos de Mitterrand, il m'a dit : « Le déménagement total des imprimés, on verra bien. » Au fond, l'espoir de Jamet est encore et toujours de sélectionner les livres qui sortent peu pour les mettre dans un silo, quitte à en sortir un de temps à autre, une fois tous les dix ans. Je me suis servi de cet argument (que pourtant je n'aime pas du tout) pour que l'État me consente les crédits nécessaires à l'informatisation du catalogue sous le prétexte que de cette manière on verra les livres qui ne sortent jamais. Mais telle n'était pas, faut-il le souligner, mon intention initiale. En réalité, j'espère bien que l'on mettra l'ensemble de la collection à Tolbiac, ce qui semble être aussi l'avis de l'architecte, si tant est que je sois en mesure de pénétrer ses intentions profondes. Quant aux petits Départements ...

Lang a une très bonne idée — que je lui ai quelque peu soufflée du reste — à savoir : faire de Richelieu une bibliothèque-musée. On aurait ainsi deux joyaux d'une même couronne, Tolbiac et Richelieu, étroitement unis dans le cadre de la BN ou, un sigle auquel je songe depuis quelque temps, de la Bibliothèque Nationale de France (BNF)[1]. A Richelieu, on aurait ainsi la bibliothèque du musée du Livre — une expression qui fait florès en ce moment — et les collections des Beaux-Arts (manuscrits à peinture, etc.). De fait, les départements qui resteraient à Richelieu concerneraient, pour une bonne part, des sections artistiques : les arts visuels à coup sûr, les cartes et plans, les monnaies et médailles et enfin les manuscrits parmi lesquels les fameux et merveilleux manuscrits à peinture souvent cités ici. N'oublions pas non plus, dans le même lot, les estampes et la musique. On abandonnerait ainsi nos trous à rats situés à l'est de la rue Richelieu. La phonothèque, richissime mais horriblement mal pourvue en matériel bibliothéconomique, irait quant à elle, à Tolbiac.

---

[1] A propos de ce sigle BNF, retenu dans la consécration ultérieure et définitive du nouvel établissement, cf.. p.44, note 1.

Autre département : les Arts du spectacle. Actuellement logés en clochard à l'Arsenal, il reviendrait à Richelieu avec ses fichiers. Au demeurant, encore rédigés il y a peu à la main, ces fiches tiendront peut-être mieux que les archives numériques, au cours du prochain siècle. Chaque fois que je me rends dans cet endroit, par ailleurs splendide, je bute sur un certain nombre de fichiers « matières » entre lesquels je m'embrouille, le fichier alphabétique étant lui-même problématique, pour employer une expression modérée. Son conservateur M. Garetta, par ailleurs excellent cycliste, a l'habitude, dit-on, de recueillir toutes sortes d'objets qu'il collecte un peu au hasard de ses pérégrinations, éventuellement nocturnes. Il les installe dans les locaux déjà surpeuplés de l'Arsenal et les conservateurs, à tort ou à raison, ont beaucoup de peine à s'en débarrasser au cours des jours qui suivent ces équipées nocturnes. Cela dit, Jean-Claude Garetta est le meilleur des hommes et un véritable savant.

Comme tout cela ne suffirait point à remplir Richelieu, on y ferait venir aussi Doucet[1] et la bibliothèque du Louvre. Les gens des musées sont ravis, semble-t-il, d'une telle initiative.

Deux mots sur les conservateurs du Louvre : ce sont des personnages puissants et très installés, sur le plan mondain, dans la capitale. Ils dînent en ville, je ne dirais pas presque tous les soirs mais à maintes reprises, ce qui n'est pas le cas de nos conservatrices, mères de famille et dont les soirées de ce fait sont généralement occupées à tout autre chose qu'à ces activités vespérales et dînatoires.

Même avec ces fonds on n'arriverait toujours pas à remplir tout l'espace qui serait dorénavant rendu disponible par le départ des onze à douze millions de volumes. De toutes les façons on serait au large à Richelieu et les gens de Doucet semblent eux aussi heureux d'une telle perspective. Dois-je l'avouer, l'idée de cette annexion me revient, même si Lang l'a reprise à son compte. Rien que de très normal : un ministre prend les idées de ses collaborateurs, je n'en suis nullement choqué. On m'a fait part également d'une information lue dans les journaux et selon laquelle, durant le congrès de l'IFLA, il y aurait eu des accrochages entre Lang et Biasini. Quoi qu'il en soit, lors de ce congrès Lang a fait un discours convenable et original. Quant à Jospin, il a repris l'essentiel de l'intervention initiale mitterrandienne : tous les publics, toutes les technologies, et ainsi de suite. Cela dit, l'arrivée de Lang à ce congrès a évoqué en moi je ne sais plus quelle scène d'un grand film italien de type fellinesque, où on assistait à un essayage de mode à l'usage des cardinaux. Les mannequins-cardinaux arrivaient en se dandinant un peu, suivis d'un essaim de jeunes hommes et de jeunes femmes, tous

---

[1] Jacques Doucet (1853-1929), couturier, collectionneur et mécène fait don, au début du XXe siècle, d'un fonds très important d'ouvrages d'histoire de l'Art, à l'université de Paris. Cette bibliothèque sera longtemps hébergée à l'Institut d'Histoire de l'Art et d'Archéologie de la rue Michelet, dans le 6° arrondissement de la capitale. Cf. aussi p. 162.

artistement costumés. Sans en arriver jusqu'à cette dignité cinématographique, l'arrivée de Lang était très esthétiquement conçue. Évidemment, il n'a écouté ni les discours qui ont précédé sa venue ni ceux qui ont suivi puisqu'il est parti immédiatement après avoir prononcé son *speech.* Mais cet homme, extrêmement intelligent, cachait sous un bégaiement de type oxfordien savamment travaillé, les hésitations qu'il avait parfois à la lecture d'un texte qu'il découvrait en même temps que nous.

Pourquoi la présence de Jospin ? Parce que la place de l'Éducation nationale est légitime compte tenu de ce qu'est la BN. Jospin dit énormément « je », cela m'a beaucoup frappé. Au lieu de dire « à mon ministère, nous avons réalisé ... », il déclare : « j'ai fait » ceci, « j'ai fait » cela. N'est-ce pas le côté égolâtre de quelqu'un qui est déjà un présidentiable ou qui se considère comme tel ?

— Entre autres activités, la BN organise également des remises de prix.

En effet. Fidèle à la notion de distribution des prix que j'ai connue dans les divers collèges religieux où je fus éduqué — et où les élèves baisaient chacun son tour l'anneau épiscopal de l'évêque de région convoqué pour la circonstance — je m'intéresse à la distribution de prix adaptés au contexte de la BN. Nous distribuons ainsi un certain nombre de prix, littéraires et autres. J'en suis, ces jours-ci, au prix du stylo Montblanc distribué par la BN et par un jury que je préside. J'espère bien le faire attribuer à Furet et organiser ici — on fait ce qu'on peut — une sorte de contre Jean-Paul Goude[1]. Dans cette perspective, on aura quand même un peu d'argent de la part des stylos mais aussi de Hachette. Le but est de mettre en honneur l'histoire révisionniste et furettiste de la Révolution française et non pas simplement ou strictement soboulienne. J'ai déjà évoqué cette position mitoyenne - qui est la mienne — entre Furet et Soboul.

En ce moment, Mitterrand lui-même en vient à cette mitoyenneté. Il est en effet beaucoup plus nuancé qu'auparavant sur le phénomène révolutionnaire de la fin du XVIIIe siècle. Mais n'oublions pas qu'il a été royaliste — et pourquoi ne pas le dire, crypto-maurrassien. La décapitation de Louis XVI et plus encore de Marie-Antoinette lui causent encore, j'en suis persuadé, de secrètes souffrances. La télévision, du reste, a produit une émission intitulée « Furet et la Révolution française. » Mon ami François est par moments un type insupportable mais il a fait, sans aucun doute, un très beau travail (en compagnie de Mona Ozouf) et la gloire lui en revient, ce qui est normal et légitime. On peut d'ailleurs être un peu jaloux. Même moi, je n'exclus pas tout sentiment de jalousie. C'est très humain. Mais l'essentiel est ailleurs. Furet est un vieux camarade, un ex-dur du PCF (comme moi du reste) et je vais essayer de le faire mousser — même si ce n'est pas un homme nourri du lait de la tendresse humaine, comme dirait le vieux Will.

---

[1] Jean-Paul Goude : metteur en scène des festivités mitterrandiennes relatives notamment au bicentenaire de la Révolution française.

AUTOMNE 1989

— *Comme tout haut fonctionnaire, vous êtes tenu par un certain devoir de réserve. Ne vous pèse-t-il pas, par moments ?*

D'abord, il y a comme toujours deux poids, deux mesures, ce dont je ne me plains pas. Afanassiev, le directeur des archives de Moscou (mon homologue, en quelque sorte), peut dire le plus grand mal de Gorbatchev, on ne le limoge pas alors même qu'il s'agit d'un pays beaucoup plus totalitaire qu'ici. En ce qui me concerne, si je disais le moindre mal de Mitterrand — je veux dire, dans le débat public — on me viderait. Ceci ne signifie pas que l'URSS est plus démocratique que la France mais cette petite comparaison me permet de mieux comprendre, simultanément, ce qui se passe là-bas et ce qui se passe dans l'Hexagone. De hauts responsables publics comme Pierre Bergé, devenu depuis quelque temps le manager suprême de l'Opéra-Bastille, et le très sympathique et amical Vitez à la Comédie-Française, ont pu librement appeler à voter pour le PCF aux Européennes. Il s'agit surtout de Vitez car Bergé au contraire est tout à fait lèche-bottes à l'égard de Mitterrand. Il n'empêche, les personnages de ce genre sont libres de prendre des positions politiques. Ce dont je m'abstiens soigneusement. Cela montre bien les différentes ouvertures possibles, larges ou étroites, permises ou non à tel ou tel haut fonctionnaire ou responsable, suivant les opinions qui sont les leurs ou selon les opinions qu'on leur prête — ce qui est encore autre chose. En fait, Bergé, Vitez et moi occupons, chacun pour soi, des positions importantes et tout à fait analogues à ceci près qu'eux sont dans le système idéologique au pouvoir. Ce n'est pas mon cas.

On peut se demander, du reste, si la BN n'a pas perdu un peu d'indépendance depuis que, Jack Lang aidant, elle n'est plus à l'Éducation nationale. Quand nous en faisions partie, l'Administrateur général, moi ou un autre, fonctionnait un peu comme un doyen de faculté ou un recteur. Un doyen est élu, on ne peut pas le congédier. En d'autres termes, un doyen de faculté, et même un président d'université, élus par leurs collègues enseignants, sont intouchables vis-à-vis des morsures du pouvoir. En revanche, l'Administrateur de la BN, pur fonctionnaire, peut sauter du jour au lendemain selon les vœux du pouvoir politique en place. Ici on est tenu de beaucoup plus près par la rue de Valois. Ceci dit, il y a quand même un avantage géographique en ce qui concerne notre rattachement à la Culture : il me suffit de traverser les jardins du Palais-Royal pour être dans mon ministère et y être accueilli, parfois plus ou moins fraîchement, il est vrai. Dernièrement, alors que j'étais en conférence privée avec l'un des puissants personnages de la rue de Valois, j'avais eu la bêtise de laisser mon manteau dans l'antichambre voisine et quelqu'un me l'a volé. Etait-ce pour consulter les papiers qui se trouvaient dans mes poches ? [1]

Suivons au passage le baromètre fluctuant de mes relations avec Mitterrand. Nos rapports se sont semble-t-il un peu améliorés ces temps-ci, jusqu'à un prochain refroidissement qui, j'imagine, est inévitable.

Petite anecdote : d'habitude je vérifie tous les matins que les téléphones des lecteurs[2] fonctionnent car j'ai admiré dans les bibliothèques américaines la disponibilité toujours très proche des téléphones et j'ai voulu qu'il en soit de même à la BN. Or, l'autre jour, ils ne marchaient pas. Le préposé qui est chargé très régulièrement de récupérer les pièces de monnaie dans les appareils, était parti en vacances et il n'avait chargé personne pour le remplacer dans cette tâche. C'est malheureusement assez typique de l'administration. Du pur Courteline.

Lutte des classes

Deux mots sur le calendrier : il y a en France deux épisodes convulsifs ou éruptifs, notamment du point de vue des syndicats et des étudiants, ce que j'appellerai la rentrée trotskiste en mai et la rentrée stalinienne à l'automne quand la CGT commence à se mettre de la partie, avec quelques grèves plus ou moins réussies. La BN est à peu près à l'abri de ces orages, et encore. Les conservateurs sont des gens sages et modérés, ils pratiquent peu la contestation sauf quand notre ministre de tutelle vient visiter la BN : à ce moment-là, certains d'entre eux se mettent un petit badge sur la poitrine ou s'assoient par terre en guise de protestation. A vrai dire, cela me dérange fort peu. Quant aux bibliothécaires-adjointes CFDT, elles sont dirigées par une charmante personne prénommée Chantal. J'ai avec elle des relations très sympathiques. C'en est au point qu'elle croit me faire plaisir chaque fois qu'elle met tout le monde en grève. Elle me dit aussitôt, croyant toujours me plaire : « C'est merveilleux, ça y est, on y est tous ! » J'avale la couleuvre mais j'ai fort envie de lui dire le fond de ma pensée. J'ai bien connu au cours de ma carrière, à l'École des Hautes Études et ailleurs, ces militantes catholiques pour lesquelles une grève est une manière de Pentecôte, avec

---

[1] ELRL raconte : « J'ai même eu droit à une enquête fiscale, suite à ma déclaration d'impôt. Ils n'ont rien trouvé bien entendu mais je reconnais-là cette manie de persécution fiscale par les Finances à l'encontre d'un haut fonctionnaire qui ne se situe pas dans la ligne politique du gouvernement Mitterrand. »

[2] A l'époque, il n'existait pas encore de portables.

descente automatique des langues de feu du Saint-Esprit sur l'autel des assemblées syndicales. Cela dit, c'est l'éternelle tension entre les conservateurs et les sous-bibliothécaires, compte tenu de la hiérarchie des salaires plus élevés chez les uns — même si ce n'est pas le Pérou — et plus déprimés chez les autres. Quant à la CGT, elle s'implique toujours dans des histoires compliquées de primes d'habillement pour les magasiniers et qu'il faut résoudre tous les ans[1].

Je vais aller au Ministère tout à l'heure voir Monsieur Gasole, directeur du personnel. En plus, une organisation ministérielle, intitulée la débémiste, a été dissoute, peut-être pour enquiquiner son ci-devant directeur qui était RPR ou UDF. Du coup, on a cassé en deux cet organisme, un peu comme une amibe. En sorte qu'il y a maintenant un sous-organisme scientifique et un sous-organisme chargé du personnel. Les grèves BN, chapeautées par ce double organisme, me font penser à ce vers de Racine : « Dans Richelieu désert, quel devint mon ennui. » Je dois donc aller tout à l'heure voir le directeur du personnel de l'enseignement supérieur, lequel doit gérer des centaines de milliers de personnes et je vais le consulter pour une affaire de mille magasiniers, qui ne peut être pour lui qu'un petit embêtement supplémentaire. Ce genre d'activité un peu tatillonne me fatigue. Cela fait évidemment partie de mes charges, je n'y peux rien car si la « baraque » — je veux dire la BN — est en grève, qui donc sera accusé ? Moi, bien entendu.

J'ai donc eu un entretien avec une haute personnalité du Ministère qui m'a dit : « Vous travaillez avec des gens dont beaucoup ne foutent rien. » J'ai dû avaler l'insulte mais j'avoue qu'en retraversant la cour, du Ministère de la rue de Valois à la rue de Richelieu, j'étais assez furieux contre ma haute direction.

Il y a eu, avant ma nomination, une tentative de suicide parmi le personnel. Heureusement, ça ne s'est pas mal terminé. L'un de mes adjoints a eu cette remarque épouvantable : « faire une tentative de suicide sur les lieux de son travail relève de la faute professionnelle.» *No comment*.

Scènes de la vie quotidienne à la Nationale

De temps à autre, je pratique à la BN ce qu'on appelle le système de la perruque. Un exemple : j'avais un vacataire en difficulté financière et, ne pouvant rien faire officiellement pour lui, j'ai dû le subventionner de ma poche. Il se trouve que je gagne un peu d'argent en faisant du journalisme et cela m'était assez facile. Bien des calomnies circulent sur la BN comme par exemple ces choses désagréables que j'ai encore entendues au Ministère, pourtant socialiste : « Dans le privé on restaure un livre en une heure, chez

[1] Cf. p. 27-28.

vous, ça prend une semaine. » Mon indignation n'a pas eu d'effet sur cet interlocuteur valoisien.

— Il arrive même, semble-t-il, que vos indignations tournent à l'orage.

Jusqu'ici, je ne m'étais jamais mis en colère mais l'autre jour effectivement j'ai traité une des conservatrices, après une explication très orageuse, par des termes violents que la bienséance m'interdit d'évoquer ici. Je l'ai immédiatement regretté, bien entendu. Néanmoins, l'affaire est remontée jusqu'au ministère de la Culture, pour ne pas dire jusqu'à l'Élysée. J'ai donc été convoqué, rue de Valois, par une responsable en chef qui m'a demandé : « Mais que lui avez-vous dit ? » Un peu confus, je le lui ai rapporté. « Ah ! m'a-t-elle répondu, je suis soulagée. J'ai cru que vous aviez utilisé le fameux VPS. » [1]

Ceci dit, en règle générale, je sais garder mon calme. Les dations, comme celles dont j'ai parlé, sont supervisées par Changeux, lequel est à la fois un bon scientifique, un agnostique et peut-être un athée militant — la distinction est difficile à faire — un homme de gauche et un personnage quelque peu gonflé de sa suffisance. Il est vrai qu'il a probablement des raisons pour cela puisqu'il passe pour être l'un des meilleurs spécialistes du cerveau humain. Changeux est un type assez drôle et original. Lors d'une visite qu'il m'avait faite pour son entrée au Collège de France, au lieu de se confondre en amabilités comme le font les autres candidats, il a été infiniment désagréable à mon égard. Je pense qu'il était sûr d'être élu et qu'il était heureux de se payer un homme de droite ou qu'il considérait comme tel. J'avoue que j'ai beaucoup admiré cette liberté d'esprit, même sur le mode de la grossièreté.

— A propos du Collège de France, allez-vous maintenir vos cours ?

Oui. J'ai décidé de continuer à faire mes cours pendant toute la période de mon administration à la BN. Cela me paraît plus correct à bien des égards et me permet de maintenir des liens avec mon activité « naturelle » : la recherche historiographique.

A ce propos, un article dans *Le Monde*[2] titrait avant-hier : « les historiens découvrent l'ordinateur. » Personnellement, mes rapports avec cet outil sont complexes. Lorsque j'ai commencé à utiliser l'ordinateur, il y a de cela de nombreuses années, c'était en réalité comme j'ai déjà eu l'occasion de le dire, avec des assistants informaticiens hautement qualifiés. Outre mes travaux sur les loyers à Paris, ils m'ont permis de produire un article, dans

[1] « Vache, putain, salope ». Autrefois, dans les affaires de divorce, les plaignants (époux ou épouse) étaient obligés d'inventer de fausses lettres où les mots VPS étaient employés. Ce qui était une épreuve infiniment pénible.

[2] *Le Monde*, 27 septembre 1989.

un ouvrage par ailleurs collectif, sur les conscrits français[1]. Ce dernier est vraiment ce que j'ai fait de meilleur dans le genre, avec des cartographies automatiques sur les maladies diverses, les statures, les professions, les régions, et qui constituent une extraordinaire plongée rétrospective dans le paysage ethnographique français. Par la suite, j'ai surtout travaillé en collaboration avec des spécialistes, en particulier sur l'histoire du climat mais je ne tenais plus les manettes. Je crois par conséquent avoir prêché dans le bon sens, au début, même si par la suite j'ai été un peu dépassé par une nouvelle génération d'historiens.

Pour en revenir à la BN, nous sommes toujours dans le système triangulaire Biasini, Lang et Jamet. Rien de maçonnique dans tout cela, je m'empresse de le dire. Dominique Jamet, me dit-on, a participé récemment à des jeux télévisés. En ce qui me concerne, il y a pas mal d'années, j'ai eu la sottise de participer à un jeu de 94 devinettes historiques. C'était absurde. Depuis ce temps-là, chaque fois que je suis sollicité dans ce sens, je fais toujours la même réponse : le Collège de France nous l'interdit. C'est évidemment faux mais peu importe. Normalement, étant donné la haute fonction que DJ occupe, il ne devrait pas participer à ces jeux. Il le fait. C'est son affaire.

Quant à Jack Lang, il est de mieux en mieux dans ses relations avec moi et au système BDF. Malheureusement, il a de moins en moins de pouvoir dans le domaine de la BN. En lui le vieux prof, au bon sens du terme, a fait sa réapparition : « Dans une bibliothèque, il doit y avoir des livres. »

Une bibliothèque d'art à Richelieu ?

Étrange évolution ou curieuse révélation : ce personnage scintillant et papillonnant a pris ces jours-ci des positions pertinentes sur la nouvelle bibliothèque. Ce devra être une BN dans toute sa gloire, avec la totalité de la collection, l'unité des deux sites et une jolie idée mais qui sera difficile à réaliser : faire à Richelieu une bibliothèque d'art sur la base des départements spécialisés. J'y ai déjà fait allusion.

Le bruit a couru un moment que cette bibliothèque d'art irait au Grand Palais. Balivernes. Le jeu des chaises musicales continue. Lang parle d'installer Doucet et la bibliothèque du Louvre ici même à Richelieu. A moins qu'on revienne à mon idée de BN-bis si Mitterrand casse sa pipe et si la droite retourne au pouvoir ? Mais tout cela est peu probable.

Lang a parfois de bonnes idées. Mais je dois reconnaître que je le vois très peu et quand on se voit, on n'a pas grand-chose à se dire. Cela me

---

[1] J-P Aron, P. Dumont, E. Le Roy Ladurie, *Anthropologie du conscrit français d'après les comptes numériques et sommaires du recrutement de l'armée (1819-1826)*, Mouton, 1972, EPHE, 6ème section.

rappelle les conversations de Giscard avec Chirac au restaurant. La conversation languissait — c'est le cas de le dire — dès les hors d'œuvres.

— Le ministre de la Culture vous a demandé d'organiser prochainement un colloque sur les bibliothèques. Louable intention ?

En effet. J'organise pour Lang un colloque dont l'utilité reste toutefois problématique. Ma mère me disait de temps à autre que les colloques actuels remplaçaient les salons du XVIIIe siècle — avec moins de qualité sans doute. Ce sera tout de même une rencontre internationale dont le thème portera sur l'avenir des grandes bibliothèques. Mettre cela sur pied me prend pas mal d'énergie.

J'avais invité Jamet à cette manifestation pour le premier jour. Il m'a intimé l'ordre de ne le faire venir que le deuxième jour. J'ai l'impression que Jamet s'est fait épingler par un journal hollandais, sans doute à cause du mépris qu'on lui impute à l'égard de ce que font les britanniques à Saint-Pancras.

Voilà pour Lang. Quant à l'Élysée, je n'en entends plus parler. Je pense que Sautter garde un rôle. Rocard, de son côté, est pratiquement en dehors du coup, comme toujours avec Mitterrand dès qu'il s'agit de ce cher Michel, lequel se borne tout au plus à se plaindre de ce que l'opération TGB coûte trop cher à cause notamment du déménagement des livres. « Tu me coûtes un milliard de plus », m'a-t-il dit peu aimablement. J'ai l'impression que Biasini devient le vrai patron de l'entreprise.

— La chose est d'autant plus étonnante qu'Émile Biasini ne sort pas des rangs socialistes. D'où vient-il ?

Biasini est assez différent de ce que pensent de lui beaucoup de gens. A l'origine, il est chabaniste mais plus encore, si je puis dire, malrauiste. C'est un ancien de la France d'Outre-mer, ce qu'on appelait autrefois — il n'y a pas si longtemps — l'École coloniale. Cette école a produit quantité de chômeurs à cause de l'effondrement de l'empire colonial et un certain nombre d'entre eux se sont recyclés dans la Culture. Cela peut paraître paradoxal. Mais c'est ainsi. Éternité des fonctionnaires. Certains étaient insupportables : ils avaient sans cesse « l'empire » à la bouche et quand l'empire a disparu ils se sont retrouvés le bec dans l'eau. Disons que Biasini n'est pas un homme d'un niveau culturel bien élevé mais c'est un grand réalisateur. Il est à l'origine, entre autres, des Maisons de la Culture. Ce n'est peut-être pas d'ailleurs ce qu'il a fait de mieux. Lors de ses premières années de pouvoir, il allait régulièrement voir Malraux en amenant avec lui les maquettes des nouvelles MC de Rennes ou d'Angers et Malraux disait : « Nous allons maintenant jouer au meccano ! » C'est un mot qui se révèle être très Cinquième République puisque c'est ce que fait maintenant, à ses moments perdus, Mitterrand avec Perrault. Ils jouent au meccano avec notre bibliothèque. Indéniablement, Malraux reste le Grand Homme de Biasini.

Dans son bureau figure en bonne place la photo de l'auteur de *L'Espoir*. Il n'est pas le seul chabaniste à avoir été repéré par Mitterrand comme tel, Delors, Vauzelle ou de Bausset l'ont été aussi. Je constate, en écoutant certains journalistes, qu'il se moque du fonctionnement futur de l'établissement. Ce n'est pas son problème. Ce qui compte, c'est la construction du bâtiment. Il travaille à la hussarde, comme il a fait pour la Pyramide du Louvre. C'est toujours l'enlèvement de la Redoute, cher à Mérimée[1]. Mais les dangers sont infiniment plus grands et plus graves. De toutes les manières, Mitterrand fait, à juste titre, confiance à Biasini. Mitterrand, au fond, reproche à Lang de ne pas bien mener les choses. Avec Biasini, au contraire, Mitterrand sait que les choses seront menées rondement. On disait jadis au PCF : « Il n'y a pas de forteresses imprenables pour un communiste. » Pour Biasini, c'est un peu la même chose : il n'y a pas de problèmes techniques dont on ne puisse venir à bout.

Un bon point quand même, cet ancien de la « colo » est incontestablement sympathique, absolument pas désagréable comme sait l'être Jamet en d'assez fréquentes occasions. Il n'est pas Corse mais Italien de Provence, et il déteste aussi bien Jamet que Lang. C'est pourquoi, tout ce qui vient de Lang, il le contre, parce qu'il sait qu'il a derrière lui le Président de la République. Dois-je penser que j'échappe à cette réprobation biasiniste ? Peut-être parce que je ne suis pas un languiste de la première heure, bien au contraire. En tout état de cause, Il y a eu, me semble-t-il, une crise dans ses relations avec le ministère de la Culture, peut-être du temps de Malraux ou immédiatement après lui, je ne sais trop. Il a été chargé de l'aménagement de la côte atlantique, une tâche dont il s'est tiré, semble-t-il, assez honorablement. L'anecdote veut que Mitterrand, se promenant dans ses propriétés de Latché et cherchant quelqu'un pour aménager je ne sais quoi, ait rencontré un maire de village qui lui a dit : « Il n'y a qu'un seul type pour ce que vous cherchez, c'est Biasini. » Les choses se sont peut-être passées de façon plus complexe mais le fait est qu'il est devenu le bras droit exécutif de Mitterrand pour les Grands Travaux. Biasini n'est pas à priori un homme de système mais il est entré avec armes et bagages dans le système Mitterrand. Il est aussi l'un des auteurs du Grand-Louvre, œuvre que l'on peut discuter mais enfin le résultat est là. Vue de l'intérieur, la pyramide n'est pas sans beauté : la lumière en fin d'après-midi, notamment en été, produit un certain effet. Ceci dit, on se demande parfois ce que vient faire ce monument pseudo-égyptien dans l'ensemble harmonieux que forment la cour du Louvre, le Carrousel et la perspective lointaine sur l'Étoile. Chacun sait que Mitterrand n'est qu'un socialiste du moment, un instantané du socialisme et c'est pourquoi il se souvient de 1942. Il aime bien s'appuyer en effet soit sur des chabanistes reconvertis comme Biasini, le plaçant du côté

[1] Cf. la nouvelle de Prospère Mérimée sur cet épisode de l'expédition de Napoléon en Russie (1812).

de la Résistance dont Mitterrand lui-même fera partie ultérieurement ; soit sur des fils d'anciens vichystes parfois très prononcés comme Dominique Jamet lui-même, Védrine — un excellent homme — ou moi-même si j'avais suivi ses invites.

Du printemps à l'automne 1942, mon père en effet s'est occupé du ravitaillement. Il fut le ministre de la « soudure » entre ce qui restait de la moisson de 1941 et ce que l'on attendait de la moisson de 1942. Or, Mitterrand en 1942 était à Vichy. C'est même la première destination qu'il a suivie dès son évasion d'un camp de prisonnier, puisqu'il savait que c'était là qu'était le pouvoir ou plus exactement le peu de pouvoir qui subsistait en France face aux Allemands. Je pense qu'il aurait pu ou su me recruter, comme il a fait du reste pour Régis Debray et quelques autres. Mais, si j'ai pu être tenté par sa personnalité au cours des années 1970, dès 1981, mécontent de l'union socialo-communiste, j'ai quitté le bateau mitterrandiste où à vrai dire je n'avais fait qu'un très bref séjour. Je crois que Mitterrand m'en a voulu, malgré le peu d'importance de ma personne vis-à-vis de lui. A vrai dire, en dépit de la connaissance profonde que j'ai du système de la Cour chez Saint-Simon, je me perds dans le dédale des cabales, factions et autres clans environnant Mitterrand.

De fait, j'ai eu avec Biasini des relations souvent intéressantes et sympathiques mais presque toujours compliquées. Biasini est l'équivalent d'un François Mansart, le préposé aux bâtiments du roi. C'est un personnage complexe, en qui, je le répète, Mitterrand a la plus grande confiance, ce qui fait que moi je ne dois pas lui faire totalement confiance vu mes relations difficultueuses avec le président de la République. Mais enfin, c'est un praticien de haute volée. On lui donne à faire un projet architectural inconcevable et impossible et finalement il s'en tire assez bien. D'aucuns prétendent que c'est un socialiste bon teint. A tort. C'est un grand technicien qui renifle presque toujours, et au bon moment, l'odeur du pouvoir. Biasini a conservé de bonnes relations avec Chirac. C'est la méthode qui s'impose dans ces cas-là. Biasini a donc dit au maire de Paris tout le mal qu'il pensait de Dominique Jamet. Il le méprise profondément, comme font du reste, on peut le regretter, beaucoup de gens. Je me borne ici à rapporter une information que je ne fais pas nécessairement mienne.

— *Vous-même, avez-vous des contacts avec la Mairie de Paris ?*

J'ai tenté incidemment de me rapprocher de la municipalité de Paris. J'aime assez Chirac — malheureusement il a du mal à s'imposer sur un écran de télévision. On prétend que chaque fois qu'il apparaît sur les étranges lucarnes, il ajoute aussitôt après, en direction de ses intimes : « J'ai été mauvais, comme d'habitude. » Les chiraquiens de la Mairie de Paris, corses ou pas corses, peuvent quand même nous aider un peu. Mais en même temps je procède à cette opération avec prudence, me méfiant de ma maladresse habituelle, parce que Lang déteste Chirac. Il faut donc ouvrir l'œil et le bon. Me voilà donc chiraquien pour quelques jours ou quelques semaines.

En attendant, j'ai prêté à Tibéri, pour l'une de ses expositions à la mairie du Ve arrondissement, ce que nous avons de plus précieux : le Grand Camé, une véritable merveille de l'art augustéen. Un certain nombre de conservateurs ont râlé avec raison, s'inquiétant de ce que la pièce courait des risques. Tibéri me fait l'effet d'un assez brave type. Du reste, je fais toujours la bise à son épouse qui se prend un peu trop, à mon sens, pour la reine de France. Mais, *Ad augusta per angusta* (« Il faut arriver à des résultats importants par des sentiers étroits »).

Je sais que c'est un personnage contesté mais, du point de vue de la BN, je n'ai eu qu'à me louer de mes relations avec lui. Il nous a aidés en diverses occurrences. Il a donc exposé dans sa mairie le Grand Camé et je crois que cela a été un événement culturel pour l'arrondissement — et au-delà. Ceci d'autant plus que j'aime beaucoup la place du Panthéon, avec ce lycée Henri IV construit en partie au Moyen Âge, cette église Saint-Etienne du Mont qui est Renaissance, la bibliothèque Labrouste (Sainte Geneviève) qui est du XIXe siècle et les deux ensembles, faculté de Droit et mairie du Ve qui sont de l'excellent XVIIIe siècle néo-classique. Apparemment, ce prêt n'est pas parvenu aux oreilles de Lang. Je ne me suis pas fait enguirlander.

Cela étant, j'ai croisé Madame Chirac : une façon comme une autre d'approcher son époux. Madame Chirac, née Chodron de Courcel, est un mélange savamment dosé de culture et de vulgarité voulue adaptée aux auditoires populaires. Elle vit et respire en politicienne. Les Français, dit-elle, avaient le choix entre un couple moderne — les Chirac — et un vieux ménage, aujourd'hui au pouvoir. Bernadette Chirac ne porte pas davantage Madame Barre dans son cœur. Elle reconnaît loyalement : « On n'a pas voulu de nous, ajoutant, nous ne serons jamais présidents mais nous avons la ville de Paris et nous sommes très heureux ainsi. » On a également parlé des structures hospitalières et elle a souligné, ce qui était très touchant, « J'en sais quelque chose. »

« Genèse d'une institution »

Le triangle Biasini-Lang-Jamet ne devrait pas passionner les foules quelle que soit la qualité des personnes. Mais enfin, si on veut comprendre la genèse d'une institution, il faut bien s'intéresser à ces trois personnes, entre autres. En ce qui me concerne, j'aurais préféré la continuité de l'institution à la nouvelle genèse. Mais on ne peut rien y changer.

— Pourtant, cette « nouvelle genèse » ne permet-elle pas de résoudre quantité de problèmes évoqués plus haut : espace de conservation, modernisation des équipements, confort du personnel et des lecteurs, sans compter le déploiement de l'informatisation ?

Sans doute. Nous avons d'ailleurs en ce moment même un début d'agitation sociale chez les magasiniers. D'autres, dans la Maison, protestent de leur côté au sujet de leur statut administratif. Celui-ci a déjà été amélioré ou, en tous cas, régularisé. Mais la situation des intéressés traîne au Ministère depuis deux ans, comme d'habitude. La CGT et la CFDT poussent les feux, ce qui m'inquiète toujours dans une maison qui craint l'incendie. Les bibliothécaires-adjoints voudraient, quant à eux, un statut qui les rapproche des conservateurs, nous en avons déjà parlé. C'est l'éternelle pression française vers l'égalité chère à la pensée d'Albert Soboul : il appelait cela « la faux de l'égalité ». Nous aurons peut-être aussi un petit mouvement social dans la grande salle de lecture, ce que les Anglais nomment bizarrement « *industrial action* », en désignant la grève. Il sera j'espère limité mais on ne sait jamais. Ou bien ça s'arrêtera le 17 octobre ou, si ça continue, je me ferai une raison. C'est simplement une manière de prurit. Le catalogage en souffre mais je ne m'affole pas, j'ai l'habitude.

Par ailleurs, nous sommes toujours dans une situation un peu tendue. Une fois de plus — navré pour la répétition — mes relations avec DJ sont superficiellement bonnes mais il n'a aucune illusion sur ce que je pense de lui et réciproquement. Un grand problème nous sépare toujours : celui du silo. Quelques farfelus veulent en effet enfouir une grande partie de la bibliothèque. Parmi les acteurs de l'affaire du silo, je compte Goldberg, personnage distingué dont j'ai déjà parlé mais qui malheureusement n'a aucun sens de la recherche ni aucune expérience des bibliothèques. C'est plutôt un technocrate. D'aucuns, en effet, ne désespèrent pas d'enfouir une bonne partie de nos bouquins dans un silo, sous prétexte que certains livres ne sortent jamais ou une fois par an — ce qui, à mon avis, est déjà très bien. De toutes les façons, le silo doit se situer au-dessus du niveau d'eau de la Seine, sinon on

— Le problème récurrent des silos, ne provient-il pas, précisément, d'une méconnaissance de ce qu'est l'autre vocation d'une bibliothèque nationale : la recherche ?

Tout à fait. C'est pourquoi, quelles que soient les intentions de Jamet, ou même de Mitterrand, nous, à la BN, essayons avant tout d'affirmer la priorité de la recherche, y compris démocratisée. J'ai écrit à ce propos un petit papier devant paraître dans la revue *L'Histoire*. Avec une infinie prudence, je laisse entendre que la démocratisation ne concerne pas seulement le grand public, les retraités, les étudiants jeunes ou moins jeunes mais aussi les chercheurs. Le chercheur aveyronnais, financièrement démuni, n'ayant pas de relations, ne pourra jamais se rendre dans les grandes bibliothèques américaines. Par conséquent, s'il ne dispose pas ici, dans le cadre français, d'une bonne bibliothèque, il se retrouve dans une situation quasiment désespérée. Les choses iront mieux évidemment pour le chercheur privilégié qui, lui, peut voyager, avoir des bourses, visiter les États-Unis ou, à la rigueur, l'Angleterre.

Moi mis à part, qui ai fini par lui vouer une certaine estime, Jamet a quand même beaucoup d'ennemis : le PS, le ministère de l'Éducation nationale, Biasini qui le méprise et Lang qu'il insupporte.

À la demande de Lang précisément, j'organise, on le sait, un colloque pour la fin janvier 1990 et Lang a interdit, je n'y peux rien, que Jamet parle au cours de la même demi-journée que lui. Prenons un exemple : c'est comme si on avait pris le directeur de *La Dépêche de Toulouse* pour diriger l'Observatoire de Haute-Provence. Encore et toujours les caprices du Prince.

En réalité, le divorce entre Richelieu et Tolbiac est conceptuellement presque impossible. D'une part, il s'agit d'une bibliothèque nationale de dépôt légal, le dénominateur commun des deux sites et, d'autre part, la BN, même transportée à Tolbiac, ne peut pas abandonner les petits départements qui resteront à Richelieu et qui constituent sa gloire. Dominique Jamet tirerait volontiers argument de ces difficultés conceptuelles pour tout transporter à Tolbiac. Je ne suis pas contre a priori, à la condition que l'espace disponible soit suffisant. Mais si l'on transforme le nouveau site BN-Rive gauche en aquaboulevard ou en mégapolis cinématographique, comme certains l'avaient imaginé dès le début, on se retrouvera vite dans une impasse et il y aura rapidement des choix stratégiques à faire à commencer par le site de Richelieu. À mon sens, il faudrait une structure souple et dédoublée. Après tout, la vieille Sorbonne a aussi un pied à Clignancourt.

Je m'en suis entretenu avec Vitez, lequel a de l'amitié pour moi. Me parlant de Jamet, il a eu quelques paroles désagréables à son égard. En même temps, Vitez est un peu particulier, il nous a lu un texte de Césaire complètement fanonien[1], extrémiste autant que faire se peut. Nous avons, en effet, à la BN, des récitations de textes littéraires et c'est à cette occasion que Vitez nous a lu du Fanon d'un genre plutôt délirant, au moment même où s'écroule le communisme.

J'ai parlé tout à l'heure du lien très fort qui existe entre Bibliothèque nationale et dépôt légal. Ce dernier vaut bien sûr pour les imprimés mais aussi pour les cartes et plans, les estampes et la musique. Il faut donc prendre soin de ne pas séparer, dans ce domaine également, Richelieu et Tolbiac. Et pour tout cela, un super président ? Oui, certes, mais ce ne sera pas moi puisque, à ce moment-là, j'aurai quitté mes fonctions. Au fond, je suis ambivalent dans cette affaire : d'un côté, je pense qu'il faut mettre tous les

[1] Frantz FANON (1925-1961), psychiatre et révolutionnaire d'origine antillaise. Il a surtout milité contre le colonialisme et le néo-colonialisme notamment en Afrique.

imprimés à Tolbiac, de l'autre il m'est difficile d'admettre que l'on puisse déserter le site splendide de Richelieu. Il faut tenir compte aussi des lecteurs, parmi lesquels beaucoup sont nostalgiques de Richelieu actuel ou futur. Mais la vision matinale de l'interminable file d'attente jusqu'aux portes de la salle des imprimés devrait les inciter à quelque réflexion. Nous allons en discuter ce matin-même avec Jamet. Le grand problème, cela peut étonner, est d'arriver à voir le patron, autrement dit mon ministre de tutelle, quand c'est nécessaire.

J'ai vu dernièrement Alain Peyrefitte qui, quel que soit ce qu'on lui reproche — avoir des « nègres », par exemple — vient de publier un ouvrage qui n'est pas inintéressant. Il se retire de plus en plus, c'est du moins ce qu'il prétend, dans les domaines de la pensée. Il est un peu las d'être député-maire et directeur du *Figaro*. En fait, il est surtout très malheureux de ne pas être ministre. Il m'a dit, c'est amusant, qu'il était question de me vider. Il l'a su au printemps mais, d'après lui, ma position à présent serait meilleure. Il se trouve qu'en mai-juin je me suis rendu en Angleterre et j'ai pu constater que j'étais de nouveau en assez bons termes avec la Culture. La rumeur a donc dû commencer en mars-avril. Serais-je indéracinable, pour le moment ? Je ne prétends pas, certes, me situer au niveau de Favier qui maintenant fait partie des meubles dans l'administration française. Mais tout peut se retourner d'un jour à l'autre.

— Le déménagement titanesque des douze millions d'imprimés, est-elle déjà à l'ordre du jour ?

Avec mon collaborateur J-S Dupuit, nous l'avons évoquée ce matin même : déménagement des services bibliographiques, de l'informatique et des départements d'entrées françaises et étrangères.

Au cours de cette même matinée, nous avons eu une rencontre au sommet, moi et mes amis de la BN avec l'équipe Jamet où le problème a été soulevé. Au passage, j'ai toujours l'impression de passer devant un tribunal, ce qui m'exaspère. Néanmoins, j'arrive à les faire parler et ils finissent même par me communiquer leurs petits secrets.

Bizarrement, j'ai téléphoné à Jamet l'autre jour parce que les donateurs — ceux qui font des dons en argent et en ouvrages précieux — s'inquiètent. Ils ne savent plus à quel saint se vouer, à quelle BN ils doivent donner : Tolbiac ou moi. A ce propos, j'ai dit à Dominique Jamet, faisons un texte pour affirmer qu'il y a continuité entre nos deux établissements. Il l'a bien pris et l'a considéré, me semble-t-il, comme une tentative de rapprochement. Incidemment, j'ai fait visiter nos expositions à Madame Mitterrand. Elle m'a parlé assez peu aimablement de Jamet, disant de lui : « Jamet, votre concurrent. » Je n'ai rien dit mais j'avoue que j'ai assez mal pris cette phrase, même si elle est, pour une assez grande part, exacte. Par moments, je dois dire que j'ai un fond d'affection pour DJ, ce qui peut étonner. Nous avons, en effet, l'un et l'autre, c'est difficile à dire, un background commun :

le vichysme de mon père et, il faut bien le dire, le collaborationnisme très fort du sien. Cela crée des liens. J'espère ne choquer personne. Du même type sont mes rapports avec l'historien Jean Tullard. Il a eu lui aussi des problèmes de ce genre du fait de son père. Ce dernier aurait été l'auteur du fameux fichier Tullard des juifs, sous l'Occupation. J'ai dit à Tullard : « Tu sais, nous sommes par généalogie paternelle les deux pétainistes de l'Académie des sciences morales et politiques. »

Des alliances à gauche, des alliances à droite

— *De nouveaux soutiens ?*

À côté de Jacques Julliard, Élisabeth Badinter, Pierre Nora et quelques autres, la BN peut compter en effet de nouveaux soutiens parmi lesquels Michel Crouzet, professeur à la Sorbonne et maintenant très à droite. Il veut tirer la sonnette d'alarme à l'Assemblée nationale en faveur de notre Maison. Quant à l'opposition actuelle contre le gouvernement socialiste, je devais revoir Chirac puisqu'aussi bien, il y a quelques temps, je lui ai fait une fleur en lui prêtant pour une exposition dans l'une de ses mairies, l'un des objets précieux de la BN[1].

Signalons au passage que ces cycles de prêts constituent l'une des activités principales du comité de direction de la BN. Il faut s'assurer, cela va de soi, que l'institution qui emprunte l'objet ou les objets en question (manuscrits, bijoux antiques et autres) dispose d'une bonne sécurité, ce qui n'est pas toujours le cas. Sinon, on refuse le prêt.

J'attends donc, peut-être en vain, ce glorieux coup de téléphone chiraquien. Me révèlera-t-il, en passant, les dessous des relations Jamet-Biasini ? De toutes les façons, Biasini n'est quand même pas le chaînon manquant mais il est certainement un lien entre Chirac et le gouvernement actuel. D'autant plus que la Mairie de Paris a de très gros intérêts dans la construction de Tolbiac. Est-elle prête néanmoins à aider la malheureuse BN ? Biasini n'étant pas socialiste mais chabaniste, cela permet toutes les liaisons politiques possibles. C'est en fait un grand opportuniste, j'ai déjà eu l'occasion de le dire. On le croirait sorti tout droit de la République des Jules, la grande période des opportunistes de la Troisième République des années 1880. L'opposition ? Quand on réfléchit à ce projet Tolbiac, fantastique, c'est le grand silence. Sans doute se foutent-ils de la BN. De temps en temps, il y en a un qui grogne mais aucun n'est venu me voir.

— *Parmi eux, vous comptez pourtant quelques amis.*

J'ai en effet un grand ami parmi les opposants, c'est Patrick Devedjian. On sait qu'il fut d'extrême droite à dix-huit ans. Un grand hebdomadaire de

---

[1] Cf. p. 109.

gauche l'avait même qualifié de loup gris. Ce qui est fort peu aimable quand on sait que l'expression sert à qualifier certains groupuscules fascistes en Turquie. Au même moment il se présentait aux élections municipales dans une grande ville de la banlieue parisienne[1] où les communistes semblaient indéracinables. J'ai donc écrit un article en faveur de Devedjian, dont j'étais devenu, et reste, un ami fidèle. J'ai publié cet article où je disais ce que tout le monde sait : on peut être d'extrême droite à dix-huit ans et un parfait libéral à vingt-cinq ou trente ans. Il a pris ce texte, l'a tiré à quelques centaines de milliers d'exemplaires et l'a distribué dans les boîtes aux lettres des électeurs d'Antony. Résultat : il a été élu avec quelques dizaines de voix d'avance et c'est lui qui est aujourd'hui indéracinable dans sa ville, puisqu'il a nettoyé le fichier de ses prédécesseurs « encombré » d'innombrables électeurs imaginaires. Devedjian a un sens très profond de la gratitude et en cela il reste un oriental, au meilleur sens du terme. Je suis également ami de son épouse qui est la fille d'un général originaire du nord de la France. Fort de ces liens d'amitié, je suis donc allé le trouver et lui ai demandé d'intervenir en faveur de la BN. En fait, il avait autre chose à faire et ça l'embêtait un peu. Je ne lui en ai pas voulu.

Je me suis donc tourné vers mon ancien adversaire et camarade de la rue d'Ulm, Robert Poujade, actuellement maire de Dijon et avec lequel je suis depuis longtemps dans les meilleurs termes. J'ai dit à Robert : « Il faut quand même que l'opposition fasse quelque chose. » Dans la conversation j'ai cité Michel Crouzet qui m'avait affirmé : « Il faut en discuter au Parlement. » À mon sens, il serait bon qu'il y ait une loi. La BN est une institution nationale et respectable, on ne peut pas la bousculer comme ça, elle remonte à la fin du Moyen Âge et elle a traversé les siècles. De la part de l'équipe Attali-Mitterrand, il y a là un manque évident de respect pour cette elle.

Aux dernières nouvelles, Jamet, très médiatique comme toujours, lance un journal d'entreprise basé sur Tolbiac. Chez nous, à Richelieu, on est absolument forcé d'ouvrir à neuf heures. C'est sacré. A Tolbiac, dans le nouvel établissement rive gauche, quand on téléphone dans leurs bureaux à neuf heures trente, très souvent il n'y a personne. Il semble qu'ils prennent le rythme décontracté de l'administration française.

L'équipe Tolbiac cherche de l'argent à droite et à gauche. L'autre jour, DJ a déclaré assez cyniquement : « On me reproche de ne pas mériter mon poste. Mais il est normal que le parti qui a eu la majorité aux élections nomme les gens qu'il a envie de nommer. » Et il a ri.

[1] Antony (Hauts-de-Seine).

Un colloque BN-TGB aura donc lieu fin janvier. Dont acte. Une autre personnalité du ministère de la Culture, Madame Benhamou, m'a téléphoné hier pour me dire qu'un grand bibliothécaire européen dans le conseil d'administration du futur site, serait souhaitable. Je n'ose lui dire que les personnalités figurant dans les conseils d'administration, au moins de la fonction publique française, sont généralement appelées des potiches. Après quelques minutes de réflexion, je dis à Benhamou : « Mettez donc Cooper, c'est le directeur de la *British Library.* » Dans l'équipe Tolbiac, on avait aimablement traité la nouvelle *British Library* de « tas de briques ». Il semble donc que la présence de Cooper devrait mécontenter Jamet. Mais Benhamou m'a dit « on s'en fout ! » Une attitude typique de la rue de Valois vis-à-vis de DJ. Comme quoi, Jean-Sébastien Dupuit a tout à fait raison quand il me conseille de ne pas me plaindre car à la Culture je ne serais pas en si mauvaise position. Cela dit, Lang m'instrumentalise peut-être : on presse l'orange et on jette l'écorce.

J'ai entraperçu Gattégno. C'est un homme compliqué. Il se donne une bonne image de professionnel, et à juste titre. Mais ne le sommes-nous pas tous un peu ? Jamet est un professionnel lui aussi mais du journalisme. En ce qui me concerne, je suis un professionnel de la lecture en bibliothèque. A la BN, en tant que lecteur puis en tant qu'administrateur, je fais partie des meubles depuis 1962. Personne ne peut aujourd'hui le contester. Gattégno lui aussi est devenu un vrai professionnel. Du reste, il n'est pas dénué de charme. Ma femme l'a invité des dizaines de fois à déjeuner. Je crois que ça ne lui a fait ni chaud ni froid. Il n'aime pas la BN. Je dirais même que par moments il la déteste : ce vieux machin, inefficace, poussiéreux, géré par des femmes et où il n'y a pas de livres pour les anglicistes dont il est. Je lui ai fait avoir le prix Louise Weiss (une grande personnalité européenne), très richement doté (90 000 francs). C'était une idée de Jean-Pierre Guénot, mon adjoint.

De fait, Gattégno va quitter la Direction du Livre.

— En connait-on la raison ?

Mal. Est-ce parce qu'il est en froid avec Lang ? Toujours est-il qu'il compte rejoindre Jamet[1]. C'est donc un type qu'il faut amadouer mais est-ce qu'on l'amadouera ? Sans doute est-ce un peu grossier d'avoir l'air d'acheter les gens. De toutes les façons, comme moi, il est incorruptible et c'est là l'un de ses nombreux mérites. Il faut reconnaître aussi qu'il connaît parfaitement la situation des bibliothécaires, hommes et femmes. Je l'ai entendu dire une fois, et c'est tout à fait typique de son attitude bienveillante, « un tel a une épouse à Bordeaux, une amie à Aurillac, je lui trouverai un poste à

[1] Cf. p. 126 et sv.

Clermont-Ferrand de façon à concilier les diverses nécessités de sa vie privée. » C'est plutôt sympathique, non ?

Excursus : les historiens au travail

— Denis Richet vient de mourir. Il était non seulement un grand historien mais un de vos plus proches amis. Comment avez-vous vécu cette disparition ?

La disparition de Denis Richet m'a rempli d'une profonde tristesse. Il est mort de l'excès de tabac et, malheureusement aussi, d'un excès d'alcool. Ce n'est un secret pour personne puisque Annie Kriegel l'a souvent évoqué dans ses livres. C'était le plus charmant de mes amis et depuis de nombreuses années — depuis 1945 en fait. Nous nous étions connus à l'hypokhâgne d'Henri IV. J'avais alors seize ans, j'étais encore en culottes courtes. Lui devait en avoir dix-huit. Il venait de la grande bourgeoisie parisienne, notamment médicale. On évoluait dans ce milieu un peu fascisant des externes. C'était un an après la Libération. On oublie trop qu'on était encore très près de l'Occupation. Il y a avait là des gens qui étaient pro-Allemands — avec tout ce que cela pouvait signifier à l'époque — d'autres étaient maurassiens. Les internes venaient plutôt d'un milieu d'instituteurs de gauche, communistes plus souvent que socialistes, alors que les externes étaient de droite et assez souvent vichystes. On ne réalise pas aujourd'hui tout cela, d'autant plus qu'il y a eu par la suite une véritable convergence puisque les ci-devant internes ont été de moins en moins communistes et les ci-devant externes de moins en moins fascistes. En effet, tous, ou presque, sont devenus par la suite d'authentiques libéraux. Alain Gourdon, dont j'ai déjà eu l'occasion de parler, était assez typique de ces externes, droitiers et supérieurement intelligents, ainsi que son inséparable ami Bramaud du Boucheron. Ils me regardaient un peu de haut, provincial que j'étais, mais nos relations se sont tout de même poursuivies. Gourdon s'est engagé par la suite, alors qu'il était assez âgé, dans une série de campagnes dinatoires qu'il menait en compagnie de personnages de la plus haute société, notamment des amis à lui, dirigeants de l'industrie pharmaceutique.

Pour en revenir à Richet, il avait des intuitions historiques extraordinaires. Un certain nombre sont passées chez François Furet qui en a fait son miel, avec raison. C'est ainsi que Furet admettait volontiers l'idée d'un « dérapage » de la Révolution française, expression venant directement de Denis Richet. On commence avec Mirabeau et on passe par Robespierre. C'est tout le problème de ce système de transition qu'est la Révolution française. Curieusement d'ailleurs, Furet a abandonné par la suite cette idée de « dérapage », pensant sans doute que le totalitarisme de Robespierre était déjà en germe chez les légistes qui peuplaient la Constituante. Denis Richet, victime des problèmes physiques et personnels que je viens d'évoquer, et aussi d'un caractère parfois malheureux et d'un mariage difficile, n'a pas pu donner toute sa mesure. Il a épousé la sœur de Furet, une femme séduisante et charmante mais le couple ainsi formé ne pouvait sans doute pas durer. Bien des années plus tard il m'est arrivé de frapper à sa porte la nuit parce qu'il était dans un état moralement désespéré. Il a formé des élèves remarquables comme Roger Chartier et quelques autres. Furet aussi avait un entourage de disciples dont un israélien du nom de Lévy, qui a eu une influence assez bonne semble-t-il sur la pensée de Furet puisque c'est lui qui lui a inculqué l'idée des Légistes, à savoir que les Constituants sont déjà des Légistes dont la tendance est de détruire tout ce qui marche.

Ceci étant, Richet, lui, avait un don naturel pour attirer des gens et tenir des séminaires. Ce n'est pas rien de tenir un séminaire — ce dont j'étais moins capable, je dois l'avouer. Richet se situait assez dans l'esprit de Jean Meuvret : quelqu'un qui publiait peu mais des choses souvent très intelligentes et qui avait une influence certaine sur les gens plus jeunes qu'il formait. Meuvret animait un séminaire fréquenté par une petite élite et où n'entrait pas qui voulait. On y trouvait, entre autres, Pierre Goubert. Celui-ci était, comme on dit, un homme d'origine modeste destiné, à l'origine, à être instituteur. Et comme il arrive dans ces cas-là, il a visé plus loin. Il est donc entré dans une École normale d'instituteurs, a passé l'agrégation et a préparé une thèse — peut-être conseillé par Jean Meuvret — sur Beauvais et le Beauvaisis. Il s'est beaucoup inspiré des idées de Meuvret – celui-ci lui en voulait d'ailleurs un peu — mais il a produit un travail absolument remarquable sur les crises de subsistance.

Pierre Goubert a donc beaucoup étudié ce phénomène et, comme beaucoup d'historiens des Annales, il a évolué. Il s'est aperçu que l'histoire structurale de la faim ennuyait les lecteurs et il s'est mis, par la suite, à la biographie à la fois royale, individuelle et collective. Mais, homme de gauche, Goubert l'a abordée dans un esprit plutôt antiroyaliste. Ceci dit, Braudel ne l'aimait pas.

Du reste, ce dernier n'a pas aimé non plus *Montaillou*. Il estimait qu'il y avait trop de sexe alors qu'il n'y a pas que cela. Il y a aussi tout le circuit sur la mort. Cet incident a été le début d'un petit refroidissement entre Braudel et moi. En fait, il n'a pas aimé *Montaillou* pour toutes sortes de raisons. En premier lieu, je devenais tout d'un coup une figure — sans vouloir me comparer à lui — assez proche de sa célébrité et puis il n'aimait pas les monographies de village. Ainsi, à propos de Goubert, il disait « c'est un haricotier. » Pourquoi ? Parce que Goubert avait trouvé une classe sociale intermédiaire : il y avait les prolétaires d'un côté, les gros fermiers de l'autre, et entre les deux, les haricotiers. Goubert a donc cherché, lui aussi un certain succès et il en a eu notamment après sa thèse. Tout le monde en effet procède ainsi : on fait une thèse très savante et après on essaie de faire des livres qui se vendent.

C'était, soulignons-le, l'époque de la « grosse thèse » — la thèse d'État — supprimée aujourd'hui. D'une part, elle n'entrait pas du tout dans le système européen et, d'autre part, elle a été liquidée par des gens qui n'avaient pas fait la leur. Furet était à l'époque conseiller d'Edgar Faure et dès qu'il a été au pouvoir, il a liquidé la grosse thèse parce qu'il n'avait pas fait la sienne. Mais bon, il a fait autre chose, entre autres son travail magistral sur la Révolution française. Il est certain que la thèse d'État était le type même du chef d'œuvre médiéval. Pendant dix ans on s'identifiait à un sujet. Maintenant, avec l'histoire mondiale (la « *big history* »), on ne fait plus, par exemple, l'histoire d'une province. C'était une époque.

Goubert, pour en revenir à lui, avait donc écrit *Louis XIV et vingt millions de Français.* Goubert détestait Louis XIV, je ne sais pas pourquoi. Il avait tout de même été un souverain de talent. Évidemment la Révocation a été une horreur.

Intelligentsia, matrimonialité, réseaux et écoles

Je l'ai mentionné plus haut, Denis Richet avait épousé une sœur de Furet. Furet, de son côté, avait épousé la sœur de Pierre Nora. Même si ces mariages n'ont pas été forcément durables, il existe quand même un lien très fort entre ces trois personnes, Furet, Richet et Nora. La femme de Nora était Françoise Cachin, petite-fille du vieux Marcel Cachin. Mona Ozouf, de son côté, était l'épouse d'un homme important dans l'enseignement primaire et, par ailleurs, la collaboratrice et l'amie très proche de Furet. Aujourd'hui, elle est devenue spécialiste de la Bretagne.

On disait toujours, à propos de Furet et de Richet, qu'il y en a un qui porte la souffrance avec lui — c'était Denis Richet — et un autre à qui tout réussi, c'était François Furet. Effectivement, Furet a été mon ami intime, assez protectionniste du reste. On a toujours quelqu'un de plus intelligent que soi ou qui vous domine et pour lequel on a de l'amitié sans que pour autant ce soit réciproque. C'était un peu ça avec Furet. Pour lui j'étais le bon garçon de province. Et puis un beau jour, sans s'en rendre compte, le rapport s'est inversé et est devenu plus égalitaire.

Furet est très intelligent et il le sait un peu trop. Initialement, il était un quantitativiste. Il avait commencé par faire, comme tout le monde, l'histoire économique et sociale de Paris. Mais, assez tôt, il a compris qu'il y avait une place à prendre du côté du créneau révolutionnaire. L'entreprise s'est révélée quand même assez compliquée parce qu'il avait toujours été opposé à Soboul.

Furet s'est marié plusieurs fois. A propos de mariage, il faut savoir que le Parti communiste régentait à cette époque les unions conjugales. Quand un camarade « fréquentait » l'épouse d'un autre camarade, la chose ne montait pas au bureau politique mais il y avait une commission spécialisée qui s'en chargeait. Furet était très ami avec Jean Chesneau, le grand spécialiste de l'histoire chinoise, lequel avait épousé une gentille femme et Furet déjeunait volontiers chez Chesneau. On disait d'ailleurs que c'était une des meilleures tables du Quartier latin. Et puis un jour Furet est parti avec cette dame. Ça a fait toute une histoire au Parti et la chose est remontée jusqu'au comité centrale. Il y a eu alors de très longues discussions sur le fait de savoir si un camarade avait le droit de se comporter ainsi. Annie Kriegel en parle, là encore, dans l'un de ses livres.

— *Vous parliez de Fernand Braudel et de ses élèves. Où en est aujourd'hui l'École des Annales ?*

J'étais l'autre jour à Moscou pour un colloque sur les Annales. Quand la Russie a non seulement été déstalinisée mais a cherché à sortir du communisme, l'École des Annales est devenue un passage obligé. Maintenant le passage est américain, d'autant que les Annales ne sont plus tout à fait ce qu'elles étaient. Mais ce n'était pas le cas à l'époque. Non qu'elle soit aujourd'hui dépassée. Mais elle s'est étendue à la planète entière[1]. Tout le monde fait de l'histoire économique, sociale, structurelle, psychologique et de façon peut-être plus sophistiquée que nous ne le faisions. Il y a l'histoire événementielle, c'est normal, l'histoire bataille, mais il reste toujours, me semble-t-il, une réflexion sur l'histoire sociale. Il existe actuellement un mot très intéressant, c'est le mot « événementiel ». Il a été inventé par Lucien Febvre et Marc Bloch. Il est passé ensuite en anglais où on dit « *evenemential* » et aujourd'hui vous trouvez des communicantes qui vous disent — triomphe posthume de Febvre ! — qu'elles sont dans « l'événementiel ».

Pour en revenir au colloque moscovite, nous étions invités par un Centre dit d'Histoire universelle — le vrai centre de l'académie devait être tenu par des staliniens — dans un hôtel lointain de banlieue. Nos hôtes voulaient sans doute nous utiliser pour faire avancer leurs idées. En effet, ils sont en train de bazarder le marxisme-léninisme. Des gens sympathiques, de très bonne qualité. Ils ont peur quand même d'un coup d'État militaire, d'une révolte populaire qui serait suivie d'une répression de l'armée. L'économie va mal et les mœurs policières n'ont guère changé. Le Goff, toujours gastronome, a dit : « Le fait qu'on n'ait pas de caviar tous les jours montre qu'on est invité par des marginaux. » J'étais d'ailleurs à Moscou le jour où Eltsine est monté sur un tank. Moi, je voulais rester mais Madeleine, mon épouse, toujours raisonnable, a eu une peur bleue et on est parti.

J'écoutais l'autre jour la BBC, au lendemain d'une manifestation à Leipzig. Je n'ai pas entendu un mot là-dessus dans les médias russes. En revanche, le fait que la fille de la princesse Alexandra a eu une grossesse sans être mariée, a fait dix minutes d'antenne. Le plus fascinant est qu'il y

[1] Cf. p. 157 et sv.

aura encore des staliniens en France quand il n'y en aura plus ailleurs. Il existe par exemple toujours un métro Stalingrad en France. Bon, les rues Staline sont devenues des rues Lénine. Il y a, si l'on peut dire, un petit progrès. En fait le stalinisme vient quand même du jacobinisme, lequel reste un cœur vivant de la culture française. J'en veux pour preuve cette enquête auprès des professeurs d'histoire de l'enseignement secondaire. On s'aperçoit que le grand homme reste Robespierre — ou Saint-Just — et le salaud, Louis XVI. Je crois que la Révolution française a été une catastrophe inévitable : il fallait bien qu'on sorte de l'Ancien Régime. La rupture avec l'Ancien Régime dans un petit pays peut se faire en douceur. Mais dans un grand pays, les choses deviennent plus graves.

— Côté BN, les choses semblent se calmer. Serait-elle entrée dans l'œil du cyclone ?

Il faut le reconnaître, les choses vont nettement mieux, ces temps-ci, avec Jamet — sans que j'aie trop d'illusions sur le fond. Il a dû se passer quelque chose. Il s'est probablement fait chapitrer, d'abord par les intellectuels, ensuite par madame Kriegel junior, fille d'Annie, une dame plutôt de gauche tendance rocardo-fabusienne. Quand DJ, consterné, a dit à cette personne qu'un livre de la BN sort une fois tous les douze ans, elle lui a répondu que telle était l'essence même de la recherche, spécialement à la BN.

Madame Chandernagor, l'auteur des splendides *Allées du roi*, s'est également intéressée à notre destin.

Autre rumeur — DJ a-t-il pressenti un certain danger d'isolement ? — le fait est qu'il n'est en bon terme ni avec Lang ni, semble-t-il, avec Biasini. Je vais d'ailleurs consulter Chirac à ce sujet. Nous avons arrêté la campagne de presse au bon moment contre les aspects délirants du projet Tolbiac. Mon « co-équipier » de la rive gauche a peut-être été sensible à ce procédé.

— Vous venez d'être décoré. Est-ce une surprise ?

J'ai été promu, en effet, Officier de la Légion d'honneur. Le fait est important, entre autres, vis-à-vis de l'institution BN.

Pendant longtemps, j'avais été le seul non décoré du Collège de France, avec Michel Foucault. C'est évident, celui-ci ne recherchait ni les décorations ni les honneurs. C'était un grand personnage mais un peu en marge. Quoi qu'il en soit, un beau jour l'Administrateur du Collège m'a dit : « Voulez-vous être décoré ? » J'ai dû vaguement lui répondre oui et pourtant je n'étais pas tellement mécontent de vivre dans cette solitude en compagnie de Foucault. La cérémonie a été drôle. Un parrain, choisi à cet effet, vous remet la médaille.

En l'occurrence, lors de ma promotion initiale il y a quelque temps déjà, mon parrain était Georges Duby. Il m'avait remis ce premier ruban un soir chez moi. Mon vieux père était présent et s'était endimanché pour la circonstance[1]. Duby venait justement d'éreinter quelques heures auparavant un de mes ouvrages dans *Le Monde*. Il s'agissait du *Carnaval de Romans*[2]. L'ouvrage lui avait déplu. En réalité, il craignait que je le double — notamment à l'Académie française — car je le précédais de peu dans la course aux honneurs, si infimes soient-ils. La soirée décorative avait été un peu fraîche.

Pendant l'été — et je garantis n'avoir aucunement intrigué pour cela — j'ai donc été nommé pour cette seconde promotion mais, la chose est à noter, pas dans l'ordre de la Culture. Je pense que cet hommage m'est venu par l'intermédiaire de Curien, le ministre de la Recherche. C'est un socialiste très ouvert et peut-être pas très socialiste du tout. Il a voulu montrer, sans doute, qu'on pouvait décorer des personnalités qui n'étaient pas si proches que cela du pouvoir actuel. La situation était un peu délicate. Ne pouvant me faire décorer par Jacques Lang, j'ai donc organisé une simple réception, essentiellement familiale et amicale, chez moi, dans mon appartement du XVe arrondissement. Mon beau-frère Fauroux s'est chargé de me remettre l'insigne en question puisqu'à cette époque il était ministre de l'Industrie. Malgré tout, la soirée a été sympathique, en présence de personnalités de la Recherche et de la Culture. J'avais invité Jamet, qui du reste n'est pas venu. Il avait une bonne excuse. Je l'invite presque systématiquement dans ce genre d'occasion. Et lui-même en fait autant. La relation entre nous est essentiellement politique.

Puisqu'on parle de nomination, deux mots, une fois de plus, sur celle qui m'a conduit à la tête de la BN[3]. On m'a dit en l'occurrence qu'un petit billet avait circulé en Conseil des ministres entre Chirac et Léotard. On peut penser qu'en fin de compte, c'est Mitterrand qui m'a adoubé. En fait, les choses sont plus compliquées : le Mitterrand de 1986-1988, celui de la cohabitation, et le Mitterrand de maintenant sont des personnes différentes. Au temps de la cohabitation, j'étais pour lui un moindre mal et il n'avait aucune raison de s'opposer à ma nomination. Je correspondais tout à fait au profil de l'emploi : un intellectuel connu, occupant durant quelques années un grand poste administratif.

Aujourd'hui, la situation est radicalement différente. Expérience faite : Mitterrand reçoit très longuement Jamet, qui est provisoirement son homme, de même que l'architecte Perrault, celui qui mettra nos bouquins dans des donjons à air plus ou moins bien conditionné et très cher payé. Mitterrand se passionne pour l'architecture. Sans doute la vieillesse des grands hommes. C'est un homme des années trente je l'ai déjà dit, ce que j'ai appelé « l'âge

---

[1] « A cause de son vichysme, mon père n'a jamais été décoré si l'on excepte le mérite diocésain purement épiscopal et catholique. », tient à préciser ELRL.

[2] Emmanuel Le Roy Ladurie, *Le Carnaval de Romans. De la Chandeleur au mercredi des Cendres. 1579-1580*, Gallimard, 1979.

[3] Cf. p. 9.

Trocadéro ». Moi, il ne me reçoit jamais. J'ai finalement réussi à le voir cinq minutes en Suisse où je m'étais rendu dans ce seul but. La rencontre fut brève mais cordiale. Nous avons parlé des relations de la BN avec l'URSS. Je n'ai pas osé lui raconter une anecdote qui était intervenue une semaine auparavant.

L'ami Balte

En effet, j'ai un ami lituanien, membre de l'Académie des Sciences dans les pays baltes. Je pense qu'il faisait régulièrement ses rapports au KGB, ce qui n'avait aucune importance dans nos relations. En fait, c'était plutôt un libéral, un type de mon âge. Il était venu quinze jours à Paris, pour l'association internationale des historiens économistes. Je l'ai donc un peu sorti. Il voulait voir Pigalle, un nom connu dans les pays baltes. On a donc visité cet endroit magique. On a payé le champagne à une fille qui appelait mon ami « Popov ». Sans doute aurait-il fallu payer une deuxième bouteille de champagne pour que les choses aillent un peu plus loin, en ce qui le concerne. Après qu'on eut trinqué, il m'a dit : « Désormais, nous sommes frères de sang. » Puis nous sommes rentrés chez moi, rue d'Alleray où il a couché dans notre chambre d'amis. Il l'a laissée parfumée pendant des semaines après son départ : un savon soviétique doué d'une odeur bizarre. Une nuit, lors de son séjour chez moi, j'entends une voix féminine qui crie « Au secours ! » J'enfile une robe de chambre et je descends. Je vois alors une dame, je n'invente rien, qui me dit : « Avez-vous vu mon amant ? » Je lui réponds « non ! ». Elle me rétorque : « Je suis embêtée. Nous étions couchés mon amant et moi. Mon mari, que je n'avais pas vu depuis deux ans, a surgi et l'a fichu par la fenêtre.» Il s'agissait bien sûr du premier étage. Ou était-ce le rez-de-chaussée ? Je ne sais plus. « Je suis ennuyée, poursuit-elle, parce que mon ami est tout nu.» Nous étions en février et il faisait assez froid. J'ai dit à la dame : « Nous allons le chercher. » On fait donc le tour du pâté de maison. Personne. Elle dit alors : « Il a dû partir avec sa 2 CV. » On s'est quitté-là et je n'ai jamais revu cette dame. En remontant chez moi, mon ami balto-russe qui attendait et à qui je raconte l'histoire, me dit alors : « Paris sera toujours Paris.»

Kakh, l'ami balte, a d'ailleurs été, par la suite, « mélangé ». Ce terme bizarre signifie que ses disciples et amis de l'ex-Union Soviétique et de l'étranger, ont composé en son honneur des articles sur des sujets variés. Cela a donné lieu aux *Mélanges Kakh*.

Il est resté quinze jours chez moi et en partant il m'a demandé si je pouvais lui établir un papier attestant qu'il m'avait payé son séjour. Je lui ai répondu que la chose était inconcevable. Il n'avait évidemment rien payé. Il en aurait été incapable. Les hypothèses ne manquent pas, la première étant qu'il voulait peut-être se dédouaner auprès de son ambassade. La seconde est moins sympathique mais bien connue chez eux : ils pensent pouvoir vous tenir en exhibant, par la suite, le papier attestant qu'ils vous ont donné de l'argent. Cela montre à quel point ces visiteurs soviétiques se croyaient encore tenus par le KGB, peut-être en vue d'un chantage éventuel sur la personne qui les avait reçus. Allez savoir. On pourrait penser à des anecdotes sans importance mais elles sont tout de même révélatrices d'une certaine époque.

— Pour en revenir à Richelieu, il vous arrive encore souvent, malgré vos désaccords, de rencontrer Dominique Jamet. De quoi parlez-vous ?

Le malaise subsiste toujours entre nous, même si au sommet nos relations sont apparemment cordiales. Il aime bien la bonne chair et il m'invite de temps en temps à déjeuner. Je me suis parfois demandé pourquoi il avait quitté *Le Quotidien de Paris*. Sur ce point j'ai eu quelques informations. Son itinéraire en effet est plus complexe qu'il y paraît. Au départ, son père était socialiste et, de socialistes pacifistes, lui et ses amis sont devenus, dans une espèce de logique folle de l'Occupation allemande, vichystes et même ultra-vichystes et du coup inévitablement collaborateurs. Cela faisait partie de la tendance, tout à fait essentielle, de Marcel Déat et du Rassemblement National Populaire (RNP), petit parti collaborationniste d'origine socialiste et concurrent minoritaire du Parti Populaire français (PPF), de Jacques Doriot. Ce dernier était l'aile populiste de l'ultra collaboration et Déat, Jamet père et ses amis — de nombreux agrégés, ci-devant normaliens — en constituaient l'aile intellectuelle pro-allemande. C'est aussi le cas, du reste, du père de Jospin. Il a fait partie de la tendance dure (celle de Déat) du collaborationnisme. Mais, par la suite, les relations familiales de Jospin senior lui ont permis de reprendre sa place au Parti socialiste et même d'être décoré bien après la Seconde guerre mondiale. Lionel Jospin était un bon fils, comme moi du reste. Cela rejoint le problème de Mitterrand qui a intégré, de façon très paternelle, des fils d'anciens vichystes voire collaborateurs, dans son équipe socialiste — aux côtés d'enfants de socialistes purs et durs. C'est le cas d'un personnage très remarquable comme Hubert Védrine, notre ancien ministre socialiste des Affaires étrangères dont nous avons déjà parlé. Naturellement, il existe des personnalités plus vulgaires, qui sont allées tout simplement de la droite à la soupe.

Certains des adversaires de Jamet m'ont dit, vrai ou faux, qu'il était assez « mégalo », comme on le devient assez facilement dans de telles situations mirifiques (TGB et le reste), comme moi peut-être je le serais devenu si on m'avait confié ce grand projet. On se laisse trop souvent captivé par la fonction. Je pense que personnellement ça n'aurait pas été mon cas mais en fait, quand ça vous arrive, les autres ne vous le disent pas toujours.

Il existe une autre anecdote sur Jamet. Il écrivait régulièrement dans *Le Quotidien de Paris* des articles très acides contre les socialistes. Il était capable de faire un quotidien à lui seul, en allant de la grande politique internationale jusqu'aux chiens écrasés, en passant par les attentats à la pudeur commis par des ecclésiastiques. Mitterrand donc était en train de lire vers huit ou neuf heures du matin un article de Jamet — car Mitterrand lit beaucoup de journaux. A neuf heures trente, le Président de la République téléphone à Jamet et lui dit tout de go : « Vous y allez un peu fort. Mais quel talent ! » Jamet était évidemment flatté de ce que le roi de France s'intéressait à ce point à sa modeste personne. À ce propos, Jean-Marie Benoît m'a raconté une petite histoire que j'aurais dû connaître (est-elle exacte ?) sur Richelieu recevant un intellectuel de l'époque et l'appelant très gentiment « mon ami ». L'autre en ressortit de là ivre de bonheur. Je pense que Jamet a dû éprouver des sentiments du même ordre après le coup de téléphone mitterrandien.

Donc, les relations au sommet BN-BDF sont meilleures entre ma modeste personne, Jamet et son collaborateur et collègue Goldberg. Ce dernier est compétent mais malheureusement il prendra sa retraite dans trois ans. En revanche, il y a des commissions de travail BN-BDF, de simples sous-groupes qui ne servent pas à grand-chose. Les gens de la BN y vont mais ils sont noyés parmi des individus de toutes sortes, des bibliothécaires de Compiègne ou je ne sais qui encore et ils sont de ce fait assez malheureux car ils ne comptent pas du tout dans les décisions finales ni même à moyen terme. Somme toute, l'impression très désagréable que j'ai ressentie et que j'ai continuée à ressentir pendant des mois, mes collaborateurs de la BN le ressentent toujours : ils éprouvent une espèce d'humiliation. Ils avalent des couleuvres mais j'en ai moi-même dévorées un certain nombre et j'en consommerai encore quelques-unes. C'est la vie.

— Vous vous êtes rendu, il y a quelques jours, à Madrid où se tenait la réunion annuelle des bibliothèques nationales de l'Europe de l'Ouest. Quelle est la situation ailleurs ?

Je suis allé, en effet, à Madrid pour cette importante réunion des directeurs de bibliothèques nationales et j'y ai rencontré un type qui est quand même un peu mon ami : le ministre espagnole — en fait d'origine française — de la Culture. Autant j'ai du mal à voir Lang, autant j'ai rencontré son homologue sans difficulté. Semprun, écrivain français non négligeable, m'a reçu aussitôt. On se connaissait déjà un peu depuis les ultimes actions politisées d'Yves Montand, revenu de ses illusions communistes et qui s'intéressait très sincèrement aux Droits de l'Homme. C'était l'époque où je faisais moi-même un peu de militantisme, ce que je ne fais plus du tout — devoir de réserve oblige. Jamet, ironiquement, voulait même me surnommer « le devoir de réserve » parce qu'il savait bien que dans les coulisses je m'agitais quand même quelque peu. Semprun m'a donc aussitôt reçu. Néanmoins, au bout de vingt minutes il commençait à s'agiter sur sa chaise. J'ai donc pris congé, je ne pouvais pas obliger ce grand homme à bavarder trop longuement avec moi. Il m'a quand même embrassé en partant, c'était tout à fait sympathique. Il n'est pas toujours bien vu en Espagne. Il est question, paraît-il, de le limoger un de ces jours. On l'appelle là-bas « Monsieur Sanprin » pour se moquer de sa francité. Toujours cette sourde hostilité espagnole à l'égard de l'homme des Lumières qui revenait de l'Hexagone au XVIIIe siècle ? Mais enfin, il fait du bon travail. On a un peu parlé des bibliothèques et autres sujets. Il fait partie de cette petite phalange des anticommunistes socialistes, un peu comme Kouchner et il pense que les socialistes espagnols ont le vent en poupe. Je faisais figure d'archange avec ma TGB parce que ces malheureux Ibères sont tous à courir après trois sous quelle que soit l'influence, grande ou petite, de Semprun. Il faut dire que ces gouvernements méditerranéens sont plutôt infects avec les bibliothèques nationales. Nous avons parlé du projet espagnol qui consisterait à faire un silo comme réserve de quelques centaines de milliers de livres, à cinquante kilomètres de la capitale, sans le moindre train pour faire la liaison. Il faudra à chaque fois 24 heures ou davantage pour faire venir un bouquin du silo à la bibliothèque de Madrid. Semprun m'a dit aussitôt — ce qui est peut-être vrai — « mais il y aura une navette.» J'entendais dans sa bouche le discours réactionnaire de Jamet et de quelques autres qui, dans les commencements du projet BN-Bis, voulaient tout simplement loger quelques millions d'ouvrages dans les silos éloignés de Paris. Lang ne tient pas du tout ce type de discours, Dieu merci. Serait-il plus progressiste que Semprun ? Vaste problème.

Les Anglais sont en général très tenus financièrement par Mme Thatcher. Celle-ci lâche très peu d'argent, en sorte que la *British Library* a été obligée, je crois savoir, de vendre une grande partie de ses terrains pour construire la nouvelle bibliothèque. Par rapport aux Anglais, toujours dans mes discussions avec Semprun, il est apparu que nous autres BN-BDF, faisions figure de nouveaux riches. À Paris, je souffre sous Jamet mais à Madrid j'étais le personnage qu'on admirait parce qu'on m'imaginait, passez-moi l'expression, « plein de fric.» Du coup, dans la capitale espagnole je m'amusais à me gonfler d'importance du haut de mes quatre milliards de francs, débloqués par Mitterrand pour son projet TGB - des milliards qui ne sont d'ailleurs pas à moi. De ce point de vue, il faut reconnaître que le projet Tolbiac a de la grandeur, inutile de le nier.

A cette réunion des bibliothécaires nationaux, j'ai rencontré le chef de la Bibliothèque nationale du Portugal, un type amène et francophone. A ces réunions internationales, tout ou presque se passe en anglais mais il existe aussi un certain nombre de dinosaures, comme moi et le Lusitanien en question, qui continuent à pouvoir faire des apartés en français. C'est bien agréable par moments.

— Vous avez évoqué Bernard Kouchner. N'avez-vous pas milité à ses côtés, dans les années soixante-dix ?

J'ai bien connu Kouchner, entre autres, au début des guerres d'Afghanistan. Jacques Julliard, Kouchner et moi-même avions fondé une espèce de comité sur l'Afghanistan, relativement important puisqu'on avait rempli à l'époque une salle à la Mutualité. Ce devait être en 1979-1980. Kouchner, en ce temps-là, me disait que dans le monde, la gauche faisait beaucoup plus de morts que la droite. Je lui en laisse la responsabilité. Son anticommunisme est très viscéral à tel point que le cher BK n'était pas tellement antigiscardien. Kouchner a certainement bien connu l'époque où fût créée l'association *Médecins du Monde* suite à sa séparation avec *Médecins sans Frontières*. À *Médecins sans Frontières*, il y avait en effet Malhuret plutôt giscardien et Brauman plutôt mitterrandiste. Tous deux étaient très anti-totalitaristes mais, pour je ne sais quelle raison, Kouchner les détestait.

Jacques Dupâquier, le démographe, me disait qu'au fond les mœurs actuelles, le concubinage, l'avortement, les unions multiples et successives, correspondent aux mœurs des comédiens et des acteurs — Hollywood et le reste — de l'entre-deux-guerres. Ils ont créé le modèle de ce qui deviendra le comportement d'un très grand nombre de gens de notre époque, à tous les niveaux sociaux. J'en avais parlé à Jacques Julliard, au cours d'une conversation informelle et il me disait que les grandes cocottes autrefois se recrutaient dans le monde des actrices de théâtre. Avec beaucoup de patience, peut-être en retrouverions-nous, selon lui, quelques prototypes dans l'univers médiatique aujourd'hui.

Pour en revenir à Kouchner, il m'arrivait dans le temps, de passer une soirée avec lui et Evelyne Pisier, à boire le champagne après je ne sais quelle manifestation. Evelyne Pisier, sœur de l'actrice bien connue, est l'épouse d'Olivier Duhamel, professeur de sciences politiques et socialiste modéré type Rocard, autrement dit ce qu'il faut être en ce moment, dans le petit monde intellectuel.

Une nouvelle Directrice du Livre

— Jean Gattegno quitte donc la Direction du Livre pour être remplacé par Evelyne Pisier. Une bonne nouvelle ?

Evelyne va être très importante pour nous et pour la BN-BDF en général. Elle devrait succéder à Gattégno à la Direction du Livre. En effet, Gattégno quitte le ministère de la Culture proprement dit, à la fois parce qu'il en a un peu assez mais également parce que Gattégno n'est plus en bons termes avec Lang, à la différence de ce qui s'était passé lors du premier ministère de ce dernier. JL lui reproche en effet d'être resté sous Léotard. Le même reproche qu'il a fait à Abirached, le spécialiste du théâtre. Ces deux-là sont tombés, semble-t-il, dans une disgrâce profonde. Lang reproche aussi à Gattégno d'être devenu paresseux, ce qui ne m'a pas spécialement frappé. Il va donc entrer chez Jamet, à la TGB, où il occupera le poste de Directeur scientifique.

En ce qui concerne le remplacement de Gattégno, on m'avait demandé au Ministère : « Indiquez-nous des noms. » En fait, j'ai été comme d'habitude totalement tenu en dehors de cette nomination. J'avais lancé personnellement le nom de Madame Chandernagor. Finalement, il semble qu'Evelyne Pisier prendra sa succession à la Direction du Livre. Elle est dans les eaux du pouvoir et en même temps très modérée. On le voit, les vraies décisions se prennent une fois de plus à l'Élysée. Il y a là un système de cabales comme dans les Mémoires de Saint-Simon. Quand on a su que Gattégno était éloigné quelque peu arbitrairement du Ministère, j'ai vu Pierre Nora et je lui ai donné des noms pour un remplacement éventuel. Nora s'intéresse à ce genre de problème puisqu'il est éditeur et je lui ai donc indiqué les noms de Madame Chandernagor et Madame Badinter. Élisabeth Badinter nous a rendu en effet de grands services, facilités par l'influence qui est la sienne à l'Élysée. Elle a dit à Mitterrand, avec beaucoup de franchise, « j'ai signé une pétition contre vous. » Le président ne l'a pas mal pris. Nora, pour des raisons mystérieuses, n'est pas en très bons termes avec EB. Celle-ci l'accuse de l'avoir traitée de « vieille peau », ce que lui a toujours nié. Elle a perdu une sœur dans un accident de voiture, ce qui fut bien sûr une tragédie pour son père et pour elle-même. C'est une dame bien née et bien mariée, fille de Bleustein-Blanchet et épouse de Maître Badinter, le célèbre avocat. Toujours est-il qu'elle n'est pas en très bons termes avec Gallimard, et Pierre Nora a eu cette réflexion : « Ah ! Non. Ce ne serait pas bon pour la NRF.» C'est là que le processus de décision est intéressant : le politologue Olivier Duhamel, époux d'Evelyne Pisier, est lui-même fils d'un homme politique d'une grande valeur et d'une dame mariée à un Gallimard. Dans tout cela, il y a eu certainement bien des tractations qui se sont opérées au-dessus de ma tête. La maison Gallimard a donc maintenant un pied bien installé à la Direction du Livre. Intéressant, non ? J'en suis bien content pour mon ami Pierre Nora mais je n'ai jamais été consulté sur ce rapprochement éditorial. Cela devient une habitude, même avec lui mais ce ne sont pas des choses que l'on peut dire trop ouvertement ces temps-ci. Ajoutons que Nathalie Duhamel, proche de toutes ces familles, est actuellement à l'Élysée et possède en outre un lien avec les Mendes-France. Nous sommes donc ici, une fois de plus, dans ce que les ethnologues appellent un « renchaînement d'alliances ». Renchaînement institutionnel aussi avec des liens entre lÉ'lysée, Gallimard, la Culture et nos deux grandes bibliothèques, celle qui existe à Richelieu et le projet Tolbiac. Ces renchaînements définissent sinon une nomenklatura, en tout cas une espèce d'élite du pouvoir.

— Avec La fureur de lire, *la BN semble avoir réussi une belle opération. Une de plus ?*

On peut le dire. Cette manifestation a d'ailleurs connu, cette année, des côtés anecdotiques voire amusants : Jacques Lang en fait est un timide. Non pas timoré mais un homme qui a peur des médias, phénomène bizarre puisqu'il a fait de ces médias, sa chose. Il passait donc, vendredi soir, à *Apostrophes* pour présenter *La fureur de lire*. Du coup, le Ministère était depuis trois jours sens dessus dessous en raison de ce passage. Et nous à la BN, il fallait qu'on s'agite, qu'on trouve des bouquins. Scène finale : deux heures avant l'émission, Lang, prostré au fond de sa voiture, broyait du noir. À force de farfouiller, j'ai trouvé dans nos collections un très beau manuscrit qu'il a pu montrer durant l'émission de Bernard Pivot. J'étais embêté car il passait ses doigts sur de magnifiques enluminures. L'un de nos bibliothécaires, Monsieur François Avril, conservateur préposé aux manuscrits à peinture, m'a engueulé à cause de ce prêt qui n'aurait pas dû avoir lieu. Mais que ne ferait-on pas pour la BN ? En attendant, la chose a produit le meilleur effet. Les téléspectateurs étaient enchantés.

Dieu sait pourquoi, il fallait également présenter un livre de Léautaud : *Le petit ami*. Il semble que les téléspectateurs aient confondu Léautaud et Léotard. Jack Lang, de plus en plus effondré par cette chasse aux trésors, voulait des renseignements sur ce livre. Il a appelé sa collaboratrice Madame Benhamou mais il se trouve qu'elle est enceinte et son humeur est par moments inégale. *Le petit ami* a ainsi fait le tour de tout le personnel, de la collaboratrice du Ministre jusqu'à l'Administrateur général, pour savoir ce qu'il pouvait bien y avoir dans ce petit bouquin.

J'ai rencontré Léautaud quand nous habitions tous les deux Fontenay-aux-Roses. Il était toujours déguisé en clochard. Il me parlait de ses belles relations avec Madame Gould, une milliardaire franco-américaine. Le tout-Fontenay était continuellement à la recherche de ses chats qui se perdaient un peu partout.

Quoi qu'il en soit, j'appelais la directrice du Département des imprimés, Madame Sanson. Manque de chance, elle était en train de se faire arracher une dent. Entre la grossesse de l'une, la dent de l'autre et Lang abasourdi dans sa voiture de fonction, je ne savais plus où donner de la tête. Le ministre devait absolument avoir ce bouquin pour huit heures et il était déjà huit heures moins vingt-cinq. Tout d'un coup, merveille des merveilles, notre attachée de presse me téléphone pour me prévenir que Jacqueline Sanson venait d'arriver. On lui avait arraché sa dent et elle se trouvait dans son bureau. Tout était gagné. Je lui ai sauté au cou. Finalement l'attachée et la directrice des Imprimés sont allées à l'émission. Ça s'est très bien passé. Drôle de métier, vraiment.

Mon collaborateur Guénot — est-il de gauche ou de droite, je n'en sais rien — a fait beaucoup pour cette manifestation. C'est un activiste comme je l'étais à son âge. Il a monté toute cette affaire de *La fureur de lire* et ça nous a coûté très peu d'argent. Il a fait ça dans la cour de Richelieu, dans une espèce de cabane immense. Il y avait un monde fou. L'inflation des chiffres est allée jusqu'à quarante-mille personnes. Selon l'expression habituelle, le service d'ordre était totalement débordé. On aurait eu un incendie ... Un triomphe. Je suis allé prendre Lang par le bras. Plus question de bagnole. Il était en train de faire le joli cœur parmi les colonnes de Buren. Il a été charmant. Il est venu à la BN et y est resté car d'une façon générale il aime beaucoup les librairies. Il a discuté avec les gens. Toujours est-il que je ne lui avais jamais autant parlé et je lui ai expliqué où nous en étions. Il a été extrêmement gentil, comme il peut l'être. J'ai l'impression, ou l'illusion, que mes actions ont bien remonté même si je reste toujours quelqu'un d'étranger à leur mafia. Sans doute se sont-ils rendu compte que je fais sérieusement mon travail. Résultat : on parle beaucoup de nous, ce qui est le but recherché. Une chose est sûre : on en parle davantage que par le passé. Ce nouvel intérêt est sans doute lié au projet présidentiel. Même si ce dernier nous irrite, nous aurions tort de nous plaindre car il y a une véritable curiosité pour Richelieu. Logique. On observe aussi un phénomène de transfert culturel très important : le déplacement de ce qu'était, il y a peu, l'attention aux musées. La France et l'Italie, tout le monde le sait, ont d'excellents musées et parfois de médiocres bibliothèques. Or, phénomène extraordinaire, le souci patrimonial est en train de se déplacer vers les bibliothèques et, reconnaissons-le, on le doit à François Mitterrand. Mais le problème est de capter durablement cette attention. Jadis, quand nous faisions une exposition, nous avions trois mille personnes en deux mois et là nous en avons quarante mille en deux jours. J'ai déjà mentionné le nom de Jean-Sébastien Dupuit, mon adjoint financier et mon numéro deux : incontestablement, lui aussi est pour beaucoup dans ce succès.

Toujours à propos des expositions, nous avons présenté la Bible de Gutenberg. Pour nos conservateurs, l'important est le catalogue car celui-ci doit décrire avec minutie les documents présentés. C'est pourquoi, pour certains d'entre eux, qu'il y ait deux mille ou cent mille personnes importe peu. Quand on a reçu deux cent mille visiteurs pour l'exposition Rembrandt, la chose a été très mal vue ici par nombre de gens : ils y voyaient de la démagogie pour attirer le client. Ainsi, Madame Lafitte, une de nos conservatrices — dans le jargon local j'aurais dû dire « conservateure » — nous a fait une merveilleuse exposition. Toutefois, la Bible de Gutemberg portait essentiellement la mention « *Biblia latina* ». Il fallait vraiment se décarcasser pour s'apercevoir, sur une petite étiquette, qu'il s'agissait de Gutenberg. Telle est la mentalité des conservateurs : le jansénisme. On ne se prostitue pas. Ce sont des purs.

Signalons encore, à propos de *La fureur de lire*, qu'il y a eu chez nous un petit mouvement social. Un tract syndical est sorti : « La fureur de vaincre ». Le fait est que les salaires des magasiniers allemands sont à l'indice 130 alors que nos magasiniers sont à l'indice 100. Cela explique peut-être certaines choses.

Religion et laïcité

Je reste en bons termes avec Madame Badinter. Elle est importante pour nous, j'ai déjà eu l'occasion de le souligner, puisqu'elle relaie auprès de Mitterrand pas mal de messages relatifs à Richelieu et à Tolbiac. Nous avons eu diverses discussions à ce sujet et à d'autres. En ce moment, elle est très remontée contre le port du tchador. Cette prise de position ne l'a nullement fâchée avec le Président de la République. Quant à Madame Mitterrand, je ne sais pas ce qu'elle en pense. Élisabeth Badinter s'est en revanche attirée des propos peu amènes de la part de Guy Sitbon, journaliste au *Nouvel Observateur*. Il est allé jusqu'à dire que s'il y avait un jour un pogrom, ce serait de sa faute. Cette accusation contre EB me paraît parfaitement ridicule.

— *Quelle est votre position sur cette question ?*

Il existe sur ce point diverses postures. Du côté extrémiste pro-iranien, on irait volontiers vers une tchadorisation généralisée. A l'opposé, on trouve l'islam non pas laïc mais anti-fanatique et peut-être anti-tchador. Cette tendance se retrouve par exemple en Tunisie. On trouve enfin la position tiers-mondiste, type Harlem Désir, qui consiste à penser que derrière le tchador c'est l'Arabe que l'on vise. A côté de cela, il faudrait mentionner l'opportunisme de certains de mes amis — de gauche ou de droite — comme mon collègue Bardet. Professeur à l'Université de Caen et grand disciple de Chaunu, il a fait partie du ministère de l'Éducation nationale du temps de Chirac. Il m'a confié que lui aurait simplement préféré que l'on étouffe l'affaire. En somme, pas de vague. Ces jeunes filles, selon lui, auraient fini par enlever leur tenue. J'oubliais, dans cette énumération, le laïcisme traditionnel : pas de tchador, pas de kippa, pas de croix. Mais ce laïcisme pur et dur a un peu vieilli car depuis 1905 une telle attitude a fait son temps, semble-t-il. Il y a enfin, je ne dirai pas le christianisme mais la position française traditionnelle : fille ou garçon, on met une petite croix sous la chemisette mais rien de visible. Personnellement, j'ai longtemps porté une médaille sous ma chemise. Je me demande si je ne vais pas la remettre. A propos de tout cela, j'ai revu une fois de plus Lustiger. Je l'aime beaucoup et du reste, curieusement, tout le monde l'aime ou semble l'aimer. J'ai cru comprendre, lors d'une conversation privée, qu'il n'avait rien quant à lui contre le tchador.

Entre nous, c'était quand même idiot le super laïcisme. Je me souviens d'une soirée théâtrale à laquelle était présent Michel Foucault, flanqué de quelques amis. Au milieu du deuxième acte d'une pièce hyper laïciste dont j'ai oublié le titre, Foucault est sorti bruyamment. Je lui ai demandé la cause de sa mauvaise humeur et il m'a répondu : « le Petit Père Combes, c'est fini ! » Pourquoi s'acharner, en effet, à détruire une religion qui rend les gens honnêtes, travailleurs et respectueux de leur prochain. Les Russes s'en sont trouvés très mal, ils ont fabriqué des générations de type anomique, qui ne font plus rien, qui picolent, etc. Qu'il faille mettre un certain frein aux prétentions de l'Église, c'est bien évident. Mais Jules Ferry avait fait le travail dans les années 1880 et c'était bien suffisant.

Il se trouve que mon grand-père a été vidé de l'armée en 1902 alors qu'il était parvenu au rang de commandant autrement dit chef de bataillon. Il avait en effet refusé d'expulser un couvent — était-ce de bonnes sœurs ? — au temps des inventaires. Je reste donc un peu sensible à toutes ces histoires.

À mon sens, si le vote des femmes avait existé en 1902-1905, cette idiotie ne serait jamais arrivée. Le laïcisme militant est quand même une spécialité nationale comme le bifteck-frites ou le camembert-vin-rouge. Il n'a pas d'équivalent, au même degré de puissance, en Italie, en Allemagne, en Belgique, en Angleterre ou encore aux Etats-Unis où il y a certes séparation entre l'Église et l'État mais où le président continue à s'inaugurer lui-même en jurant sur la Bible. Tous ces pays ne s'en portent pas plus mal.

Autrement dit, dès les années 1920, Pierre-Etienne Flandin, un parlementaire de centre-droit, avait milité activement pour le vote des femmes. Mais il s'est heurté à la Chambre des députés à une opposition farouche de la part des vieux crabes radicaux et francs-maçons du Sénat. La loi n'a jamais pu passer au motif que ce vote favoriserait la majorité de droite. Cela ne s'est nullement produit quand de Gaulle, d'un trait de plume, l'a instaurée en 1945. On pourrait dire que De Gaulle souhaitait un appui féminin. Mais cela n'a pas été le cas puisque les élections des années qui ont suivi immédiatement la Libération ont porté au pouvoir, dans les débuts du moins, une assemblée de gauche. Peu de gens le savent. En tout cas, jusqu'au début de la Première guerre mondiale et même jusqu'avant les élections législatives de 1945, la France était l'un des derniers pays d'Europe à ne pas accorder ce droit aux femmes.

Pour en revenir au laïcisme — laïcisme en tant que neutralité vis-à-vis des religions — oui. Laïcisme avec son agressivité, éventuellement maçonnique comme dans les années 1900, je m'en méfie. En ce qui concerne les communistes, la question est plus nuancée. Thorez a joué dans toute cette affaire un rôle intéressant, même si le personnage est contestable du fait de son assujettissement à l'URSS. Au cours des années Trente, disons à partir de 1935, dès que la tactique du Front Populaire a été mise en œuvre, Thorez donc a lancé une série de « main tendue ». D'abord aux socialistes bien sûr mais aussi, ce qui est moins connu, aux disciples du colonel de la

Roque dont René Rémond a parfaitement montré qu'ils étaient plus proches d'un certain pré-gaullisme que du fascisme. Main tendue enfin aux catholiques. Les contacts que j'ai eus, par ailleurs, dans les banlieues rouges, m'ont démontré que cette tactique communiste avait eu du bon et que désormais les ouvriers communistes étaient beaucoup moins anti-curés vers 1950.

Quand j'ai quitté Montpellier pour Paris, j'en ai profité pour quitter le Parti Communiste. Le comportement de mon beau-frère a été différent. Passant d'une banlieue parisienne à une autre, il s'est rendu à la section communiste de son quartier et il y a vu, ô prodige, un curé en soutane.

Si c'est une façon de recréer un consensus, fut-il mou, par-delà les vieux clivages de la gauche anticléricale et de la droite papiste, pourquoi pas. A ce sujet, je voudrais signaler un propos qui m'a amusé récemment concernant une catastrophe aérienne. Le journaliste a noté, sans avoir l'air d'y toucher, que les deux responsables à la sécurité, l'un national et l'autre régional, appartenaient tous deux à une obédience maçonnique. Il est certain que les réseaux de recrutement des hommes de pouvoir ne font pas toujours fi de liaisons de ce genre.

J'ai rencontré récemment l'ancien otage, Roger Auque. Il est devenu une sorte de mystique chrétien. Il m'a dit « je suis catholique et contre le tchador parce que je vis dans une civilisation chrétienne. » Faut-il dire qu'il pousse le bouchon un peu loin ?

De la prévision en Histoire

— La chute du régime communiste en Tchécoslovaquie était-elle prévisible, du point de vue de l'historien ?

Il est vrai que personne ne l'avait prévue sinon dans les derniers mois qui l'ont précédée. Je revois encore Kissinger, à la fin des années 1970, interrogé dans la presse internationale sur l'évolution possible du communisme et répondant : « le communisme n'évoluera pas davantage que n'évoluait l'Église au XIIIe siècle. » On observe là un échantillon du génie kissingérien, futurologue professionnel. Beaucoup plus intéressant, à mon humble avis, est Edgar Morin. Il a toujours dit, lors de ces récents événements : « Je ne pensais pas que cela se produirait de mon vivant. » Dirais-je que j'ai quand même eu un petit secteur géographique de lucidité : même à l'époque où j'étais un communiste bon teint, j'avais toujours excepté l'Allemagne de l'Est de l'image idyllique que je m'étais faite du communisme européen voire soviétique. Je pensais en 1949, à la veille de la déstalinisation — que je n'avais pas prévue elle non plus — que l'Allemagne de l'Est était le seul ratage véritable du communisme international. Car il s'agissait d'un pays occupé, comme le fut la France en d'autres temps, et donc un pays profondément anti-communiste sous les apparences d'un prussianisme rouge, lequel a effectivement survécu quelques temps grâce à une certaine discipline involontairement consentie. Les belles manifestations de Leipzig ont mis fin, fort heureusement, à tout cela. Bien évidemment la disparition des vieux dirigeants soviétiques, Brejnev, Tchernenko et d'autres, a introduit une époque nouvelle marquée par Gorbatchev. Ce serait faire beaucoup d'honneur à ces personnages que de les traiter de rois, de monarques ou de souverains, quoique Brejnev, à une époque plus ancienne, ait pu jouer ce rôle. Dans tous les cas, le dernier essai, celui de Tchernenko, marque un point final, malgré le côté insignifiant de ce personnage. Je ramène tout cela à de vieilles analyses historiques sur la mort du roi. Ainsi, la mort de Louis XIV correspond aux débuts d'une libéralisation, relative mais réelle, sous les auspices du régent Philippe d'Orléans. Sans rien dire de cette rupture capitale provoquée par la mort de Staline. D'une façon générale, la mort de certains rois, la mort de certains chefs d'État, est l'un des moyens les plus éprouvés pour passer d'un régime fermé à un régime plus ouvert. Je sais bien que l'École des Annales, à laquelle j'appartiens, a insisté sur l'insignifiance des personnages historiques de premier plan, par rapport aux courants profonds, aux structures de base. Lucien Febvre et Marc Bloch se gaudissaient des propos de Pasteur dans son journal intime : « Ce qui s'est passé dans mon laboratoire au temps de la présidence de Jules Grévy. » Autrement dit de l'insignifiance de l'histoire événementielle. Mais, en ce qui concerne la mort d'un roi, les réflexions de Febvre et Bloch ne sont pas toujours entièrement pertinentes. La mort d'Henri II, la mort de Staline — personnage abominable et absolument considérable —, la mort de Tchernenko — personnage insignifiant, je le répète mais dont le décès nous mène à Gorbatchev c'est-à-dire à quelque chose de fondamental et nouveau — constituent des ruptures. Alain Besançon, qui se méfie profondément du communisme — et comment lui donner tort ? — a écrit dans un essai manuscrit qu'il m'a récemment envoyé : « Après tout, qui sait, Gorbatchev et son équipe sont peut-être des gens qui ne croient plus au communisme, qui cherchent à en sortir. » Bel exemple de lucidité.[1]

— Cela n'est pas sans rappeler la théorie des « compossibles », chère à Leibniz.

Exactement. A un certain moment, s'ouvre devant l'humanité, la forêt de toutes les possibilités concevables. Et l'une d'entre elles est choisie, par le hasard, par la mort d'un dirigeant ou par les décisions d'une personne éventuellement lucide. Tous les autres compossibles s'effondrent alors et laissent place à la voie que l'histoire, pour toutes sortes de raisons, a choisie. Ainsi, la disparition d'Henri IV, qui participait dangereusement à toutes sortes de batailles comme dans un western et dont la mort, au début des

[1] Rappelons que ces remarques, devenues aujourd'hui (2018) évidentes, ont été écrites en 1988.

années 1590, aurait pu changer le cours de l'histoire de France. L'Édit de Nantes (1598), acceptant généreusement la tolérance pour les protestants n'aurait alors peut-être jamais eu lieu. Ce genre de réflexion est à la limite de la banalité mais enfin l'historien doit toujours se souvenir, quand il travaille, qu'après tout il n'opère que sur l'une des « compossibilités », celle-là même qui s'est réalisée alors que les autres auraient pu se réaliser dans un contexte à peine différent.

HIVER 1989 – 1990

Pour en revenir à la BN, mon « administration » comme disent les Américains, ne se passe pas trop mal. Nous n'avons pas eu d'incidents sociaux graves depuis octobre dernier. Ils finiront peut-être par se produire mais on verra bien. J'ai quand même gagné du temps. En effet, mon bilan social n'est pas tellement bon : les salaires restent bas et je n'y peux rien puisque la décision salariale ne m'appartient pas. Ceci dit, il y a quand même des gens qui travaillent insuffisamment.

Bibliothèque et sécurité

— En dehors des grèves, vous avez, semble-t-il, un autre sujet d'inquiétude, pour ne pas dire une hantise : la sécurité.

Indéniablement. Le jour où je quitterai cette maison, je verserai sans doute une petite larme mais je serai libéré de cette peur permanente de l'incendie. Le sujet est tabou même si on prend, bien sûr, quantité de précautions.

Il y a quelques jours la CGT, avec laquelle je suis en assez bons termes, est venue me voir pour intercéder en faveur d'une dame soi-disant persécutée par l'Administration. En réalité, on ne persécute personne. Certes, les chefs de département sont souvent ressentis comme des écrans entre les jeunes conservateurs et moi. Mais sans plus. Toujours est-il que nous avons intercédé en faveur de cette dame. Dois-je le dire, elle est actuellement en prison, accusée d'avoir commis dix-sept tentatives d'incendie dans son immeuble. Fort heureusement, elle a eu la bonté de ne pas les déclencher ici. Mais, rétrospectivement, tout cela est assez terrifiant. En tout cas il est hors de question qu'elle revienne dans l'établissement. Elle a été inculpée mais non condamnée. J'en ai des cauchemars nocturnes. Les courts-circuits, les incendiaires, les pyromanes, voilà la grande source d'angoisse. Ceci dit, la Bibliothèque est là depuis des siècles et n'a jamais vraiment souffert d' « accidents » de ce genre.

Pour les présidents de la République, la BN était souvent considérée comme un point de chute. Ils se désintéressaient complètement de cette institution et Mitterrand n'a pas fait exception : il l'a longtemps dédaignée. Puis brusquement, Attali aidant, il a accouché de ce monstre à certains égards totalement irréaliste mais sous d'autres points de vue essentiel à la bonne marche des bibliothèques en France.

Un de mes prédécesseurs, Dennery[1], ancien ambassadeur à la retraite, arthritique sévère et que de Gaulle avait placé là parce qu'il y avait un ascenseur, Dennery, donc, avait une peur panique des incendies — ce qui peut se comprendre. Du coup, il n'a entrepris aucun chantier durant les dix ou douze ans qu'a duré son règne. L'idée était que dès qu'il y a des ouvriers quelque part, le danger d'incendie se précise. Cela explique la petite guerre anti-tabac entreprise ici même par l'administration. Bataille gagnée je dois dire. Je me souviens d'avoir arraché une cigarette allumée en plein établissement, des mains d'une dame qui a fort mal pris la chose. Autre temps, autres mœurs. Mon ami Pierre Daix, qui avait été petit magasinier à la BN en 1941 avant son emprisonnement pour fait de résistance, fumait à l'époque dans les magasins. Mais, à quelques exceptions près, le personnel a pris la bonne habitude de ne plus fumer *in situ*. Ceci dit, dès qu'il y a des chantiers, le danger réapparaît. D'ici peu, qui sait, toute la bibliothèque sera sur mémoire électronique — à l'exception tout de même des manuscrits précieux — et ce genre de problème sera moins aigu. En attendant, nous avons bien un service de sécurité, syndicalisé comme il se doit, mais les rondes de nuit, effectives, restent insuffisantes. Je me heurte ici comme toujours au puissant barrage des syndicats. Certes, nous disposons parallèlement d'une sécurité privée mais il faut de l'argent et pour l'instant il est limité à Vivienne, de l'autre côté de la rue.

Au XVIIIe siècle, en tous les cas, il y avait interdiction de chandelles à la BN, ex-Bibliothèque royale. On travaillait à la lumière du jour, c'est pourquoi vous avez ici et là de grandes verrières et des escaliers à claire voie. Tout cela en principe laisse descendre la lumière assez profondément. Mais, dans d'autres pays, les conséquences ont pu être catastrophiques. Les Allemands avaient imité la BN, au temps de Guillaume II, et quand il y a eu les bombardements de la Seconde guerre mondiale, les verrières ont provoqué de gigantesques appels d'air et ces bibliothèques ont brûlé comme des chandelles. Au XVIIIe siècle donc, pas de feu à la BN. Il existait une simple salle chauffée quelque part pour que le personnel puisse se ragaillardir pendant les grands hivers car dès le XVIIe on possédait déjà des instructions très rigoureuses contre le feu. Nous fûmes néanmoins victimes, sous mon administration, de deux petits incidents du même genre.

---

[1] Cf. p. 29.

— La BN n'est pas non plus, comme beaucoup de lieux ouverts au public, à l'abri des alertes à la bombe.

Hélas, non. Nous avons connu plusieurs alertes à la bombe, ces temps-ci dont une mémorable. A deux reprises j'ai dû faire évacuer la salle Labrouste. Comme les appels ont recommencé, j'ai préféré renoncer à fermer en cas de récidive, pensant qu'il s'agissait simplement d'un pervers ou d'un blagueur stupide. La troisième fois que l'énergumène a téléphoné, je me suis fâché tout rouge et je lui ai dit : « Vous m'emmerdez ! Tout le monde sait que vous n'avez pas de bombe. » Il a retéléphoné par la suite en insultant le directeur du personnel. En fait, c'était quelqu'un de la Maison, un ancien soixante-huitard barbu et vieillissant. J'ai fini par le vider au motif qu'il n'avait pas l'esprit d'équipe. C'était une accusation plus douce que celle de poseur de bombe qui lui aurait coûté définitivement sa place. L'un des syndicats de la BN, qui m'enquiquine périodiquement, est venu me voir pour sauver ce personnage. J'ai foutu leur délégation dehors dans les trente secondes. Toujours au chapitre des alertes, j'ai eu affaire un jour à deux jeunes lectrices qui avaient triché dans la salle de lecture. Je les ai mises à la porte avec retrait immédiat de leur carte. Un quart d'heure après l'incident, j'ai eu droit à une alerte téléphonique à la bombe. Pure coïncidence, sans doute.

En réalité, il y a toujours eu des poseurs de bombe et pas seulement ici. Le cardinal Lustiger m'a raconté qu'elles sont fréquentes à Notre-Dame et il ne fait jamais évacuer. Mais il est protégé par le Saint-Esprit. Ils ont eu le cas notamment de ce drôle de paroissien. Il venait paraît-il tous les dimanches avec son chien et le faisait pisser près des grands portails gothiques pour voir la tête des gens qui sortaient affolés. On savait plus ou moins qui il était. Il est reparti par la suite dans ses îles lointaines.

Les choses toutefois ne sont pas toujours aussi anodines. Un grand éditeur parisien disposait en banlieue d'un dépôt de livres qui a entièrement brûlé. Des centaines de milliers de volumes sont partis en fumée. Quelques heures auparavant, le gardien de nuit avait reçu un appel téléphonique avec menaces. Le personnel avait failli évacuer les lieux mais tout semblait calme et ils avaient finalement renoncé. Vers quatre heures du matin, le gardien sort son chien et sent de la fumée. Dix minutes plus tard quatre bombes au phosphore explosaient. On peut comprendre pourquoi les questions de sécurité constituent ma préoccupation permanente. A la BN, le service de sécurité est relativement efficace. Un jour ma femme a fait brûler un biberon qu'elle préparait pour son petit-fils. La fumée est sortie de la fenêtre de notre logement de fonction et dans les deux minutes, la sécurité était là.

Mais les problèmes d'incendie ne sont pas les seuls. Ma fille, qui a été employée à la bibliothèque d'Harvard[1], me disait que quand il pleuvait — ce n'est plus le cas aujourd'hui — les bibliothécaires montaient sous les toits avec des toiles cirées et faisaient sécher les bouquins. Nous avons eu le

[1] Cf. p. 15.

même problème ici avec le fonds maçonnique. Il était conservé à proximité de toits un peu percés.

Depuis un an, nous sommes très heureux : ni grèves ni pluie. Ceci dit, on a tout de même eu l'an dernier une grosse averse. Des gouttes d'eau tombaient sur le crâne d'un lecteur. Il a fini par se plaindre. On a alors mis un sceau sur sa table et le problème fut réglé. Conjointement, des ouvriers ont tout de même fait un pansement au toit.

— Puisque vous évoquez les problèmes de sécurité, pouvez-vous dire deux mots sur le chapitre des vols ?

Il existe évidemment des vols de temps à autre[1]. Mais ce phénomène n'atteint pas, loin s'en faut, la gravité de ce qui se passe aux Etats-Unis, en particulier à la Bibliothèque du Congrès où les bourgeois de Washington viennent armés de lames de rasoir et découpent des estampes précieuses. Le vol est un problème général dans les bibliothèques même si, de ce point de vue, la BN n'est certainement pas la plus menacée. Du temps où j'étais simple lecteur, il y a eu une histoire de ce genre. Un type avait volé des manuscrits de Mozart dans la réserve de musique. On l'avait fichu dehors et quelque temps après un libraire a signalé à la Direction les précieux feuillets. En se rendant à son domicile, la police a pu récupérer d'autres ouvrages, tous subtilisés à la BN. Il est évidemment difficile de sortir des livres de Richelieu mais pas impossible. A la différence de certaines grandes bibliothèques américaines, on ne fouille pas, au pays des Droits de l'homme, ni les lecteurs ni le personnel à la sortie. Il y a quelques années, on a limogé un employé à cause d'un hold-up qu'il avait commis dans une pharmacie. C'était une agression assez minable. Il conduisait sa 2 CV et son camarade procédait au braquage. On l'a limogé mais la République, bonne fille, l'a réembauché dans une autre bibliothèque.

Avec tous ses défauts, Tolbiac sera probablement meilleur sur le plan général de la sécurité. Si une tour brûle, il en reste encore trois. Et la Seine n'est pas loin.

« Le complexe de la ligne Maginot »

Pour en rester à la TGB, les Anglais vont mettre vingt ans à la *British Library* pour faire du laid et du fonctionnel. Nous, nous avons mis huit jours pour faire du beau et du non fonctionnel. Fonctionnalisme du bon sens anglais contre structuralisme gaulois, en somme.

[1] Cf. les affaires du codex aztèque et du manuscrit hébraïque, p. 26 et 254.

— *Où en êtes-vous actuellement ?*

Nous avons toujours des réunions avec Jamet qui reste extrêmement désagréable notamment à mon égard. Quant à Gattégno, bon camarade, je lui ai fait avoir le prix Louise Weiss que, du reste, il méritait. Cela m'a valu une note du Ministère : « Pourquoi pas le Nobel. » Le départ d'Abirached hors du ministère de la Culture où il fut *persona grata* au temps du premier Jacques Lang, a été quelque chose d'étonnant. Il fut en effet directeur du service « théâtre », rue de Valois. Il prétend même, et c'est peut-être vrai, que c'est lui qui avait lancé Jacques Lang dans les milieux parisiens du théâtre, lequel n'était à cette époque qu'un petit professeur de Droit dans une ville de l'est de la France. Une fois en poste au Ministère, Lang lui avait renvoyé l'ascenseur. Abirached, Jacques et Monique Lang étaient donc intimes et puis voilà Léotard qui arrive. Abirached reste mais au retour de Lang au Ministère, celui-ci ne lui a plus jamais parlé. Pauvre Abirached. Garçon sensible, chrétien quelque peu écorché, il est resté un temps au placard puis a fini par partir. Il a recherché, par la suite, un poste à l'Université. Mais cette disgrâce provisoire l'a fortement affecté.

Le destin de Gattégno n'a pas été aussi rude mais il s'est quand même retrouvé en pénitence. Il était bizuté par Lang et du coup il me bizutait à son tour.

Contrairement à ce que pensent certains, Gattégno n'est nullement un homme de droite. C'est un ancien CFDT de Vincennes, originaire de Salonique et catholique converti. C'est un type qui certainement combine, avec beaucoup de talent, un certain nombre de choix quelque peu difficiles. Est-il sincère ? Je le crois. Pour lui, ce qui domine ce sont les enjeux de pouvoir et mes efforts pour améliorer nos relations sont du genre millimétrique. Ce qui compte avant tout, à ses yeux, c'est Jamet.

Ceci dit, certaines choses vont très bien. Biasini nous donne de l'argent (du contribuable) pour l'informatisation ou, dans le jargon local, la « conversion rétrospective » du catalogue.

Je suis allé à Londres, notamment pour observer Outre-Manche l'informatisation en question. De ce point de vue, on va vraiment faire de très grandes choses. En réalité, nous avions mis un siècle à élaborer le catalogue imprimé, ce qui peut paraître long mais, à l'échelle BN, s'avère assez court. Et aujourd'hui, en quelques années, nous allons procéder à l'informatisation totale du catalogue. Grandiose perspective. Cela étant, nous sommes actuellement placés, autre problème, devant le tremblement de terre du déménagement des onze à douze millions de volumes d'ici quatre ou cinq ans. Il faudra essayer de limiter les dégâts, ne serait-ce que les vols de livres, en transportant tous ces bouquins d'un site à l'autre.

Un collègue du Collège de France me disait : « Nous étions très heureux dans notre petit centre parisien de recherches mathématiques et un beau jour une dame est venue et nous a dit qu'on allait nous faire un truc en béton, absolument merveilleux, dans une plaine battue des vents à quarante kilomètres de Paris. » Notre problème est-il du même ordre ? Pas vraiment. Il n'y a pas décentralisation puisque nous resterons dans Paris intra-muros. A mon sens, ce serait plutôt le complexe de la ligne Maginot : on a un problème, on coule du béton. C'est comme ça qu'on a perdu la guerre en 1940.

Notre avenir ici, en accord avec Jack Lang, irait plutôt vers la création de la bibliothèque des Arts. Ce concept évolue du reste. Tolbiac est ou sera la bibliothèque universelle c'est-à-dire, entre autres fonctions, une bibliothèque de recherche. Je dis bien de « recherche » car le comble, dans cette affaire, est que dans le décret de l'établissement constructeur, le mot « Bibliothèque nationale » ne figure toujours pas. Ces gens-là ajoutent donc l'insulte à l'injure, en ce qui nous concerne. Or, un grand pays et même un petit pays, doit avoir sa bibliothèque nationale à cause du dépôt légal. D'ailleurs, la future BN sera évidemment et de fait, à Tolbiac. Mais enfin la lacune est significative, à la fois de la haine chez certaines personnes à l'Élysée ou ailleurs, vis-à-vis de la BN et, d'autre part, de leur sottise puisqu'ils ne savent même pas que bibliothèque nationale et dépôt légal font partie de l'identité nationale d'un pays. De toutes les façons, l'établissement prévu sera inévitablement une BN. On ne peut contourner ni le mot, ni la chose. Dans tout cela, il y a un personnage assez pittoresque, qui grenouille un tant soit peu : le frère Albaric, chef de la bibliothèque dominicaine du Saulchoir. C'est là que s'était réfugié Michel Foucault quand la BN avait cessé de lui plaire.

Pour en revenir au frère Albaric, l'un de ses frères en religion voulait se marier avec un ami à lui et il a demandé l'autorisation au Supérieur du couvent de pouvoir effectuer ce mariage à Rome. A quoi le Supérieur lui a répondu : « Ecoutez. Tout ce que vous voulez mais pas à Rome et pas pendant la semaine sainte. » Le conjoint laïc de ce dominicain n'était autre qu'un ami très cher à moi, Roger Stéphane, grand résistant ayant participé à la prise de l'Hôtel de Ville avec François Furet.

A ce propos, Furet, qui avait dû être membre d'un petit réseau de résistance sans grande importance, s'était, en effet, engagé dans l'armée française de Delattre ou autres. Il y est resté une journée et a vite compris qu'il n'avait rien à y faire. Il a donc déserté et est retourné à Paris, pistonné par je ne sais quel ami de sa famille. Il ne s'est rien passé ou comme disait Saint-Simon dans ses Mémoires « Il n'en fût rien ». Saint-Simon avait en effet employé cette expression à propos des jésuites qui avaient fessé à mort le fils du maréchal de Boufflers. Et le chroniqueur ajoute : « Comme c'était les jésuites, il n'en fut rien. » J'ai longtemps remarqué que Furet — je ne lui reproche pas son stalinisme dur de l'époque parce qu'on pourrait après tout me faire le même reproche — j'ai longtemps remarqué, donc, sans comprendre pourquoi, que Furet avait une détestation particulière pour l'armée française, pour ceux qu'il appelait à l'époque les « mercenaires », notamment au moment de Diên Biên Phu, ce que je trouvais d'un goût assez déplorable. C'est seulement beaucoup plus tard que sa cousine, Ménie Grégoire, a raconté ce qu'elle n'aurait jamais dû faire, devant une centaine de personnes — en Vendée qui plus est — que Furet avait déserté. Je n'ai jamais parlé de cela à personne. Mais un petit salopard américain a fait tout un article sur la désertion de Furet. Cela m'a absolument dégoûté, non pas de Furet que je continue à aimer mais de l'Américain en question. Ménie Grégoire est évidemment une sotte : elle n'aurait jamais dû procéder à cette dénonciation publique de son cousin. Pourquoi la Vendée constituait-elle une circonstance aggravante, me demandez-vous ? Parce que Furet a au fond une triple identité : à Chicago il est plutôt pour Reagan, en Vendée il manifeste une certaine tendresse pour les Vendéens et les Chouans et à Paris il est résolument de gauche, notamment au *Nouvel Observateur*. Nous devrions tous jouer ce jeu d'enfer.

L'idée d'une bibliothèque d'Art se précise

— *En fin de compte, cette bibliothèque d'un «* genre totalement nouveau *» doit viser quel public ?*

Les positions sont assez variées. Le frère Albaric, qui effectivement connaît bien les bibliothèques, voudrait limiter les consultations de notre collection unique au monde de douze millions de volumes alors que Jamet voudrait au contraire l'élargir à un vaste public, à savoir non seulement la première salle, celle des chercheurs, mais même la deuxième, pour les étudiants[1]. Il y aurait évidemment un danger d'érosion de la collection. Par rapport à mon modeste projet de BN-bis, on imagine maintenant, avec la mégalomanie ambiante, trois bibliothèques. Ce que je crains, s'il y a une université proche de la future TGB, c'est que les agités de l'extrême gauchisme entre autres, s'en aillent bomber les murs du nouveau bâtiment. Il faut dire qu'ici, à Richelieu, les syndicats nous enquiquinent mais du moins ils possèdent un esprit civique et se gardent bien de larder la BN de graffitis. Car, je le répète, il y aura vraisemblablement une université à proximité du nouvel établissement. Comme d'habitude, j'en ai été prévenu par la presse puisque je ne suis pas dans le secret des dieux — des dieux socialistes, bien entendu. Lang lui-même est à peine plus informé que moi puisque les choses se passent dans le cercle magique Mitterrand-Attali-Biasini-Jamet. En effet, Lang est complètement largué lui aussi, pour le moment du moins. Mais en politique, il reste l'homme le plus populaire, après Mitterrand et Rocard. Le fait est que Lang est séduisant. Je commence à le connaître, il a d'effroyables défauts mais il possède du charme, il est intelligent, il est capable

[1] Effectivement, de nos jours, les étudiants de l'université Paris 1 (Centre Pierre Mendès-France) et Paris VII, fréquentent abondamment la BnF, notamment la salle grand public.

d'apprendre. Il a gardé un lien avec Mitterrand mais ce dernier, toujours féru d'arbitraire, l'a marginalisé, du moins quant à la BN.

— *Que va devenir Richelieu ? L'idée d'en faire une bibliothèque d'art se confirme-t-elle ?*

Plus que jamais. La BN garderait les départements spécialisés plus le département des Arts et le fonds Doucet. A ce propos, le recteur de l'université de Paris, Madame Gendreau-Massaloux, refuse absolument le transfert qu'on nous propose et qui nous conviendrait assez bien parce que Doucet c'est la Sorbonne, autrement dit ni la Culture ni la BN. Elle est géographe et fait carrière dans l'administration comme beaucoup de ses collègues car souvent leur spécialité les ennuie. Au demeurant, la géographie n'existe guère qu'en France. Aux États-Unis, par exemple, il y a très peu d'universités qui font de la géographie. Quoi qu'il en soit, madame Gendreau-Massaloux a travaillé à l'Élysée auprès de Mitterrand. Actuellement elle est très aimable avec moi, du moins en paroles car dans la réalité des faits je n'en sais rien. Elle était très heureuse à l'Élysée, elle y prenait le thé et devait être probablement un peu amoureuse du Président. Maintenant, évidemment, elle se sent en exil dans son royaume universitaire, loin du Pouvoir et du Prince. Cela me rappelle Saint-Simon, une fois de plus : on est plus confortable dans un galetas quand on est à quelques mètres du roi de France que dans le superbe exil d'un château de province. Ici, en tout cas, il y a toute la place pour caser Doucet.

Cet important projet de bibliothèque d'art est très soutenu actuellement par les grands conservateurs : Laclotte, Erland de Brandebourg, Chevrillon — qui n'est pas un conservateur mais un journaliste important — et Rosenberg. Les professeurs d'histoire de l'art malheureusement sont moins chauds : Foucard a retourné sa veste et Pressouyre est mou. Il faudrait que j'en parle à Thullier, un vieil ami. Quand j'étais bizut en hypokhâgne, au lycée Henri IV, dans l'immense dortoir donnant sur la place du Panthéon, mes deux voisins de lits étaient Thullier et Mauzi. Cela crée des liens.

C'est pourquoi j'essaie de lancer, depuis un certain temps, une campagne en faveur de l'avenir de Richelieu. Jacques Julliard m'a promis, comme on le sait, un papier dans *L'Observateur*. Emmanuel de Roux en a signé un autre dans *Le Monde*. Duby pourrait se décider aussi et Madame Badinter, de son côté, doit rencontrer avant Noël, assez longuement, le président Mitterrand et lui parler de nos problèmes. Goldberg, le collaborateur de Jamet, m'a dit : « Parlez-en à la première dame de la cour. » Mitterrand, l'ai-je déjà souligné, a beaucoup d'affection pour le couple Badinter. Moi aussi. Je suis en désaccord avec elle sur un seul point : elle a repris les thèses d'Ariès sur l'invention de l'enfant à la fin du Moyen Âge et je reste quelque peu sceptique à ce sujet. Quand j'ai écrit *Montaillou*, j'ai trouvé quantités de cas d'amour maternel de femmes pour leur enfant dans ce petit village du Moyen Âge. Elle a exploité avec beaucoup de talent une veine que les démographes avaient développée. Plus précisément, Philippe Ariès avait lancé cette idée de l'absence d'amour maternel chez les mères du Moyen Âge et les statisticiens l'ont reprise, étant donné l'immensité de la mortalité infantile de 0 à 1 an et même de 1 à 20 ans, à l'époque médiévale. Mais la mort n'empêche pas l'amour. En tout cas, peu importe, Madame Badinter a beaucoup de sympathie pour nous. Quand je vais voir Michel Serres, il est entièrement d'accord avec mes objections contre l'entreprise mitterrandienne — plus exactement certains de ses aspects — mais il ne fait rien. En revanche, Madame Badinter part au canon. Elle est extraordinaire. Elle nous soutient avec force et conviction, notamment auprès de l'Élysée.

Pour en revenir à cette nouvelle campagne, il va y avoir une lettre du Comité international d'histoire de l'art, envoyée à Mitterrand. C'est tout un complot. On me dit qu'il est plutôt dans mon intérêt que Doucet déménage à Richelieu.

En face de nous se trouve Jamet, complètement fermé et enquiquinant comme tout. Gattégno lui-même, j'ai déjà eu l'occasion de le dire, nous est plutôt hostile et se met du côté de Jamet à cause des enjeux de pouvoir. Au fond, Mitterrand se rend compte qu'il a fait une bêtise en plaçant Jamet à ce poste mais il ne veut pas que cela soit dit. En fait, Jamet n'est aimé nulle part. Attali, Biasini, tous les jeunes et moins jeunes l'apprécient peu. Lang le déteste et Chirac ne veut même pas le voir. C'est tout dire. Quoi qu'il en soit, la dernière fois qu'on l'a rencontré, Jamet nous a dit : « c'est entendu, vous prenez l'Art, je vous prends la partie photo. » Il dépiaute nos départements. Car il y a plusieurs départements de dépôt légal ou assimilés : les estampes-photos, les médailles et j'en oublie. Gattégno s'en amuse. Vous imaginez les conservateurs trier les photos une à une ? Tout cela est absurde. Jamet fait ça pour nous embêter. Au fond, ce qu'ils veulent, c'est prendre les belles choses dans nos collections et les mettre là-bas, outre-Seine. Ils se foutent du destin de notre baraque. La baraque en question, mais oui, est imprégnée de sacralité. La salle Labrouste, pour ne prendre qu'elle, est d'une extraordinaire beauté et le combat qu'il convient de mener en l'occurrence est épuisant.

Scène étonnante : il y a quelques jours, on a tenté de faire comprendre à DJ ce qu'est une collection ou un fonds. Ainsi le fonds Colbert, le fonds Proust. Et lui de répondre : « Mais c'est idiot votre truc, ça n'a pas de sens, c'est le legs du passé, c'est de l'histoire ancienne », et d'ajouter : « ce qu'il faut c'est classer vos trucs par ordre de taille. » Il voudrait constituer, par ailleurs, une bibliothèque de l'amour. Notre système a été inventé par les rois et leurs ministres. L'abbé Bignon a systématisé en effet tout cela au XVIIIe siècle. Il a constitué des départements par nature de documents : estampes, médailles, imprimés et autres. Ce système français sera repris ultérieurement par la *British Library* et tardivement par la Librairie du Congrès, à Washington. Malheureusement, nous sommes victimes de la phrase idiote de Mitterrand, flagorné par Attali : « *Ce sera une bibliothèque d'un type absolument nouveau*». Cette phrase absurde nous fait un mal considérable. Je ne peux quand même pas monter à la tribune et dire : « Mitterrand a proféré une imbécillité. » Quant à l'autre homme, avec sa bibliothèque de l'amour d'un type entièrement nouveau ... On s'intéresse à l'amour aujourd'hui mais dans cinquante ans on s'intéressera à autre chose. Il est vrai qu'un de nos plus grands philosophes contemporains a dit récemment : « bander ne se fait plus ! »

On a donc essayé d'expliquer à Jamet ce qu'est un fonds, autrement dit l'abc du métier de conservateur. Impossible. Le message ne passait pas. C'est tragique ou, pour le moins, dramatique.

Nouveau vent de fronde : le problème des tours

Nous sommes le 20 décembre et l'établissement constructeur vient d'être créé. La bibliothèque prend figure en bien et en moins bien. Les coûts sont importants et le contribuable sentira passer la facture. On considère pour le moment que ça va coûter cinq à six milliards de francs, une somme déjà supérieure aux prévisions. On était à quatre milliards de coût global et on en est maintenant à cinq ou six milliards. Je crois que le tunnel sous la Manche est à soixante milliards, il y a donc encore de la marge. Il faudra y inclure le réaménagement de Richelieu, plus l'installation d'un troisième site à Marne-la-Vallée pour les exemplaires de conservation et de prêts d'urgence ainsi que les ateliers. Bref, on ne sera pas loin des dix milliards. J'ai entendu dire que si Gorby, alias Gorbatchev, reste au pouvoir, on pourra quelque peu désarmer. Il y aura donc de l'argent pour nous également. Que vaut cet argument ? Je n'en sais rien mais la future BN mériterait tout de même une gestion plus serrée.

En fait, les vrais problèmes sont à chercher du côté des tours : trop chaudes en été, trop froides en hiver. Pour les livres, il faudra une dose de climatisation considérable et coûteuse. Le cabinet de l'architecte Perrault est peuplé de gens sympathiques mais complètement nuls en ce qui concerne la construction des bibliothèques. Ces gens-là passent des heures avec Mitterrand toujours fasciné par l'aspect esthétique des choses. On a donc, dans l'équipe d'en face, Goldberg pour l'ingénierie, Giffard pour l'informatique — mais qui n'a pas l'air bien compétent même s'il fait un effort — et il y a quelqu'un qui s'occupe de la partie proprement intellectuelle et dont j'ai oublié le nom. Quant à Jamet, il plane. Dans les réunions sérieuses, il se tient bien, notamment dans les conseils d'administration où lui et moi faisons un grand effort pour avoir l'air d'accord. Quand la réunion se fait plus folklorique, chez les gens d'en face (côté Jamet), ça devient un peu n'importe quoi. Pourquoi pas le sauna, la piscine, la salle de fitness, la crèche, etc. ?

— L'accès aux collections de la BN est réservé actuellement aux seuls chercheurs. Qu'en ira-t-il de la future Bibliothèque ?

Pour la partie « recherche », on va semble-t-il, vers deux grands étages : l'un d'eux s'appellerait notamment « Étude et recherche » car dans un futur proche — et moins proche — on serait à dix-huit millions de volumes au lieu des onze ou douze millions actuels. On parle même de trente millions dans un avenir lointain. On le voit, même ici nous sommes dans le domaine du rêve. De toutes les façons il y aura de la place, du moins pour une trentaine d'années.

Mais il y aurait également une autre bibliothèque, plus populaire, en fait estudiantine. Le danger serait alors que l'accès populaire à nos collections d' « Étude et recherche », conduise ces livres plus anciens à l'érosion, même si à New York la *Public Library* possède une collection admirable et ouverte à tous. Cette bibliothèque populaire, dite- d'information, a été mise au point par un ancien apparatchik du PC, lequel est désormais intégré au staff TGB. Heureusement, il y a Madame Tesnière, une personne compétente que nous avons donnée à la Bibliothèque de France par procédé de bon voisinage et qui veille au grain. Dans le secteur tout public on trouverait en principe les nouveautés, la presse, l'accès à l'actualité, soit au total 280 000 m^2 — c'est énorme — dont 20 000 à 30 000 m^2 pour l'audiovisuel. Pourquoi pas. En même temps, Madame Jamet, une jeune femme sympathique et qui travaille dans l'audiovisuel, a essayé de nous vendre le projet d'un musée de la télévision et de la radio que DJ soutient avec plus ou moins de vigueur. Tout le monde, en effet, était contre : Biasini, Gattégno et moi-même. Je me suis même mis en avant à ce sujet, ce qui m'arrive rarement. C'est ainsi que nous eûmes la première réunion du conseil d'administration. Bonne surprise : Biasini et Jamet ont défendu l'idée selon laquelle le nouvel établissement resterait dans la continuation de la BN. J'ai trouvé ça très bien notamment pour sa vocation patrimoniale.

De Tolbiac à Alexandrie ou d'une bibliothèque à l'autre

J'ai vu récemment la nouvelle directrice du Livre. À l'en croire « la BN est devenue autre chose. Elle va s'adapter au monde à venir. » À la base du futur mastodonte on scellera la première pierre tirée des soubassements de la librairie de Charles V. J'ai expliqué aux gens de la TGB qu'il y aurait ainsi continuité et Jamet lui-même, peut-être pour me faire plaisir parce que j'étais là, a insisté sur le côté « recherche ». Ce sera donc une bibliothèque nationale multipliée par deux. Perrault, l'architecte, situe le bâtiment — de façon tout à fait obscur à mes yeux — dans un périmètre grand comme la superficie du Champs de Mars, des Invalides et de la Concorde. Selon ces augures, ce sera un événement urbain, avec quatre tours surplombant un jardin. On sent dans les propos de ces messieurs-dames, parmi lesquels l'architecte, un petit côté anti-Anglais peu justifié. J'ai l'impression que Jamet sous-estime volontairement la partie audiovisuel parce qu'il craint de se faire critiquer par les amoureux des livres papier. De toutes les manières, un troisième site est prévu à Marne-la-Vallée. Reste le grand problème de Richelieu. Nous nous en tenons toujours avec Lang — encore qu'il soit un peu évanescent ces temps-ci — à l'idée d'un chapeau commun entre Richelieu et Tolbiac, à savoir Bibliothèque nationale + Bibliothèque de France avec dépôt légal et vocation patrimoniale dans les deux cas. Jamet est-il d'accord avec l'ensemble de ces dispositions ? Je n'en suis pas certain. On aurait donc à Tolbiac le dépôt des livres et chez nous, à Richelieu, le dépôt des musiques, médailles, estampes et photos semble-t-il. Il y aurait un administrateur général ou un PDG, pourquoi pas, qui pourrait être Tapie — après tout on a bien Jamet — et deux sous-administrateurs, l'un rive gauche, l'autre, rive droite. Richelieu aurait ici même une double vocation. Nous ne pouvons pas en effet bazarder le vieux bâtiment, c'est là le fond du drame. Quoi qu'il en soit, vocation universaliste à Tolbiac et départements spécialisés et Art à Richelieu. Sur ce dernier point, il est toujours question de faire venir la bibliothèque du Louvre.

— *Qu'en pensent les intéressés ?*

Ce sera sûrement très difficile car les conservateurs du Louvre, à la différence de nous autres bibliothécaires, sont des gens très importants, comme je l'ai déjà dit, qui dînent en ville tous les soirs et surtout ce ne sont pas des femmes. Point capital pour expliquer leur immense influence et leur pouvoir de décision. En fait, ils ont 300 000 volumes à offrir. Mais le lobby des conservateurs de musée permettra-t-il ce genre de fusion : bibliothèque du Louvre, Doucet, BN ? Ces conservateurs, dont Laclotte et mon ami Brandebourg, ne sont pas tous nécessairement opposés mais, comme j'ai déjà eu l'occasion de le dire, les enseignants d'histoire de l'art se montrent franchement hostiles à ce genre de migration. De toutes les façons, Jamet n'aime pas trop ce qui se passe ici. Encore une fois je ne suis pas le lobby Richelieu, je m'identifie aussi à Tolbiac.

Il semble que sur l'intégration de Doucet à Richelieu, on progresse. Madame Gendreau-Massaloux est maintenant tout à fait compréhensive à ce propos ; elle dit simplement qu'il faut ménager les intérêts de l'Université afin que celle-ci ne soit pas complètement avalée par la rue de Valois. Il faudrait sur ce point un contrat d'hébergement assez correct. A quoi s'ajouteraient l'URAC et l'Institut de recherche sur l'histoire des textes. Tout ceci pour essayer de remplir ce malheureux Richelieu qui risque d'être rendu en partie vacant.

À part ça, je crois de plus en plus que Jamet était depuis longtemps un homme du Président. Au même titre, semble-t-il, que tous ces émissaires présidentiels sans trop le dire qu'étaient Marie-France Garraud pour Chirac et Anicet Le Pors côté PC. Enfonçons une porte ouverte : Mitterrand est vraiment un type de première force pour les contacts confidentiels. Personnellement j'ai rencontré Jamet vers 1982-1983. A l'époque il m'a paru étrange, très prudent, surveillant ses propos. Il me disait « je ne vois plus Mitterrand. » Je n'en ai pas cru un mot. J'ai su, quelques semaines plus tard, par Régis Debray ou plutôt par Michel Serres qui tenait cette information capitale de Régis Debray, que Dominique Jamet épluchait les pommes de terre dans la cuisine de Madame Mitterrand. Ai-je raconté l'anecdote de Mitterrand téléphonant à Jamet pour le féliciter de ses articles très antisocialistes ? Du reste, l'antisocialisme était peut-être le fond de la pensée de Mitterrand et son goût immodéré pour les coups tordus. Ainsi, mon ami Badie, directeur du Patrimoine — un barriste qui s'est retrouvé chez Lang — avait monté un congrès à Lyon. Il avait invité Jamet. Le lendemain, Jamet, presque à bout portant, fait un article anti-barriste très violent dans *Le Quotidien de Paris*. Badie pensait que cet article avait été rédigé par DJ pour le compte de Chirac. Je pense bien plutôt que c'était pour le compte de Mitterrand puisque Barre était alors très haut dans les sondages. A la fin des fins, Jamet est un homme du Président. Ce qui explique ce prodigieux cadeau en vertu duquel François Mitterrand lui a donné cette immense fonction de la nouvelle bibliothèque. On sait donc maintenant pourquoi Jamet est à ce poste : c'était depuis longtemps une taupe de la mitterrandie.

J'ai dit précédemment que Mitterrand, d'après mes sources irréfutables, se foutait royalement il y a encore peu, de la BN. Maintenant FM s'intéresse, non pas à Richelieu dont il n'a cure, mais à son fameux projet de Grande Bibliothèque qui doit l'immortaliser[1].

— Il serait même question d'autres projets de bibliothèques, notamment à l'étranger ?

L'Homme de l'Élysée nourrit en effet de nouveaux projets liés au livre, comme si les finances de la France étaient inépuisables : il y a d'une part la bibliothèque d'Alexandrie que la France va subventionner — merci du

[1] « En fait, la BnF est basée aujourd'hui sur deux sites dont l'un s'appelle François Mitterrand. Cela fait que, très abusivement, les gens parlent de la bibliothèque François Mitterrand à Tolbiac – ce qui est déplacé, d'autant qu'une station de métro très proche s'appelle ''Bibliothèque François Mitterrand''. Cela est tout à fait scandaleux. Naturellement, personne ne dit rien. », s'indigne ELRL.

cadeau — et par ailleurs l'exposition universelle de Séville[1] qui doit se tenir en 1992. La France va faire à Séville un pavillon-bibliothèque qui deviendra peut-être une bibliothèque offerte par la France à l'Espagne. Ce serait, entre nous, un peu scandaleux vu l'état de nos propres bibliothèques de province[2]. L'animateur du projet Séville est Régis Debray, un autre homme du Président et qui ne s'en cache pas. Il doit venir ici demain pour déjeuner et visiter la BN.

Au passage, ma malheureuse épouse — médecin de son métier — préside à l'organisation matérielle et coûteuse de tous les repas que nous offrons. Elle commence d'ailleurs à trouver la chose un peu pesante.

— On parle beaucoup ces temps-ci d'un départ possible de Jack Lang du ministère de la Culture. Rumeur ?

C'est le bruit qui court, en effet. S'il partait, il serait remplacé, dit-on, par Jeanneney ou Orsenna. Ces noms qui circulent sont tout à fait secrets. Allez comprendre. En même temps, y a-t-il un début de chasse aux sorcières au ministère de la Culture ? Lang essaie de se donner une figure plus gauchiste. Il est question de se débarrasser de l'excellent Silicani, quelqu'un que ma femme aime bien puisqu'il est corse comme elle. Etait-il rue de Valois un représentant de l'ancienne droite ?

J'ai eu des contacts récemment avec Evelyne Pisier. Elle succèderait à Gattégno, à la Direction du Livre, et je crois qu'elle me fait confiance. Mais c'est surtout pour court-circuiter Jamet. EP participe en effet de l'aversion anti-Jamet qui émane de Jack Lang. Elle se situe un peu dans la galaxie Gallimard[3], comme j'ai eu l'occasion de le souligner. Elle est en ce moment au Chili et elle affronte comme moi le problème Lang : est-il complètement « out » ? Je l'ai dit assez souvent : dans le projet TGB, tout passe par Biasini et par Jamet.

J'essaie d'ouvrir la BN à un public plus large et à l'intelligentsia. Nous sommes parvenus jusqu'à un niveau réellement populaire avec le concours d'orthographe présidé par Bernard Pivot dans la salle Labrouste. Il n'est pas facile d'organiser ce genre de manifestation car le personnel ici n'aime pas trop. Cela le dérange un peu dans ses habitudes et puis nous n'avons pas de quoi payer les volontaires. Pivot m'avait proposé de nous donner de l'argent pour les heures supplémentaires des agents du personnel préposés à ces soirées extracurriculaires. Mais nous n'avons pas le moindre canal pour récupérer et reverser cet argent aux personnes. C'est l'inconvénient majeur de l'administration.

---

[1] Cf. p. 151 et 154.

[2] Ce projet de financement d'une bibliothèque en Espagne ne s'est jamais réalisé. Mais la rumeur était là. Pour ELRL, il s'agissait donc d'un nouveau château en Espagne.

[3] Cf. p. 127.

La chouette de Minerve et l'histoire du présent

J'ai rédigé récemment un compte-rendu pour *l'Express* du livre d'un certain Kennedy, intitulé *Les grandes puissances*. Il s'agit d'un best-seller mondial. L'auteur, un type très savant, suit l'histoire des grandes puissances européennes depuis cinq siècles et sa conclusion est : rien ne va changer en 1988. J'ai écrit un article d'éreintement total de cet imbécile, non de sa science historique qui est grande, mais de cette prétention à prédire. Un historien n'a pas à jouer les pythonisses. Mais quand même, ce type exagère : il annonce que jamais l'URSS ne lâchera l'Allemagne de l'Est et la Tchécoslovaquie, qu'elle ne renoncera jamais à son *imperium* sauf si elle était battue dans le cadre d'une guerre. C'est ridicule de lire des choses pareilles. L'ouvrage a été salué par toute la presse mondiale comme un authentique chef-d'œuvre. Il a uniquement tablé sur le facteur démographique et sur la puissance industrielle mais non sur le facteur humain : Gorbatchev et le groupe qui l'entoure. Il n'a rien vu ni rien compris.

J'ai été, et je reste, à certains égards un historien matérialiste. Mais le matérialisme demeure insuffisant comme système d'explication. Les ressources, l'argent, la démographie existent mais au niveau politique les changements d'équipe, les successions de règne, sont aussi des facteurs très importants, qu'il s'agisse de royaumes, d'empires ou de républiques. Concernant l'Union soviétique, il y a eu d'intéressantes intuitions. Je pense à Hélène Carrère d'Encausse — sauf qu'elle s'est complètement trompée en un certain sens[1]. Elle a cru que ce serait les musulmans qui feraient sauter le système alors qu'en fait ce sont les Baltes. Il y a eu également le jeune Emmanuel Todd avec *La chute finale*, un livre de Schtroumpf. Il faut relire ce livre. Il annonçait la chute du système communiste au cours des années 1980[2]. C'est le triomphe de l'amateur sur le spécialiste type Kennedy. On me dit que c'est la fin du communisme. Je n'en sais trop rien. En tout cas, il est amusant de voir Marchais se débattre. Je crois qu'en Russie et en Europe, nous assistons effectivement au déclin d'un certain communisme. J'ai rencontré dernièrement Sophie Bouchet, qui m'a dit avec fierté « j'ai été trotskiste ; je ne le suis plus ; je suis pour l'économie de marché. » En attendant cette conversion, elle a quand même fait carrière dans le socialisme et dans l'Élysée mitterrandien. Les socialistes sont au pouvoir et comme on l'a dit quelquefois, « Ils ont trouvé la droite au bain et lui ont pris ses vêtements. » Du coup, elle est à poil. Mitterrand a renoncé à l'idéologie gaucho-socialiste, à laquelle du reste il ne croyait pas et, surtout, n'y comprenait rien, sinon en termes de jeu politique.

---

[1] Cf. p. 205.

[2] Cf. p. 205.

Au demeurant, il n'y a plus tellement de partis communistes en Europe. Reste l'Italie, le Portugal, la France mais « jusqu'à quand », comme disait Cicéron à propos de Catilina. Apparemment les électeurs sont toujours là, y compris sous la forme de bourrages d'urnes comme dans le Val-de-Marne.

Varia

Dans un autre ordre d'idée, Jamet est un des rares personnages qui voit Le Pen pratiquement sans s'en cacher. Il a du reste un frère lepéniste, militant FN à Montpellier. Il existe une alliance *de facto* entre les socialistes et Le Pen puisque Le Pen contribue à déshabiller la droite et à la rendre vulnérable à une majorité socialiste. Peut-on diaboliser Le Pen ? Il a quand même 61% des voix à Dreux. Le rejet par les Français à l'encontre de l'Islam dur est général. L'inévitable xénophobie s'en prend à la délinquance d'une partie des immigrés et du reste la télévision en ce moment est remplie de scènes d'expulsion d'étrangers.

Vous me demandez s'il y a eu dans le passé des mouvements xénophobes. Certainement. Mais avec les immigrés européens — portugais, polonais, espagnols et autres — les choses se sont toujours arrangées en une ou deux générations. Le drame est qu'en Algérie, en Arabie Saoudite et ailleurs, le christianisme est interdit *de facto*. Bien sûr, il est autorisé aux Européens, dans des conditions assez strictes, mais pour les habitants originaires de ces pays, une conversion au christianisme est très mal vue et il est préférable qu'elle reste secrète. Je l'ai constaté avec un collègue qui a épousé une jeune femme maghrébine. Il a fallu qu'il fasse semblant de se convertir à l'islam et, comme prévu, en accord du reste avec l'ambassade qui lui avait précédemment donné ses permis, trois mois plus tard il a envoyé un texte signalant que sa conversion était périmée et qu'il ne croyait plus à la nouvelle religion qu'il venait d'embrasser.

Aujourd'hui j'ai déjeuné avec des libertariens, des gens qui sont pour un libéralisme absolu. Il s'agit d'un anarco-libéralisme à l'image de celui de Madelin, un type pas très sympathique. Je pense qu'en France il faut de l'État. La théorie des libertariens repose en principe sur l'ultra-libéralisme économique et le moins d'État possible. Il n'empêche qu'ils m'ont emmené déjeuner chez Drouant, aux frais de la mairie du IIe arrondissement.

Pour en revenir au projet Tolbiac, je pense qu'il va décoller. Évidemment, il peut se casser la figure comme pour les abattoirs de la Villette. Mais il peut aussi, comme je l'espère, donner quelque chose d'important. Les travaux commenceront début 1992, soit dans deux ans au plus tard. Dix-huit mois seront nécessaires pour mettre la « chose » près de la Seine, hors d'eau, alors qu'il eut été si simple de surélever l'ensemble pour le placer hors d'atteinte des inondations. C'est tellement simple qu'on n'y a pas pensé.

Des taupes partout ?

J'ai eu un nouveau contact avec les conservateurs de musées. Malheureusement, il y aura peut-être ces jours-ci une chasse aux sorcières au ministère de la Culture. Je ne pense pas en être victime mais on ne sait jamais. Au niveau des directeurs, Chevrillon et Badie, qui sont les restes du continent léotardien, la chose est vécue autrement. Il y a également Silicani dont j'ai fait l'éloge mais qui est un type moins sympathique que les précédents. C'est une sorte de directeur du personnel, un individu à poigne et qui me ferait volontiers passer à la casserole.

J'en ai parlé à Philippe Tesson, journaliste de droite. Il se refuse à voir des taupes partout, fussent-elles mitterrandiennes.

L'autre jour, mon épouse et moi-même avons invité Régis Debray à déjeuner. Il a fait ensuite une visite postprandiale de la BN. Ce n'est sans doute pas un chercheur mais tout de même un intellectuel. Plus que Jamet. Il a été fort aimable et moi aussi sans trop me forcer. Nos relations n'étaient pourtant pas excellentes il y a quelques années. J'avais en effet publié un article dans le *New York Review of Books* dans lequel je me fichais un peu de lui. Il avait en effet écrit un livre sur l'intelligentsia. Mon papier avait plutôt été apprécié si j'en crois les quelques témoignages que j'avais reçus alors. Un article, c'est toujours un caillou tombé dans l'eau : ça fait des ronds. Nous avons tacitement convenu, l'un et l'autre, que le passé était oublié en ce qui concerne nos polémiques.

De l'assassinat comme l'un des Beaux-Arts

Rosenberg me disait récemment, étant donné le projet mitterrandien d'une bibliothèque monstrueuse, que je devrais démissionner. On ne saurait être plus aimable. Personnellement je reste fidèle au précepte de Braudel relative à ma nomination : « tu as ce poste. Tu le gardes ! » Les gens admettent tacitement qu'une fois fonctionnaire et surtout, comme on dit dans le jargon bureaucratique, « fonctionnaire d'autorité », un certain passé politique — gauche ou droite — est mis entre parenthèses.

Debray va donc s'occuper de cette bibliothèque que la France doit présenter à l'exposition de Séville. Il m'a dit très aimablement qu'on pouvait enfin avoir des contacts vraiment ouverts avec la direction de la BN.

Mitterrand qui, je le répète, ne s'intéressait nullement au problème durant son premier septennat, devient fou de bibliothèques en ce moment. On ne doit pas s'en plaindre. Madame Badinter, de son côté, a vu Mitterrand à Latché ou ailleurs. Elle a fait passer au Grand Sachem le message que j'avais déjà transmis à l'élyséen Sautter, message avec lequel Lang était d'accord. À savoir que le béton n'est pas le seul problème de la nouvelle BN mais qu'il y a aussi le fichier c'est-à-dire l'immense catalogue de plus de onze millions de fiches. Mitterrand approuve par ailleurs l'idée de mettre à Richelieu une bibliothèque d'art. On pourra ainsi forcer la main de Madame Gendreau-Massaloux, subordonnée extatique du Grand Patron, pour que le fonds Doucet vienne à Richelieu. *Good news* ? Oui, probablement, surtout si l'on tient compte du tremblement de terre force neuf qui ne manquera pas de nous affecter lors du déménagement de cette grande marée de bouquins, fichiers inclus. Le fait est qu'il y a chez Mitterrand l'obsession de la durée et surtout de l'éternité de sa gloire. Il faut donc que cela aille très vite à cause des élections et de sa propre mortalité peut-être. Toutes sortes de bruits courent en ce moment au sujet de la santé présidentielle et que Pierre Chaunu colporte volontiers. Mais je me refuse à les commenter. Tout cela est lié aux élections de 1993 que FM risque de perdre et cela en dépit de la nullité totale de l'opposition. On ne voit pas comment il ne les perdrait pas, ce qui ne veut pas dire que l'opposition les gagnera. La droite classique est toujours en situation de relique ou de reliquat et pourtant elle survit. En ce qui concerne les Verts, je suis certainement plus vert qu'ils ne le sont puisque j'ai écrit, on le sait, une histoire du climat sans me mêler de politique.

Je suis consterné, en effet, par l'idée que pour être vert à l'extérieur il faut être rouge à l'intérieur. Ce n'est pas mon cas et cette politisation de la verdure me choque profondément. Un jour, j'ai dédicacé respectueusement mon *Histoire du climat* à un grand leader des Verts. Un de ces verts tendance pastèque, comme vous les appelez. Il l'a laissée sur la table : il s'en foutait.

Normalement, la crise actuelle du communisme, mais aussi du socialisme, devrait faire du tort à la gauche française. Mais Mitterrand est le grand récupérateur et il se sert assez bien de la situation paradoxale où se trouve le fantôme du socialisme. Il y a quelques semaines, quand il était avec Felipe Gonzales en Espagne, il a eu un propos du genre : « Attention les gars ! Ne jetez pas l'enfant socialiste avec l'eau du bain communiste. » Si j'ai bien compris sa pensée, il estimait qu'il y a eu peut-être quelques abus, surtout à l'Est, mais que le socialisme n'est pas complètement une absurdité. Il serait toutefois injuste de présenter Mitterrand comme un caméléon mais, tout comme Victor Hugo jadis, avec moins de talent, il est parfaitement capable d'épouser l'événement. C'est sa force. L'auteur de *Notre Dame de Paris*, souvenons-nous, est passé de la droite dure style Charles X vers 1828, au confort louis-philippard du centrisme monarchique vers 1848, puis au républicanisme bon ton, vers 1865-1875. De même Mitterrand prend successivement tous les trains en marche : l'Action française et Maurras, Vichy, la Résistance en 1943, le tripartisme et la Troisième force[1] lors de la Quatrième République et, depuis 1958-1960, le socialisme.

[1] Autrement dit, le socialisme des années cinquante additionné au Mouvement Républicain Populaire (MRP) des chrétiens centristes, ces deux forces s'opposant au communisme français.

« J’y suis, j’y reste »

En ce qui me concerne, je m’en tiens à l’opération Mac-Mahon en Crimée : « J’y suis, j’y reste ! » Je veux parler de la BN bien sûr. Il est vrai que la comparaison n’est pas très flatteuse puisque Mac-Mahon passe généralement pour un imbécile. Abusivement peut-être. De toutes les manières, le limogeage est toujours possible, d’autant que j’occupe un beau logement. Qui donc m’a dit : « Les socialistes te videront parce que tu as un bel appartement de fonction » ? Quoi qu’il arrive, si l’Élysée me prête vie, je suis décidé à rester jusqu’à ma retraite. J’imagine que je resterai en termes à peu près corrects avec le pouvoir quel qu’il soit, gauche ou droite. Je serai sans doute remplacé par un socialiste bon teint. Souhaitons qu’il ait la pratique de la BN comme je l’ai eue depuis mes années d’étude. En fait de candidats à mon poste, je pense qu’il y a ce qu’un célèbre homme d’État appelait le « trop plein ».

J’ai vu Chirac dernièrement mais j’évite de m’en vanter même si un rapport au Ministère a été fait immédiatement par je ne sais qui. Il m’a paru sympathique bien qu’on prétende que dès qu’il apparaît sur les écrans TV, les enfants se cachent sous les tables. Comme je me trompe toujours en matière de prévision politique, je pense que Giscard aura sa chance. Mon neveu me dit « quand même cette morgue, cet orgueil, ça lui porte tort. » Quoi qu’il en soit, VGE m’envoie des lettres charmantes, une ou deux par an et qu’il signe « votre ami ». A plusieurs reprises, je lui ai écrit pour lui dire que j’aimerais le voir. Je lui ai même téléphoné malgré le risque d’écoutes toujours possibles. J’aimerais lui raconter ce qui se passe ici, le projet Grande Bibliothèque mais jusqu’à présent je n’ai pas eu la moindre réaction alors qu’il n’est quand même pas débordé comme il l’était jadis. Il est vrai que je parie toujours sur le mauvais cheval. Déjà au PC, j’avais misé sur Lecœur et Tillon qui se sont effondrés lamentablement.

Ces jours-ci, j’ai également rencontré Jospin. Un type agréable. Mais mon beau-frère Fauroux, une vraie tête politique, m’a confié récemment que Lionel était totalement coulé ces temps-ci. En somme, je suis un pâle imitateur de Furet. Dès que Furet s’attache à une cause politique, on peut être sûr qu’elle est fichue.

Contre-attaques

Régis Debray a longtemps été marqué par l’orgueil de travailler avec Mitterrand à l’Élysée. Puisque je parle des amis de l’Élysée, Debray en tête, il y a aussi Madame Badinter à qui j’ai peut-être fait du tort en la chargeant de démarches auprès du Grand Homme. Tout récemment, sur ces divers points, il y a eu de vives attaques — peut-être télécommandées par Jamet — dans *L’Événement du Jeudi*. Comme DJ ne veut pas m’attaquer directement car il a besoin de garder de bonnes relations, il a dépêché un certain Jérôme

Garcin dans la presse écrite. Chacun, dans toute cette affaire, a ses procédures : moi aussi j'ai mené, à l'encontre de certaines absurdités du projet Mitterrand, une campagne de presse par l'intermédiaire de Pierre Nora, Jacques Julliard ou Madame Badinter. Là où Jamet est compétent, c'est dans le journalisme. S'agissant de la Grande Bibliothèque dont il est maintenant l'animateur désigné par Mitterrand, il a mené une contre-offensive de presse et il choisit *L'Événement du Jeudi* et Garcin. Jamet a lancé une attaque au vitriol contre les ennemis, ou même contre les simples opposants, au projet. Autant dire contre moi-même (jamais nommément désigné), contre les intellos, contre les aristos, contre la Culture et *de facto* contre Julliard, contre Nora et contre Madame Badinter, accusés d'apartheid intellectuel.

Comme EB a un caractère parfois vif, elle nous a rendu un fier service auprès de Mitterrand en lui disant qu'elle était contre l'architecture de Tolbiac. C'est une des grandes différences avec Jacques Julliard. Celui-ci, politique fin et avisé, se garde d'aller trop loin dans ses propos écrits et même oraux, contrairement à EB qui dit ce qu'elle pense. Parlant de la nouvelle bibliothèque, elle a sans doute suscité quelques critiques avec sa formule un peu raide : « Tous les livres sur ma table, tout de suite ! »

Prêter n'est pas donner

La passion présidentielle — et récente — pour le projet TGB et pour les bibliothèques en général, nous amène ainsi assez loin puisque la France va participer en 1992, comme nous l'avons déjà dit, à l'exposition universelle de Séville, à l'occasion de l'anniversaire de la découverte de l'Amérique par Christophe Colomb. Cette participation doit se matérialiser, entre autres, par le don d'une bibliothèque à l'Espagne. Pur hasard, Jacques Attali est justement en train d'écrire un énième volume sur 1492, à paraître chez Fayard, l'un des meilleurs éditeurs de Paris. Un moment je l'ai un peu aidé : je lui ai fait faire des microfiches BN. Lui, aurait voulu emprunter tous nos bouquins sur l'Amérique, ce qui était évidemment impossible. On ne les aurait jamais revus, non par malhonnêteté mais par simple négligence. Il avait même été question un temps de lui photocopier les bouquins mais je n'en ai plus entendu parler. D'une façon générale, j'essaie de ne pas prêter de livres BN aux gens de l'Élysée ou aux Ministères parce que je suis certain qu'on ne les reverra jamais. Cela est coûteux et catastrophique. Ne soyons pas trop méchant, de temps en temps, ils les rendent. Je l'ai souvent dit : mon métier est aussi — on peut le regretter mais c'est ainsi — un métier de courtisan. Si l'on veut tout simplement ne pas être viré ou disgracié, il faut être un peu aux ordres du Pouvoir, quitte à ruser avec cette situation parfois ridicule. Simplement, on doit garder sa dignité, ne pas appeler à voter pour eux même quand on est sollicité. En revanche, si l'on peut rendre service à l'un de ces Messieurs, il faut le faire. Quand Lang, Attali ou Mitterrand ont besoin d'un livre, je le leur fournis mais j'essaie le plus possible de passer par la photocopie de l'ouvrage, fut-elle intégrale.

— Ce genre de « négligences » est-il fréquent ?

Nous avons eu une histoire récemment à propos du sommet de l'Arche, un monument fort laid au passage et mitterrandien en diable. Lors de ce sommet de politique internationale, nous avions reçu la demande expresse et formelle d'installer des bouquins de la BN dans les diverses salles de réunion et de réception pour que les chefs d'État puissent avoir un salon, comme si vraiment il leur fallait lire le français. Dans ces circonstances, le Pouvoir se tourne toujours vers nous. Ils pourraient se tourner vers la bibliothèque municipale du XIVe arrondissement mais pas question. Ceci dit, on ne leur fournit pas, cela va de soi, de livres précieux. On prend des livres récents du dépôt légal. Parmi ces prêts il n'y en a que trois qui ont disparu. Cela aurait pu être pire. Pour le principe, je voulais les remplacer. Je souhaitais donc qu'Attali nous refile six-cents balles pour le principe mais on est passé à l'ordre du jour. Il est pratiquement impossible de refuser les demandes de l'Élysée. Nous sommes, je le répète, dans un système monarchique : en cas de refus, on peut avoir des embêtements. Ces hommes du Pouvoir ont tellement de moyens de pression.

— La participation de la France à l'exposition universelle de Séville ne se réduit pas à une simple exhibition. En quoi consiste-t-elle, au juste ?

L'idée de Mitterrand serait que la France présente une bibliothèque à Séville, laquelle resterait ensuite sur place puisque Felipe Gonzales essaie de développer l'Andalousie comme nous l'Aveyron ou je ne sais quelle région de l'Hexagone. Si j'ai bien compris, ce serait donc la France qui paierait cette bibliothèque, tout comme nous payons déjà, en totalité ou en partie, la bibliothèque d'Alexandrie. En fait, il s'agit probablement d'une idée d'Attali. Les deux hommes occupent en effet un bureau mitoyen et chaque fois que Mitterrand veut voir le cher Jacques, il le sonne. Les ordres reçus du Président passent ainsi par le bureau du conseiller aulique[1]. C'est une sorte de contrôle. Jacques Attali joue le capitaine des gardes, au temps de Louis XIV quand, selon l'expression de Saint-Simon, « le Roi Soleil recevait les hommes importants par les derrières. » Je dirai que le cher Jacques n'est pas un type très intéressant, du moins sur le plan intellectuel. J'ai écouté récemment un exposé de lui. J'avais payé mille balles sur les fonds de la BN pour avoir ce privilège. Le discours était manifestement léger : comme toujours il essaie de suivre la mode au lieu de repérer les tendances profondes. Il a beau se prétendre inspiré par Braudel, parler de lui comme son maître, il est plutôt insignifiant.

---

[1] Appartenant aux premiers rangs de la cour royale.

Pour en revenir à Séville, payée donc par les deniers publics, c'est encore le fait du Prince. Car on ne peut pas dire qu'en France les bibliothèques universitaires soient dans un état si parfait que l'on puisse créer partout, hors des frontières, des établissements de ce genre. Surtout en Espagne, un pays qui s'est beaucoup enrichi. Du coup, Debray est venu puisqu'il est chargé de mission mitterrandienne sur Séville. On a parlé aimablement puis il a visité la Maison. S'il s'est royalement embêté à l'informatique, en revanche, comme c'est un littéraire, il a apprécié les estampes, les miniatures médiévales et autres merveilles de Richelieu. La visite s'est bien passée. Il était accompagné de mon ami Philippe Joutard, historien des Cévenoles protestants et de la guerre des Camisards. Je pense que par ses liens avec le parti socialiste, Joutard sera l'un des penseurs de la nouvelle bibliothèque et il semble tout à fait qualifié pour cela. Il sera en tout cas plus compétent que Jamet.

On m'a raconté, mais est-ce exact, que dans les années soixante, les Allemands de l'Ouest ont racheté des fonds de vieilles bibliothèques prussiennes pour enrichir les leurs par ailleurs très bien pourvues. Ils rachetaient donc des prisonniers politiques mais aussi d'anciennes bibliothèques. Pourquoi pas. Les Allemands et les Américains en ont actuellement de superbes, les Anglais de leur côté ne sont pas trop mal pourvus non plus mais en ce qui nous concerne, ce n'est pas formidable, même si le projet Mitterrand permettra au moins de remettre en état notre « plus grande bibliothèque » nationale bien sûr. Quant à l'Italie et l'Espagne, c'est plutôt le désastre.

Il est exact que Mitterrand aime beaucoup les livres. Il faisait d'ailleurs souvent ses courses dans les librairies de volumes rares, en compagnie de son ami et mécène Pelat. Celui-ci suivait et faisait de temps en temps un chèque. Ce n'est pas bien méchant. De toutes les façons, Pelat ou pas, Mitterrand n'a jamais d'argent sur lui. Il lui arrive d'en emprunter à son chauffeur. C'est un homme qui, dit-on, n'a pas non plus de montre. Il n'est d'ailleurs pas seul en cause : un certain nombre d'hommes d'État sont dans le même cas. On dit que c'est le chauffeur qui paye les timbres.

— La Culture vous a demandé récemment d'organiser un déjeuner avec l'entreprise Bouygues, chargée de l'édification du futur bâtiment. Comment s'est passée la rencontre ?

Je constate un problème de désinvolture à mon égard. Certes, je suis payé pour ça mais il y a des limites.

Ainsi, le Ministère me charge d'organiser un déjeuner Bouygues. Cela n'a l'air de rien mais ce sont des gens pas faciles à déplacer. Au reste, Bouygues se conduit très mal : ce n'est pas parce qu'il a, avec la TGB, un gros chantier de l'État qu'il ne doit formuler aucune critique vis-à-vis des aspects ridicules du projet mitterrandien. Mais passons. Ce déjeuner devait donc avoir lieu hier avec Bouygues Père et Fils. Tous deux devaient venir avec leurs épouses respectives. Bien sûr, en mettant la chose sur pied j'avais le secret espoir d'un mécénat pour la BN. Or, presque au même moment le Ministère me dit qu'il y aura un déjeuner le 4 janvier avec Lang, Biasini, Jamet et moi-même. Je décommande donc Bouygues et, tout à fait par hasard, j'apprends le 3 janvier que je ne suis pas invité aux agapes Lang-Biasini-Jamet. Certes, je garde généralement ma mauvaise humeur pour moi mais là ... Les dames du Ministère avec lesquelles je travaille — Madame Pisier, Madame Benhamou — ont compris que je n'étais pas content. Je ne pourrai pas réinviter les Bouygues avant deux ou trois mois. Ceci dit, voilà une corvée de moins pour ma femme. Mais enfin, il n'est pas agréable d'être à la fois à un poste élevé sans être dans la confiance des gens du Pouvoir.

J'évoquais tout à l'heure ma rencontre avec Régis Debray. C'est pour moi une occasion parmi d'autres de nouer « en haut lieu » des contacts. En réalité, je fais une sorte de travail de fourmi : établir si possible de bonnes relations avec les hommes et les femmes du Pouvoir. Comme il y a inévitablement un écran de dissimulation entre eux et moi, on ne sait jamais si c'est utile, si c'est de leur part « cause toujours mon vieux » ou si ce labeur a un sens. Et comme disait la Reine Hortense, à propos des Dragons et autres Cuirassiers : « Avec leurs uniformes immenses, on ne sait jamais ce qu'ils pensent ».

— Lors d'une réunion du nouveau conseil d'administration de la TGB-BDF, il a été question une fois de plus des tours et de la climatisation. Qu'est-ce qui vous rend si inquiet ?

Il y a eu en effet une réunion du Conseil d'administration du nouvel établissement constructeur tout juste formé. Figurait tout de même dans ce Conseil des gens de qualité comme Jacques Julliard et quelques autres.

A propos de Julliard, François Furet — longtemps Président de l'École des Hautes Études 6e section — me racontait un jour qu'il avait fait entrer dans cette maison deux historiens : Jacques Julliard, pour s'occuper du XIXe siècle et Pierre Nora, du XXe. Résultat : Julliard est devenu journaliste et Nora éditeur. Furet en était assez choqué.

Lors de cette réunion, je me suis plaint de ce que le mot « Bibliothèque nationale » ne figurait pas dans le décret. Mais on m'a dit en haut lieu qu'il s'agissait de toutes manières d'une bibliothèque nationale. J'ai pris le propos pour ce qu'il valait c'est-à-dire rien du tout. Un ou plusieurs dangers pèsent toujours sur nous à la BN : la nouvelle bibliothèque prendrait la Photo et nous laisserait les départements des Estampes ou bien elle prendrait les manuscrits sans peintures et nous laisseraient les manuscrits à peintures. Tous ces partages seraient évidemment une idiotie. Il faut garder l'unité des fonds.

Au cours du susdit Conseil, il a été grandement question de la climatisation. Naturellement, maintenant que l'on veut faire des tours[1] il faut les climatiser. Sottise totale. Il aurait fallu imiter ce qu'ont fait les Allemands pour leurs propres archives : quelque chose de facilement climatisable ou même pas de climatisation du tout. Au lieu de cela, on fait des tours et si on veut éviter que les livres souffrent, il faut climatiser à grand prix. Heureusement, le contribuable ne s'en apercevra pas. Les quatre tours accroissent par ailleurs le danger terroriste. Une bombe incendiaire est toujours possible et d'autant plus dangereuse dans des tours. Reconnaissons quand même qu'une partie des livres se trouvera dans les soubassements. Mais les structures turriformes absorberont néanmoins plusieurs millions de volumes voire la majorité de nos collections. Sur la climatisation, nous n'avons pas eu de réponses. Mais ce sera quand même plus cher avec les tours. D'une façon ou d'une autre il faudra bien une espèce de verre spécial sur les fenêtres pour empêcher les échanges thermiques excessifs. Il paraît que cela existe. L'absurde imagination des quatre tours vient de l'architecte Perrault dont la phrase favorite est : « Aucun problème ! » On est quand même passé d'un coup, des six à huit millions initialement prévus à onze ou douze millions de volumes. Aucun problème ?

D'étranges rumeurs courent à ce propos : le cabinet d'architectes ferait des parkings qui seraient transformables en rayonnages d'ici quelques dizaines d'années. Tout cela est bizarre. On agite d'ailleurs régulièrement la question d'un silo en banlieue pour les bouquins qui sortent très peu. On est encore à la recherche d'un troisième site. C'est l'un des propos favoris de Dominique Jamet : « Vous avez bien un dépôt de livres à Versailles. On pourrait donc mettre quelques millions de livres dans un silo hors du site même de la Grande Bibliothèque. »

Je dois dire que Roger Fauroux, ex-PDG de Saint-Gobain et actuel ministre de l'Industrie, a trouvé Jamet absolument charmant. Évidemment, DJ est très arrogant quand il se trouve avec quelqu'un possédant moins de pouvoir que lui mais quand il est avec un homme de pouvoir il sait se montrer très aimable. Ceci dit, les Anglais eux-mêmes auront certainement quelques problèmes puisque Madame Thatcher leur a coupé d'importants crédits mais leur bibliothèque sera pleine dès le jour de l'ouverture.

Pour en revenir une fois de plus au silo, il se situerait en principe à Marne-la-Vallée. Ce serait un silo d'exemplaires de réserve, de référence, ce qui est une idée intelligente. En revanche, les dirigeants de la nouvelle bibliothèque sont contre le fonctionnement d'un centre de prêt. S'agissant d'une future BN, cela peut se comprendre. Un centre de prêt constitue une structure antédiluvienne y compris malheureusement, je dois le reconnaître, à la BN. Tout de même, je pensais que cela aurait pu être utile. Le fait est que les Anglais ont un centre de prêt, géographiquement distinct de la *British*

---

[1] Cf. p. 144.

Library et qui rend bien des services. En réalité, il faudrait un système « *inter landing* » de prêts mutuels entre les bibliothèques comme il en existe en Angleterre et surtout aux États-Unis. A Richelieu, nous avons un centre de prêt, situé à Versailles, mais plutôt miteux et inefficace car on a très peu d'argent pour le faire correctement fonctionner.

Varia

J'essaie de faire marcher la salle des imprimés, qui est le cœur vivant de la Maison, pour son effet vitrine. Mais concernant le reste, la phonothèque est un taudis avec des collections prodigieuses et un nombre très insuffisant d'appareils de lecture.

Ceci dit, je m'occupe également d'affaires mineures : Monsieur Soubré, conseiller chez Jospin, voudrait avoir une carte de lecteur. Je m'en occupe. Il fait une recherche sur le socialisme et/ou sur le journal *Le Monde*. Autant je ne fais aucune concession sur le plan des idées — je suis souvent critique sur les idées socialistes — autant j'essaie de rendre service, chaque fois que je le peux, à divers intellectuels comme trouver un livre rare pour quelqu'un qui fait une thèse, par exemple. Ça prend quelques minutes et ça fait des amis à la BN — laquelle a quand même beaucoup d'ennemis.

Dernières nouvelles. Lang est allé en Égypte pour la bibliothèque d'Alexandrie. Il s'est longuement bronzé au bord de la piscine du Méridien. Pourquoi pas, en effet. Le bibliothécaire de l'Institut français du Caire avait préparé pour notre ministre tout une série de visites culturelles. Tant pis !

J'ai su par Madame Badinter que le grand prêtre de la coupure de 1945 était bel et bien Attali. C'est donc lui qui avait eu cette idée fort contestable, lui qui n'avait jamais mis les pieds à la BN — ou fort peu. Ce tuyau vient de Mitterrand qui l'a rapporté personnellement à Madame Badinter. Pour Attali, en effet, la BN était une mine. Il nous prélevait gentiment trois millions de volumes pour nourrir sa bibliothèque de France totalement informatisée puisqu'il lui fallait quand même quelques bouquins.

Terminons par mon futur voyage de quelques jours à San Francisco puis à Bucarest, ville dont la Bibliothèque nationale a récemment brûlé.[1]

« La galaxie des potiches »

Le conseil scientifique de la Bibliothèque de France s'est tenu récemment. Naturellement, je n'en suis pas membre alors que je devrais en être l'un des principaux piliers. Mais enfin, j'y assiste et je m'y rends régulièrement et avec fidélité. Décidément j'ai beaucoup de mal à supporter Jamet. Comme le dit Monsieur Avril, le conservateur des manuscrits à

[1] Cf. p. 171-172.

peintures, cette façon à la « ôte-toi de là que je m'y mette » est insupportable. Après tout ils n'ont qu'à me vider. A cette réunion donc, on a pu admirer ce que j'appelle « la galaxie des potiches.» En fait de conseil scientifique, nous sommes confrontés au trou noir de la décision entre Jamet et trois ou quatre autres personnes. Quant à la galaxie des potiches, elle brille plus qu'elle n'éclaire. C'est le système communiste : on fait une polysynodie de gens qui sont là pour servir de faire-valoir, qui peuvent parfois donner un conseil, mais guère plus.

Rencontre avec le Sphinx

— Vous avez rencontré dernièrement le Président de la République, en audience privée. Comment s'est déroulée l'entrevue ?

J'ai eu enfin un rendez-vous avec Mitterrand, grâce à Caillavet. J'avais demandé à plusieurs personnes de me servir d'intermédiaire : aucun résultat. Caillavet est un vieux franc-maçon, fort sympathique, et lui du premier coup m'a obtenu ce rendez-vous avec celui qui appelle les francs-maçons « les frères la gratouille ». Cela fait plus d'un an et demi que je cherchais à obtenir ce rendez-nous. Voilà qui est fait.

En fait, la chose s'est produite de façon amusante : j'avais été parlé, Dieu sait pourquoi, dans un endroit invraisemblable qui s'appelle le Cercle Ernest Renan. Ce sont des vieillards sympathiques dont l'Occupation principale est de démontrer que la Vierge Marie n'était pas vraiment vierge, que Jésus Christ n'avait pas existé et que la Résurrection est une blague. Pourquoi pas ? Il y en a même qui vont jusqu'à dire que Mahomet est une pure fiction. L'idée selon laquelle il peut y avoir un langage symbolique de la religion leur échappe complètement. Ils en sont toujours à 1902 et 1905 : les Inventaires à l'encontre du clergé et la séparation de l'Église et de l'État. Ce sont des gens un peu ridicules mais, je le répète, volontiers sympathiques. J'ai donc été leur faire une conférence sur la BN et il y avait là un type très original, j'ai nommé l'ex-sénateur Henri Caillavet, vieux pépé charmant. Il a fait des choses sans doute pas mal sur l'euthanasie ou les dons d'organe. Mais à côté de cela, il pousse parfois le bouchon un peu loin. C'est un monsieur de 76 ans, un peu retiré de la vie publique et ami de Mitterrand. En tout cas, il a une relation avec lui et c'est ça qui comptait pour moi. Ils étaient copains de Parti sous la Quatrième. Ils se tutoyaient. Mais depuis que Mitterrand est président, il le vouvoie. Grâce à lui, j'ai donc eu le rendez-vous dans les quarante-huit heures. J'en ai été très impressionné. Je crois que c'est Sophie Bouchet, l'une des petites mains de Mitterrand à l'Élysée, qui m'a annoncé la chose et m'a donné le rendez-vous. J'avais envoyé à cette dame mes souvenirs de Paris-Montpellier[1].

[1] Emmanuel Le Roy Ladurie, *Paris-Montpellier, PC-PSU 1945-1963*, Paris, Gallimard, 1982.

Me voilà quelque peu intimidé, tout de même, à l'entrée du cabinet présidentiel où on est reçu avec plus de grandeur que si on va voir Attali dans le bureau d'à côté. Les gendarmes s'imaginent, à tort ou à raison, que la personne qui est reçue est vaguement importante. J'ai un peu attendu mais pas très longtemps, environ vingt minutes. C'est normal. J'ai rencontré dans le couloir Mademoiselle Monnier, en charge des archives à l'Élysée, et Attali très aimable en façade. Et me voilà introduit. Je me retrouve alors avec un type glacial, littéralement effrayant. Heureusement, au bout de cinq minutes la déglaciation a commencé.

J'attaque donc mon speech, préparé à l'avance, et muni d'un papier que je lui remets. J'ai alors devant moi une espèce de gueule tout à fait extraordinaire, repoussante au possible alors que je l'avais connu du temps de *Montaillou* absolument charmant. Mais, apparemment, ce n'était plus l'heure ni le lieu. Si, dans les années 1975-1978, on était en assez bons termes, Mitterrand poussant la gentillesse jusqu'à faire un compte-rendu de *Montaillou*, intelligent et sympathique, dans son journal socialiste, en 1982-1983 j'ai cru bon, comme je l'ai déjà expliqué[1], de faire un peu d'oppositionnisme — sans l'attaquer personnellement — mais cela a suffi pour ruiner mon crédit. Tant pis. Mais, n'en doutons pas, si j'avais gardé ces bonnes relations j'aurais eu un accueil aimable dès le début de notre entretien. Mais enfin, il m'avait reçu et qui plus est seul à seul. Comme il s'intéresse à cette bibliothèque, j'ai eu l'impression qu'il pouvait être vis-à-vis de moi comme jadis Malraux vis-à-vis de Biasini[2]. Je me faisais sans doute des illusions. Sur le chapitre bibliothèque, Mitterrand, répétons-le, est complètement passionné. C'est son tombeau, sa pyramide. Les nombreux monuments plus ou moins réussis — parfois moins que plus — dont il parsème Paris vont éterniser, croit-il, sa mémoire. Après mûre réflexion, je suis aujourd'hui persuadé que l'identification à Louis XIV est fondamentale chez lui. Il pense, avec raison, que si ce monarque est toujours aussi célèbre, quatre siècles plus tard, c'est grâce à Versailles et autres bâtisses.

Sectorisation, dépôt légal, bibliothèque d'Art et informatisation

Je commence donc à lui parler de la sectorisation, c'est-à-dire de l'idée qu'à Tolbiac il est question de diviser en quatre notre fonds de douze millions de bouquins. Il m'a très vite fait comprendre que je l'ennuyais et m'a dit : « Ecoutez, ça c'est de la cuisine. » Je l'ai volontiers admis. Mais ce qu'il y avait derrière mes propos, autrement dit le fond du problème, est que notre collection est livrée chaque jour à neuf-cents lecteurs et les jours de

---

[1] Cf. p. 46.
[2] Cf. p. 106.

pointe à quinze-cents voire deux mille. Une réalité déjà dure. Mais avec le grand projet présidentiel, nos collections risquent d'être bousillées en cinq ans. Mitterrand l'a très bien compris et du coup il a commencé à devenir plus aimable.

Ensuite, je suis passé au dépôt légal. Je lui ai expliqué que toute bibliothèque nationale — même au fin fond de l'Afrique — a vocation patrimoniale à recueillir sur place tout exemplaire de toute brochure, pamphlet, bulletin syndical ou paroissial, parus sur le territoire national. Que cela plaise ou non à Jamet, homme des médias avant tout et donc très éloigné de ces histoires de dépôt légal. Telle devait être la vocation première de Tolbiac. Là, il a été entièrement d'accord et il est devenu franchement plus cordial, du moins en apparence. Il m'a fait une sortie absolument à fond contre le silo, c'est-à-dire, je le rappelle, contre un entrepôt de livres, éloigné de plusieurs kilomètres de la salle de lecture. Pour lui, c'était inconcevable. Du coup, ça m'a donné beaucoup de force pour lui demander que tout soit à Tolbiac. J'ai quand même admis, c'est logique, qu'il y ait à Marne-la-Vallée un silo pour les exemplaires de reproduction et de conservation. Tout à fait entre nous, je trouve qu'à Tolbiac il y aurait la place de mettre aussi ce dépôt-bis. En tout cas, il a très bien compris ce problème dont il se fichait il y a cinq ou six ans mais qui aujourd'hui le passionne.

On a abordé ensuite le troisième point de notre entretien : l'avenir de Richelieu. En effet, l'idée serait d'y installer une bibliothèque d'art à partir du fonds Doucet, comme je l'ai déjà évoquée. Il y aurait ainsi à Tolbiac le « discours » — comme aurait dit Foucault— et à Richelieu l'image et la figuration. Sur ces différents points, Mitterrand était tout à fait enthousiaste. A partir de ce moment-là les choses se sont très bien passées. J'en ai profité pour lui rappeler qu'il y avait non seulement Doucet-Art mais aussi Doucet-Manuscrits[1], le tout placé sous les auspices d'un certain Monsieur Chappe, conservateur à la bibliothèque Sainte-Geneviève. J'ai essayé de l'éclairer sur le double concept de spécialisation, à savoir les départements spécialisés de la BN et, d'autre part, les bibliothèques d'art. Malheureusement, nous n'avons aucun texte officiel stipulant que les départements spécialisés resteront à Richelieu. A ce point de l'entretien, les choses se passaient bien. Je lui ai dit qu'il faudrait un contrat en béton pour Doucet de façon à ce que l'Université, bref la Sorbonne, n'ait pas l'impression que c'est la Culture qui avale tout. A partir de ce moment, j'ai senti une angoisse monter chez lui, soit de sa mort soit de son départ.[2] Craint-il que pour son grand projet il n'y ait plus assez d'argent, une fois lui disparu ? Il n'a peut-être pas entièrement

[1] Le fonds Doucet se compose, précisons-le, d'ouvrages d'histoire de l'art mais aussi d'un ensemble de manuscrits enluminés et de livres précieux hébergés, quant à eux, à la Bibliothèque Sainte-Geneviève. Cf. aussi p. 99.

[2] « D'aucuns diront que ces quelques lignes sur la disparition de FM ont été rajoutées après coup. Ce serait tout à fait faux », tient à préciser ELRL.

tort : Rocard s'en fout totalement et Chirac n'est pas contre mais ce n'est sans doute pas central pour lui. Si elle revient, la droite risque, à tous les coups, de couper une partie des crédits. Mitterrand est donc assez angoissé. Moi-même je lui ai fait remarquer qu'à 65 ans je quitterai mon poste. Mais il a quand même eu l'amabilité de me dire, sincère ou non : « Mais on devrait vous garder. » Je n'en demandais pas autant. Il n'en pensait peut-être rien mais c'était quand même sympathique. Cela dit, en ce qui me concerne, je n'y tiens qu'à moitié. Il a ajouté, ce qui prouve qu'il a beaucoup d'esprit : « Vous partirez peut-être en même temps que moi. » J'ai eu la présence d'esprit de lui dire, toujours gaffeur : « Non, Monsieur le Président. Vous, c'est l'année d'après, en 1995. » Alors il a eu un sourire et s'est tout à fait décrispé.

Enfin, je lui ai parlé de la « conversion rétrospective », mot qui remplissait d'émotion le bibliothécaire du Vatican. Chaque fois que le pape le croisait dans les escaliers de la bibliothèque et lui disait : « Mon père, comment vont vos archives ? », chaque fois, le malheureux lui répondait : « Non, Saint-Père, ce ne sont pas mes archives mais votre bibliothèque ».

La question de l'informatisation est en effet embêtante car Biasini devait nous donner trois-cents millions de francs, étalés sur quatre ou cinq ans — ce qui est fort peu par rapport aux six à dix milliards minimum que coûtera Tolbiac. Ceci dit, c'est quand même, pour nos grandes tâches (informatisation du catalogue, informatisation de la salle de lecture, récolement et micro-fichage massif), l'équivalent ou peu s'en faut de notre budget annuel. Sur les onze à douze millions de bouquins, il y en a en effet 4,5 millions qui sont en mauvais état, soit côté reliure soit côté papier. D'où la tentation de certains olibrius de faire des silos-mouroirs. Telle est la grande idée, entre autres, de Durosier, l'un des agitateurs les plus papillonnants de la salle de lecture, avec son organisation fantôme de lecteurs farfelus du « document en péril » — ce qui fait plutôt du tort à notre image. Or, ces jours-ci, Biasini découvre — ou fait semblant de découvrir – qu'il n'a plus de fric. Quelle blague ! Il est comme toujours plein d'argent car Mitterrand est fort généreux avec lui. Il voudrait donc refiler le bébé à Lang qui ne demanderait pas mieux. Celui-ci, de son côté, a peut-être beaucoup d'argent mais guère pour nous autres.

Nous reparlons donc, Mitterrand et moi, des trois-cents millions de francs de la conversion rétrospective et je lui dis alors : « Ecoutez Monsieur le Président, ça ne peut pas aller. Il faut absolument qu'on ait l'argent de Biasini parce que je sais parfaitement que Lang ne nous le donnera pas. » Il m'a alors assuré, sur un ton royal, qu'il allait en parler à Biasini. Cela dit, il n'a pas pris de notes. Il avait néanmoins mon papier, c'est déjà ça. Trois-cents millions, étalés sur cinq ans, ce n'est quand même pas grand-chose. Certains disent que Tolbiac coûtera tout de même moins cher que la Bibliothèque Saint-Pancras de Londres. Erreur, car la bibliothèque londonienne pour le moment ne coûte que quatre milliards de francs. Or, on évalue à cinq ou six milliards le coût de Tolbiac et probablement bien davantage. Certains, comme Madame Badinter, rencontrée ces jours-ci, ne cachent pas leur inquiétude concernant les crédits de fonctionnement après 1995, date des élections présidentielles.

Sans l'échec de Chirac aux élections de 1988, c'est évidemment ce dernier qui aurait réalisé le projet de Grande Bibliothèque et non les leaders mitterrandiens qui l'ont repris à la droite. Je ne vais pas m'en plaindre, excepté de leur peu de gratitude à ce sujet.

— Ceci dit, personne parmi eux, à commencer par François Mitterrand, ne s'est opposé à votre nomination.

En effet. Bien qu'il m'ait reproché de ne pas l'avoir soutenu activement, Mitterrand considérait comme positif pour lui que je sois à ce poste. Ce que je n'avais pas compris c'est qu'il existait deux terrains d'opposition entre lui et moi. L'un qui était jouable : l'histoire de la coupure puisqu'on a décidé en fin de compte de tout déménager. Et sur ce point j'ai eu de l'influence. L'autre qui n'était pas jouable et que j'ai eu tort d'évoquer devant FM : l'idée des tours. Ces quatre tours étaient une hérésie d'un point de vue proprement bibliothéconomique. Mais ça ne servait à rien de s'y opposer puisque Bouygues était déjà dans le coup et qu'il se fichait bien que les structures de la BN soient rationnelles ou pas. Pourtant, quand Bouygues construit un barrage, il s'assure que le barrage va tenir. Mais là, il s'agissait d'un barrage intellectuel. Pour Bouygues, on peut le comprendre, mais pourquoi Mitterrand tenait-il tant à l'architecture de la bibliothèque ? Sans doute, je l'ai dit plus haut, parce que c'était son cimetière, son mausolée. L'ai-je signalé ? Il détenait, dans l'un de ses grands bureaux de l'Élysée, la maquette qui allait immortaliser sa mémoire. Il aimait le principe des quatre tours que l'architecte Perrault aurait plus ou moins trouvé, du reste, dans les papiers de Le Corbusier. Cela a fait rire la terre entière puisqu'aux États-Unis ou ailleurs, on ne met plus, depuis longtemps, les livres dans des tours.

Tout ceci pour dire qu'il a été impossible, lors de cette entrevue avec Mitterrand, de discuter sérieusement, malgré quelques tentatives de ma part, de la question des tours.

En résumé, ma nomination à la tête de la BN aura donc été pour FM un moindre mal, répétons-le, voire même un bien. Il pouvait me reprocher de l'avoir critiqué en 1987. A cette époque j'étais giscardien et j'avais soutenu Giscard dans les années 1975. Entre mai 1981 et septembre 1987, date de ma nomination, j'ai donc disposé de six ans où je me suis laissé aller à mes critiques contre le socialisme de Mitterrand. Cela a donné lieu à de mauvais mais aussi de bons résultats. Le mauvais résultat est que je me suis refroidi avec ce qui est mon milieu naturel : l'intelligentsia.

Car l'intelligentsia est de gauche. Elle admet très volontiers qu'on soit de droite à condition de n'en rien dire. J'avais en partie publié mon livre de souvenirs *Paris-Montpellier* et j'écrivais régulièrement dans divers journaux où je prenais des positions antisocialistes et surtout anti-communistes. J'avais un peu de rancœur contre le fait que peut-être je m'étais fait avoir par le PC. Voilà pour le côté négatif. Mais, sans m'en douter, et c'est le côté positif, par ces prises de position contre la gauche — en réalité, je ne crois pas être spécialement droitier — je me mettais bien avec la droite. Pour preuve : je n'avais pas du tout cherché à obtenir ce poste à la BN puisqu'il était occupé, à cette époque, par un de mes amis de gauche, André Miquel. Mais ce que je n'avais pas prévu, c'était que d'une part Miquel se dégoûterait assez rapidement de cet emploi à cause, entre autres, des grèves continues du personnel et que, d'autre part, la droite, arrivée au pouvoir en 1986, aurait besoin de quelqu'un. Or, ils n'avaient pas d'intellectuels sous la main — la plupart d'entre eux ou bien s'étaient tus ou avaient pris parti pour la gauche — et j'étais là. C'est ainsi que je l'interprète. Ils m'ont donc nommé. A ma grande surprise. Ceci dit, dès le moment où je me suis retrouvé à la BN, j'ai été tenu par le devoir de réserve et j'ai cessé de prendre des positions politiques. Le fait est que j'ai pris goût petit à petit à cette obligation. Je trouve ça confortable. Ce n'est d'ailleurs pas faute, de la part de certains, d'avoir tenté des manœuvres de déstabilisation. Comme en témoigne cette histoire stupide où il fallait rendre des manuscrits à la Corée. Le conservateur du Louvre m'a dit : « Vous auriez dû démissionner. »[1] Un de plus.

À propos de position, le bon exemple en la matière est celui de Furet. Il a toujours pris grand soin d'écrire dans *Le Nouvel Observateur* pour faire croire qu'il était de gauche. Or, il n'était pas du tout de gauche. Il ne l'était plus. C'était un homme d'une droite éclairée mais les gens se disent : « il écrit dans *LNO* donc il est de gauche. » L'attitude est habile.

Les intellectuels se doivent d'être de gauche, je le répète. Furet disait : « il n'y a qu'un seul type qui a le droit d'être de droite, c'est Raymond Aron. » Pour Furet, c'était une espèce d'exception qui confirmait la règle. Aron pensait que Sartre était un grand écrivain et que cela rachetait ses erreurs de jugement sur le communisme. Est-ce qu'on dirait encore cela aujourd'hui ? Je n'en sais rien. Je le répète, c'est un peu notre faute, nous les normaliens. Dans l'un des numéros des *Temps modernes,* Sartre écrit en effet : « Regardez tous ces jeunes (normaliens ou non) qui s'engagent dans le Parti Communiste ! » Il en était très impressionné. Il se dit alors qu'il faut

[1] « Depuis, j'ai évité de prendre position, même après avoir quitté la BN. Pour le confort toujours. En 2012, on m'avait demandé de soutenir Sarkozy et je n'ai pas pu me dérober. Sarkozy m'avait fait nommer Grand officier de la Légion d'honneur. Comme j'avais choisi de voter pour lui, je ne voyais pas de raison de refuser. J'ai donc signé en sa faveur. » (ELRL).

coller aux jeunes. Telle a toujours été son idée. C'était au moment où j'adhérais, avec de nombreux autres normaliens, au PC, en janvier-février 1949.

Pour en revenir à ma trajectoire personnelle et mes rapports avec l'intelligentsia, une fois Mitterrand au pouvoir, je n'étais plus évidemment qu'un réactionnaire. Ceci dit, il a participé activement à ma nomination. Donc, il conservait à mon égard une espèce de partialité plutôt favorable. Est-ce que le passé vichyste de mon père n'aurait pas également joué pour moi ? Sans doute. Mon père, on le sait, était un homme important à Vichy en 1942. Or, toute l'aventure vichyste de Mitterrand se déroule en 1942. Mitterrand en réalité reste très branché sur Vichy. Il a cherché à recruter des enfants de Vichy — y compris Régis Debray dont la famille n'était quand même pas de Gauche. Mais cela, probablement par conviction (ou par bêtise), je ne l'ai pas compris. Alors, évidemment, peut-être serais-je devenu préfet de la Nouvelle-Calédonie ou sous-ministre. Je sais que Régis Debray, qui a beaucoup « mitterrandisé », n'a rien obtenu au fond. Il a simplement acquis le droit de faire de brillants voyages en voiture avec lui à travers la France. Il considère que Mitterrand est un grand type mais en même temps il commence à prendre ses distances.

— *Des regrets ?*

Personnellement, j'aurais pu gérer ces années autrement. Mais c'est bien aussi de m'opposer à un projet politique que je n'approuve pas et d'avoir acquis la BN de la part de la droite, de cette façon un peu tordue sans l'avoir fait exprès. Six ans à la BN — si je vais au bout de mon mandat — valent bien quinze ans de bénédiction socialiste. Peut-être même pourrai-je y rester davantage. Mais, à la longue, je risque de me stériliser. Comme je suis assez consciencieux, j'investis beaucoup de temps à la tâche. Le matin, je passe en revue la file des lecteurs qui font la queue devant la salle Labrouste. Je suis d'ailleurs assez populaire parmi eux. Je serre des mains, je dis un mot aux uns et aux autres. De ce point de vue, je réussis plutôt bien. Mon épouse aussi. Elle aime beaucoup la BN. Ceci dit, la position d'épouse d'Administrateur n'est pas simple. En général, elle attire sur elle l'hostilité des gens mais je crois que Madeleine réussit assez bien, notamment avec sa politique des dîners. On invite en effet souvent à dîner, y compris le personnel de la BN. En fait, Il y aura eu, me semble-t-il, deux grandes époques dans notre vie conjugale : ma recherche sur les glaciers alpins[1] et la BN.

[1] Emmanuel Le Roy Ladurie, *Histoire du climat depuis l'An Mil*, Paris, Flammarion, 1967, 2ème éd. 1983.

Si Léotard m'était évidemment favorable, avec Biasini aujourd'hui les choses sont un peu différentes. Je pourrais avoir avec lui des relations sans doute meilleures mais également pires. Il est avant tout mitterrandiste. Mitterrand a toute confiance en lui et réciproquement. En ce qui me concerne, je lui suis totalement indifférent. Je peux toujours voir Sautter. Mais c'est peut-être un faux-frère. Il est protestant, spécialiste de la Chine ou du Japon mais il avait sans doute envie, avant toute chose, de faire de la politique. C'est ainsi qu'il est devenu un type important de l'Élysée, assez désagréable avec les gens comme moi qui ne sont pas proches du pouvoir. Je l'ai rencontré à plusieurs reprises dont une fois en uniforme de préfet. C'est un apparatchik de Mitterrand, un homme de l'ombre comme Bianco et Attali.

— En attendant, comme nombre des acteurs responsables du projet BDF, ce dernier ne cache pas son aspiration à d'autres types de bibliothèque, comme le tout-électronique, par exemple. Est-ce justifié ?

En tous les cas, Jacques Attali en est un farouche partisan. Il a beaucoup fréquenté les bibliothèques américaines et il pense qu'on arrivera à renoncer aux livres — c'est du reste ce qui commence à se produire à présent — et qu'on ira vers des bibliothèques électroniques. Je pense malgré tout que les livres conservent encore, et conserveront longtemps, une utilité au moins pour les livres anciens et les thèses. L'ennui est que les jeunes ne lisent plus ce type d'ouvrages. Ainsi, sur le Midi, il existe actuellement deux ouvrages très importants : l'un est une grosse thèse sur l'introduction du français dans le Midi à partir des XVe et XVIe siècles — un sujet capital — mais personne ne le lit ; l'autre porte sur l'histoire économique du Languedoc, tout aussi ignoré.

Ceci dit, en attendant l'avènement du tout électronique qu'il appelle de ses vœux, Attali pense que c'est la Bibliothèque nationale qui a gagné et doublement : une première fois en survivant au projet mitterrandien anti-BN et une seconde fois en tenant tête à Jamet. Mais l'identité BN est restée et cela ne plaît pas à Attali. Il a raison : les bibliothèques américaines sont des mélanges d'électronique et de livres. Je pense toutefois que dans le très long terme beaucoup de choses seront électroniques et en particulier beaucoup d'archives. Aujourd'hui, c'est Sautter qui suit la chose. Il n'est pas mal même s'il est un peu trop lié à Jamet. En tous les cas, il est plus rationnel qu'Attali.

— Dans tout ceci, il est peu question du personnel.

J'en ai pourtant parlé lors de mon entrevue avec Mitterrand. Je lui ai rapporté, dans la foulée, les états d'âme du personnel. Je lui ai raconté l'histoire de Madame Khan, en charge de la bibliothèque de l'Opéra, département BN. Elle a trouvé, ce qui n'est pas rien, un milliard de centimes de mécénat grâce à la maison Vuitton, autrement dit les Brantes. Bref, Madame Khan a accompli un magnifique travail. C'est elle qui, accessoirement, récupérait des chariots dans les magasins Monoprix au motif qu'ils étaient aux dimensions exactes des couloirs de sa bibliothèque. Une bonne femme extraordinaire, avec un sens aigu du service public et que l'on appelle affectueusement « la dame aux caddies ». Jamet l'a invité à sa commission « Créativité, délire, irréflexion » où l'on évoque des projets divers comme la construction d'un hammam, la pratique du golf ou l'installation d'une garderie pour enfants. Voilà donc une dame, grande technicienne du livre, obligée de se coltiner les errements de Jamet et de son équipe. J'ai quand même rapporté la chose à Mitterrand, lequel a réagi par un : « comment ça, un hammam ? » C'était une commission de délire. En fait, il y a chez Jamet un côté soixante-huitard d'extrême droite qui fait toute la complexité du personnage. J'ai donc dit à Mitterrand, lors de cette entrevue exceptionnelle, que nos conservateurs sont assez malheureux parce que le moindre cadre d'une bibliothèque de province, le moindre journaliste ou le moindre universitaire, est écouté avec attention dans la galaxie des potiches dont je parlais plus haut. En revanche, il suffit d'être chef de département à la BN, surtout s'il s'agit d'une femme, pour être considéré comme un dinosaure. C'est d'autant plus injuste que l'actuelle direction de la BN est entièrement nouvelle et n'a pas de responsabilité dans la crise ou la soi-disant crise qui existait avant mon arrivée. Moi je viens du Collège de France, Guénot des PTT, Dupuit de l'ENA et de la Culture, Arnoult dirigeait notre département de désacidification de Sablé. Seule Madame Chevalier vient de la BN. Inversement, on a nommé Gattégno à la Direction du Livre. C'est donc lui le patron, y compris de la BN, à l'échelon supérieur. Gattégno, pour moi, est avant tout un politique. Il est en effet en place depuis 1981, à la faveur du changement politique survenu cette année-là. Il me fait penser à Hadji Stavros, *Le Roi des montagnes*, célèbre et pittoresque roman d'Edmond About.

Au bout du compte, Mitterrand m'aura gardé environ une demi-heure. Mon ami Julliard qui est socialiste — ou prétend l'être — était resté une heure avec lui : une demi-heure sur la BN et une demi-heure sur le Liban. Les rumeurs en fait étaient variées. Selon les uns, Julliard était mal avec Mitterrand ; selon d'autres, il était en bons termes. De toutes les façons, pour Mitterrand j'étais dans les ténèbres extérieures et donc pas mécontent de cet entretien d'une trentaine de minutes. Voilà les grandes lignes de mon entrevue avec FM.

— *Comment votre initiative a-t-elle été appréciée en haut lieu ?*

Mon entrevue avec Mitterrand était-elle connue ? Je ne sais pas mais personnellement j'avais gardé la chose pour moi. Néanmoins, le Ministère a fini par en être informé et du coup Madame Benhamou m'a téléphoné pour en savoir plus. L'autre avantage de cette rencontre : la rue de Valois s'est aperçue que j'existais et que je pouvais joindre le Patron sans leur demander la permission, même si Lang continue de me définir comme un ex-communiste passé à droite. C'est un peu court comme définition. Et en même temps cela prouve bien que la gauche n'accepte les ex-communistes que s'ils restent à gauche. Annie Kriegel en est un exemple frappant. Cette grande historienne demeure, elle aussi, dans les « ténèbres extérieures ».

Ce qu'il y a d'un peu épuisant dans le métier que je fais actuellement est qu'il n'y a jamais, comme c'est le cas du reste dans la vie en général, de victoire définitive. Ce serait plutôt une guerre de tranchées et elle va durer quatre ou cinq ans.

À la sortie de mon entrevue avec le Président, j'étais tombé sur Sautter et Mauroy. Comme toujours, quand on est confronté brièvement à des gens importants, on cherche une phrase aimable, un petit mot gentil. Je veux depuis un certain temps entrer en contact avec Delebarre, l'un de leurs poulains. Je prépare en effet dans mon *Histoire de France* un gros chapitre sur les régions et pour la Flandre on a choisi Delebarre, le maire de Dunkerque. Du coup, je demande à Mauroy : « Êtes-vous toujours en relation avec Delebarre ? » Très aimable, il me répond que oui. Là-dessus, Sautter qui a un côté mandarin très affirmé, me dit d'un ton solennel : « Monsieur Delebarre est chef de cabinet. » Je suis bien sûr très impressionné par ce titre ronflant.

Mitterrand. Sous la IVe République, c'était un politicien comme les autres, négligé par l'intelligentsia. Mais sous la Ve, il a compris qu'un homme politique se devait d'être entouré d'intellectuels et de lire des livres — ou de faire semblant. Il a réussi en un sens mais il a eu le dessous du panier : Attali voire Debray et quelques autres. Cependant, les grands de la Sorbonne ou du Collège de France ne se sont pas tellement dérangés pour lui. Il y a bien sûr le côté caméléon de Mitterrand, sans doute inévitable parmi les grands hommes politiques : de Gaulle, d'abord ami de certains personnages de l'OAS puis hostile et Mitterrand avec Marchais puis contre et se réjouissant de la chute du communisme en Europe de l'Est, communisme qu'il avait préalablement flatté sans pudeur.

— Des nouvelles de la BDF et plus particulièrement des groupes de travail ?

Aujourd'hui, on va recevoir les rapports des présidents de groupes relatifs à la nouvelle bibliothèque. Il devrait donc se dire des choses intéressantes, du moins je l'espère. Dans chacune de ces commissions, on compte une dizaine de personnes, un nombre à mon sens beaucoup trop élevé. Une fois de plus, on sacrifie au vieux système des potiches d'honneur, autrefois si chers aux Combattants de la paix du Parti Communiste. Je suis régulièrement invité à ces réunions bla-bla. A côté de cela, on trouve le conseil scientifique de la nouvelle BN, dont je ne suis pas membre mais qui, lui, n'est pas trop mal composé. Toutefois, là encore, on y trouve du

« potichable ». Y figurent Pierre Chaunu, Georges Duby, Pierre Nora et quelques autres, donc des gens de première qualité mais que Jamet et l'Élysée ont placé là pour la représentation. Il faut donc que j'entraîne derrière moi ces deux ou trois grands intellectuels mais sans que les gens aient l'impression que j'agis sous le coup de la frustration et de mon différend personnel avec Jamet. Ce différend existe sans aucun doute mais il n'est pas déterminant.

Voyage en Inde

— Vous vous êtes rendu, au mois de février, à New Delhi où vous avez rencontré, entre autres personnalités, les responsables de la Bibliothèque nationale indienne. Les échanges ont-ils été fructueux ?

En effet, j'ai effectué un voyage en Inde où j'ai rencontré l'ambassadeur et son épouse, ma vieille amie Catherine Clément. Leur histoire est du reste assez jolie. Son futur mari, diplomate de carrière, a débarqué un beau jour dans le bureau de Catherine au Quai d'Orsay, pour lui remettre une pétition qui était hostile à cette dernière. Et il n'en est jamais ressorti. Ils sont aujourd'hui mariés et semblent fort heureux. On a toujours gardé un lien. J'ai déjeuné l'autre jour avec elle et elle m'a confié qu'elle était toujours au PC. Je lui ai immédiatement rétorqué : « En somme, au PC, vous êtes une âme morte », formule de Gogol reprise par Staline. Elle ne connaissait pas l'expression. Elle lui a plu. Quelques jours plus tard, elle a écrit un article dans *Le Matin*, où elle confiait : « je suis une âme morte ». Dans les deux heures qui ont suivi, elle a été vidée du PC par Marchais. Du coup, elle est devenue socialiste. Somme toute, c'est plutôt un service que je lui ai rendu.

Lorsque Chateaubriand voyageait en Orient, c'était pour voir l'une de ses nombreuses copines cependant que l'archevêque de Paris enjoignait son épouse — fortement courroucée — à ne pas rompre le ménage que Dieu avait uni. Pour ma part, j'allais là-bas, entre autres raisons, pour voir Rocard, dans l'intérêt de la BN bien entendu. J'ai réussi à lui parler — un exploit — pendant quatre minutes. Il était d'humeur un peu fâcheuse et il m'a répété d'un ton irrité : « Vous me faites dépenser des sommes folles en supprimant la coupure de 1945 et en déplaçant toute la collection BN à Tolbiac. » Évidemment, Rocard est très sensible à l'aspect financier des choses et la culture n'est pas son rayon ministériel. C'est quand même lui qui est chargé de contrôler les débordements financiers de Lang et surtout de Mitterrand. C'est en tout cas ce qu'il prétend. Mitterrand couvre la capitale et même des villes de province, de grands bâtiments culturels et ce n'est pas donné. Combien coûtera la coupure, autrement dit l'exportation, en totalité, des douze millions d'ouvrages de la BN ? Si on m'avait suivi — c'est au demeurant ce que j'ai dit à Mitterrand qui m'a également posé la question — on aurait à l'heure actuelle une BN-bis de deux milliards au lieu des dix milliards que ce truc va nous coûter. Rocard ne m'a pas répondu. Il ne songe qu'à sa candidature à la présidence. Chez lui, tout est subordonné à elle. C'est le côté pervers du système actuel. La chose est du reste ancienne. Je devais avoir dans les 33 ans — « l'âge du sans-culotte Jésus, âge critique pour les patriotes », si l'on en croit Camille Desmoulins montant à l'échafaud — et j'avais eu l'honneur, à l'époque, de dîner avec François Furet et Michel Rocard qui n'était guère plus vieux que moi. Il m'avait dit alors qu'il avait tout le temps d'attendre pour sa candidature à la présidence de la République dont il nous a par ailleurs longuement parlée.

Lors de ce voyage ministériel en Inde, où j'étais présent, nous avons évoqué dix secondes Roger Fauroux avec lequel Rocard est également ami et je lui ai demandé si on pouvait se voir, ultérieurement, pour parler BN. Il m'a répondu, gentiment mais fermement, qu'il n'avait pas le temps. Le dialogue s'est terminé ainsi, ce qui est un peu ridicule de sa part.

J'ai vu bien sûr, lors de ce voyage, le Taj Mahal, peut-être le plus beau monument du monde, tout de marbre vêtu. Et puis nous sommes allés à Calcutta. Nous marchions avec ma femme dans une foule extraordinairement dense, pressés de toutes parts, et pourtant mon portefeuille n'a jamais été en danger.

J'y ai visité la Bibliothèque nationale indienne. Les historiens sont souvent marxistes, en Inde comme ailleurs, à l'image de la classe intellectuelle en général. Au reste, le gouvernement du Bengale est communiste, ce qui n'a aucune incidence, ni en bien ni en mal, sur l'économie indienne. Ce sont en effet des communistes à la Bérégovoy. J'ai fait une conférence sur Saint-Simon et la hiérarchie à la Cour de Louis XIV dans laquelle je m'inspirais de Louis Dumont, *Homo hierarchicus*. Les étudiants indiens l'ont assez mal pris car ils sont souvent branchés sur le marxisme et ils connaissent mal la pensée hiérarchisante de Louis Dumont qui pourtant est un grand spécialiste français de l'Inde, reconnu dans le monde anglo-saxon lui-même.

Quelques chiffres intéressants : nous aurons bientôt à la BN 12 millions de volumes et 1200 employés. En Inde, pour 2 millions de volumes, ils ont 700 employés et en Irlande, pour 5 millions de volumes, ils en ont 60. Manifestement, le gouvernement irlandais se moque de sa BN.

L'incendie de la bibliothèque de Bucarest

J'ai enchaîné, quelque temps après, avec la Roumanie. J'ai déjà fait allusion à l'incendie de la bibliothèque de Bucarest. En fait, il y a eu trois grands incendies de bibliothèques au cours de ces dernières années. D'une part, la bibliothèque municipale de Los Angeles dont on parle assez peu et où il devait y avoir des trésors. Los Angeles est en effet une ville très riche et qui compte de grands mécènes. Il y a eu par ailleurs l'incendie de la bibliothèque de Leningrad et, récemment, il y a donc eu l'incendie de la grande bibliothèque de Bucarest.

On prétend à Bucarest que c'est l'armée qui aurait fait le coup, avec des bombes incendiaires, pour se débarrasser de Ceaucescu et de la Securitat. Qu'y a-t-il de vrai là-dedans ? De toutes les façons c'est une grosse perte : cinq cent mille volumes ont brulé. Beaucoup d'ouvrages entreposés dans les caves ont été épargnés mais ce sont justement ceux qui ne présentaient pas d'intérêt. Certes, cinq cent mille livres ne représentent pas grand-chose à côté des douze millions de Richelieu mais il y avait quand même dans le lot beaucoup de choses uniques dont des incunables et des manuscrits précieux notamment à peinture. Ceaucescu prélevait du reste de nombreux livres dans les grandes bibliothèques de la capitale, pour les disposer sur les rayonnages de ses quatre-vingt-deux résidences.

Les bibliothécaires roumains sont venus à l'un de nos colloques et ont passé la nuit à pleurer en souvenir de leurs collections disparues. On les a vus plus tard chez Lang, accompagnés de leur ministre de la Culture, un barbu francophone très sympathique. Il y a avait dans leur sillage des écrivains, des cinéastes, des artistes, le système de l'Est comme d'habitude. Ce sont des membres de l'intelligentsia contestataire qui ont pris sinon le pouvoir en tout cas la culture. Ils ont demandé à Lang des cinémas, des théâtres. Lang prenait des notes. J'étais présent puisqu'aujourd'hui je suis admis plus souvent rue de Valois. Disons que je suis quelque peu sorti de mon purgatoire. C'était beaucoup moins le cas il y a seulement six mois.

La requête des Roumains allait surtout à la religion. Après quarante ans d'athéisme, nous avons besoin de livres religieux, dirent-ils à Lang, lequel a trouvé la chose bizarre. Il n'y a pas eu de réaction côté français mais quand même une remarque acide de Madame Évelyne Pisier, notre nouvelle Directrice du Livre : « Dites-donc, vous avez vu ces types avec leur religion en bandoulière ? » J'ai l'impression qu'ils n'ont pas produit un très bon effet rue de Valois. J'ai transmis quand même un mot à l'un des Roumains leur demandant s'ils avaient besoin de bibles. Ils m'ont répondu que les bibles, ils les voulaient en roumain mais qu'en revanche il leur fallait des bouquins de théologie actuelle car la théologie française est la meilleure du monde. J'étais flatté. Le 17 février prochain, je retourne à Bucarest, avec les cent mille volumes offerts par la fondation Hachette.

Parenthèse : l'autre jour Lang a décoré Bouglione, l'homme de cirque. Sur le carton d'invitation il était écrit : « En présence de Jacques Lang. » Cela signifiait qu'il viendrait vraiment. Lorsque vous avez « Jack Lang vous invite », vous savez que le ministre ne sera pas présent. Subtiles nuances. J'y suis donc allé car je tiens à voir mon ministre de tutelle le plus souvent possible, attitude bien compréhensible. Et Lang, tout surpris, m'a dit : « Tiens, vous vous intéressez au cirque, Monsieur l'Administrateur ? » Superbe, je lui ai répondu : « Absolument, Monsieur le ministre. Je suis passionné par le cirque depuis mon enfance. » En fait, je me fichais complètement du cirque mais c'était pour placer deux ou trois phrases sur les problèmes de la BN. Je ne sais pas s'il a été dupe. Notons que ces cocktails du ministère de la Culture, du reste délicieux, sont aussi fort coûteux.

On le voit, je suis allé aux Indes pour voir Rocard quatre minutes, au cirque Bouglione pour avoir une conversation de deux minutes avec Lang et ainsi de suite.

— Ces manifestations participent-elles, même sur le mode mineur, de ce que Georges Balandier appelle « la mise en scène du pouvoir » ?

Sans aucun doute. À ce propos, j'ai bien connu Balandier, éternel candidat au Collège de France mais à qui Lévi-Strauss faisait impitoyablement barrage. Le malheureux Balandier avait choisi le mauvais cheval : au lieu de s'attacher à Lévi-Strauss, il avait choisi Georges Gurvitch pour lequel Lévi-Strauss avait le mépris le plus total. La fameuse phrase de Lévi-Strauss sur Gurvitch est d'ailleurs restée : « Plus je lis l'œuvre de monsieur Gurvitch, moins je la comprends. »

« L'homme du passé » ?

Jacques Julliard, à la demande de Lang, est en train de faire un papier sur le fonds Doucet, toujours pour le *Nouvel Observateur*. Je lui ai donc donné quelques tuyaux. Jack a l'impression que Julliard peut lui rendre service et c'est sans doute exact.

J'avais noté, lors de notre colloque, que Nora avait une forte fièvre au moment de la table ronde. Évidemment, pour être un peu plus piquant, ce cher Pierre a insisté sur nos divergences. Du coup j'ai ressorti mon numéro : « je suis l'homme du passé — ce qui me paraît tout à fait normal pour un bibliothécaire qui se trouve être par ailleurs historien. » J'avais déjà sorti cette phrase lors d'une réunion du Conseil d'administration où elle avait été diversement accueillie. Dordain, un homme à Biasini et qui entreprend toutes les études de faisabilité, comme on dit dans le jargon actuel, m'a lancé : « Tout ceci montre chez vous une certaine frustration et de l'amertume. »

Varia

Mes rapports avec Jamet s'améliorent. Il nous a juste dit une méchanceté - en réalité il avait raison — à propos du titre de notre exposition « Le patrimoine libéré », en effet grotesque[1].

A propos de DJ, Michel Serres m'a confirmé l'autre jour une histoire qui circule. Selon Serres, toujours très bien en cour, on voyait régulièrement

[1] Cf. *supra*

Jamet à l'Élysée durant les premières années du septennat mitterrandien. Serres et Debray en avaient été assez choqués du reste puisque *Le Quotidien de Paris,* dont Jamet était l'une des lumières, attaquait régulièrement les socialistes. D'après Philippe Tesson, directeur de ce journal devenu peu à peu une feuille de chou, Jamet n'était pas un agent du président, une taupe ou un homme de l'ombre mais une personne fascinée par Mitterrand. Ce dernier, sur un mode encore assez secret, avait fini par l'amener de son côté. Mitterrand est un florentin, très habile pour ce genre d'opération : favoriser les gens ou les disgracier, à Vichy comme à Paris. Au bout de ce chemin, il y avait quand même une récompense et un hasard bienveillant a voulu que ce soit le projet de grande bibliothèque pour lequel Jamet n'était absolument pas qualifié. Incidemment, quand Giscard a quitté le pouvoir, la France ne devait pas un sou aux autres États. Mitterrand, dès son arrivée, a jeté l'argent public par les fenêtres.

Ainsi en va-t-il de la bibliothèque d'Alexandrie. Autant il faut aider le Tiers Monde à avoir des bibliothèques à peu près convenables, autant Alexandrie me fait l'effet d'un trou perdu dans le sable et finalement d'une opération assez ridicule. C'est encore et toujours Mitterrand qui vide les poches de la nation comme il va le faire également à l'exposition de Séville, pour sa propre gloire. Louis XIV, qui lui aussi érigeait des monuments un peu partout, doit se retourner dans sa tombe.

J'avais été interviewé, il y a quelque temps, par Philippe Bouvard dans *Paris-Match* et je lui avais dit que je faisais ce que je pouvais pour éviter que certains membres du personnel arrivent à 11 h du matin à leur bureau. Cela a déclenché un drame que j'ai réussi à calmer. Mais depuis, je suis plus prudent dans mes allégations devant les journalistes. Le personnel BN est en effet extrêmement sensible sur ce point. Mais j'ai failli passer un mauvais quart d'heure. Ceci dit, et c'est remarquable, la BN ouvre tous les matins à 9 heures pile. Là, il n'est pas question d'être en retard. Après tout, l'Administrateur général c'est moi. Un très beau titre hérité de l'Ancien Régime et non pas tous ces présidents de ceci ou de cela que l'on commence à voir fleurir chez les hauts fonctionnaires[1].

À propos de presse, la télévision joue évidemment un rôle très important pour faire connaître notre Maison à un immense public. Tout en reconnaissant le côté volontiers démagogique de la chose, je suis bien obligé d'en passer par là et de solliciter les médias et plus spécialement les médias télévisés. Naturellement, tout le monde n'est pas d'accord à Richelieu. Je disais un jour à l'un de nos conservateurs au sujet de la BN : « Vous avez dû voir cette émission à la télé. » Très digne, il m'a répondu : « Moi, Monsieur, je n'ai pas la télévision ! » J'ai respecté sa pudeur qui après tout peut se justifier.

---

[1] C'est d'ailleurs ce qui va se produire quelques années plus tard quand le titre d'Administrateur général sera remplacé par le mot vulgarisé de Président de la BnF.

L'architecture : un irréversible

L'architecture aux quatre tours a été vivement critiquée dernièrement par les Américains, les Danois et quantité d'autres. Le cabinet d'architectes s'est alors défendu en disant que c'était la volonté du Président (sic). Je ne pense pas que cette réponse ait beaucoup impressionné mes collègues étrangers. À propos des tours, précisément, quand on lui demande ce qu'il en adviendrait si celles-ci se révélaient contre-productives, Jamet répond « on en ferait des locaux administratifs. » Application imprévue de la loi de Parkinson selon laquelle la création de chaque nouveau bureaucrate engendre de nouveaux bureaucrates qui, à leur tour, en cooptent d'autres et ce à l'infini. Le vrai problème des tours est en fait le coût très élevé de l'air conditionné puisqu'il faudra conditionner l'air pour le réchauffer en hiver et le refroidir en été.

Il semble que, sur le moment, l'architecte n'a pas compris la différence qui existe entre le circuit du livre et le circuit du lecteur : tous deux en effet doivent être entièrement séparés l'un de l'autre. N'oublions pas qu'il s'agit d'une bibliothèque de conservation. Les lecteurs ne doivent jamais passer par les mêmes couloirs que les livres. Il y a quand même des Usuels en accès libre dans les salles de lecture mais le reste de l'immense collection BN est rigoureusement séparé de ceux-ci. Or, techniquement, l'architecte ne s'est pas du tout informé sur les exigences de ce type de construction. La construction des bibliothèques est en effet une science très codifiée aux États-Unis et ailleurs. Je crois que Perrault est vraiment un courtisan au sens noble du terme. Nous sommes tous plus ou moins obligés de faire notre cour au monarque Mitterrand et à ses sous-fifres mais lui pousse la chose très loin. Il est reçu par le Président, lequel se délecte de parler de cette architecture qu'il aime et se régale — je l'ai déjà rappelé — de la vue de la maquette de Tolbiac qui figure en permanence sur l'une de ses tables de travail. Arnoult, notre préposé à la conservation, un type habituellement modéré et prudent, a été très sévère à l'égard de Perrault. Il s'est littéralement lâché sur la légèreté du projet et l'incompétence de son auteur. Le drame est qu'on va aller très vite vers l'irréversible dès lors que les tours commenceront à s'élever. Ce fut du reste l'un des éléments de ma conversation avec Mitterrand. On pourra remettre en cause certaines choses si un changement politique intervenait au cours des prochaines années. Mais les tours, une fois construites, on ne pourra plus y toucher.

— *Ce n'est pas le seul problème.*

Reste en effet un autre problème qui pour le moment demeure sans solution : la séparation entre la Bibliothèque nationale de conservation et son dépôt légal d'une part et la bibliothèque de consultation populaire d'autre part. En l'occurrence, ce n'est nullement la fonction qui guide l'architecture, c'est l'architecture qui va guider la fonction et créer une dépendance excessive à l'égard des quatre gratte-ciel.

Jamet est par ailleurs partisan de la recotation des 12 millions de volumes. C'est invraisemblable. Mais je crois avoir complètement réfuté DJ sur ce point. Le problème aurait été de transformer notre système de cotation papier en un système adapté aux besoins de l'ordinateur et retraduisible ensuite dans le système primitif. Quelque chose comme le système de brouillage des téléphones. Il y aurait donc une première cotation BN en amont et une seconde en aval.

Enfin, en ce qui concerne le déménagement, je souhaite pour ma part, qu'on s'inspire de l'exemple anglais de Saint-Pancras. Mais je n'échappe pas à un certain sentiment d'angoisse lié à la lecture et aux lecteurs. Certes le service est un peu lent, on attend son ouvrage durant une demi-heure, parfois quarante-cinq minutes, mais il y a maintenant très peu de grèves et, surtout, je l'ai déjà mentionné, il n'y a plus de lettres fermées concernant les cotes. Ceci dit, comme me l'a confié un vieux lecteur, parlant de notre Maison : « Ce sont les derniers jours de Pompéi. »

Le déménagement n'aura donc lieu qu'en 1994 et je me dis *in petto* : si j'ai accepté le déménagement, c'était pour éviter la coupure de 1945. Elle me paraissait une imbécillité. Mais le déménagement aussi me paraît être un non-sens[1]. Je me dis que ce sont des choses que l'on pourra peut-être reprendre après les élections de 1993. Quoi qu'il en soit, le déménagement ne commencera pas avant janvier 1994, ou à peine plus tard. Je pense que le Parti Socialiste sera battu. Cela ne signifie pas que la droite gagnera puisqu'il y aura Le Pen. De toutes les manières, tant que j'ai Mitterrand sur le dos, je ne peux rien faire. Avec la défaite des socialistes, j'aurai les coudées un peu plus franches. À ce moment-là, garderai-je la BN ? En fait, je quitte la place en juillet 1994, le 19 juillet plus exactement, jour anniversaire de mes 65 ans. Sur ce point, ce n'est pas bien parti puisque le monstre de béton est déjà en train de se pointer à l'horizon.

— Votre marge de manœuvre semble assez limitée. Quels sont, à l'heure actuelle, vos moyens d'action ?

Je crois qu'à la BN la situation très difficile qui est actuellement la nôtre nous oblige, en tout premier lieu, à avoir des contacts de toutes sortes. Contacts aussi bien avec les socialistes et le pouvoir qu'avec l'opposition et même avec des gens infréquentables.

Notons incidemment un curieux article dans *Rivarol*. Ce journal dit plutôt du bien de Jamet mais également de moi — ce qui est inattendu. En revanche, il parle en très mauvaise part du projet Mitterrand.

[1] Sur ce point, reconnaît ELRL, « je me suis trompé puisque le déménagement total a été un succès. »

— Un article favorable dans un journal d'extrême droite peut-il constituer un titre de gloire ?

En fait, je m'en fiche. J'avais eu, il y a quelques mois, un papier fort désagréable dans cette même publication, à propos de notre exposition sur « *Le Patrimoine libéré* ». J'ai quand même téléphoné discrètement au journaliste de *Rivarol* pour lui dire le bien et le mal qu'il fallait penser de tout cela et je lui ai fait visiter une de nos expos. On s'est quitté là-dessus et je constate, je ne sais pas s'il y a un rapport, que leur dernier article est plutôt aimable.

— En attendant le déménagement, il serait question d'abriter le fonds Doucet, autrement dit la Bibliothèque d'Art, dans les combles de la BN. Vous confirmez ?

Oui et c'est une bonne nouvelle malgré tout. On va provisoirement loger le fonds Doucet dans les combles et plus précisément, j'en ai déjà parlé, dans ces sept kilomètres de rayonnages qu'on a découverts inopinément dans nos greniers. Les historiens de l'art m'en sont, paraît-il, très reconnaissants. Je reste néanmoins discret sur cette question car même les gens du département concerné ne sont pas au courant. En revanche, la décision est bel et bien prise : Doucet viendra ici. Il y aurait ainsi à Vivienne le 3ème cycle d'enseignement d'Histoire de l'Art et peut-être même le second cycle. Je ne suis pas tellement chaud sur tout cela, étant davantage intéressé par les missions traditionnelles de la BN, mais je ne peux rien y changer puisqu'on est dans le domaine présidentiel.

En tout état de cause, Doucet logerait d'abord dans les combles et, après le déménagement, dans les magasins de Richelieu. Cette bibliothèque d'art compte environ 300 000 volumes, ce qui n'est pas énorme.

Un obstacle quand même : Madame Gendreau-Massaloux. Elle est très obstinée, elle ne veut pas lâcher Doucet-Manuscrits car l'Université de Paris craint que le fonds en question ne soit absorbé par la Culture. Ceci dit, je tiens le déménagement pour une horreur. Je me souviens de Restif de la Bretonne qui avait lui aussi, au XVIIIe siècle, l'horreur des déménagements. « Un homme de Lettres ne devrait jamais déménager », disait-il. Dans un épisode de ce genre, il avait perdu en effet son exemplaire d'Aristophane et ne s'en remettait pas. Ici, ce n'est pas simplement un Aristophane qui risque de disparaître mais des millions de volumes dont un certain nombre pourrait faire l'objet de vols ou de déprédations.

De toutes les façons il faudra bien s'accommoder de Doucet pour remplir Richelieu. C'est la raison pour laquelle il est question encore d'autres immigrations. Parmi elles, il y aurait la bibliothèque du Louvre et le fonds d'architecture des Beaux-Arts, soit environ 100 000 volumes supplémentaires. Ceci dit, il faudra au préalable trouver de l'argent pour refaire les combles afin de pouvoir abriter ces candidats venus d'ailleurs. Doucet viendrait donc en premier, la bibliothèque du Louvre et des Beaux-

Arts attendrait en revanche encore cinq ans, le temps que les locaux soient équipés. Il y a même une rumeur incroyable : la Bibliothèque de Documentation Internationale Contemporaine (BDIC), actuellement logée à Nanterre, viendrait peut-être les rejoindre. Encore une façon de remplir le bâtiment. Cette peur du vide à mon sens fait faire bien des sottises.

Promotions et mobilité sociale ascendante

Je suis à l'affût de toutes les réunions. J'ai vu récemment un député du secteur. Il dit que la « chose » ouvrira en mars 1995 ... pour fermer un mois plus tard. C'est l'image qu'ont les gens, plutôt de droite en l'occurrence, car ils craignent que ça tourne en eau de boudin comme l'Opéra-Bastille[1]. Il est vrai qu'il y a là un réel danger. La conduite de l'opération risque d'être tellement précipitée et mal fichue que tout peut aller en se dégradant. Le député en question, en l'occurrence Jacques Toubon, n'a certes pas une image d'intellectuel, loin de là, mais sa crainte selon laquelle l'établissement pourrait fermer un mois après son ouverture n'est pas totalement infondée. Émile Biasini, grand carnassier et politique redoutable, aurait la très ferme intention, dit-on, de terminer le bâtiment en 1993. Pour le reste, il ne veut pas s'en occuper.

Il rapporte d'ailleurs que tous les chiffres qui circulent actuellement sont inexacts. Moi je n'ai qu'un seul chiffre que j'ai obtenu de mon beau-frère. On demanderait des arrhes et Rocard serait obligé de banquer de quatre ou cinq milliards. Y aurait-il des prélèvements dès maintenant sur le budget national actuel ? C'est probable. *Le Journal du Dimanche* parle, lui, de six milliards. Est-ce une indiscrétion venue de moi ? Je ne sais pas. Selon mes propres calculs, j'ai l'impression qu'en incluant le troisième site (en banlieue) pour l'archivage des doubles du dépôt légal et autres, on arrive à une dizaine de milliards. Certaines personnes ont même avancé le chiffre de seize milliards. Ça me paraît excessif. Mais il peut y avoir des budgétisations en dehors des estimations officielles. Mon beau-frère Fauroux m'incite à la prudence. Il me dit : « Je t'en prie, ne va pas claironner partout qu'on va effectuer pour dix milliards une besogne que selon toi, avec un projet plus modeste, on aurait pu exécuter pour trois milliards. Tu te feras épingler. » Si cette budgétisation était faite sur des fondements architecturaux et scientifiques sérieux, après tout pourquoi pas. Mais est-ce vraiment le cas ? De toutes les manières, ce n'est pas plus bête que Mururoa, le Concorde ou Superphénix qui aurait coûté, dit-on, 25 milliards.

---

[1] Cette impression s'est avérée fausse puisque depuis, l'Opéra-Bastille marche plutôt convenablement.

— Vous êtes à l'affût de toutes les réunions, disiez-vous. Y en a-t-il eu d'autres ?

Effectivement, j'ai déjeuné dernièrement avec Jamet. Ce n'était pas un déjeuner important, bien sûr, un de ceux où on prend des décisions et dont je suis régulièrement exclu. Mais enfin il y avait quelques personnages de poids : Sophie Bouchet de l'Élysée et dont on dit qu'elle va partir au Conseil d'État, Biasini et quelques autres. J'ai rencontré, aux mêmes dates, Georges Fillioud avec lequel j'ai eu dans le passé de très bonnes relations, au moment, entre autres, du *Carnaval de Romans* — ville dont il était devenu maire après une carrière de journaliste. Plus récemment, mes relations avec lui se sont dégradées. Il est même devenu absolument odieux pour des raisons politiques.

A propos de personnalités de poids, ai-je déjà parlé des formidables promotions des hommes et des femmes de cabinet ? Larquier, qui était au cabinet de Rocard, vient d'être nommé directeur d'une de nos grandes institutions culturelles. De même Fillioud qui était au cabinet de Fabius — était-ce une traversée du désert ? — vient d'être nommé à la tête de l'INA[1] et va peut-être hériter aussi d'une partie du dépôt légal concernant tout ce qui est images, films, audio, etc. L'INA, en effet, est une sorte de mixte entre l'entreprise publique et l'entité privative. Encore un mélange. Sophie Bouchet, de son côté, va donc avoir un fauteuil au Conseil d'État. C'est une aimable gauchiste qui n'est plus gauchiste du tout. Sans doute faudrait-il parler des différents lobbies qui fleurissent au ministère de la Culture. Vaste problème.

Larquier toujours. Sa promotion éblouissante dans les cabinets ministériels à des postes administratifs fondamentaux est typique. Les cabinets ministériels sont comme des lanceurs à l'image de la fusée Ariane qui a malheureusement explosé ces jours-ci. Croyez que j'en suis désolé.

À ce déjeuner, il y avait aussi Évelyne Pisier, remplaçante de Gattégno lorsque celui-ci est entré dans le système solaire de Jamet.

Du système solaire passons à la galaxie, autrement dit au ministère de la Culture. À propos de Jack Lang, on lui doit malgré tout la Direction du Livre. Celle-ci s'occupe, pour ce que j'en sais, de tout le réseau des bibliothèques en France, à l'exception des bibliothèques universitaires. Il s'agit notamment des bibliothèques municipales, des bibliobus, le Centre national du Livre (CNL) situé rive gauche. Évelyne Pisier, sa nouvelle directrice, s'intéresse beaucoup aux livres et ne nous est pas hostile. L'atavisme sans doute. C'est en quelque sorte ma patronne mais elle ne semble pas trop aimer ce vocable. Tout ceci constitue les restes dispersés de l'empire de Julien Cain. Cette structure impériale voire dinausorienne, a éclaté en 1974 quand mon prédécesseur Dennery est parti à la retraite. Pour caser un ami, Giscard a arraché la BN, par une opération sanglante, à cet

[1] Institut National de l'Audiovisuel.

immense réseau. Lang a fait le reste. Il a condamné la BN dans une espèce de solitude où je me complais aujourd'hui. Tout ceci est inséparable des intrigues actuelles de Gattégno. C'est un personnage complexe. Il a le rire de Michel Foucault ou, comme disait Saint-Simon, « un rire qui tenait du braire chez un âne. » Sur un mode plus aimable, on pourrait aussi citer Nietzsche en parlant du « rire inextinguible des dieux. » Au reste, Gattégno était souvent entre le rire et les larmes. J'ai connu chez lui ces deux situations. Il essaie aujourd'hui d'occuper davantage de positions de pouvoir et espère devenir le Julien Cain des années 1990. La BN, qu'il fait aujourd'hui profession de détester deviendra, n'en doutons pas, sa passion demain dès qu'il aura mis la main dessus.

La BN, côté cour et côté jardin

Revenons au quotidien de la BN. Cela fait quinze mois que nous n'avons pas eu de grèves à la BN, mis à part un incident mineur. Depuis mes initiatives, soutenues par Madame Sanson, la Directrice des imprimés, on sert désormais, comme il a été dit, toutes les lettres des cotes et non pas, comme autrefois, telle ou telle lettre selon le jour. Autre façon de dire les choses : vue de l'extérieur la BN est un paradis, vue de l'intérieur c'est autre chose. A quoi s'ajoutent, de temps à autre, des engueulades lucifériennes venues du directeur de cabinet de la rue de Valois, M. Beck, l'exécuteur des basses œuvres du ministre.

Les menaces de grèves planent quand même. Comme dans toute institution de ce genre, il y a une minorité de tire-au-flanc parmi le personnel, des gens qui s'attardent à prendre des cafés, à fumer hors les murs, et ainsi de suite. Récemment, j'ai fait entrer, pour un stage, une de mes nièces parmi le personnel des magasiniers de la BN. Grosse travailleuse comme ma fille[1], elle s'est mise à trimer d'arrache-pied et ses collègues lui ont dit aussitôt : « doucement les basses ! »

J'ai connu une situation un peu semblable mais à un tout autre niveau. Au cours des années 1980, on m'a incité à me présenter à l'Académie française. J'ai donc commencé une campagne et puis j'ai trouvé ça un peu ridicule. A tort sans doute. J'ai alors laissé tomber cédant galamment la place à Madame de Romilly qui, par la suite, s'est montrée aimable avec moi mais ne m'a jamais renvoyé l'ascenseur. La question n'est toujours pas d'actualité d'autant plus que je suis en mauvais termes avec Maurice Druon que je considère comme un vieil enquiquineur. Quand Lévi-Strauss est entré à l'Académie française, ses étudiants ont tourné de l'œil et ont fait remarquer qu'il descendait l'escalier qui menait du Collège de France à l'Académie française.

---

[1] Cf. p. 15.

— *A-t-il eu de l'influence sur votre travail ?*

J'ai beaucoup d'admiration pour Lévi-Strauss auquel j'ai emprunté un certain nombre d'idées à propos des structures élémentaires de la parenté mais également sur les mythes et les contes merveilleux, notamment dans mon ouvrage intitulé *L'argent, l'amour et la mort en pays d'oc*[1]. En revanche, je suis beaucoup moins émerveillé par son parcours académique et par l'homme. La BN a reçu ces jours-ci son bouquin d'entretiens avec Didier Eribon. Ce grand anthropologue m'apparait de plus en plus comme l'arbre qui cache la forêt. Braudel poussait les gens. L-S est loin d'en faire autant. Le coup de cette collaboratrice est ridicule. Elle aurait découvert, au fin fond de l'Afrique, un système de parenté qui a plu au Grand Homme et lui a valu de passer pour un génie à ses yeux.

André Miquel, mon prédécesseur, est pour le silo alors que je suis plutôt contre. Ceci dit, il n'a pas complètement tort. Les B.U. marchent mal en France, contrairement aux États-Unis. Cela explique le nombre considérable d'étudiants à Beaubourg dont la mission, en principe, n'était pas de devenir une bibliothèque universitaire. La même chose risque évidemment de se produire pour la TGB près de laquelle il y a déjà des universités. En fait, elle ne se transformera pas en bibliothèque universitaire mais sans aucun doute elle servira *de facto* de bibliothèque universitaire. Tout à fait entre nous, dois-je l'avouer, je ne trouve pas la chose spécialement catastrophique. Le risque est, peut-être, que les étudiants, très nombreux, finissent par forcer les portes de l'auguste partie réservée aux savants, professeurs et autres chercheurs. Mettra-t-on, pour empêcher ce viol des frontières, un certain nombre de dragonnes aux entrées ? L'avenir le dira. Le sas entre les deux futures bibliothèques, disons la populaire et la savante, « l'exotérique et l'ésotérique », comme vous les qualifiez, constitue un élément très important car la collection savante risquerait de souffrir puisqu'on doit passer, d'après les chiffres actuels peut-être excessifs, de 500 fauteuils à 1200 dans la bibliothèque de recherche et qu'en plus on sera ouvert jusqu'à minuit — plus longtemps en tous cas que les archives nationales aujourd'hui. Cela représenterait quand même une augmentation de 2000 lecteurs par jour à près de 3000 à 4000. Le risque de dommages pour les collections est grand.

Mais qu'y faire ? Le véritable problème toutefois n'est-il pas qu'en 1995 toute l'infrastructure matérielle soit au point mais que le fonctionnement de l'informatique coince ? C'est la raison pour laquelle je les asticote, du côté de l'équipe Jamet et de l'Élysée, pour qu'on accélère l'informatisation. Biasini a un peu hésité mais je crois qu'il va le faire car il est très motivé. C'est une bonne chose. Les investissements ne sont pas perdus : l'informatisation du catalogue et le récolement seront essentiels et sont déjà à la charge de la BN. Ces opérations, d'envergure pour nous, je m'y attelle à plein temps. Puisqu'on m'a privé de mes pouvoirs sur la nouvelle

[1] Emmanuel Le Roy Ladurie, *L'argent, l'amour et la mort en pays d'oc,* Paris, Seuil, 1980.

bibliothèque, j'ai considéré — Lang et Mitterrand, pour ce qu'ils en savent, le reconnaissent également — que l'informatisation du catalogue, c'est nous. La BN va ainsi réaliser 500 000 microfiches. Nous en avions déjà fait 100 000 au titre du plan de sauvegarde. La mégalomanie du projet Mitterrand n'est donc pas perdue pour la Maison. Nous tirons ainsi, à la BN et à l'équipe Jamet, une grosse traite sur l'avenir. Nous serons confrontés, en effet, à l'un des plus grands projets culturels que la France ait jamais conçu. Quel magnifique challenge. Il n'en reste pas moins que l'architecture est absurde. Autant Mitterrand fut raisonnablement grand dans le projet intellectuel, autant il se méprend lourdement avec son projet des quatre tours gardiennes de livres. Cela n'a aucun sens sur le plan de la sécurité. Le seul mérite du projet architectural sera d'être vu avec admiration depuis les bateaux-mouches de la Seine. Je vois déjà les touristes américains pâmés devant le chef d'œuvre. Quatre tours, quatre flambeaux de la culture, sorte de tombeau *ante mortem* pour Mitterrand.

De son côté, la Mairie de Paris (Chirac, Toubon) a tendance à débiner discrètement le projet mais, évidemment, pour la capitale il est quand même fondamental.

Si on compare la France aux autres pays, on s'aperçoit que les Anglais eux-mêmes, quoique habitants d'une nation appauvrie, consacrent davantage de crédits que nous à leurs bibliothèques et, bien sûr, les Allemands encore plus. En revanche, les pays latins — Italie, Espagne, Portugal — ont eu bien souvent des BN vieillies, parfois misérables, même si le président de l'établissement italien porte le titre ronflant de *rector magnificus*, ce qui fait bien rire les Américains.

Les déjeuners de l'Administrateur

En ce moment, je flatte un peu tous ces décideurs, en les invitant à déjeuner dans l'appartement de fonction[1].

Nous avons actuellement une très belle exposition, organisée par mon collaborateur Guénot, que je fais visiter moi-même. J'ai convié les représentants des forces spirituelles : catholique, protestante, juive et maçonnique.

Au dernier déjeuner, étaient présents Biasini, Pisier, Sophie Bouchet, Abécassis (une des rares personnes au ministère qui soit amicale à notre égard) et, bien sûr, Dominique Jamet et Gattégno — pour l'essentiel. Uniquement des adversaires de la BN, à une exception près. Bien sûr, superposée à tous ces décideurs, il y a la chaîne sommitale à savoir Bianco, Attali, Sautter et Rocard — garçon très sympathique mais qui constitue à lui tout seul le niveau zéro de la décision sinon qu'il est prié de trouver l'argent

[1] Cf. p. 68.

nécessaire. Lors de ce repas, il y a eu un dialogue en direct, très amusant, entre Biasini et Pisier. Normalement Biasini est le subordonné de Lang, il devrait donc, « prendre l'attache » comme on dit, de ces messieurs-dames de la rue de Valois, Pisier incluse. Or, il est aux ordres directs de Mitterrand. Biasini s'est adressé à Evelyne Pisier en lui disant : « C'est vous mon contact. » J'ai trouvé la phrase très intéressante. J'en ai déduit que Biasini n'étant pas dans les meilleurs termes avec Jacques Lang — lequel a été frustré par l'Élysée du projet de nouvelle bibliothèque — il prend ses contacts un peu en-dessous des niveaux supérieurs autrement dit chez Pisier, maillon important à la Culture. Il y a chez Biasini un côté un peu mussolinien : il ne dessèche pas les marais Pontins mais il bâtit à tour de bras. Biasini est un type volontiers silencieux, sûr de lui et laborieux.

— *Vous n'êtes pas énarque mais, apparemment, vous en possédez le lexique.*

J'apprends vite. Je découvre émerveillé, le jargon administratif cher à Prost et Encrevé, deux autres luminaires de l'équipe dirigeante. L'autre jour, un type de chez eux me téléphone et au lieu de me dire « je vais vous voir », il me déclare : « je vais prendre votre attache. » Autres éléments de ce patois technocratique : les verbes « acter » et « abonder ». Je ne sais toujours pas très bien ce que ça veut dire mais enfin je devine. Ainsi « acter » signifie faire passer dans la pratique — moyennant je ne sais quel paragraphe semi officiel — les décisions législatives ou bureaucratiques. Quant à « abonder », c'est trouver, grâce à la vaste influence de Mitterrand, l'argent nécessaire pour telle ou telle entreprise raisonnable ou absurde. Si on vous dit qu'on va « abonder une ligne budgétaire » cela signifie qu'on va dégager les fonds nécessaires aux dépends des malheureux contribuables. Et que dire du verbe « bleuir » qui fait allusion, je crois, au fait qu'à Matignon les papiers officiels issus de ce sérail sont bleus. L'autre jour, on nous a convoqués à une réunion informelle. Tout d'un coup, Prost s'est exclamé : « Nous allons bleuir notre groupe ». Cela voulait dire « le rendre officiel ».

Personnellement, j'ai mis quelques semaines à apprendre péniblement ce langage qui est essentiellement le fait des énarques. J'imagine que l'un de mes successeurs sera un jour ou l'autre un énarque. C'est clair comme de l'eau de roche.

Côté déjeuners toujours, nous avons été reçus chez Chevrillon, un type adorable. Il est assez mal vu dans les arcanes du pouvoir actuel : c'est un ancien rocardien devenu giscardien — ou l'inverse. Beaucoup de problèmes se règlent ainsi par des déjeuners, pas forcément faméliques. Au cours de ces contacts dinatoires j'ai rencontré aussi les grands hommes des musées : Brandebourg, Rosenberg, Laclotte, dont j'ai déjà parlé.

J'ai revu également Madame Gendreau-Massaloux. Sous la pression de Mitterrand, elle a cédé sur Doucet, on l'a vu, mais à une condition : ne donner à la BN que le fonds Doucet-Michelet mais en aucun cas les manuscrits de Doucet-Sainte Geneviève. J'espère bien que ces manuscrits viendront un jour chez nous mais pour le moment il ne faut pas en parler. Le silence de la tombe c'est l'Alsace-Lorraine : « Y penser toujours, n'en parler jamais », disaient les barbus de la Troisième République. Sinon, on vexerait la Sorbonne. Dans l'ensemble, j'ai trouvé Madame Gendreau-Massaloux tout à fait avenante — plus facile en tout cas, dans les relations officielles, que Madame Ahrweiller, l'ancienne rectrice. Je joue le jeu de Tolbiac mais en fait j'essaie de renforcer au maximum Richelieu pour arriver un jour ou l'autre à l'unité des deux centres, rive gauche et rive droite.

Petites et grandes préoccupations

Nous avons eu droit à un petit texte de Dominique Jamet dans sa revue *Réseaux*. Ce n'est pas bien méchant mais à propos du dernier colloque sur les bibliothèques, il se demandait si les spectateurs « n'étaient pas les invités d'une noce villageoise, témoins involontaires de la première scène de ménage entre les nouveaux époux. » Nos amis anglais souriaient dans leurs moustaches rousses. L'honnêteté m'oblige à reconnaître que, de notre côté, nous n'avons pas toujours épargné DJ.

— Pendant ce temps, à Richelieu, se poursuivent en interne les réunions avec les chefs de département.

En effet. Dernièrement, il s'est tenu une réunion assez intéressante à propos du fonds Aragon dont certains aspects sont tout de même assez scandaleux. Normalement, on aurait dû nous verser les papiers d'Aragon au département des manuscrits, comme ceux de bien d'autres écrivains. Or, sous la pression de Marchais, du temps de l'union de la gauche et du gouvernement socialo-communiste, l'équipe aragonienne a obtenu, chose incroyable, un bureau à la BN. C'est un privilège ridicule et abusif. Lors de cette réunion, à laquelle je participais, était présent Roland Leroy, leader communiste important. Le représentant du ministère de la Culture a dit : « L'État a consacré à la succession d'Elsa Triolet et de Louis Aragon plus de huit millions de francs, soit plus que pour aucun écrivain français des XIXe et XXe siècles. Or, les résultats sont désespérants, l'argent a été dilapidé. » C'est Monsieur Jeanton, de la direction régionale de la culture, qui a prononcé ce jugement sévère.

Conformément à ma politique de relation publique, j'ai emmené Roland Leroy et son équipe visiter les différentes parties de notre grande Maison. Ici on a tellement de belles choses à montrer. Je peux vraiment recevoir qui je veux — mais oui — sauf l'extrême droite. Il faut dire que notre actuelle exposition a eu un succès immense. A la fin de la visite, j'ai donc donné ma carte à Roland Leroy — on ne sait jamais — mais il n'a jamais fait signe. Je pense qu'il s'en fiche.

— *Quels sont, aujourd'hui, vos rapports avec les communistes ?*

Comme disait ce brave Louis XII, une fois monté sur le trône : « Le roi de France oublie les injures du duc d'Orléans. » Je ne suis pas roi certes mais j'ai volontiers oublié les critiques proférées par les communistes à mon encontre et celles que j'ai moi-même émises à la leur.

D'une façon générale, j'ai traversé plusieurs phases dans mon existence à ce sujet. J'ai été membre du PC à sa plus mauvaise époque, entre 1949 et 1956. Il est vrai que je m'étais détaché intellectuellement et moralement, dès 1953 — autrement dit dès les mois qui ont suivi la mort de Staline — de la ligne extrêmement rigide de ce parti. Par la suite, je m'en suis voulu et je leur en ai voulu d'avoir adhéré à toutes sortes de choses stupides qu'ils tenaient sur Staline et autres — même si par ailleurs cela m'a donné une bonne connaissance du marxisme. Celle-ci n'est pas complètement inutile puisqu'elle permet de s'intéresser aux classes sociales, à une histoire infrastructurelle et qui n'est pas dénuée d'intérêt[1]. J'ai donc été extrêmement critique à l'égard du PCF, d'abord à l'époque de Giscard mais aussi, et c'est là que les choses se sont corsées, au temps de Mitterrand quand les communistes français étaient soit au pouvoir soit proche du pouvoir. Je ne le regrette pas car mes critiques étaient fondées sur la bonne connaissance que j'avais des crimes du communisme international et du suivisme du PC à l'égard de l'Union Soviétique et de ses satellites. Mes prises de position restent entièrement valables. Cela dit, il y a un prix à payer et cela m'a valu une réputation d'anti-communiste — ce qui n'a en soi aucune importance — mais aussi d'homme de droite, comme j'ai déjà eu l'occasion de le dire.

Or, l'anticommunisme, quand il devient fou, comme ce fut le cas sous l'Occupation chez les collaborateurs, est déraisonnable et contre-productif. Mais, quand il garde simplement les allures d'une critique, fut-elle très sévère — ce qui était mon cas en l'occurrence — il est parfaitement justifié. Il n'empêche qu'à cette époque, et même encore aujourd'hui, bien qu'à un moindre degré, le fait d'être anti-communiste, dès lors qu'on n'est pas catalogué officiellement à gauche, revient donc à sortir de ce qui est l'essence même, je le répète, d'un intellectuel[2].

Ceci dit, pour en rester à cet aspect des choses, il est certain que dans la nature des communistes, il existe une implication active dans les bibliothèques en général et dans la Bibliothèque nationale en particulier. Je ne vais pas m'en plaindre. Notons quand même qu'en Roumanie, le Parti communiste, une fois au pouvoir, n'a acheté que fort peu de livres pour ses bibliothèques, pendant de nombreuses années.

---

[1] « Je suis frappé de voir à quel point le marxisme est aujourd'hui (2018) totalement oublié et méprisé par presque tout le monde. J'en viens à déplorer cette lacune moi qui me situe désormais comme une espèce de marxiste de droite », souligne ELRL.

[2] Cf. p. 165.

Visite de Laurent Fabius à la BN

Il y a quelques jours nous avons reçu Fabius. Je n'ai appris ses embêtements - l'affaire du sang contaminé — que récemment. C'est un type assez calé. Il a les nerfs solides, qualité nécessaire en politique — surtout dans la conjoncture désagréable où il se trouve. Pour reprendre une expression du Prince Charles à propos de Jack Lang — et que l'on peut davantage appliquer à Fabius, me semble-t-il — ce monsieur est par moments un peu « *oily* », il vous glisse entre les mains.

Tous ces contacts avec les leaders socialistes me barbent prodigieusement. Mais je suis bien obligé de les pratiquer pour le bien de la BN. Je vais d'ailleurs recevoir sous peu Madame Rocard, son actuelle épouse, puis Jospin. De là à dire que la BN devient la piste de lancement des futurs candidats à la présidence de la république, il y a un vaste espace que je me garderai bien de franchir. Il faudrait que j'en fasse autant pour les caciques de l'autre bord mais la chose est plus délicate compte tenu de ma position.

Malgré ces aléas, Fabius est donc venu déjeuner quand même. Je lui ai montré quelques-unes de nos merveilles dont les manuscrits à peinture. François Avril, notre conservateur, une espèce de génie archivistique sous des airs de professeur Nimbus, a sorti pour Fabius un superbe manuscrit des XIVe-XVe siècles. Avril me dit alors : « Je me suis aperçu en ouvrant le manuscrit qu'il s'agissait des armées de Fabius. » Il s'agit bien sûr de Fabius Cunctator, un homme d'État romain, célèbre pour ses temporisations. J'ai remarqué que Fabius était aimable mais très silencieux. Je pense que c'est le contrecoup des malheurs qui le frappent car il venait d'apprendre à midi, quelques minutes avant notre rencontre, que Mitterrand s'éloignait de lui. La réputation de Fabius est bien établie, y compris parmi ses camarades socialistes : dès qu'il est en leur compagnie, pour peu que la conversation l'ennuie, il s'enferme dans le silence. A ce déjeuner BN avec LF, il y avait aussi Fauroux et son ami Bidegain. Nous avons parlé de tours et de verre. Nous avons besoin, en effet, à Tolbiac et même à Richelieu, de vastes quantités de verres très différents les uns des autres, notamment ceux qui arrêtent les calories mais non la lumière. J'ai aussi expliqué à ces deux amis Fauroux, Bidegain et, incidemment, Fabius, le coût très élevé des 6000 places de lecture qui sont prévues sur le site de Tolbiac. Mais, pas de souci à se faire, on fournira les crédits « à la louche », expression locale largement utilisée dans l'administration des finances de la France. Avec prudence, j'ai parlé à Fabius de mon ancien projet de BN-bis désormais périmé.

J'ai également eu des contacts intéressants avec L'Éducation nationale grâce à Allègre, un vieux copain, l'un des rares scientifiques qui a la bonté de s'intéresser aux littéraires et aux historiens. Nous avons parlé du climat et des théories encore assez peu répandues sur le réchauffement. J'ai cru comprendre qu'il n'était pas entièrement convaincu[1]. Il est devenu le bras droit de Jospin, et pas seulement au tennis. Je revois aussi de temps à autre Joseph Goy, mon ex-élève, socialiste très convaincu et qui occupe actuellement un poste important au ministère de l'Éducation nationale. C'est un historien économiste mais un peu débordé par les problèmes administratifs qui le submergent. Pour lui, il n'y a pas de doute, les étudiants viendront se déverser dans la Bibliothèque de France. Faut-il en parler à Jamet ? Je n'en suis pas certain car il est nommé pour faire une bibliothèque utile à tous et pas seulement, tant s'en faut, aux étudiants. Une chose est sûre : la future bibliothèque fera revivre un quartier de Paris jusqu'à aujourd'hui en sommeil. Les universitaires seront installés aux environs de Tolbiac et ils comptent bien que leurs étudiants pourront fréquenter la nouvelle bibliothèque. Ceci va inévitablement justifier, a posteriori, les 6000 places de lecteurs dans la nouvelle Maison et les 1200 dans la bibliothèque de recherche elle-même. Il y aura aussi incidemment deux cents magasiniers au lieu des quatre-vingts actuels. Les grèves seront-elles de la partie ? On verra bien. Il est vrai que Mitterrand, amateur de gigantisme, n'a jamais compris le sens du vieil adage anglais : « *small is beautifu*l ». Avec ces tours quadri- phalliques, on ne risquera pas d'oublier Mitterrand.

Projet contrarié d'une histoire quantitative du livre

Disons deux mots sur le projet d'étude du vocabulaire des titres de livres de notre Maison. Mon insistance permanente et totale sur l'informatisation du catalogue a valu à la BN sa situation actuelle. En effet, si la BN possède une informatisation, c'est en partie, je le répète, grâce à moi. Soyons honnête, j'ai, depuis quelque temps, un autre projet en tête : une recherche sur l'histoire du livre. C'est pourquoi, l'usage de l'ordinateur sur lequel j'ai insisté énormément dès mon entrée à Richelieu, a été mon souci fondamental et pour des raisons, avouons-le, quelque peu intéressées.

En fait, si j'insiste tellement auprès de l'administration BN et auprès de Jamet sur cette numérisation du catalogue, c'est parce que c'est un grand avantage pour la BN. D'une part, elle garde un secteur dont elle est entièrement la maîtresse, Jamet s'occupant, pour sa part, de béton armé et de ciment tandis que la BN conserve l'avantage royal du contrôle du catalogue. Mais, d'autre part, je pense que quand je quitterai Richelieu — ce qui finira par arriver un jour ou l'autre — je pourrai me spécialiser dans l'histoire du livre et plus précisément l'histoire informatique et quantitative du livre. J'en ai parlé à un bibliothécaire ami, monsieur Seckel, et il m'a gentiment envoyé promener. Il m'a fait comprendre que je n'étais pas conservateur et, par là-même, peu compétent pour m'aventurer sur ce terrain. Corporatisme, quand

[1] En effet, Claude Allègre deviendra par la suite le leader français des climato-sceptiques.

tu nous tiens ! Ce sont, pour un certain nombre d'entre eux, des types savants mais dotés d'une certaine étroitesse d'esprit. J'étais pourtant très excité par cette idée de travailler en histoire quantitative sur les entrées, année par année, de tout livre ou écrit publié sur le territoire national, à partir du XVIe siècle, autrement dit avant même l'invention du dépôt légal. Mais, selon ce conservateur, il fallait voir les choses non pas à partir de la masse immense des livres qui entraient mais livre par livre. Comme il y avait onze millions d'ouvrages — c'est-à-dire quarante millions de mots voire davantage — ça pouvait prendre du temps. J'ai donc provisoirement abandonné le projet, me contentant simplement d'écrire un article sur l'histoire du livre.

Avec les météorologistes, je n'ai jamais rencontré de problème de ce genre. Ils ont accepté qu'un historien du climat (entre autres spécialités) vienne prospecter sur leurs terres. Quelle différence. Mes premiers contacts avec ces derniers datent de 1967[1] et se sont poursuivis par la suite.

Dans mes contacts avec de hautes personnalités, dont j'espère qu'elles aideront un jour ou l'autre la BN, j'ai fait venir Gérard Depardieu. Il a donc visité la Maison et nous lui avons montré nos plus beaux ouvrages. Je tente effectivement de m'élargir vers le show-business. Il s'agit d'un garçon autodidacte, originairement inculte mais très ouvert à la culture — rendons-lui justice — en même temps que d'une extraordinaire rudesse quand il le veut. Avec moi cependant il s'est montré très courtois. Il s'intéresse à Rabelais, m'a-t-il dit. En effet, depuis qu'il a produit et joué un Rodin, il veut s'identifier à de grands personnages, des intellectuels notamment comme Rabelais mais aussi Restif de la Bretonne et quelques autres. Il s'est trouvé que le grand spécialiste mondial de Rabelais, un britannique, se trouvait dans les parages. Je le lui ai présenté pour qu'il voit bien que Rabelais était avant tout un savant plus qu'un plaisantin populacier comme un certain nombre de gens l'imagine.

[1] « Je les ai côtoyés en effet dès les années soixante, explique ELRL, époque à laquelle j'ai connu notamment un petit homme, vif comme la poudre et qui m'a guidé dans les collections des bibliothèques et des archives de ce qu'on n'appelait pas encore Météo France. J'ai eu beau lui dire que sur la question du réchauffement climatique, il y avait des indices convergents quant au recul des glaciers, il demeurait sceptique ou plus précisément climato-sceptique, comme on dirait aujourd'hui ».

PRINTEMPS 1990

Nous nous trouvons actuellement dans une situation de défi. Parmi tout ce que nous faisons, il y a de nombreuses réussites. Nous n'avons toujours pas de grèves, ou si peu, et notre salle de lecture marche bien grâce à Madame Sanson. Nos expositions attirent en effet du monde. Pour la première fois depuis six mois, nous n'avons raté aucune d'entre elles. Ainsi, nous avons réalisé quelques grandes expositions dont « Le patrimoine libéré »[1]. Nous avons également présenté *Nos cents trésors* et, actuellement, nous avons *En français dans le texte*, grâce à Jean-Pierre Guénot. Bien sûr, il casse les pieds des gens, spécialement du personnel de la BN mais il accomplit un travail extraordinaire. Le fait est — ce qui à certains égards peut constituer un stimulant — que nous sommes aiguillonnés par la concurrence de Dominique Jamet et son gigantesque projet : ou on crève ou on essaie de prendre le train en marche.

L'inévitable fusion

De toutes les manières, nous fusionnerons avec la nouvelle bibliothèque. Il y a quand même une sorte d'esprit commun qui commence à apparaître entre les deux institutions, la nouvelle et la vieille. Je l'ai bien vu lors de la réunion des conservateurs et chefs de départements, hier. On sent qu'à l'heure actuelle ce n'est plus seulement les chiens de faïence entre BN et BDF alias TGB. De part et d'autre, les gens se rendent compte qu'ils doivent travailler ensemble. Les « gens » c'est-à-dire les chefs de départements et les conservateurs mais aussi les bibliothécaires-adjoints et les magasiniers de notre Maison, face à ceux de la rive gauche qui s'aperçoivent qu'ils ont besoin de nous. Mais, simultanément, nous essayons de nous manifester le plus possible. Dans la Maison, il y a chez certains un sentiment de frustration du fait que notre image extérieure s'est améliorée, qu'on se montre un peu dans les médias — c'est l'époque qui l'exige — alors les obscurs, les sans-grade comme disaient nos grands anciens, les catalogueurs, ont l'impression

[1] Cf. 93.

que leur travail devient transparent. On prend d'ailleurs du retard en ce moment sur le catalogage parce qu'on manque de personnel. Je ne suis pas de ceux qui prétendent que ces excellents collaborateurs ont un poil dans la main. Ce qui se voit de l'extérieur ce sont nos expositions et il peut y avoir un mécontentement chez ceux dont le travail reste essentiel mais se déroule dans l'ombre. Au reste, il n'y a pas seulement un contraste Richelieu-Tolbiac mais aussi une opposition Richelieu-Vivienne. A Vivienne, on a le catalogage et à Richelieu, espace béni des dieux, nous avons les expositions qui attirent du monde et font connaître l'établissement. Moi-même, je sens très bien Richelieu mais j'ai un peu plus de mal à sentir Vivienne. Les entrées s'y font de façon ubuesque. Il y règne une sécurité excessive au point que je suis obligé de me faire guider chaque fois que je m'y rends. Pourtant, dieu sait que je connais la Maison.

Dans le genre spectaculaire, si j'ose dire, nous allons monter pour Noël une exposition de gastronomie très scientifique, avec un réveillon pour cent personnes. On invitera le personnel de la Maison afin que les gens n'imaginent pas que les dirigeants de Richelieu passent leur temps à se goberger.

Stigmate

Je parlais hier avec de Fallois, un éditeur et ami. Je lui racontais l'histoire de mon malheureux père qui était vichyste, devenu résistant à partir de l'automne 1942. Mais enfin, la chose est indéniable, il avait quand même été, bien que quelques mois, ministre de Pétain alors que Sartre fut un non résistant résolu à peu près d'un bout à l'autre de l'Occupation. Par la suite, le fait est bien connu, l'auteur de *Huis clos* a joué les justiciers au Comité national des écrivains en créant, entre autres, des listes noires. Il avait d'ailleurs « occupé » durant cette sombre période la chaire de khâgne au lycée Henri IV, en succession du professeur Dreyfus-Lefoyer, juif et révoqué comme tel. Le plus remarquable est que cet enseignant, récupérant sa chaire à la Libération, n'a jamais eu un mot désagréable pour Sartre dans ses cours ni ailleurs.

Quelques années après la guerre, mon père faisait des meetings électoraux pour devenir député du Calvados et ses adversaires, les dorgéristes[1], criaient : « A Berlin ! A Berlin ! » Deux mots encore sur mon père : il fut donc ministre sous Vichy pendant six mois. Puis, il a été maquisard, prenant ainsi des risques considérables, par patriotisme — et peut-être aussi avec l'idée d'échapper à une condamnation en Haute Cour, à la Libération.

---

[1] Dorgères, agitateur paysan et populiste, fut le concurrent du père d'ELRL, dans les actions paysannes avant et après la guerre.

J'ai passé la journée d'hier à l'INIST[1] de Nancy, en compagnie de Miquel. Entre autres motifs, sa démission lui serait venue, ai-je cru comprendre, de ce que Léotard lui battait froid et à la fin il en a eu assez, ce que je peux comprendre. Ceci dit, je le répète, le courant ne passait pas toujours entre lui et les conservateurs.

Il faut dire qu'il y a cette idée fâcheuse et très répandue chez les professeurs d'université que les conservateurs de bibliothèque sont des êtres bornés, suffisants et inintéressants. Cette vision des choses, bien entendu, me choque profondément puisque je les ai bien connus et beaucoup appréciés. Ma conclusion est que, pour un Administrateur général, l'essentiel est d'aimer les conservateurs même si eux ne vous aiment pas. Toujours est-il que Léotard snobait Miquel et au quatrième rendez-vous décommandé, Miquel en a eu assez et il est parti. En ce qui me concerne, j'ai vite compris que dans ce métier il fallait avaler beaucoup de couleuvres. Miquel est quand même resté trois ans et sept mois, ce qui est tout à fait honorable. Quelques mois après sa démission, je prenais donc mes fonctions à la BN, à l'automne 1987[2]. Il y avait à ce moment-là pas mal d'agitation à Richelieu, notamment des grèves qui duraient depuis des mois. Un été difficile donc, comme cela arrive de temps à autre ici. D'après ce que j'ai pu savoir, un beau jour Jack Lang a téléphoné à André Miquel lui disant : « Mais reste donc, je vais revenir bientôt. » Or, Miquel ne pensait pas du tout, à ce moment-là, que Mitterrand serait réélu. Si André avait prévu le retour prochain de Lang, serait-il resté à son poste ? Il m'est difficile de le dire.

Autre voyage : Bordeaux. J'y ai rencontré Chaban qui nous a fait l'éloge de son épouse. Touchant. J'ai pris contact sur place avec les gens de l'INA. L'homme important est, semble-t-il, Georges Fillioud. Il parait sympathique tout au moins en apparence. C'est un peu le mouton à cinq pattes : homme politique, homme de radio, haut fonctionnaire, et ainsi de suite. Aujourd'hui il laisse tomber la politique tout en étant intime avec Mitterrand. Il s'est remarié et il n'a pas envie de perdre son temps dans les préaux d'école, selon la vieille expression de la Troisième République, puisque c'est dans ces préaux qu'on haranguait les foules.

Le problème en l'occurrence, c'est le dépôt légal de l'audiovisuel autrement dit de l'INA. À ce titre, nous sommes évidemment concernés mais en réalité nous n'avons pas d'espace pour la consultation de ces documents. En tout cas, nous faisons le dépôt légal du film et de l'audiovisuel assez correctement et gratuitement, alors qu'eux le font payer très cher à leurs clients. Il semble que Dominique Jamet, si j'ai bien compris, veuille garder à

[1] INIST (Institut national de l'information scientifique et technique).
[2] Cf. p. 9-10.

l'avenir le dépôt légal de l'audiovisuel, sous l'égide de la Bibliothèque de France. Mais, le cabinet de Lang, et en particulier Madame Benhamou, estime à tort ou à raison que la BN n'est pas du tout efficace sur ce plan. Elle n'a pas entièrement tort pour les films : il n'est jamais facile, effectivement, de recevoir une grande bobine en dépôt. Mais ce point de vue est injuste pour les cassettes et autres documents similaires car nous avons quand même, dans ce domaine, un dépôt légal qui fonctionne assez bien. On a même fait, à ce propos, une base informatique rattachée à notre base BN. L'équipe Jamet voudrait au fond éclater ce dépôt légal et le donner à je ne sais qui, à l'INA ou au Palais de Tokyo. Tout cela est assez confus et embrouillé. En fait, c'est un combat à front renversé puisque la Culture, sur ce point et sur bien d'autres, serait à son habitude contre la BN « vieille institution fossile. »

Ce n'est pas tout, la Culture soutient aussi l'IMEC[1] qui nous est hostile. L'IMEC est un dépôt d'archives en provenance d'éditeurs et d'écrivains. Faut-il vraiment penser qu'elle devrait venir chez nous ? En réalité, c'est Gattégno qui, à son habitude, monte cette dernière opération — qui risque de nous encombrer un peu plus — contre la BN. La solution serait que Gattégno devienne l'Administrateur général, une idée qui lui trotte dans la tête et qui en effet résoudrait tout. Mais je ne peux quand même pas démissionner pour lui faire plaisir. De toutes les manières, dans les conditions d'espace dont nous disposons aujourd'hui, nous ne pouvons pas recevoir, outre les films, des tonnes d'archives de Gallimard, Hachette et tant d'autres.

Il y a donc eu ce voyage à Nancy, en compagnie d'André Miquel et au cours duquel nous avons visité l'INIST. Miquel était là au titre de Président du Conseil Supérieur des Bibliothèques (CSB). Pour le consoler de ce qu'il avait démissionné sous la droite, on lui a en effet offert cette instance, une création récente et à mon avis totalement inutile. Elle n'a pour moi qu'une qualité : celle d'avoir à sa tête André Miquel. A ce propos, j'ai dû octroyer un petit bureau à Melot, son vice-président. J'ai même trouvé une vieille machine à écrire qui pourra lui être utile. J'ai fourgué le tout de l'autre côté de la rue. Il aimerait trouver un bureau plus vaste mais ça c'est son affaire et non la mienne. C'est bien la manie des pouvoirs publics : ils créent quelque chose puis ils s'en désintéressent. Melot, toujours optimiste, ne désespère pas que le CSB devienne une commission importante. Il a du reste réussi à faire croire à la terre entière qu'il est lui-même un grand bibliothécaire, et après tout c'est peut-être vrai. Comment savoir ?

[1] Institut Mémoires de l'édition contemporaine.

Ceci dit, on espère en permanence que notre conversion rétrospective se fera. Il semble que l'idée progresse et je m'y emploie de toutes mes forces. Sur ce point, nous sommes fort heureusement soutenus par la BDF de Jamet. Cédant à mes pressions, elle s'est quand même aperçue qu'elle aura besoin d'un catalogue informatisé et je vole à son secours. Je l'avais préalablement menacée d'exporter plusieurs dizaines de milliers de tiroirs en bois et de fichiers en carton. C'était pour rire bien sûr mais c'est aussi une façon de faire avancer les choses. Nous avons déjà un catalogue informatisé mais seulement pour l'ensemble des ouvrages entrés à la BN depuis 1974. Il nous faut donc impérativement remonter vers l'amont, jusqu'en 1970, et cela dès avant la fin de l'année. J'essaierai alors d'organiser une fiesta pour le premier million de notices[1] afin d'arriver ensuite aux six millions et pourquoi pas un jour aux onze ou douze millions – qui seront bientôt quinze avec l'opération Tolbiac — autrement dit la totalité du fonds. On estime l'affaire à 100 millions de francs et probablement bien davantage.

Dans le cadre de mes relations BN-BDF, je ne me laisse pas aller à la dépression qui du reste n'est pas dans ma nature. Outre la conversion rétrospective, il y aura également le récolement — la vérification de tous les livres et de tous les fichiers existants — et qui, m'a-t-on dit, s'élèverait à quarante millions de francs, un chiffre sans doute largement sous-estimé. Enfin, nous procéderons à l'informatisation de la salle de lecture, laquelle devrait revenir à quatre millions de francs. De son côté, le micro-fichage initial de 500 000 références va coûter au bas mot 150 millions de francs. Au total, conversion rétrospective, récolement, informatisation de la salle de lecture et micro-fichage, s'élèveraient en tout à 300 millions de francs autrement dit l'équivalent du pauvre petit budget actuel de la BN. Mais ces chiffres, je le répète, sont à mon sens totalement sous-estimés et dépasseront sans aucun doute le milliard de francs voire davantage. C'est peu de choses à côté de ce que va coûter la TGB. Mais, dans le fond, je suis persuadé qu'ils vont inévitablement se rallier à ce qui est mon idée essentielle : l'informatisation totale du catalogue même si, à l'heure actuelle, ils n'en saisissent pas l'importance. Cette conversion serait pour moi une façon de laisser un héritage intellectuel conséquent et qui n'aurait pas ruiné la France.

Lors de mon passage à Bordeaux, j'avais également rencontré Reiner — le directeur de la bibliothèque de la Villette — avec lequel j'ai assez longuement parlé. C'est quelqu'un qui nous débine pas mal mais qui ne manque pas d'intelligence. Je l'ai un peu fait parler et d'après lui, il y aurait actuellement quatre ou cinq grands bibliothécaires en France : lui-même en tout premier lieu ; Peloux, parti à Genève ; Marie X, membre de la BN ;

[1] En termes simples, une notice est ce qu'on appelle vulgairement une fiche de bibliothèque mais informatisée pour la circonstance.

Melot, l'ancien type de Beaubourg plus ou moins agréable ; et enfin Joly, à la Sorbonne. Ce dernier a peu de moyens mais il arrive à garder une bonne réputation auprès des lecteurs. Comme toujours, on fait monter ces bonshommes, réellement importants, dans des services bureaucratiques et ils ne dirigent plus de bibliothèques où ils seraient dix fois mieux à leur place.

J'ai rappelé à Reiner la formule qui court à Richelieu : « La maison Jamet, c'est le trou noir de la décision, environné par la galaxie des potiches d'honneur. » Reiner est d'un avis différent, il parle, lui, d'un trou noir de la non décision. Propos abusifs. Le grand problème est que là-bas, à Tolbiac, il n'y a pas dans les sommets de l'entreprise de véritables bibliothécaires : Jamet est un journaliste, Gattégno un politique et Goldberg un ingénieur qui se politise lui aussi progressivement. Sont-ils trop nombreux ? Pas vraiment, encore qu'il y ait une surcharge de cadres supérieurs. Toujours la loi de Parkinson. Le véritable problème est qu'il n'y a pas souvent les personnes qu'il faudrait. Les cadres indispensables sont en effet à la BN et non rive gauche.

Derniers chiffrages

Bonne nouvelle, si l'on peut dire : on commence à y voir un peu plus clair sur les sommes mises en jeu. L'ami Abécassis m'a confié hier qu'en fait on ne savait pas. La chose serait en discussion avec Biasini mais la somme se situerait entre six et neuf milliards. De toutes les façons les poches de Mitterrand sont inépuisables. En revanche, Reiner m'a donné un chiffre très intéressant quant aux crédits de fonctionnement : une fois Tolbiac construite, ce sera 1,5 milliards par an. Autrement dit, les mêmes montants que pour la Librairie du Congrès, si ces chiffres s'avèrent exacts. Valse des chiffres ? On y verra plus clair sous peu. Actuellement, à la BN, nous en sommes donc à 300 millions de budget annuel. Nous ne coûtons pas cher à l'État. La *British Library* en est à 750 millions et la Librairie du Congrès à 1,5 milliards. Du premier coup, on rattraperait ainsi la Librairie du Congrès qui travaille, elle, pour 300 millions d'Américains. Je veux bien que les 50 ou 60 millions d'aborigènes hexagonaux se payent une Librairie du Congrès mais celle-ci n'est pas une institution estudiantine ou populaire comme le souhaite aussi Mitterrand, mais un organisme savant. Nous assumerons en effet des fonctions simultanément populaires — une sorte de super Beaubourg — et une fonction savante qui est la nôtre depuis le XVIIe siècle. Il va falloir une volonté de fer au sommet de l'État pour maintenir tout ceci. L'idée de Mitterrand est de contraindre le septennat suivant à verser les énormes crédits nécessaires pour la bonne marche de l'établissement.

Reste le problème des tours. Certains disent qu'on ne pourra pas y mettre de livres. Mon impression est que ce sera sans doute possible mais il faudra, répétons-le, de considérables dépenses en air conditionnée. Pour les archives allemandes, d'après ce que j'en sais, il y a un minimum d'air conditionné sur une structure très plate et peu exposée aux intempéries. On mettra donc dans ces tours des êtres humains, je veux dire les bibliothécaires, les magasiniers et les « sousbibs ». Ces personnes sont-elles censées supporter beaucoup mieux la chaleur et le froid que les livres ? Cela impliquera, entre autres, un grand nombre d'escaliers pour s'armer contre le danger d'incendie[1]. Mais est-ce que la future BN aura les crédits nécessaires pour embaucher un si grand nombre de fonctionnaires ? Il y a même une hypothèse qui traîne, vraisemblablement fausse : on louerait une partie des tours pour en faire des bureaux. Avec les tours et les soubassements rectangulaires, on pourra loger une vingtaine de millions de volumes ou davantage, c'est-à-dire les millions actuels et la suite.

De toutes les manières, il existe actuellement deux irréversibles : l'irréversible du grand projet lui-même. Même la droite, fidèle à ses vieilles habitudes de la droite la plus bête du monde, ne développe pas de réflexion sur le projet malgré les objurgations que je lui adresse discrètement. De toutes les façons, elle n'est pas prête à revenir au pouvoir avec Le Pen lui mordant les fesses. Peut-être se bornera-t-elle à reprendre purement et simplement le projet en y opérant quelques petites castrations. Il y a enfin le second irréversible : le projet architectural. Perrault a pris en effet toutes les précautions juridiques pour qu'on ne puisse revoir de fond en comble son projet génial. Le futur Administrateur général ? Ce pourrait être Dominique Jamet mais également Gattégno. Le portrait-robot implique que le candidat soit bien avec le pouvoir actuel. C'est le cas pour ces deux personnes.

Nous avons connu ces jours-ci une petite agitation sociale du côté des magasiniers. Le fait est que l'arrêté devant augmenter leur salaire traînait chez le contrôleur financier. Éternelle histoire. Le contrôle financier, il faut le reconnaître, est un monstre redoutable. Celui de l'Éducation nationale peut-être plus encore qu'aucun autre. Ils avaient mis l'arrêté au rancard. Les magasiniers sont donc venus me voir. Ils étaient une vingtaine, pas désagréables au demeurant. Ils commencent à bien me connaître. Je ne dis pas qu'ils nous aiment bien, nous les dirigeants de la Maison mais ils sont bien moins désagréables qu'il y a deux ans. Subsiste néanmoins une intention de grève larvée. Du coup, avec l'aide de Dupuit, j'ai lancé des appels téléphoniques un peu partout en direction de l'Administration. Finalement, l'arrêté susdit s'est débloqué. On a donc calmé l'affaire qui comme toujours avait démarré dans cette même catégorie du personnel.

[1] « Effectivement cette phrase, qui n'a nullement été rajoutée après coup, était prophétique. On sait l'immense importance, à la limite inutile et ridicule, des escaliers dans l'actuelle BN. Ils sont partout sauf là où ils devraient être. Escaliers roulants du rez-de-chaussée, en panne ; jambes cassées des gérontes et autres vieillards quand l'escalier fonctionne ; on n'en sort pas. C'est sur ces bases que l'architecte Perrault a construit son prestige planétaire qui lui assure des contrats dans le monde entier », accuse ELRL.

Nous avons fait récemment des acquisitions importantes et notamment des manuscrits comme ce scénario de Sartre. On cherche aussi à acheter chez Berès, le grand marchand bibliographique, un très beau manuscrit du début du XVIe siècle, estimé à cinq millions de francs. Nous allons essayer de « taper » la SEITA. On a également acquis une estampe de Goya. Un excellent ami de la Maison nous a beaucoup aidés dans cette affaire : Alain B.

La classe politique en visite

Jack Lang est venu visiter notre exposition. Il a été très agréable même s'il s'est un peu plaint de quelques vieux tuyaux qui traînaient ici et là. Je n'y pouvais rien, c'étaient nos chantiers et il en est tombé d'accord. Il a félicité nos mécènes — ceux que j'ai mentionnés la dernière fois. J'en ai profité pour l'entretenir, une fois de plus, du projet Jamet et des sottises intrinsèques liées à l'architecture — mais avec prudence. Il m'a dit, à l'oreille, avec un air de conspirateur : « C'est absurde ! C'est absurde ! C'est absurde ! » Il ne m'a pas dit autre chose.

Évelyne Pisier, que je vois très peu, faisait partie du cortège. À cette occasion, j'ai téléphoné à Gattégno. Je l'ai eu dans les deux minutes mais il était très las. Pour en revenir à Pisier, elle m'a confié : « Le problème est que dans trois ans on aura des murs et pas un sou pour y mettre des gens. Cela va être tellement ruineux. C'est de la mégalomanie. » Elle ajoutait : « C'est la génération suivante qui paiera. »

Par moments, j'ai l'impression d'une fin de règne. Mais je prends peut-être mes désirs pour des réalités. Au fond, tout le monde est en disgrâce. Lang est dans une semi-disgrâce tout en gardant son poste ; Rocard, n'en parlons même pas ; quant à Jospin, c'est le fond du fond mais il ne sera pas congédié pour autant. A propos de ce dernier, Pierre Bergé a dit cette chose étonnante selon laquelle il avait le menton mussolinien. Dans la symbolique antifasciste, ce propos de Bergé est quand même assez dur. Pierre Bergé est un courtisan de Mitterrand et un grand homme d'affaires. S'il a tenu de tels propos, c'est soit qu'il se fait ainsi l'écho de Mitterrand, soit qu'il sent que Jospin est tellement mal vu à l'Élysée qu'il peut tout se permettre. En ce qui me concerne, je suis beaucoup plus prudent dans mes propos de table et autres. Comme souvent, il y a deux poids, deux mesures. Il est vrai que Vitez, homme fort sympathique et qui m'honore de son amitié, a appelé à voter pour le communiste Ralite. Le Ralite en question n'est du reste pas un type désagréable mais ses comportements, à l'intérieur de l'actuelle majorité présidentielle, ont quelque chose de pittoresque. Il existe indéniablement des haines dans cette majorité. J'ai un jeune ami dans le bureau d'à côté, un fabiusien, qui prétend avoir reçu deux gifles d'un mauroyien-jospiniste. Quoi qu'il en soit, Lang, Rocard et Jospin, ne sont pas en odeur de sainteté dans les sphères élyséennes. Roland Dumas, pour sa part, n'est pas mal vu mais il est vrai que Dumas n'est pas un politique mais un ami personnel du Président. Pour compliquer encore le schéma, dans nos affaires de bibliothèques, le chef de l'État s'appuie sur un personnage qui justement n'est pas membre du Parti socialiste : Biasini.

Je maintiens toujours quelques contacts discrets avec l'opposition. Ainsi, ai-je revu récemment Tibéri. Il devait nous recevoir dans son bureau et finalement l'entrevue s'est déroulée dans un couloir proche des toilettes. Sans doute avait-il d'autres chats à fouetter. J'ai également croisé de Villiers qui a été l'ancien secrétaire adjoint de Léotard, au Ministère. De Villiers s'imagine que les communistes vont renverser le gouvernement et que de toutes les façons l'opposition actuelle, malgré Le Pen, reviendra au pouvoir. De Villiers, c'est l'homme de la Vendée. Ce n'est pas rien. Il faut savoir que quand les Vendéens ont déclenché leur guerre contre la Convention, le pourcentage de population alphabétisée, ou capable pour le moins de tracer sa signature, était de 1% dans ce département — ce qui est presque incroyable — contre 20, 30 ou 50% dans divers autres départements français, à commencer par la région alpine, grande exportatrice d'instituteurs sous Louis XV. Cela explique-t-il l'acharnement des Vendéens à ne pas venir se faire tuer sur le front de l'est, dans les guerres engagées par la Révolution ? La question reste ouverte.

Nous sommes toujours tarabustés par les problèmes de coupure. J'ai découvert récemment qu'il existerait une nouvelle coupure possible : celle de 1875. De fait, tout une partie des magasins arrête leurs cargaisons de livres en 1875. On pourrait donc créer un fonds ancien, une superbe réserve de tous les livres que nous possédons avant cette date et correspondant du reste au fameux amendement Wallon. On y mentionne pour la première fois le terme de « République » dans le projet de Constitution qui sera à la base de la Troisième République. Il y a des coïncidences charmantes.

Modernisme *vs* archaïsme

Derniers événements. Dans ma tâche de popularisation de la BN, j'ai fait visiter l'exposition actuelle à quelques hommes du Pouvoir parmi lesquels Erik Orsenna. Ce n'est pas un ami mais je suis en bons termes avec lui. Il est tombé sur une citation de Ronsard : « Orateur médiocre et courtisan zélé. » Il m'a dit : « C'est tout à fait moi. » J'ai adoré ce propos humoristique, sincère mais aussi un peu cynique.

Jacqueline Sanson, un des piliers de la Maison, m'a dit que le non-déménagement, solution qui par moments me tente, serait une catastrophe puisque les choses sont déjà terriblement engagées. Je me dis toujours que cela va être un tel tremblement de terre qu'on aurait pu ou dû s'en passer. Mais, partis comme nous le sommes, nous ne pouvons plus reculer, selon elle. D'où son ralliement en faveur du déménagement total. C'est le bon sens même. Au demeurant, comme la gauche actuelle a de bonne chance de rester au pouvoir, on n'y changera rien. De toutes les manières, même avec un gouvernement plus accessible à mes vœux, il vaut mieux maintenant s'en tenir à l'hypothèse du déménagement qui devient la plus raisonnable. Sur toutes ces questions, il y a bien entendu le point de vue archaïque et le point de vue moderniste. L'archaïsme est représenté par Fumaroli, un type courageux et qui veut garder Richelieu tel quel. Marc est le modèle même du vieux réactionnaire, au meilleur sens du terme. A l'opposé, vous avez Jacqueline Sanson, résolument moderniste et je ne peux que lui donner raison.

Giscard est impossible à voir. Il doit toujours se prendre pour quelqu'un de très important. En revanche, j'ai vu d'Ornano, un vieil ami de mes parents. Je lui ai évidemment expliqué le problème de la Bibliothèque et j'ai ajouté : « On ne sait jamais, je serai peut-être encore opérationnel en 1993. » Peut-être ne serai-je plus marginalisé grâce au retour au pouvoir de la droite. Je suis comme les émigrés de la Révolution qui pensaient toujours récupérer, un jour ou l'autre, leurs châteaux confisqués par les robespiérristes.

Ces temps-ci, je suis amené à parler avec Gattégno mais je reste très prudent. J'ai mille critiques à faire sur le projet présidentiel mais devant le personnage je ne peux pas me permettre d'être trop sévère. Ce n'est pas le cas avec mon ami Julliard, un homme très « rancardé ». Il va souvent petit-déjeuner avec Mitterrand. Ce n'est pas le déjeuner à part entière mais c'est déjà quelque chose. Julliard m'a beaucoup aidé et il continue. Il y a trois semaines, il avait publié dans *Le Nouvel Observateur* un article sur la nouvelle bibliothèque, article que j'avais inspiré. Ceci dit, le problème est toujours le même : Julliard, combien de divisions ? Quelle influence réelle peut-il avoir ? L'article de Julliard était excellent, il a beaucoup plu au ministère de la Culture mais un peu moins chez Jamet. Julliard est retourné prendre le breakfast avec Mitterrand. Une fois de plus, je l'avais chargé de message et il m'a dit à son retour que pour les tours, on n'y pouvait plus grand-chose. Elles font partie du paysage architectural. Le fait est que Mitterrand est à la fois docteur Jekyll et Mister Hyde. D'une part il a accouché d'un magnifique projet de bibliothèque, de l'autre il a opté pour une architecture absolument stupide. Nous n'y pouvons rien. Aux dernières nouvelles, trois hypothèses circulent : l'air conditionné dans les tours — de toutes les manières indispensable, sinon les livres souffriraient terriblement des glaciations de l'hiver et des canicules de l'été ; deuxième hypothèse : le pur et simple rayonnage, ce qui serait idiot vu l'exposition aux conditions climatiques que je viens de rappeler ; enfin, la location des tours à des sociétés étrangères, hypothèse également stupide. C'est évidemment la première hypothèse qui est à retenir même si elle doit coûter très cher.

En dehors des tours, j'avais également demandé à Julliard de parler à Mitterrand du danger d'un trop grand nombre de lecteurs — et en particulier du péril des 6000 places prévues pour les chercheurs — et de l'informatisation du catalogue. Écoutant les mauvaises langues et autres rumeurs malveillantes, Mitterrand nous avait reproché en effet d'avoir raté notre informatique. Un jugement totalement erroné. J'ai donc demandé à JJ de rétablir la vérité et de préciser que notre informatisation n'est nullement un échec mais quelque chose qui est en route et qui va grandir très rapidement.

Varia

Lors d'un voyage familial en Angleterre, j'ai beaucoup pensé à Le Pen. Depuis la disparition de Pinochet, Le Pen est le dernier diable en exercice. En Allemagne de l'est, on a empêché l'extrême droite — considérée à tort ou à raison comme néo nazie — de se présenter aux élections et on a ainsi facilité la victoire de la CDU. Imaginerait-on une solution semblable en France ? Mais interdire à Le Pen de se présenter n'est certainement pas dans les façons de faire de Mitterrand puisque c'est lui qui lui a rendu sa légitimité, au vu et au su de tous.

On m'a parlé récemment de Bérégovoy. Lui aussi est un véritable personnage balzacien. Originellement petit employé, il est, comme le dit parfois mon ami Besançon, « le seul Ukrainien qui ne soit pas antisoviétique. » Il a fait carrière grâce au socialisme et il fut comme moi — mais plus important que moi — l'un des fondateurs du PSU, le petit *Parti Socialiste Unifié*, où j'ai été un moment secrétaire de section pour la région de Montpellier. Bérégovoy, lui, a fait carrière dans ce parti qui lui a servi de tremplin. Reconnaissons qu'il tient fermement la valeur de notre monnaie nationale. Il accomplit paraît-il du bon travail au ministère des Finances. Pourtant, si j'en crois Giesbert, le même Bérégovoy songe tant et plus à l'extension de ce vaste réseau socialiste qui est en train de prendre un assez grand nombre de places dans l'administration — sauf la mienne pour l'instant.

Un de ces jours je redeviendrai peut-être simple citoyen. Tant pis pour la BN. En ce qui me concerne, je n'y verrai aucun mal.

Toujours selon Giesbert, c'est encore Bérégovoy qui aurait dit : « Poussons Le Pen à fond parce qu'avec ça, nous autres socialistes, nous sommes sûrs de rester au pouvoir. » Il y a là un jeu dangereux. On rappellera à ce propos que de Gaulle, comme aujourd'hui Le Pen, on l'oublie trop souvent, était régulièrement présenté en 1947, notamment par le PCF, comme un fasciste. Jacques Duclos avait dit à l'époque : « Nous ne tolèrerons pas la venue de de Gaulle au pouvoir. » Heureusement, Duclos a échoué sur ce point. Du reste, lui-même n'était pas un personnage blanc comme neige. Il recevait ses ordres de Moscou au même titre que Thorez, personnage lui-même quelque peu ambigu. Ce dernier aurait aimé être présenté comme le patriote qu'il aurait voulu être et qu'il n'était pas, dès lors qu'il avait lui-même des rapports de soumission à l'URSS et à Staline.

Pour en revenir à la BN et à la TGB, je pense qu'il est préférable que le dépôt légal soit entièrement à Tolbiac tandis que Gattégno, pour des raisons que je m'explique mal — à moins que ce soit simplement pour m'embêter — veut un dépôt légal régional. Je n'ai rien contre le DL régional mais à la condition que le dépôt national, lui, reste intact. Le danger serait qu'on prive Tolbiac d'une partie du dépôt légal national pour faire plaisir aux régions. La nation existe, tout de même. De toutes manières, les régions protestent contre le monstrueux projet parisien et il est vrai que la politique culturelle de Mitterrand, qui consiste à installer tous ces hauts projets culturels à Paris, est insupportable pour les régions. Certes, dans les cercles du Pouvoir, on prétend que Mitterrand s'occupe aussi de la culture des régions mais ce n'est peut-être qu'une blague. Les milliards culturels, si tant est qu'ils soient utiles, vont essentiellement à la capitale. C'est de l'hexagonalisme centralisé à la française.

Sinon, je continue à les mener en bateau en leur répétant que s'ils ne font pas mon catalogue rétrospectif, ils emménageront dans le monstre bétonné avec des fiches en carton. Du reste, mon propos en ce qui concerne le catalogue est tout à fait sincère. Mais je ne sais pas si ça produit beaucoup d'effet.

Actuellement on peut dire que Matignon, obsédé — pas totalement à tort par les vastes problèmes financiers du mitterrandisme, ne conteste plus l'idée d'une future bibliothèque d'art à Richelieu.

Relations tendues avec l'extrême droite

L'autre jour, un lecteur d'extrême droite est venu me voir pour je ne sais quelle raison. Je l'ai reçu aimablement car je suis aimable avec tout le monde mais il n'a pas pu s'empêcher de m'insulter *de facto* pour ma prétendue complicité avec Mitterrand. Un comble.

À propos de l'extrême droite, l'un des frères de Dominique Jamet est lepéniste et, du reste, Jamet a fait une petite réunion où j'étais à sa gauche, pour une fois, tandis qu'à sa droite il y avait un de ses amis, un militant Front National assez connu. Ce n'est pas un crime. J'ai suffisamment de raisons d'en vouloir à Jamet pour ne pas brandir celle-ci. Concernant Le Pen, il m'avait fait vider de l'École d'officiers de réserves (EOR), il y a une quarantaine d'années. Il avait été un combattant très engagé en Algérie et moi j'arrivais, jeune communiste, à l'EOR. Je me suis fait vider dans l'heure, sur intervention de Le Pen auprès du colonel qui commandait l'École. Je ne lui en veux pas, je n'étais absolument pas doué pour la carrière militaire. On peut donc dire qu'il m'a rendu service sans le faire exprès en croyant me faire du tort. Depuis, j'ai rencontré Le Pen, que j'avais connu dans les années 1950 au Quartier Latin. Il a été plutôt sympathique. Incidemment, il y a quelques années, j'avais eu vent d'une affaire assez peu reluisante dans une grande université parisienne : des étudiants d'extrême droite étaient systématiquement repérés et collés par des examinateurs socialistes.

De nouveau, un journaliste d'extrême droite m'a attaqué dans *Rivarol*. Je l'ai croisé quelques jours plus tard dans la salle de lecture et je lui ai alors fait visiter la Maison. Résultat : il a écrit un nouvel article pour m'attaquer une fois de plus. C'est un imbécile qui ne comprend pas que la BN est ouverte à tout le monde.

Varia

Je continue mes expositions BN, à des fins scientifiques mais aussi publicitaires. J'aurai bientôt le CSA qui va venir nous rendre visite et puis Jospin. Il devrait passer le 21 mai, de 11 heures à 13 heures. Il ne faut pas que j'en parle trop à l'avance parce que les syndicats risquent de réagir à la venue de ce ministre très engagé. Son nom sera caché jusqu'au bout car la CGT veille et je me méfie d'elle. Chirac vient théoriquement dîner le 26. Je lui ferai visiter notre exposition de Gaulle.

Jacques Lang, me dit-on, va vendre le décor de l'émission *Apostrophes* à notre profit. Je rencontre aussi des députés de l'opposition — je ne m'en vante pas trop : de Villiers, d'Aubert, Devedjian.

Je me suis rendu dernièrement à Limoges. Je n'ai pas un sou à distribuer mais je vais quand même dans les provinces. Je vois les bibliothécaires, lesquels ne peuvent pas m'en vouloir puisque je n'ai pas de pouvoir et en même temps j'essaie de nous faire connaître.

À part cela, nous préparons un salon de l'Histoire pour l'année prochaine. Je suis quand même inquiet : j'ai peur qu'on se casse la figure. L'événement se passera au Grand Palais, sous l'égide de la BN et peut-être de *l'Express*, de RTL, de Pivot et des *Annales*.

J'ai eu la visite de Jean Encrevé, un type agréable. Il était venu voir notre exposition. Sa niche est à Matignon. J'ai vu aussi le sénateur Dreyfus-Schmitt, un type avec lequel j'ai dû vendre *L'Humanité* il y a quarante ans. Nous avons soigneusement fait abstraction de ce péché originel. Il y a prescription.

Comparatisme, marxisme et histoire

— Vous comparez souvent Mitterrand à Louis XIV. Mais, d'une façon générale, peut-on pratiquer le comparatisme en histoire sans tomber dans l'anachronisme ?

En ce qui me concerne, j'ai tendance à en faire et on me l'a du reste souvent reproché. Or, certaines comparaisons entre des chronologies analogues et des situations qui ne sont pas entièrement différentes me semblent légitimes. C'est le cas, par exemple, d'Alexandre II qui a aboli le servage en Russie et Lincoln l'esclavage en Amérique. Dans ces deux cas, russe et américain, issus d'une civilisation plus ou moins européenne, on a affaire à des leaders importants et bien intentionnés. Ils sont victimes tous les deux d'assassinat, terroriste d'un côté, sudiste de l'autre et, dans les deux cas, les résultats sont loin d'être parfaits. L'abolition du servage en Russie a donné naissance, pour une part, à une couche de paysans plus aisés et plus indépendants mais au sein d'une pauvreté qui reste assez considérable malgré une croissance économique remarquable jusqu'en 1914. En ce qui concerne les États-Unis, la question noire a été loin d'être résolue du fait de la suppression de l'esclavage.

De même, au titre de l'histoire comparée, en traitant Vichy sur le mode d'une unité particulière, on se prive d'un certain nombre d'outils. Les collaborations européennes avec les occupants allemands ont été envisagés du point de vue comparatif mais il n'est pas interdit d'aller plus loin : collaboration vichyste avec l'Allemagne entre 1940 et 1944 et, d'autre part, la collaboration avec les Russes qui commence brutalement par une série d'horreurs et de viols lors de l'entrée des Russes en Allemagne et à un moindre degré en Hongrie. Mais, par la suite, une politique effective de collaboration avec les « petits » pays d'Europe centrale et orientale est mise sur pied par Staline. Elle ne finira qu'en 1989 avec l'écroulement du communisme.

Tous ces pays, aujourd'hui en voie de démocratisation, sont assez passionnants à suivre. La Russie en premier lieu puisque la démocratisation aura peut-être lieu mais ça n'est pas encore le cas. On peut ainsi se demander si on a intérêt à se débarrasser de Gorbatchev ou, au contraire, à le considérer comme un moindre mal.

Je m'intéresse également à la Pologne, pays catholique, ce qui est un atout pour sa libération. De même, en Tchécoslovaquie, on prétend que les gens n'ont actuellement envie de travailler que s'ils sont payés en marks. Havel est toujours très aimé et la Slovaquie devrait dériver en direction d'un régime tout à fait catholique mais pas dans le style de Monseigneur Tiso, le grand collaborateur slovaque de la Seconde guerre mondiale. Quant à l'Allemagne de l'est désormais affranchie — ou en voie d'affranchissement — du joug soviétique, la CDU y est en passe de prendre une position dominante. La gauche, même anti-communiste, reste là-bas suspecte de préjugés socialistes excessifs voire communisants. En Roumanie, l'appareil communiste reste assez fort, comparable en cela aux équipes vichystes qui s'étaient maintenues malgré l'Épuration, sauvage ou non, à partir de 1944-1945. C'est seulement le gaullisme des années 1960 qui prendra définitivement la place de ces équipes, certes éliminées en grande partie par la Résistance mais encore non négligeables au cours de la décennie 1950. Elles furent débarquées sous l'action d'un certain nombre de facteurs parmi lesquels le vieillissement biologique des acteurs vichyssois.

— *Le marxisme est-il mort pour autant ?*

Certaines choses restent et resteront du marxisme ou d'une partie du marxisme, en particulier, je l'ai déjà dit[1], la considération des groupes sociaux et des classes sociales, notion que Marx a empruntée du reste à Guizot et à Augustin Thierry. Ces derniers, au demeurant, tenaient cette idée — surtout Augustin Thierry — d'une méditation relative à la coexistence entre des envahisseurs germains venus des forêts de l'Allemagne mérovingienne et, d'autre part, des bourgeois gallo-romains. Ceci peut paraître farfelu mais il est certain que, germains ou pas — en réalité l'origine germanique est fort contestable puisque beaucoup de nobles descendaient de bistrotiers enrichis de la fin du Moyen Âge — Thierry et Guizot ont parfaitement repéré l'affrontement entre bourgeoisie et noblesse. Il est certain également que cette noblesse pouvait, dans certains cas, comme les d'Harcourt par exemple, légitimement rechercher ses origines aristocratiques aux IXe et Xe siècles. Mais, en règle générale, les nobles du XVIIIe descendaient à trois ou quatre siècles de distance de commerçants enrichis ou de familles paysannes progressivement aristocratisées. Marx a donc recueilli cet héritage et en a fait un élément fondamental de sa pensée. Il est implicitement question de cet affrontement dans *Le Manifeste du Parti communiste* et, plus tardivement, dans d'autres textes du vieux Karl. Ajoutons que la vulgate marxiste ou marxienne a repris largement cette idée de l'affrontement entre deux groupes sociaux, nobiliaire et bourgeois.

Parlons alors, non pas forcément de la pensée de Marx mais de la pensée marxiste, y compris plus tard dans ses déviations léninistes et staliniennes. Il est certain que l'idée de stades dans le développement historique est loin d'être absolument stupide. Le post-marxisme classique, jusqu'aux bolcheviques du XXe siècle, parlait d'une succession de stades, très schématique : esclavage, féodalité, capitalisme, socialisme et communisme. Bien sûr, la société romaine ou gallo-romaine n'est pas exclusivement esclavagiste, même si l'esclavagisme y joue un rôle important. Quant au féodalisme que Marc Bloch préférait appeler « seigneurialisme », il correspondait effectivement à la domination d'un groupe social, nobiliaire et seigneurial, assez prépondérante et de façon visible, du IXe siècle au XVIIe

[1] Cf. p. 185, 264.

voire, dans une certaine mesure, au XVIIIe siècle. Il est frappant qu'un homme, d'une droite très dure comme Roland Mousnier, s'est permis avec raison d'intercaler dans la succession marxiste des stades historiques — de l'esclavage au capitalisme, en passant par le féodalisme — une phase particulière qui est la société d'ordres, très importante au XVIIe siècle. On pense évidemment aux trois ordres, Noblesse-Clergé-Tiers-État, mais aussi à quantités d'ordres subordonnés comme les marchands, le bas-clergé, la noblesse de robe, etc. Le marxisme garde donc une certaine validité mais il est un peu comme les Espagnols à Rocroi en 1643, encerclés de divers côtés par le Prince de Condé. Ici, le marxisme serait plutôt pris en tenaille entre Haut et Bas.

En Bas, se trouverait la pensée écologique et démographique. Engels a d'ailleurs écrit un livre intéressant, *La dialectique de la nature,* mais l'écologie en tant que telle n'y figure pas. Pour ce qui est de la démographie, Marx a lâché les pires insultes contre Malthus qu'il tenait pour une sorte de prêtre obscène. Or, la pensée malthusienne est essentielle, pas tellement pour comprendre le XIXe siècle où la population européenne se développe assez vite grâce à l'industrialisation, aux nouvelles technologies et aux progrès de l'agriculture. En revanche, aux XIIIe et XIVe siècles, par exemple, ou au XVIIe, une population de vingt millions de Français lutte contre divers obstacles qui finissent par lui interdire la progression. Parmi ces obstacles on trouve bien sûr les épidémies et les guerres mais aussi, jusqu'à un certain point, la raréfaction momentanée sinon permanente des subsistances, ce qui nous renvoie à Malthus. Quant au XXe siècle, et surtout au XXIe à venir, Malthus garde une grande valeur pour de vastes régions comme l'Inde, la Chine ou l'Afrique. Le fait que le Parti Communiste chinois, avec ses méthodes éventuellement barbares d'interdire aux femmes d'avoir plus d'un enfant, montre bien que l'idéologie malthusienne reste présente. Ainsi garde-t-elle malgré tout une certaine validité quand on habite un pays peuplé d'un milliard d'habitants.

En ce qui concerne le Haut, le marxisme a énormément négligé l'influence des religions, des idéologies révolutionnaires qu'il a lui-même contribuées à former mais qui ont pris leur indépendance par rapport à l'économie. Ainsi, les malheurs de la Russie *alias* URSS, entre 1917 et 1953, proviennent de la toute-puissance d'une idéologie pseudo-marxiste, léniniste et stalinienne, qui fait obstacle de la façon la plus cruelle au développement de la société. Enfin, chacun sait qu'il ne faut pas jeter Nietzsche par-dessus bord sous prétexte qu'Hitler, au festival de Bayreuth, se délectait de la postérité post-nietzschéenne et post-wagnérienne.

Il existe bien sûr un échec du marxisme mais cette pensée reste l'une des façons originales du socialisme qui a été si influente, pour le meilleur et pour le pire, en Europe et ailleurs, depuis les années 1880. Nul ne peut nier que le communisme, fils putatif ou illégitime du marxisme, est un prodigieux événement mondial pour le pire plus que pour le meilleur. Mais, sur ce point, on peut évidemment en discuter à l'infini. Au demeurant, il n'est pas certain que le communisme soit derrière nous. On l'enterre peut-être un peu vite. La Chine et le Vietnam sont deux grands morceaux et on ne sait pas très bien comment ils vont évoluer. L'influence de Tocqueville a permis ces temps-ci, grâce à François Furet, de dépasser un certain nombre d'aspects du marxisme. Mais, quelle que soit la richesse intellectuelle de Tocqueville, ses analyses sont plus étroites que celles du marxisme qui s'intéresse à l'immensité du social et non pas seulement au destin de l'aristocratie ou des classes supérieures.

— À ce propos, que pensez-vous des analyses d'Hélène Carrère d'Encausse, dans son ouvrage L'empire éclaté[1], *à propos du déclin de l'Union Soviétique ?*

Cette soviétologue est consciente des dangers qui menacent le communisme. Elle voit surtout les périls anti-communistes qui viennent de l 'Asie musulmane soviétique. Elle n'a pas entièrement tort sur ce point. Mais, à l'heure actuelle, on a plutôt l'impression que ce sont les Baltes qui portent le coup de grâce et, à l'extérieur même de l'URSS, les petits pays communistes situés à l'est du rideau de fer. Il s'agit en tout cas de populations européennes très évoluées, plus que ne le sont les pays précités de l'Asie centrale soviétique. Peu de gens ont prophétisé la chute du communisme à l'exception d'Andréi Amalrik, avec son important ouvrage sur la disparition prévisible de l'URSS, et de mon élève Emmanuel Todd. Démographe et auteur en 1976 de *La chute finale*[2], il annonçait, avec pas mal d'années d'avance, l'effondrement aujourd'hui effectif de l'URSS. C'est tout à fait méritoire de sa part. Selon Todd, la mortalité russe, plus forte que celle de sa consœur occidentale, l'alcoolisme et quelques autres variables, sont des indices d'un état malsain de la société. Ainsi, le système communiste a montré définitivement son inefficacité. De son côté, Amalrik, le contestataire soviétique décédé dans un stupide accident de voiture, se demandait ouvertement : *L'Union soviétique survivra-t-elle en 1984 ?*[3] Le fait est que Gorbatchev est arrivé au pouvoir en 1985.

Somme toute, Carrère d'Encausse ne s'est jamais considérée comme un prophète mais elle a identifié des facteurs de décomposition du système soviétique, essentiellement à l'est ou au sud-est de ce grand pays, même si ces facteurs étaient en réalité plus actifs encore sur le flanc ouest. Comme toujours, la médiatisation de Carrère d'Encausse lui vaut une certaine hostilité des universitaires, vraisemblablement injuste.

---

[1] Flammarion, 1978. Cf. p. 149.

[2] Emmanuel Todd, *La chute finale. Essai sur la décomposition de la sphère soviétique*, Robert Laffont, 1976.

[3] Édition Fayard, 1970.

— Quid *du socialisme français ?*

Je ne puis répondre pour le moment que par des anecdotes car je suis tenu par le devoir de réserve. Madame Rocard, que j'ai rencontrée récemment, m'a dit : « Mon mari est allé voir Mitterrand. Celui-ci lui a demandé incidemment d'augmenter le salaire des fonctionnaires. Mon époux a mis en avant l'inflation. Cela n'a pas eu l'air de l'émouvoir. » Le fait est que Mitterrand est bien davantage préoccupé par sa position personnelle dans le monde actuel et dans l'histoire à venir plutôt que par l'économie qu'il ignore à peu près complètement. En fin de compte, même avec Rocard plus ou moins au pouvoir — et plutôt moins que plus — c'est toujours la grosse machine PS qui turbine. La France semble devenir la propriété d'un parti. Avec le RPR, c'était pareil. Mais le RPR était soutenu et peuplé par des médecins, des garagistes, des gens qui n'étaient pas suffisamment nombreux ni, surtout, suffisamment militants pour prendre toutes choses en main. La preuve : ils m'ont nommé alors que je n'étais pas de leur parti. Tandis que le PS, lui, a de quoi fournir à des hommes et des femmes, tous les postes. Il suffit de prélever des ministres, des sous-ministres, des dirigeants, parmi les innombrables enseignants du Primaire, du Secondaire et du Supérieur.

De quelques données chiffrées sur les coûts de construction et de fonctionnement de la future bibliothèque

La question des coûts commence à peser. Ainsi, mes relations avec Jamet sont maintenant assez bonnes et les gens de la TGB ne cherchent plus du tout à revendiquer nos départements spécialisés. Il n'y a pas de mystère. Motif : « ils » n'ont ni la place ni l'argent nécessaire. Ces petits départements resteront donc sur le site Richelieu, ce qui semble raisonnable. Malgré tout, à la BN, nous demeurons, comme vous le rappeliez la dernière fois, dans l'œil du cyclone.

— *Les coûts commencent à peser, dites-vous ?*

En effet. Le projet Grande Bibliothèque prend forme et Lang répand partout le bruit selon lequel l'équipement du site coûtera aussi cher que le béton. Est-ce vrai ? N'est-ce pas une façon de déstabiliser Jamet ? Je n'en sais rien. Si c'était vrai, cela signifierait qu'il y aurait cinq milliards et demi de béton et cinq milliards et demi d'équipement, soit onze milliards. On reproche beaucoup à l'équipe Jamet de ne pas avoir étudié les coûts.

Cela dit, à Matignon, Prost, qui est un vieux sorbonnard, veut mettre un gros morceau de la bibliothèque de la Sorbonne à Richelieu. Il est même question, dans cette affaire, de la bibliothèque Sainte-Geneviève. Tout cela est idiot car si on commence à mettre tout et n'importe quoi à Richelieu, on tombe dans un système de vente par appartements. On nage en pleine science-fiction. Et pourquoi ne pas vendre, pendant qu'on y est, Richelieu à des particuliers ?

En attendant, quand les gouvernements futurs se retrouveront, en termes de budget annuel, avec 1,5 milliard de crédits de fonctionnement pour Tolbiac et 300 ou 400 millions pour les départements spécialisés de Richelieu, peut-être diront-ils : « La France ne peut pas s'offrir une bibliothèque d'art aussi coûteuse. On vous colle donc, en plus, la bibliothèque de la Sorbonne. » Je rêve. Voilà ce qui se murmure du côté de Matignon. À cela s'ajoute le point de vue de mon collègue bibliothécaire Joly, un type agréable mais manifestement téléguidé par Prost. Si l'on en croit certains de ces messieurs, le concept central pour Richelieu reste la bibliothèque d'art mais il faudrait y adjoindre une partie du fonds de la Sorbonne. On mélangerait à ce moment-là le concept de bibliothèque universitaire (la Sorbonne) et de bibliothèque nationale de dépôt légal. Tout cela paraît assez peu logique. Je dois garder de toutes les manières un profil bas. Car si un jour on coupe les crédits à Tolbiac, Richelieu et moi-même figureront immédiatement parmi les victimes collatérales.

Toutes sortes de discussions, de débats, de bruits et autres borborygmes, viennent clandestinement jusqu'à moi : chemise métallique ou chemise en béton, pour les tours ? On s'y perd.

Lors d'un récent déjeuner avec l'architecte et sa femme — ils travaillent souvent ensemble — l'architecte s'est laissé aller à quelques confidences sur sa conception du futur bâtiment. Il voyait en effet les livres monter progressivement vers le ciel, les containers de bouquins en pleine ascension faisant une sorte d'ombre sombre escaladant les nuages. Un spectacle pour le bon peuple émerveillé. Le déjeuner était, je dois le souligner, fortement arrosé. Si bien que je n'ai qu'un souvenir imparfait de notre discussion. On a abordé aussi la question de l'air conditionné et de son coût probablement exorbitant à cause des tours, une fois de plus. Celles-ci seraient vêtues d'une chemise en verre, avec des livres à l'intérieur. Finalement, on s'est aperçu que le soleil serait meurtrier pour les livres. Il y aura donc des tours en béton, avec un assez grand nombre de petites fenêtres et, semble-t-il, à 1,50 m de distance, on les doublera d'une enveloppe en verre.

De toutes les façons, on rencontrera des problèmes de tapis roulants[1], d'ascenseurs et autres défaillances. Renou, actuellement directeur des bibliothèques à l'Éducation nationale, m'a confirmé que ces systèmes tombaient souvent en panne. À suivre.

J'ai déjeuné également avec Giscard que je n'avais pas vu depuis longtemps. Comme toujours, il a été très aimable. Ces gens sont en général plus sympathiques à fréquenter qu'à voir sur un écran de télévision. Je lui ai raconté l'histoire des tours. Il m'a écouté avec beaucoup d'intérêt et a conclu : « Tout cet argent serait tellement mieux utilisé en Auvergne. »

[1] En fait, les tapis roulants seront mis en arrêt assez rapidement, à cause de divers accidents.

En ce qui me concerne, ce serait allé au casse-pipe que de lancer une campagne contre cette absurdité des tours. Quoiqu'il arrive, elles vont se dresser coûte que coûte, sauf changement de politique très improbable.

L'architecte Perrault est embêté car Jamet et Gattégno donnent avant tout dans les relations publiques. En un sens, moi aussi. Je voyage dans les différentes villes de l'Hexagone pour exposer pudiquement la situation pendant que Jean-Sébastien Dupuit assure le quotidien. J'arrive dans une ville et, huit jours après, Jamet et Gattégno arrivent à leur tour. C'est ce qui s'est passé à Clermont-Ferrand, à Strasbourg, à Pau. C'est assez drôle.

En réalité, l'une des origines de la Grande Bibliothèque, en dehors de mon projet de BN-bis, remonte à 1979 lors d'un congrès socialiste. Il y avait eu une étonnante motion d'Attali sur les vidéodisques à 25 000 images par face et à laquelle personne n'avait rien compris ni prêté attention. Dès cette époque, cette idée de tout mettre sur vidéodisque pour ne plus lire que sur écrans, germait donc déjà chez Attali.

Hier, nous avons hérité de cent carnets de Gromaire, un peintre des années 1920-1930, soit un millier de très jolis dessins. Par ailleurs, nous allons sans doute acheter des monnaies chinoises pour 350 000 francs, somme relativement basse. Nous aurons ainsi, au même titre que le *British Museum*, l'une des plus belles collections publiques de monnaies chinoises. De même, nous avons intégré aujourd'hui le fonds Jouvenel. Ce Monsieur a été l'un des grands penseurs politiques français de l'entre-deux-guerres et même de la période suivant la Seconde Guerre mondiale. Son nom a été un peu altéré par une attitude jugée équivoque lors des quatre années d'Occupation. Mais peu m'importe[1].

J'ai revu également Biasini qui m'a promis pour la BN monts et merveilles. Il m'a dit, sur le mode qui est le sien : « Vous avez maintenant vos 440 millions de francs. » En fait, il les a demandés, encore faudrait-il que le ministre accepte de les débloquer. De toutes les façons, cet argent est nécessaire pour ce qui constitue mon idée fixe : l'informatisation du catalogue. Elle est déjà largement commencée et nous devrions dépasser le million de notices cet été. En octobre-novembre prochain nous en serons à 1 200 000.

— En sait-on un peu plus sur l'avenir des personnels de Richelieu ? Vont-ils tous intégrer la BDF ou seront-ils mutés sur d'autres postes de la fonction publique ?

Ces questions sont également en discussion : la TGB aurait au total 2200 employés dont 900 viendraient de la BN et 1300 seraient recrutés parmi ce qu'on appelait lors des précédentes guerres, des « troupes fraîches ». Les nôtres resteraient à Richelieu en fonction des départements demeurés sur place. Les responsables de la nouvelle bibliothèque ne cherchent — la chose

---

[1] Cf. p. 251 et sv.

est évidente — absolument pas à recruter à la BN. Manifestement, il y a dans la nouvelle équipe un certain racisme anti-BN. Cela entraîne donc pas mal de frustration à Richelieu car les membres de notre personnel se disent que toutes les places intéressantes vont être prises et qu'ils seront des espèces de laissés-pour-compte. Le fait est du reste que les personnels de l'équipe Jamet sont bien mieux payés que les salariés d'ici.

Tout de même, j'ai l'impression qu'on a pas mal réduit les prétentions des gens de la TGB. Pour l'ensemble du futur établissement, on est tombé de 6000 places à 4900. De fait, les Finances veillent au grain. Mais le chiffre reste encore important. Mitterrand, c'est Mao. Feu sur le quartier général autrement dit sur la BN.

ÉTÉ 1990

Nous sommes en juin 1990 et les travaux à Tolbiac devraient commencer, dès septembre-octobre. L'inauguration aurait lieu en 1995 et le déménagement des livres s'intercalerait entre 1994 et 1996, probablement à partir du deuxième semestre 1994. À ce moment-là, si la gauche est encore au pouvoir, j'aurai pris ma retraite. La droite me gardera-t-elle ? Je l'espère fortement mais j'ai bien peur d'être cocu[1]. À présent, pour l'équipe Jamet, ma retraite est devenue un événement. Gattégno m'a dit très gentiment : « Vous vous tirez donc au milieu de l'année 1994[2]. » Cette perspective n'avait pas l'air de lui déplaire tellement. Mais j'ai perdu l'habitude d'être choqué par ce genre de propos.

Préfigurations

En tout cas, le chantier est intéressant. La nouvelle bibliothèque ouvrirait de 9 heures du matin à 23 heures le soir, six jours sur sept et fermerait le mardi pour qu'on puisse ranger les livres[3]. Il faudra évidemment trouver les crédits pour tout cela, mais ce n'est pas mon problème. L'établissement néanmoins ne sera pas ouvert toute la nuit. Nous ne sommes pas aux États-Unis où bien des bibliothèques sont en effet non seulement diurnes mais également nocturnes, à tel point qu'à partir de minuit les lecteurs commencent à fumer, ce qui est, cela va de soi, totalement interdit.

Perrault est charmant en ce moment. Il est à mes basques. Il se plaint que l'équipe TGB ne fiche rien. Au cours d'un de ces éternels déjeuners, il m'a dit : « Il faut que la BN me fournisse un avant-projet détaillé et peut-être aussi du personnel. » J'aurai pu répondre que Dordain, l'un des collaborateurs de Biasini, avait déjà élaboré un projet. Mais tout le monde l'a trouvé grotesque, moi le premier. C'est la raison pour laquelle Perrault est venu se jeter à mes pieds pour nous demander un autre projet. Il pense

[1] C'est d'ailleurs ce qui s'est produit. Cf. p. 86, note 1.

[2] En liaison avec l'anniversaire d'ELRL (né le 19/07/1929).

[3] L'expérience actuelle montre qu'il a fallu en rabattre sur ces projets peut-être trop ambitieux.

notamment à la décoration intérieure mais aussi à la position des cotes dans les magasins. Il veut également nous faire réfléchir sur les salles et sur la circulation des documents. Je lui ai répondu, un peu embarrassé, que Jamet allait se fâcher mais il m'a répondu « ça ira. »

Les libres propos et la lettre de mission du chef de l'État, datent de l'été 1988. À titre d'exemple, la BPI-Beaubourg avait ouvert le 31 janvier 1977. Toutes ces dates sont évidemment chères à l'historien que je suis. Le 24 octobre 1989, fut créé le Conseil Supérieur des Bibliothèques avec Miquel comme président.

Revenons à la TGB. Question places, la bibliothèque de recherche aurait 2000 places alors qu'elle est actuellement à 1500. De toutes les manières, il faudra micro-ficher au maximum. Mais, compte tenu des possibilités limitées de la BN et de Jamet, on ne pourra pas micro-ficher plus de 500 000 ouvrages avant l'ouverture. Ceci dit, question chiffres, nous naviguons dans le confus et le contradictoire : d'aucuns ont parlé d'un petit million. Une chose est sûre, on ne numérisera pas les exemplaires en mauvais état. Ce serait grotesque. Dernière précision : notre catalogue collectif national devrait être sur Minitel dès l'an prochain[1]. Tels sont les chiffres qui circulent. Que valent-ils ? Tout cela devrait être « acté » avant la fin 1991. Mais le problème des crédits de fonctionnement, encore très confus, va se poser tôt ou tard. Quoi qu'il en soit, le Grand Louvre, qui fût financièrement gâté à ses débuts, est déjà affecté par des réductions de crédits et ne peut plus faire fonctionner un certain nombre de services. A Pau, où j'ai fait un petit voyage de programmation, une dame m'a demandé aimablement : « pourquoi construire un bâtiment sans définir préalablement ses fonctionnalités ? » Elle n'a pas tort. En fait, c'est Biasini qui a convaincu le gouvernement d'ériger d'abord le bâtiment alors qu'à l'Opéra-Bastille on avait élaboré d'abord le programme. Ce qui était beaucoup plus rationnel. D'autres réflexions me viennent en vrac. Faudra-t-il, par exemple, que les livres en accès direct soient physiquement proches des lecteurs ?

Il y a, ces jours-ci, de l'agitation sociale dans notre vieille Maison. Les bibliothécaires-adjoints se sentent prolétarisés par rapport aux conservateurs et veulent un reclassement. L'un d'eux, avec lequel je suis ami, m'a confié : « Nous sommes un prolétariat intellectuel. »

Le vocabulaire de la Grande Maison s'enrichit de jour en jour : il est maintenant question d'une « deuxième peau métallique ». Mais oui.

Quelques précisions supplémentaires : la bibliothèque d'information, à l'étage supérieur du nouvel établissement, aurait 300 titres de journaux. Chiffres qui me laissent rêveur. En A Michigan, où j'ai passé près d'une année, la bibliothèque universitaire comportait cinq millions d'ouvrages en accès libre. C'est un fait assez général, les grandes bibliothèques US

[1] Évidemment le Minitel, très utile en son temps, est aujourd'hui totalement dépassé. En fait, le Minitel sera très rapidement abandonné au profit de modèles techniques plus performants.

possèdent plusieurs millions d'ouvrages en accès libre. Mais une bibliothèque nationale est avant tout une institution de dépôt légal et de conservation pour l'avenir et pas seulement une institution pour les lecteurs actuels. Le problème est donc différent.

Je multiplie les visites de la BN pour défendre notre cause. Le hasard a voulu que je reçoive récemment un groupe d'homosexuels, une délégation juive et un peu plus tard des francs-maçons assez haut placés. En réalité, ces Maçons se recrutaient partiellement dans le personnel BN, et plutôt dans les catégories B ou C de la fonction publique, autrement dit chez les bibliothécaires-adjoints et les magasiniers. C'étaient des gens sympathiques mais j'ai trouvé ces FM un peu barbants. J'ai fait un petit discours et je suis parti avant la fin. Je me suis rapproché aussi de la communauté juive, pour des raisons à la fois personnelles et pour l'intérêt de la Bibliothèque. Il y a peu de temps, j'avais été invité à dîner chez les Rothschild en compagnie de Lustiger, Badinter et Kahn. Je reçois encore assez souvent des revues juives. Une certaine France y est évidemment mal traitée, à cause de Vichy et de Pétain.

Un logo bien coûteux

J'essaie bien sûr de courtiser la presse. Mais pour le bien de la BN, que ne ferais-je pas ? Passons. J'en suis même, vis-à-vis des journalistes, aux petites actions. Récemment j'ai trouvé une place de parking sur un trottoir proche de notre bâtiment et que j'ai adjugé aimablement à un journaliste du *Canard Enchaîné* en espérant la bienveillance de cet important organe de presse. Manque de chance, j'ai quand même été attaqué par le journal satirique à propos de notre nouveau logo. Personnellement j'étais très heureux avec l'ancien mais mon collaborateur, Jean-Pierre Guénot, m'a expliqué que le logo était une affaire essentielle. Nous avons donc décidé de le changer. Cela semblait lui faire plaisir. Une affaire qui nous a coûté quand même 180 000 francs — et non pas 500 000 comme l'a prétendu l'article satirique en question. Furieuse de ce changement, l'auteur(e) du précédent logo est venue me voir et finalement j'ai eu droit à cet article désagréable dans la presse satirique. Merci Madame. Cette histoire est à la fois insignifiante et complexe mais mérite d'être signalée pour faire comprendre l'atmosphère parfois empoisonnée dans laquelle je travaille.

— *Votre travail personnel en souffre-t-il ?*

Pas ces temps-ci où je peux travailler pour moi. Il faut dire que je suis comme un naufragé qui meurt de soif au milieu de l'océan. Je suis entouré par plus de onze millions de volumes dont j'ai la responsabilité mais il n'est pas simple de les consulter. Néanmoins, j'ai très rapidement les livres de la collection BN dont j'ai besoin et je les restitue bien sûr avec fidélité. Ceci m'a donc facilité la rédaction, ces derniers temps, d'un gros chapitre sur l'histoire de France des régions, qui forme un élément partiel d'un des tomes de l'*Histoire de la France* publié par les éditions du Seuil[1]. Cette *Histoire de la France* a la remarquable caractéristique d'être dirigée, non par des maréchaux comme c'était le cas avec Georges Duby quand je travaillais à l'histoire rurale ou urbaine de la France, mais d'être sous la direction de collègues relativement jeunes et qui se définissent eux-mêmes comme étant des capitaines et non des maréchaux. Il s'agit de Jacques Julliard, André Burguière, Michel Winock et Jacques Revel.

Jacques Julliard, je l'ai déjà évoqué, est un vieil ami. Il réside de façon permanente dans son fief de Bourg-la-Reine et contribue de manière tout à fait importante au *Nouvel Observateur*. C'est un catholique qui se dit tenté parfois par une espèce d'athéisme chrétien. Le second capitaine est André Burguière, un ami de longue date lui aussi ; le troisième, Michel Winock, est un homme d'une générosité rare. Mais il distribue ses dons — y compris à mon intention — avec une espère de froideur qui rend la gratitude presque impossible. Enfin, il y a Jacques Revel, l'un des grands historiens français actuels. Mais il a tellement peu écrit qu'il est difficile de porter un jugement détaillé à son sujet — autre forme sans doute de la discrétion.

Toujours très studieux, au cours de ces années, j'ai publié également, juste avant mon entrée à la BN, le premier volume de mon *Histoire de France*[2], paru chez Hachette et je suis en train de terminer le deuxième[3], en but à la fois au manque de temps et à l'extraordinaire abondance des sources bibliographiques. L'entreprise se fait en collaboration avec Georges Duby, François Furet et Maurice Agulhon. C'est sans doute l'une des périodes les plus prolifiques de mon existence où je dirige à la fois un grand établissement tout en participant pour deux des cinq grands volumes à venir (dont deux entièrement écrits par mes soins) à une superbe aventure éditoriale.

François Furet, auquel me lie comme on sait une profonde amitié, voulait que ces cinq volumes fussent intitulés « Histoire politique de la nation française ». En dépit ou à cause de notre relation très affectueuse, j'ai refusé. Je suis allé trouver le PDG de Hachette-Littérature et lui ai dit que le plus simple était d'intituler l'ensemble *Histoire de France*. Bien entendu, il a accepté et ce fut un minuscule nuage sur notre amitié, entre Furet et moi, vieille d'une quarantaine d'années. Mon exigence était irrécusable puisque

---

[1] En 2001, le passage en poche de cette *Histoire de la France*, avait fait disparaître plusieurs contributions dont celle d'ELRL. Un peu vexé, il avait alors étoffé son étude polyrégionale de l'Hexagone et en avait fait un ouvrage à part entière, intitulé *Histoire de France des régions*, paru au Seuil.

[2] Emmanuel Le Roy Ladurie, *L'Etat royal. De louis XI à Henri IV 1460-1610*, Hachette, 1987.

[3] Emmanuel Le Roy Ladurie, *L'Ancien Régime. De Louis XIII à Louis XV, 1610-1770,* Hachette, 1991.

cette série HDF contenait, de ma part en tous cas, des fragments essentiels et très importants d'histoire économique et sociale voire écologique — ma vocation ancienne d'historien du climat.

Excursus : alternance ou oscillation ?

À ce propos, une grande revue française d'histoire m'a reproché, par l'intermédiaire d'un critique anonyme, l'utilisation du mot *alternance* au lieu d'oscillation, de fluctuation et que sais-je encore. Je n'ai toujours pas compris la nécessité d'une telle remarque inutilement négative à mon égard. Le modèle que j'utilise, de bout en bout de ma contribution, est celui, au choix, de l'oscillation, de la fluctuation ou tout simplement de l'alternance ouverture et fermeture politique.

Le premier modèle, celui de l'ouverture, s'applique donc assez parfaitement au règne d'Henri IV, de la fin des guerres de religion — quand la paix intérieure est revenue pour de nombreuses années — jusqu'à son assassinat c'est-à-dire de 1596 à 1610. Ce modèle, caractéristique du Vert-Galant, s'articule selon trois ou quatre modalités : détente et paix vis-à-vis des puissances extérieures ; rapprochement du royaume de France avec les puissances protestantes, libérales, maritimes et capitalistes telles que la Hollande et surtout l'Angleterre ; enfin, ouverture aux élites et plus particulièrement aux Huguenots. Ce modèle alterne avec un autre, plus autoritaire, plus absolutiste, donc davantage fermé aux protestants et à certaines élites. Ce dernier écarte la noblesse traditionnelle hors du pouvoir et s'appuie sur des bourgeois conquérants de noblesse récente, rejetant les alliances protestantes et menant des guerres contre la Hollande et l'Angleterre, tout en s'alliant avec l'Espagne inquisitoriale et réactionnaire à partir des quinze premières années d'unification. Cette période s'étaye sur une économie de guerre parfois pénible pour le pauvre peuple. Ces modèles vont donc alterner sous Henri IV, je le répète, sous Louis XIV de façon plus drastique, sous la régence du duc d'Orléans, avec une large ouverture libérale (Versailles en tant que capitale est momentanément abandonnée pour Paris, ce qui n'est pas peu dire), sous Louis XV, des oscillations dans le prolongement de la régence libérale, pour voir apparaître une période plus dure vers 1750. On a ensuite, et de nouveau, le libéralisme — celui de Choiseul — lors des années 1760 ; et puis encore le modèle plus dur, pas forcément stérile du reste, avec les réformes anti-libérales de Maupeou, à partir de 1770. Louis XVI, pour sa part, inclinerait volontiers pour le modèle libéral. Mais le processus pré-révolutionnaire est en marche. Au XIXe siècle, le modèle libéral ou crypto-libéral se réaffirme sous Louis XVIII mais fort peu sous le règne de Charles X qui fut le seul niais, ou peu s'en faut, de tous nos rois. Sous Napoléon III, retour du modèle autoritaire et enfin lors des dernières années de ce Bonaparte d'arrière-saison, se dessine l'empire libéral. C'est à partir de 1870 et même antérieurement, à partir de 1848, que le modèle droite-gauche va se substituer au modèle Ouverture-Fermeture.

— *Ce modèle n'est-il pas trop étroitement franco-français ?*

Je ne le crois pas. Comment se situerait, de nos jours, Gorbatchev, ce communiste fils de kolkhoziens et qui s'ouvre assez rapidement à un libéralisme de bon aloi ?

Difficile de le dire mais, à mon sens, il n'y aura pas de nouvelle révolution en URSS. Une révolution est quelque chose qui n'arrive qu'une fois dans un pays : la révolution des Pays-Bas en 1560, la révolution anglaise en 1640, la Révolution française en 1789, la révolution russe en 1917. J'ajouterai aussi la révolution italienne, d'abord fasciste (1922 à 1943-1945) — durant laquelle les Italiens ont eu à subir des chocs assez effroyables — puis une solution républicaine et libérale dans l'après-guerre, avec la bénédiction du Vatican ; la révolution allemande de 1933 à 1945 avec la catastrophe nazie puis le début de la *Bundesrepublik* libérale et sociale, et enfin la révolution chinoise de 1949. Est-ce que, comme Louis XVI, Gorbatchev va se faire couper la tête ? Non car je le répète, il n'y aura pas de révolution. Gorbatchev est un homme intelligent au même titre que Louis XVI d'ailleurs. Ce dernier a tout de même appelé au pouvoir quatre grands réformateurs : Turgot, Necker, Calonne et Loménie de Brienne. Autant dire que la Révolution française était déjà en gésine. Avant même 1789, c'est Louis XVI qui a contribué à dicter l'événementiel chronologique dans la mesure où il a pris l'initiative de réformes, désordonnées certes, mais finalement assez profondes et qui ont, en quelque sorte, déclenché le processus révolutionnaire. Aurais-je eu ce regard sur la Révolution française, il y a une vingtaine d'années ? Oui et non. Le personnage qui s'intéressait vraiment à la Révolution française, dans mon cercle familial, était mon grand-père. Il la détestait. J'ai donc utilisé sa bibliothèque pour me cultiver quelque peu à ce propos. Mais en réalité je ne m'y suis vraiment intéressé que depuis deux mois, pour des raisons circonstancielles qui tiennent à la BN et à des projets d'expositions. Depuis pas mal d'années, en dépit, ou à cause, du grand-père, j'ai toujours eu une attitude méfiante vis-à-vis de ce raz-de-marée idéologique. J'ai longtemps pensé, à tort peut-être et sous l'influence de Braudel, que faire de l'histoire sur dix ans, ce n'était pas ma tasse de thé. Mais tout bien réfléchi, j'ai tout de même publié un *Carnaval de Romans* — une courte période — et un *Montaillou* qui s'étale sur une vingtaine ou une trentaine d'années, tout au plus. D'autre part, avec la Révolution française on était, à l'époque, sur un terrain miné. Le thème était tenu par les communistes Soboul et ses amis dont certains étaient carrément babouvistes[1]. Après tout, Furet s'en occupe et il fait bien son travail.

[1] On appelle babouvistes, les disciples de Gracchus Babeuf qui poussait l'idéologie révolutionnaire jusqu'au communisme, dans sa phase infantile bien évidemment (ELRL).

— Vous avez beaucoup publié. Avez-vous une technique particulière d'écriture ?

En fait, j'ai une technique d'écriture par développements progressifs. Je fais un premier jet puis un second et ainsi de suite. Il y a aussi l'entraînement. Le premier livre que j'ai écrit était un *Que sais-je ?* Il s'intitulait *Histoire du Languedoc*[1]. J'en avais rédigé trois versions. Aujourd'hui, je n'en fais plus que deux, quitte à énormément corriger la deuxième. Je fais un dernier brouillon plus ou moins rapide, je le recopie et à ce moment-là j'estime que c'est, en principe, une version définitive. Je dispose, outre le Collège de France, d'un secrétariat ici même sans compter les machines à traitement de texte qui ont encore changé la donne. À vrai dire, depuis que je suis à la BN, j'ai beaucoup moins de temps disponible mais beaucoup plus de moyens bibliographiques, comme j'ai déjà eu l'occasion de le souligner. Je ne dicte jamais la première version car elle est très mauvaise. J'ai été profondément marqué par cette phrase de Stendhal dans *Henry Brulard*, où l'auteur souligne que la plume doit suivre la pensée pratiquement à la vitesse de celle-ci. Mon problème est que je n'ai pas appris à taper à la machine assez tôt. C'est vers l'âge de trente ans, je me suis mis à la dactylographie et ça m'a donné des vertiges, maladie à laquelle je suis sujet de temps à autre.

Vais-je regarder l'émission *Apostrophes*, ce soir ? Je ne sais pas encore. Mes relations avec Bernard Pivot ont été très bonnes à l'époque de la parution de *Montaillou*, à tel point qu'il a estimé, avec quelque exagération, en avoir assuré le succès. Je veux bien croire ce grand homme mais je pense que mon livre devait avoir aussi quelque qualité propre. J'avais eu à cette occasion un dialogue avec Jackez Hélias, l'auteur du *Cheval d'orgueil*. Maurice Clavel, grand journaliste qui fut dans le même maquis que mon père, avait noté dans *Le Nouvel Observateur*, l'intérêt de ce dialogue entre Hélias le Breton et Le Roy Ladurie le Normand. Ce dialogue était en fait un triangle car je le devais non seulement à Hélias mais aussi à Pivot. Par la suite, mes relations avec Pivot se sont dégradées. Il avait été l'auteur d'une phrase qui m'était probablement destinée, se vantant : « Vous voyez, je suis capable moi aussi de nuire à la vente d'un livre. » A quel ouvrage faisait-il allusion ?

— En dehors des ouvrages historiques, vous arrive-t-il de lire des philosophes et lesquels ?

Quelquefois. Plus exactement je broutille un peu dans Nietzsche, Spinoza, Kant ou Hegel. Tout cela n'est ni très profond ni très sérieux. En revanche, à l'âge de dix-huit ans, j'ai lu à fond Oswald Spengler qui, on le dit, est un écrivain conservateur certes mais, pour ce que j'en sais, nullement nazi. C'est lui qui m'a inspiré l'idée de concurrence et de conflit des

[1] Emmanuel Le Roy Ladurie, *Histoire du Languedoc*, P.U.F, 1962.

civilisations. Est-ce que d'une façon générale, la lecture des philosophes m'apporte quelque chose dans mon travail d'historien, me demandez-vous ? J'ai essayé de lire Heidegger mais ce fut un échec. Vidal-Naquet prétend que Heidegger est complètement nul, que c'est une obscurité qui ne cache rien. Exagère-t-il ? En revanche, j'aime bien les auteurs français crypto-philosophes : Joubert, Chamfort, Vauvenargues, La Rochefoucauld, La Bruyère. J'ai notamment une passion pour La Bruyère. Je me souviens du vieux Gaston Monmousseau de ma jeunesse. Anarcho-syndicaliste, dans ses années de formation, il était devenu un stalinien pur et dur parmi les cadres du PCF et de la CGT mais il avait lu à fond les œuvres de La Bruyère.

À propos, je viens de relire Jankélévitch, un type d'une rare intelligent et avec un style assez incroyable. Mais il détestait tellement l'Allemagne qu'il rejetait toute la philosophie germanique et du coup il a réhabilité des philosophes français injustement oubliés comme Boutroux et quelques autres.

Des visites toujours très politiques

Revenons sur terre. J'ai été attaqué ces jours-ci par Biasini avec qui je m'entendais pourtant assez bien. Selon lui, on ne devrait dépenser l'argent public — du moins dans ce secteur — que pour les grands projets du président. En réalité, je joue le rôle de victime expiatoire. Il s'agit d'un ultime épisode de la lutte entre la Culture et les biasinistes. Biasini jouit d'une position extraordinaire, il est en quelque sorte dans la situation de l'abbé Bignon, dictateur de la culture en France au XVIIIe siècle. Biasini, on le sait, a navigué avec un talent extraordinaire depuis les années 1959-1960, entre Malraux, de Gaulle et aujourd'hui Mitterrand. Il aura eu un doigt dans chaque fromage.

Comme le disait un poète latin : « *Paulo majora canamus* »[1]. De son côté, Lang, cet excellent homme, ne s'intéresse pas tellement à son Ministère. Ce dernier est régi en fait par deux personnages : Beck, individu désagréable, à l'engueulade facile, genre de technocrate brutal et véritable patron de toute la boutique ; l'autre est Silicani, homme de droite, plus fin et plus distingué. On me dit qu'il avait mis Beck au placard du temps où Léotard était ministre. Une anecdote pour montrer la mentalité de Beck : un jour, je me suis débrouillé pour trouver un mécénat afin d'acheter je ne sais plus quel manuscrit à peinture, sublime comme il se doit. Je l'ai annoncé à la presse. De fait, il y a toujours dans le recours aux médias un élément de vanité personnelle mais, en l'occurrence, il s'agissait avant tout de doter la BN d'une pièce rare. Aussitôt après, je reçois un coup de téléphone furieux de Beck qui me dit : « Comment ? A vous croire, ce serait la BN qui aurait

---

[1] « Chantons sur des sujets plus importants ».

fait tout cela ? Vous ne mentionnez même pas le ministère de la Culture. » Je lui fais remarquer que c'est tout de même moi qui ai trouvé l'argent. Il me répond alors : « Cela importe peu. Quand vous achetez un tel objet, vous devez faire le communiqué suivant : '' Jack Lang annonce que les collections de l'État viennent de s'enrichir de je ne sais quelle pièce extraordinaire''. »

La gauche ricanante et la droite pétainiste

— La Bibliothèque nationale organise, depuis peu, une exposition de Gaulle, très prisée, semble-t-il, par les politiques.

En effet. Parmi les événements BN, nous avons ce mois-ci deux expositions marquantes : l'exposition sur les jeux d'échecs — absolument ravissante — et l'exposition de Gaulle, non dénuée d'intérêt mais je dois avouer que sur cette dernière nous sommes pris entre la gauche ricanante et la droite pétainiste. Je l'ai visitée avec Madame Benhamou et Lang lui-même qui nous a honorés de sa visite. Lang, sur ce point, appartiendrait plutôt à la gauche ricanante, lui qui est pourtant un homme politique extraordinairement populaire, en particulier grâce à cette habileté qu'il a de se mettre au moment propice devant les caméras sans lasser le bon peuple.

Notre exposition de Gaulle est du reste hagiographique. Madame Le Pavec, qui en est l'auteur, a en effet un grand faible pour le Grand Homme. C'était pourtant un type assez vindicatif et qui n'a pas toujours fait que de bonnes choses. Quelque admiration que j'éprouve pour lui, comme tout le monde à vrai dire, il y a chez ce personnage un côté revanchard que je n'arrive pas à aimer. Le propre des bons rois est pourtant de ne pas être rancunier. Richelieu était vindicatif mais Louis XII ne l'était nullement. De son côté, Henri IV, entrant à Paris en 1595, distribua de véritables tracts pour dire que tout était oublié et pardonné. Au contraire, de Gaulle, dès 1943, parlait de vengeance. Le fait est que l'Épuration a été très dure, moins qu'en Italie sans doute mais ce n'est pas une excuse. Il y a eu quand même 10 000 exécutions sommaires et peut-être davantage, mais enfin le chiffre retenu par les historiens est 10 000[1]. J'en ai parlé à Ellenstein, un type assez intéressant, un communiste libéral ou pseudo-libéral. Il avait l'air de partager mon avis. D'une façon générale, je suis assez sincère mais la BN est un garde-fou qui m'empêche de prendre des positions publiques plus ou moins compromettantes pour ma personne. Ce n'est pas le cas de ma chère amie Annie Kriegel qui dit toujours ce qu'elle pense. En cela, je l'admire mais elle s'est fait aussi beaucoup d'ennemis en particulier sur le plan politique. Annie Kriegel, avec cette exagération qui lui est habituelle, disait en effet que

[1] « Aujourd'hui, on évalue à 15 000 le nombre d'exécutions sommaires dont 2000 faisant suite à un acte judiciaire, le reste étant ''improvisé '' sur place », précise ELRL.

l'abandon de l'histoire événementielle permet moins bien de rappeler les horreurs de la Seconde guerre mondiale. Ce point de vue est excessif mais il me paraît suffisamment intéressant pour être rapporté. Un imbécile a dit à ce propos : « Carpentras[1], c'est la faute à Braudel ! » Il y a eu à ce sujet un conflit entre les *Annales* et Annie Kriegel, auquel je me suis bien gardé de me mêler.

Pour en revenir à notre exposition de Gaulle, sans trop me manifester vis-à-vis du Ministère, je me suis arrangé pour la faire visiter à des gaullistes ou apparentés comme ceux du RPR notamment. Chirac lui-même devait venir. Finalement, Chirac n'est pas venu car il était en train de réaliser l'impossible : la confédération RPR-UDF. En fin de compte, c'est Madame Chirac qui nous a honorés de sa présence. Elle est assez sotte, pas si laide que ça, gentille femme en apparence. Nous ont rendu visite également les gens de la Mairie de Paris. Il y avait là Racine, un responsable de la Culture, et Madame de Panafieu. Nous avons donné ensuite, ma femme et moi, un dîner où je n'avais pas invité les conjoints parce que nous n'avions que douze places. Je me suis excusé en disant à une femme politique importante : « Je n'invite pas votre mari » et elle m'a répondu « Ce n'est pas grave, nous venons de divorcer. » Ce sont sans doute les mœurs de la nouvelle droite. J'ai montré, dans la foulée, notre exposition sur les échecs à tout ce petit monde. Ils avaient l'air ravi. Madame Chirac était très émue devant l'exposition de Gaulle. J'ai réalisé que les personnalités du RPR, qui ne sont pas très jeunes, ont connu « le vieux ». Manifestement ça leur disait quelque chose. Michel Debré est passé de son côté mais il était déjà malade, semble-t-il. J'ai reçu également Régis Debray, Alain Peyrefitte et Roland Leroy, tout ce petit monde fraternellement mêlé.

Peu de temps après, Chirac est venu dîner. J'avais invité mes amis de droite dont Pierre Chaunu et Jean-Marie Domenach — mal vu en ce moment à cause de je ne sais quelle phrase maladroite qu'il aurait prononcée. Comme c'est un ancien résistant, il s'est imaginé qu'il avait le droit à la parole sur n'importe quel sujet dont la question juive. Grave erreur. Le voici donc catalogué d'antisémite. C'est dommage car le type est estimable. Il y avait aussi l'un de mes meilleurs amis — peut-être le meilleur — Alain Besançon.

Les gens de la Mairie se sont plaints de l'intox entourant l'affaire Carpentras. À cette occasion, j'ai remarqué que les gaullistes professionnels, Chirac et Madame, Racine, Albanel de Lagarde et quelques autres, sont très opposés à Le Pen. Le sont-ils sincèrement ? Je ne sonde pas les reins et les

---

[1] En mai 1990, des tombes avaient été profanées dans le cimetière juif de la ville de Carpentras. On avait immédiatement parlé d'actes antisémites, désignant le Front National comme principal coupable. L'affaire avait pris une dimension nettement politique, relayée par des médias en ébullition. Mais rien à l'époque n'avait pu être clairement établi. L'enquête s'était orientée quelques années plus tard vers les milieux skinheads, certains groupuscules néonazis et même la jeunesse dorée de Carpentras adepte de pratiques satanistes et de jeux de rôle

cœurs. Giscard, pour sa part, joue les gros malins : il laisse planer un petit doute sur sa véritable opposition vis-à-vis des lepénistes. En partant, j'ai dit à Chirac : « Si je me fais engueuler par le pouvoir actuel, je dirai comme excuse que vous et moi sommes amis. » Il m'a répondu : « Vous ne vous ferez pas engueuler. Ne vous en faites pas. » On verra bien, il a peut-être des relations avec Lang. Mais surtout je ne me fie absolument pas aux promesses des hommes politiques — de gauche comme de droite.

Toubon vient d'écrire un article dans je ne sais quelle publication. Il paraît qu'il veut mettre la BPI, autrement dit la bibliothèque de Beaubourg, à Tolbiac. Et pourquoi pas Sainte-Geneviève ?

Les médias contre les tours

L'article de Patrice Higonnet, relatif au projet Mitterrand et qu'il a publié dans le *Times Literary Supplement*, commence à être diffusé en France. Entre nous, j'y suis un peu pour quelque chose. Higonnet est l'un de mes bons amis historiens, Français d'origine et professeur à Harvard. Son papier est d'une extrême violence.

Je viens de déjeuner avec Giesbert, journaliste à je ne sais quelle feuille droitière. À l'inverse de Jamet, il est passé de la gauche à la droite. Je lui ai donc confié ce qui se passait concernant la TGB et lui ai dit : « Vous savez, je dois être prudent. » A quoi il m'a rétorqué : « Oh ! De toutes les façons, vous allez être viré, parce que vous êtes le dernier des fonctionnaires importants nommés par Chirac. Le seul problème du gouvernement socialiste, c'est qu'ils sont deux à se disputer votre place. C'est pourquoi, vous restez rue de Richelieu. Mais rassurez-vous, cela ne durera pas. » Il a sans doute dit ça pour m'impressionner. Mais cette conception un peu cynique de la chose, qui doit probablement correspondre un peu au personnage, m'a bien fait rire. Sur ce, on m'a envoyé un journaliste qui a fait un grand article sur ce sujet, dans *Le Figaro*. Il est d'ailleurs venu me voir sous un faux nom. Il m'a dit : « Attention à votre téléphone. Les crédits d'écoutes téléphoniques viennent d'augmenter. » Il règne en ce moment un esprit complotiste assez lourd. Ce n'est plus *La grande conspiration contre la Russie*, stupide livre anti-bolchevik qu'on lisait autrefois mais « la grande conspiration contre Ladurie. » Le journaliste conspirateur s'est présenté sous le nom de « Robert ». Je lui ai plus ou moins cassé le morceau sur la stupidité des tours. Mais avec prudence quand même, si tant est que j'en sois capable. J'imaginais qu'on m'attribuerait l'article de ce monsieur. Mais en fin de compte il a été attribué à Fumaroli qui n'y était vraisemblablement pour rien.

En ce qui me concerne, on le voit, je continue à mener une offensive discrète contre les tours, par amis interposés. Comment agir autrement au vue de ces édifices en béton avec du verre dessus pour être certain que les livres seront calcinés ? Il faudra évidemment trouver un système de volets ou, comme on disait avant, de persiennes.

Au total, trois articles ont paru sur le sujet : celui, incendiaire, de Patrice Higonnet ; l'article d'Herbert Lautmann, biographe médiocre, dit-on, d'Albert Camus, de Colette et de quelques autres ainsi que de livres sur l'Épuration. J'ai eu à ce sujet quelques échanges avec ce dernier et il ressortait de ses propos que l'Épuration n'avait pas été si méchante puisqu'elle n'aura compté que 10 000 exécutions. A vrai dire, ce bonhomme m'embêtait énormément mais je l'ai invité à déjeuner. Du coup il est devenu plus aimable. Il trouvait que la BN marchait mal — ce qui par moments est vrai. Depuis, il y a eu un article, inspiré de lui, dans la revue américaine *The librarian*, intitulé « *Block the Towers* »[1].

Enfin, outre ces deux articles, j'ai lu le papier d'un grand bibliothécaire belge qui m'a été envoyé par l'ambassade de Belgique. Sans que j'y sois pour rien, les tours y étaient attaquées, une fois de plus. J'ai passé la totalité de ce dossier à un journaliste du *Figaro* et ils en ont tiré une page entière, un peu trop poujadiste à mon gré. C'est là le danger d'une opposition qui serait trop forte. En effet, l'opposition à cent pour cent au projet Mitterrand est à la fois stupide et périlleuse. Si le projet tombe, il n'y aura rien en supplément pour la BN. Il faut donc refaire un projet architectural correct mais surtout ne pas abandonner l'entreprise globale. Le fait est qu'avec la guerre possible dans le Golfe, il y aura des tas de suppressions de crédits au profit des militaires.

En vérité, il y a bien une nouvelle campagne qui se développe actuellement et dans laquelle, je l'avoue, j'ai quelque peu ma part. Fumaroli va écrire un nouveau papier dans *Le Figaro,* même s'il est parfois excessif dans sa critique. Lui ne veut jamais rien changer. Il soutenait par exemple qu'il ne fallait surtout pas nettoyer le plafond de la Sixtine parce que la fumée des cierges faisait partie de la beauté de la fresque. Higonnet, de son côté, essaie de faire connaître plus largement son point de vue alors même qu'en France les intellectuels ne se mouillent pas par peur de perdre l'amitié de Mitterrand, grand ami des intellectuels comme chacun sait. L'article d'Higonnet va paraître en français dans *Commentaires*, la revue de Jean-Claude Casanova. Mon collègue américain a simplement enlevé de son texte initial les attaques personnelles contre Jamet. Il a mis de l'huile dans son vinaigre. En revanche, Furet ne veut pas s'engager, peut-être par jalousie à mon endroit. Du reste, tout en me gardant sa vieille et fidèle amitié, il avait prétendu, lors de ma nomination à la BN, que j'étais tellement brouillon dans les questions bureaucratiques que très bientôt les magasiniers ne toucheraient plus leur salaire et que je finirai par déclencher une grève générale. Qui disait : avec des amis pareils, on n'a pas besoin d'ennemis ?

---

[1] « Arrêtez les tours ».

En fait, il existe un autre problème dans le nouveau projet : l'immensité des distances entre le sommet des tours et les salles de lecture les plus éloignées. On va avoir quarante étages de magasins. Les magasiniers risquent alors de passer leur temps dans les ascenseurs. Au total, on comptera 630 m^2 de surface utile par étage, déduction faite des 210 m^2 d'ascenseurs. J'ai téléphoné à plusieurs universités américaines possédant des tours, notamment celle du Massachusetts à Amherst. Ils possèdent 841 m^2 par étage. Or, les responsables de ces établissements trouvent ces surfaces très insuffisantes. Ainsi, à Austin au Texas (400 m^2) ou à Stanford au Hoover Institution (335 m^2), ils ont été obligés d'abandonner le système turifère. En revanche, à Evanstown et à Northwestern — une université très importante — ils disposent de près de 1320 m^2 par étage et ils sont contents. Cela dit, les universités en question ne sont pas encore au niveau d'une bibliothèque nationale américano-française à 10, 20 voire 30 millions de volumes, selon les cas. J'ai donc rédigé un petit papier là-dessus et, à cette occasion, j'ai découvert l'existence du livre d'un certain Leighton sur l'architecture des bibliothèques, un livre de base dont personne évidemment n'avait entendu parlé ici, à commencer par Perrault et son cabinet d'architectes en charge du projet Tolbiac. C'est moi qui le leur ai fait connaître.

En tout état de cause, un magasin ne doit pas être trop étroit, sous peine de productivité trop faible. C'est en effet l'étroitesse des tours, c'est-à-dire des étages, qui fait problème, exactement à l'inverse de la conception d'un grand magasin. Sur cette question, Biasini peut difficilement se déjuger parce qu'il a engagé la totalité du futur bâtiment. Je dois d'ailleurs déjeuner le 20 avec lui. J'évoquerai ce point de discussion avec prudence. Mais je l'évoquerai. Jamet, comme on disait autrefois, marche au canon : il suit la ligne officielle et il laisse faire, même s'il est sans illusion sur la question des tours.

Accidents, dysfonctionnements et conflits divers

Comme si les choses n'étaient pas déjà suffisamment compliquées dans le psychodrame actuel, notre informatique tombe régulièrement en panne. Ce sont les conséquences de l'absurde décision de 1983 de nous marier à GEAC. Elle serait venue de Chevènement, excellent homme par ailleurs mais doté d'un nationalisme exacerbé. Le sigle IBM l'a manifestement fait tressaillir. A l'époque, en effet, on avait le choix entre plusieurs systèmes informatiques pour le traitement de nos gigantesques fichiers : TITN, Système+Médicis (surtout valable pour les bibliothèques universitaires), le logiciel WLN lié à IBM et GEAC, un petit nouveau franco-canadien et dont le poids était évidemment bien moindre que celui d'IBM. L'un de nos responsables informatiques s'est fendu, à cette occasion, d'un « prenons un petit con au lieu de choisir le grand mastodonte. » En dehors des raisons purement politiques, le faible coût de GEAC aurait également joué, semble-t-il, en sa faveur. Curieusement, au même moment, au ministère des Finances, on prônait IBM. Quoi d'étonnant : on voulait un système fiable. Pas à la Culture apparemment car non seulement elle s'est tournée vers des opérateurs peu connus mais au lieu d'en choisir un, elle en a pris deux. Jean Gattégno a opté pour une filière française (LIBRA), un système qui ne marche pas du tout — mais je me suis bien gardé de l'attaquer. La BN, pour sa part, a fini par trouver cette petite firme canadienne, GEAC, laquelle devait fonder une filiale française — ce qu'elle n'a jamais fait — de façon à ce que notre administration donne le sentiment d'acheter hexagonal. Résultat, chaque fois que nous avons une panne, un seul type est capable de la réparer. Il s'agit d'un Anglais qui habite Bristol, de l'autre côté du canal, ce qui allonge encore les délais de déplacement. Nous sommes totalement sous sa dépendance. Avec le décalage horaire entre la France et l'Angleterre, le moindre dysfonctionnement rend la situation cauchemardesque. Comme le gars est assez flemmard, il se contente de bricoler un peu son programme et, au bout de deux jours, tout retombe en panne. Sur les 400 000 notices, allant de 1970 à 1974, nous n'en avons chargées que 20 à 30 000.

J'avais d'ailleurs obtenu de Jean-François Revel qu'il écrive à ce sujet un petit article de quelques lignes dans *Le Point.* Mais son papier est passé complètement inaperçu.

Un sujet inépuisable

Nouveau déjeuner avec Jamet. La rencontre n'était pas désagréable car nous avons Vichy en commun par le biais de nos pères respectifs : le mien comme ancien ministre de Pétain et celui de Jamet comme journaliste et collaborationniste jusqu'à la fin de l'Occupation. Cette particularité nous a fourni à tous les deux un sujet de conversation. Entre Pétain et Vichy, on n'en finissait plus, même au dessert. Un sujet inépuisable.

Un bruit, probablement absurde, voudrait qu'on remplace Jamet par Gattégno. Mais à mon avis, Gattégno serait peut-être pire car l'homme est un idéologue. Ce n'est pas le cas de Jamet, c'est le moins que l'on puisse dire. Lors de ma récente rencontre avec celui-ci, il m'a soufflé : « Naturellement, vous voyez Lang tout le temps. » A quoi j'ai répondu : « Non. C'est inexact. Je le vois rarement ou alors à des cocktails du ministère de la Culture. » J'imagine que ça n'amuse pas follement Lang de me rencontrer et *vice versa.* De toutes les façons, je ne suis pas de la *cabale* de Lang, pour utiliser un terme qu'employait le duc de Saint-Simon dans ses *Mémoires*. Il voit surtout des acteurs. Jamet m'a dit un jour « Lang me hait » et, je dois dire, que c'était assez touchant. Jamet cherche au fond à créer une relation un peu existentielle avec moi. Il y arrive d'ailleurs. Au fil de la conversation, il m'a raconté que son père avait des liaisons multiples et une vie sentimentale agitée. Après la Libération, il les avait plantés là, lui, sa mère et ses frères[1]. On sentait une souffrance.

En ce moment, Jamet et moi faisons front commun sur la question du dépôt légal de l'audiovisuel. On souhaiterait qu'il aille à la TGB mais c'est probablement l'INA qui l'obtiendra. Autre rappel : lors du premier conseil d'administration de la nouvelle Bibliothèque de France, Gattégno m'avait empêché d'être vice-président. Dieu sait que ça n'avait aucune importance. En fait, j'avais fini par le devenir grâce à l'amitié de Cahart qui occupait à ce moment-là je ne sais quel poste de responsabilité.

Une bataille inutile et ridicule

Sinon, la bataille de l'orthographe, déclenchée par Michel Rocard — qui a parfois de meilleures idées — se déroule sous le feu des projecteurs. Rocard ne pouvant implanter son socialisme en France se replie sur le front orthographique, sans doute essentiel à ses yeux. Personnellement, je trouve cette bataille inutile et ridicule. À ce propos, Mitterrand a eu ce mot charmant : « J'ai réussi à sauver quelques accents dont l'accent circonflexe. » Les Anglais également, depuis leur base insulaire, ont bataillé pour le maintien du circonflexe, eux qui dans leur propre langue en sont dépourvus. Je me souviens d'un voyage en Allemagne, dans je ne sais plus quelle ville, où l'on m'a montré la prestigieuse statue de l'inventeur de l'accent circonflexe qui allait conquérir par la ensuite l'Europe entière.

Un étonnant déjeuner

Nous avons eu, l'autre jour, cet étonnant déjeuner avec Laure Adler. Elle a écrit, semble-t-il, une histoire des bordels au XIXe siècle, appréciée par la critique. Je la connaissais avant, au même titre qu'Évelyne Pisier d'ailleurs. Si bien que j'ai aujourd'hui d'anciennes relations, amicales ou simplement cordiales, qui sont devenues mes supérieurs hiérarchiques. Comme LA jouit d'une assez grande influence à l'Élysée — Mitterrand l'aime bien — je l'avais invitée à déjeuner pour faire mieux connaître la BN. Entre temps, je croise Lang dans un couloir, qui me dit : « Prenez donc contact avec mon ami Mazzini, un jeune et talentueux architecte. » Acte manqué ? Idiotie ? Toujours est-il que je décide d'inviter ce jeune architecte en même temps que Laure Adler, me disant que cela ferait d'une pierre deux coups. Au début du déjeuner nous étions une dizaine de convives surtout composés de gens de la Maison. Soudain, Mazzini, qui est un ami de Perrault, déclare : « Le

[1] Dominique Jamet, *Notre après-guerre. Comment notre père nous a tués (1945-1954)*, Flammarion, 2003.

drame de Perrault, c'est que pour lui, Jamet n'est pas un client. » Et il commence à développer. Nous en étions aux hors d'œuvres et Laure Adler, entendant ces propos, se lève brusquement et dit : « Je n'admettrai pas ni ne tolérerai de tels propos. Je représente ici l'Élysée et Mitterrand. Or, Jamet, c'est Mitterrand. » Frisson autour la table. J'étais à la fois amusé et horrifié. Nous avions tous le nez dans nos assiettes. On sentait que LA était devenue une sorte d'archange, investie d'un pouvoir charismatique, avec par moments le côté désagréable du Pouvoir : l'impolitesse. On change donc de sujet de conversation et finalement le déjeuner s'est assez bien terminé. On a visité, après le repas, l'exposition qui avait lieu à la BN cette semaine-là. Par la suite, et très gentiment, Laure a envoyé un gros bouquet de fleurs à ma femme, accompagné d'un mot aimable. Il n'empêche, cette histoire dans laquelle je n'étais pour rien, a eu des répercussions désagréables pour moi. Lang était furieux. J'ai envoyé une lettre à Mazzini pour lui expliquer que tout cela avait été indépendant de ma volonté. Par la suite, certains de mes collaborateurs m'ont dit que je n'aurais jamais dû organiser ce déjeuner. Je pense qu'ils ont tort car la scène en valait la peine. Laure Adler a d'ailleurs fini par reconnaître elle-même que le projet présentait pas mal de défauts. Je ne le répèterai pas à son ami Mitterrand.

Malgré tout, certaines choses vont bien pour nous. Aux dernières nouvelles, la future BN coûterait 7,3 milliards de francs, essentiellement pour la construction, dont un ou deux milliards pour le deuxième site à Marne-la-Vallée qui doit regrouper les volumes en double. Ceci dit, mes bons amis de la rue de Valois et de l'Élysée oublient Richelieu : Ils parlent de deux sites alors qu'il y en a, en fait, trois. Nous aurons quand même 400 millions. C'est à la fois peu et malgré tout beaucoup par rapport à notre financement actuel. Une bonne partie de cette somme servira, et j'en suis heureux, à la conversion rétrospective de notre catalogue mais aussi à nos microfiches et au récolement. Au total, j'aurai donc assisté à la métamorphose de la vieille Maison et à l'apparition, coûteuse et compliquée, de la nouvelle. Il y a là quelque chose dont je suis fier.

J'ai été victime, ces jours-ci, d'un gag bien dans les méthodes de Biasini. Il a expédié une lettre à Jack Lang, laquelle était destinée à provoquer ma démission. En substance, Biasini nous calomniait soutenant qu'à la BN nous n'étions pas capables de dépenser correctement l'argent allouée. Je m'inscris totalement en faux contre ces accusations que mon collaborateur, Jean-Sébastien Dupuit, a immédiatement récusées, cela va de soi. Mais j'ai passé des moments assez durs. Biasini cherchait bien évidemment à me déstabiliser et à me faire partir. Tout s'est terminé autour d'un excellent déjeuner, dans l'un de ces bons restaurants dont Biasini est l'un des clients réguliers, grâce du reste à ces énormes crédits dont il bénéficie. En tout état de cause, ma position, comme on peut le voir, n'est pas toujours agréable. N'étant pas de leur secte, je compte les coups qu'ils s'envoient les uns aux autres : Laure Adler à l'Élysée, Biasini aux Grands Travaux, Lang à la

Culture et qui se détestent ; Jamet, Gattégno et enfin moi condamné à observer les échanges mais qui de temps en temps, reçoit un uppercut au passage.

Incidemment, j'apprends qu'il serait question de supprimer le mot « race » du dictionnaire. Un vétérinaire bien connu a quand même fait remarquer qu'il existe des races bovines, chevalines et autres. Cet homme de l'art, par ailleurs savant confirmé, a passé sa vie à les étudier notamment celles figurant dans le *Herd Book* normand. Que faire ? Comme disait Lénine.

Valse des postes

Au cours d'un dialogue entre Mitterrand et Attali, ce dernier aurait fait remarquer qu'on ne pouvait pas me vider « étant donné [ma] position intellectuelle dans le milieu des historiens. » C'est me faire beaucoup d'honneur. En réalité, je n'ai jamais prétendu à une telle position. Le vrai problème aujourd'hui est de savoir ce qu'est le ministère de la Culture. Lang a presque complètement pris ses distances avec la rue de Valois. Il s'intéresse à la ville de Blois où il espère être élu. En réalité, le Ministère est placé sous l'autorité de Beck, individu sans résonance intellectuelle et qui ne s'intéresse qu'au pouvoir. La situation est un peu analogue à celle qui sévit depuis longtemps à la Mairie de Paris : Chirac, officiellement maire de Paris, a depuis longtemps cédé les rênes à Tibéri. Au fond, que reste-t-il au ministère de la Culture ? Certains éléments de valeur comme Chevrillon et Badie. Mais ils viennent d'être vidés. L'un était directeur des Musées de France, l'autre au Patrimoine. Les conditions du limogeage de Chevrillon ont quelque chose de particulièrement affligeant. Il a reçu, un matin, une convocation de Lang, son ministre de tutelle. Il y avait eu un mort au Louvre. Il s'agissait d'un ouvrier. Ce n'était évidemment pas de sa faute. Mais il a quand même reçu un coup de téléphone fort désagréable de Jack Lang. Celui-ci l'a donc convoqué, pas du tout pour lui parler de ce dramatique accident, mais pour lui dire : « Ecoutez, vous avez fait un travail formidable mais j'ai besoin de quelqu'un qui me soit proche. Par conséquent, je vous vide. » Chevrillon était là depuis Léotard et peut-être même avant. Heureusement, il a trouvé un poste dans le privé peu de temps après. Badie, pour sa part, n'a même pas eu droit à une entrevue avec Lang mais seulement avec Beck à l'étage au-dessous. Il a été mis dans un placard et se considère comme limogé. Il est assez vexé car Raymond Barre, avec lequel il travaillait autrefois, ne lui a pas écrit de lettre de condoléances. Je reste ainsi à peu près le seul à conserver un petit reste de pouvoir dans ce champ de ruines. Jusqu'à quand ? Lang met donc progressivement en place des gens à lui. Aux Musées, on a placé de Fallois — avec lequel j'ai des relations plutôt fraîches — et Madame Rébérioux, une historienne communiste, à la direction du musée d'Orsay. De son côté, un certain Dupavillon, ami de longue date de Lang, est allé au Patrimoine. Je perçois tous ces gens au Ministère, pas spécialement comme des hommes de culture mais plutôt comme des fonctionnaires. Je leur ai expliqué que le projet architectural ne tient pas debout. Mais nous sommes-là sur le terrain du sacrilège.

S'ils me congédient, je reprendrai ma liberté et je donnerai une interview au *Monde*. Je pourrai alors dire des choses que je suis tenu de garder actuellement pour moi. Cela déclenchera un petit scandale pendant 48 heures et après tout sera oublié. En attendant, mon départ forcé est assez peu probable. Tout au moins, avant l'achèvement du nouveau bâtiment.

Beck m'avait lancé, il y a quelque temps : « Vous êtes payé pour ça, pour les emmerdements, avec les menaces de grève et les coups de fil désagréables que notre ministère vous envoie de temps à autre. » On ne saurait être plus clair.

Justement, nous avons ces temps-ci une espèce de grève rampante ou, comme on dit dans le Dauphiné, « cauvassonnante »[1]. Heureusement, cette grève n'atteint pas la salle Labrouste où les lecteurs n'y voient que du feu. En effet, les bibliothécaires- adjoints — ceux du catalogage — voudraient passer depuis un certain temps en catégorie supérieure. J'en parle donc à Beck et il me répond d'un ton sec : « Tant pis pour eux, ils ont eu ce qu'il fallait. On ne peut pas faire plus, et il ajoute toujours sur le même ton, et surtout, notez bien ceux qui font grève car il faudra le déduire de leur salaire. » L'ancien gauchiste à longs cheveux ne fait donc pas dans la dentelle.

Rocard à l'ombre du Général

L'autre jour, Rocard est venu à la BN accompagné de son officier de garde, un type à particule plutôt de droite, lequel l'a empêché d'avoir tout contact avec les grévistes. En revanche, Lang, qui sait y faire, n'a pas hésité, lui, à aller serrer la main de « ces braves protestataires » révoltés par leurs conditions de travail.

En fait, Rocard était venu visiter notre exposition de Gaulle. Cela devait faire partie de son image présidentielle. Il cambrait sa petite taille et prenait la pose, cependant que l'une de mes collaboratrices dissimulaient mal ses fous rires à propos de la robe de baptême du Grand Charles. Il se drapait dans la posture de l'homme du 18 juin, en miniature certes, mais chacun sait que nous aimons les miniatures médiévales à la BN. Le fait est qu'il est sincèrement admirateur de de Gaulle mais je pense surtout que pour un

[1] Cauvassonner signifie, en dialecte dauphinois, qui « couve ».

candidat à la présidentielle, il est bon de se donner la carrure, si je puis dire, du Général.

Sophie Bouchet, qui s'occupait de nous à l'Élysée, est maintenant Maître des Requêtes au Conseil d'État. Ce sont là ces carrières faciles qui, après un passage sur les sommets himalayens du palace présidentiel, débouchent sur les bonnes planques des institutions napoléoniennes. Ceci dit, elle est aimable avec nous. Elle m'a invité à l'Élysée pour son cocktail de départ. Tout le gratin s'y trouvait : Bianco, les exécutants mais Attali n'était pas là, pas plus que Mitterrand. Les élyséens ont fait de petits speechs et certains expliquaient comment ils écrivaient les discours de Mitterrand. Ce fut très drôle.

Et toujours « des cabales, des factions, et des coups bas »

Depuis le 16 août, s'est développée tout une campagne de presse, dans laquelle, je le reconnais, j'ai ma part. Un motif supplémentaire de limogeage. Entre temps, l'article de Fumaroli concernant notamment nos problèmes, est paru dans *Le Figaro*. Je voulais lui faire mettre de l'eau dans son vin et bien que je ne l'aie pas écrit, on pense chez Biasini que j'en suis l'auteur. Nous avons fait semblant d'être plus ou moins en désaccord l'un avec l'autre même si, bien sûr, il peut exister des divergences réelles. Nous avons un peu joué la comédie. Le fait est que Fumaroli veut maintenir un ou deux millions de vieux bouquins à Richelieu. Moi je pense qu'il faut jouer franc-jeu : si on déménage, alors on déménage tout. En effet, une nouvelle date de césure circule actuellement, laquelle m'afflige au plus haut point : 1875. Petite divergence entre nous, donc. Cela nous a permis de mimer l'apparence d'un désaccord. En toute amitié, bien sûr. Le texte de Fumaroli n'a pas eu beaucoup d'échos, mis à part quelques bruissements dans certains milieux parisiens. Marc est actuellement aux États-Unis. Comme Higonnet, il a des positions trop radicales à l'encontre du projet de Mitterrand. Mais, en même temps, il possède un point de vue solide sur l'inconvénient des tours.

Je me suis rendu récemment au congrès de l'IFLA où j'ai rencontré, entre autres, le nouveau directeur de la Bibliothèque nationale du Japon. Les Japonais, je le rappelle, ont privatisé la salle de lecture de leur BN. Impensable en France. Du coup, les livres arrivent deux fois plus vite sur la table des lecteurs. Ils construisent par ailleurs leurs magasins en souterrain, à cause des tremblements de terre mais aussi parce qu'ils pensent que l'air conditionné, dans un tel environnement, coûte moins cher. Point de vue radicalement inverse, on le voit, du projet français. Obsession ? Je ne crois pas mais je trouve idiot de se lancer dans une architecture non fonctionnelle et qui va coûter cher en crédits de fonctionnement et notamment en électricité. Indéniablement, les tours constituent en ce moment l'une des pommes de discorde majeures entre les protagonistes du projet, fussent-elles discrètes. Car dans les réunions personne n'en parle et moi-même « J'observe de Conrart le silence prudent », pour reprendre les vers de Boileau. Comme on le sait, Conrart était le plus grand écrivain du XVIIe siècle mais ce titre était tellement imposant qu'il n'a jamais rien osé publier à part quelques hymnes protestants. Personnellement, j'ai beaucoup publié mais pas sur la BN. Évidemment, Biasini et Jamet fulminent contre les attaques anti-tours. En somme, Jamet, moi, Biasini et tutti-quanti, nous nous déstabilisons les uns les autres — pour ne rien dire de Jack Lang.

Je crois néanmoins que la pose de la première pierre est prévue pour 1992. J'ai découvert hier, dans le compte-rendu du conseil d'administration de la TGB, un texte de Goldberg en date du 2 août 1990. Je devais être présent mais probablement à moitié assoupi. Globalement, il était question de l'état d'avancement du projet au 20 juin 1990 — sans doute daté par la suite du 2 août — et dans lequel on prévoit un déménagement en quatre ou cinq ans.

Les mêmes thèmes reviennent sans cesse dans les conversations : l'air conditionné trop cher, l'éloignement des salles de lecture par rapport aux magasins, etc. Ne rabâchons pas. Il existe une polémique sur la surface utile puisqu'on n'arrive pas à savoir si chaque étage des tours aura 1030 m^2 de surface utile — thèse de l'architecte — ou moins. Je n'ose pas trop le lui demander, par pudeur. Je me renseigne donc de mon côté du mieux que je peux. Les seules tours dont les bibliothécaires soient satisfaits seraient, je l'ai dit, les tours de la Northwestern University où chaque étage s'étend sur 1300 m^2. Mais même dans ce cas, elles ne font pas l'unanimité, certains estimant leur superficie encore trop faible. J'ai dit carrément à Biasini : « Vos tours sont absurdes. » Il ne m'a pas directement répondu. Il a simplement fait remarquer : « C'est le Président qui veut son cloître. » Mitterrand est en effet obsédé par les cloîtres et par ce qu'il appelle la civilisation pastorale de l'époque médiévale. Lui-même l'aurait confirmé un jour à Élisabeth Badinter alors qu'ils en visitaient un. Au total, on aura donc hérité d'une pyramide égyptienne, d'une arche biblique et d'un cloître gothique.

Pour passer à autre chose, et contrairement à ce que je craignais, la Culture n'est pas touchée par les réductions budgétaires, en dépit des événements du Golfe. En fait, le souci avec la Culture est qu'on y traite les problèmes en bloc, sans discriminer l'utile du ridicule. En l'occurrence, les 400 millions dont je parlais plus haut seront appréciables pour nos projets BN. Je suis, par ailleurs, en train de me renseigner sur les rythmes possibles du déménagement. Une des plus grandes bibliothèques de Chicago a déménagé, paraît-il, un million huit cents mille volumes en quinze jours soit cent vingt milles volumes par jour. A ce rythme, il nous faudrait cent jours pour notre déménagement — comme pour Napoléon en 1815.

Des bruits courent en ce moment concernant une fois de plus ma succession. Rien de sérieux à vrai dire mais j'avoue être un peu agacé. Une thèse domine : tant que Jamet sera en place, j'y resterai également. Un peu comme les tours de l'église Saint-Étienne de Caen pendant la guerre : tant qu'elles subsisteront, disait-on, la monarchie anglaise ne périra pas. C'est la raison pour laquelle les Anglais auraient épargné le quartier Saint-Étienne. En réalité, les britanniques s'en fichaient royalement. Jamet, en fait, étant assez contesté, si on me limoge, ça ferait mauvais effet. On a gardé l'incapable et on a vidé le spécialiste, diraient les gens. Évidemment ma position est quelque peu ébranlée par tous ces articles très critiques qui paraissent dans la presse sur le projet Mitterrand. On m'accuse même de les avoir écrits. Ce qui n'est pas tout à fait exact. Du reste, Biasini dit partout que je suis frustré puisqu'on a donné à Jamet la tâche qui me revenait de droit. Il est vrai que je trouve le projet idiot, du moins quant à l'architecture, mais il faut le soutenir comme la corde soutient le pendu. Ceci dit, il est proprement scandaleux qu'on me tienne à l'écart comme on le fait actuellement.

En attendant, nous cherchons toujours à mettre notre catalogue BN sur Minitel. Mais la Bibliothèque de France tente de nous en empêcher car ils veulent en faire autant. Ce sont là les petits jeux de l'amour et du catalogage. Ainsi en va-t-il de mes échanges avec Gattégno. Chaque fois que j'ouvre la bouche dans une réunion, il me contredit avec une vigilante amitié, suivi d'ailleurs par Jean Favier — dont le double jeu dans cette affaire me laisse pantois[1] — et même quelquefois par de bons amis à moi comme Pierre Nora et l'excellent bibliothécaire Joly. Mais je comprends bien que ces deux-là doivent tenir compte de l'existence de deux camps et des rapports compliqués de Gallimard avec le gouvernement d'une part et la BNP d'autre part. Il ne faut pas se cacher la mainmise des banques sur les médias. La SOFIRAD règne sur la plupart des radios périphériques ainsi que sur les chaînes de télévision, me dit-on, sauf peut-être *La Cinq*. Hersant lui-même, propriétaire de *La Cinq*, est très endetté auprès des banques, lesquelles ont des liens étroits avec l'État, et le malheureux Hersant, attaqué de toutes parts — y compris à cause de son passé — ne peut pas y aller trop fort. On me dit que la BNP, par ailleurs, a racheté la part d'Isabelle Gallimard ce qui n'est pas forcément contraire aux intérêts de notre Maison. Mais on parle aussi, à ce propos, des liens de la BNP avec Laurence Soudé, veuve d'un des plus vieux compagnons de route de François Mitterrand. Du Saint-Simon pur jus : des cabales, des factions, des coups bas. Quitte à me faire accuser, une fois de plus, de comparatisme sauvage, je dirais que l'univers mitterrandien n'est pas sans rappeler le système des trois cabales[2]. C'est un peu le monde que décrivait, de son côté, ce grand spécialiste de sciences politiques qu'était

[1] « Dès cette époque, le cher Favier me guettait déjà pour prendre ma succession. Il y parviendra d'ailleurs quelques années plus tard puisqu'il deviendra le 1er administrateur - pardon, « président » - de la BNF » (ELRL).

[2] Emmanuel Le Roy Ladurie, « Système de la cour (Versailles, vers 1709) », rééd. revue et complétée, in *Le territoire de l'historien*, T. II, Gallimard, 1978, p. 275-299.

Moïseï Ostrogorski. Nous nous trouvons dans l'univers des appareils avec, un peu partout, des tireurs de ficelles et des manipulateurs. Sans doute, cela a-t-il toujours été plus ou moins le cas. Mais là, nous avons un mélange insolite entre le gaullisme, la mafia PS, les catholiques de gauche, les protestants, les maçons et même quelques droitiers, j'en passe et des meilleurs. Il existe d'ailleurs des généalogies étranges : Attali aurait été l'élève de Caveing, philosophe communiste. Mais après tout, j'ai bien eu pour maître un autre communiste : l'excellent historien Jean Bruhat.

Tout en haut de ces différents groupes de pression, trône un vieux monsieur et ses lubies auxquels nous devons nous soumettre.

Craintes et espoirs

Il y a peu, j'ai rencontré Toulet, le chef de la réserve des imprimés, autrement dit la perle de nos collections. Il m'a confié : « Entre nous, j'encourage tous les conservateurs parisiens à quitter la BN car ici c'est fichu. » Pour lui, la BN serait devenue le radeau de la Méduse. Je suis un peu épouvanté par ce pessimisme que je ne partage pas. Selon lui, les rats quittent le navire et la devise de l'établissement Jamet se résumerait à : « Ote-toi de là que je m'y mette ! », un procédé pour des gens aux dents longues, incompétents ou non, afin de s'emparer de notre légitimité. Du coup, le brave Toulet dit à ces conservateurs « Foutez le camp pendant qu'il est temps.» Je réagis vivement à son propos et pourtant il n'a pas complètement tort. Nous sommes en effet tolérés mais tenus à l'écart des grandes décisions. C'est tout au moins le discours que j'ai tenu l'autre jour chez Biasini. Les gens de la BN sont évidemment amers et certains n'hésitent pas à dire que l'équipe Jamet prend toutes les places et qu'on les enverra à Tolbiac pour nettoyer les latrines. L'autre jour, pour éviter un risque de grève chez les bibliothécaires-adjoints, je me suis rendu chez le directeur de cabinet de Durafour. Les ministres d'ouverture me soutiennent en effet un peu, à l'exemple de Soissons, lequel voudrait installer une industrie de la microfiche à Auxerre. Soissons est un type compliqué mais très aimable. Il n'est pas un homme d'appareil et pour moi c'est déjà énorme. Au gouvernement, tout n'est donc pas complètement perdu pour la BN. Comme aurait dit, une fois de plus, Saint-Simon, dans un langage modernisé, il y a des transgressions dans les cabales. J'essaie ainsi de me rallier quelques ministres d'ouverture comme Stoléru et quelques autres. Soissons est donc venu déjeuner hier à la BN. Sa femme était plutôt d'assez méchante humeur et en partant ils n'ont même pas songé à remercier mon épouse. Celle-ci était furieuse. Toujours est-il qu'en quittant les lieux, Soisson m'a confié : « Les ministres d'ouverture vous soutiennent.» Vrai ou faux, il n'empêche que si je suis viré ils ne lèveront pas le petit doigt.

Avec la crise, Mitterrand remonte dans les sondages tandis que RPR et UDF négocient leur union. Je profite toujours de l'exposition de Gaulle pour inviter un maximum de gaullistes historiques. Ainsi, ai-je fait venir Pasqua discrètement, par la porte du fond ainsi que Santini, son ami de toujours. Juppé devait se déplacer également ainsi que Longuet qui a demandé à me voir. Tout cela ne mène pas à grand-chose. Je garde en fait le vague espoir, mais qui sera sans doute déçu, d'un retour de l'opposition en mars 1993. Est-ce que le changement de majorité changera quelque chose pour nous ? On verra bien. En tous cas, la droite, elle, croit en sa victoire prochaine. On peut le regretter mais une chose est sûre : ce changement de majorité serait pour la BN l'occasion de reprendre les choses en mains. Certes, les tours seront érigées, nous n'y pourrons rien mais sur d'autres aspects du projet, on sera encore en mesure d'intervenir.

L'un des grands débats actuels porte sur la salle de lecture. Nous avons en face de nous une coalition bizarre : Jamet, l'homme qui vient de la droite dure et Gattégno, issu de la gauche radicale. Tous les deux détestent la BN. Jamet n'y a jamais mis les pieds et Gattégno ne l'aimera que le jour où il en sera président. L'un des modèles qui circulent actuellement, s'agissant des futures salles de lecture, serait une bibliothèque populaire d'un côté et la nouvelle BN de l'autre. Entre les deux, on placerait un portillon gardé par un cerbère. L'idée sous-jacente à ce modèle, c'est qu'il ne faut pas que le public vienne en masse consulter les précieuses collections. Le principe n'est pas totalement déraisonnable mais l'équipe Jamet refuse ce dispositif, penchant plutôt vers quatre salles avec, chacune, leur salle populaire. Nous, depuis notre observatoire de Richelieu, nous en accepterions au grand maximum quatre : une salle générale de lecture et trois salles spécialisées attribuées au Droit, aux Sciences économiques et aux sciences dures. Mais tout cela reste encore bien vague.

Je suis allé passer quelques jours en Guyane pour assister au lancement de la fusée Ariane. J'y ai même attrapé un microbe local. Le spectacle en valait la peine. Je suis un ami de Lions, un vieux copain par ailleurs Président du conseil d'administration du Centre national d'Études spatiales (CNES). Ce gros pétard qui monte comme un feu d'artifice m'a impressionné. Le milieu de l'aérospatial semble infiniment plus intéressant que le milieu Tolbiac. Ce sont en effet des gens compétents, simples, modestes, sortis comme il se doit des Grandes Écoles. Ceci dit, là aussi existe tout un système de cooptation dont les femmes ne sont d'ailleurs pas les dernières à profiter.

Dernièrement Chirac est venu dîner à la BN avec son épouse et l'une de ses collaboratrices. On a prédit à cette dernière qu'elle finirait dans les Télécoms. De ce point de vue-là, Mitterrand a l'esprit très large. En Amérique, ce serait plus difficile car le puritanisme est tel que les présidents sont obligés de cacher leurs frasques. En France, c'est assez différent, il y a cette tolérance qui remonte à la monarchie et que l'on a appelé la tradition

Pompadour. Pour en revenir au modèle américain, Eisenhower avait envisagé de divorcer d'avec son épouse, surnommée Mamy, pour épouser sa maîtresse. C'est alors que son vieux camarade de West Point, le général Marshall, lui aurait télégraphié : « Ike, ferme ta braguette. Tu vas être président des États-Unis. Ne fais pas le con. » Toutes ces histoires de cabales, de factions, d'adultères, que j'évoquais tout à l'heure, me rappellent bien sûr Saint-Simon mais aussi un excellent ouvrage de Namier relatif au système des factions dans la cour des rois George aux XVIIIe et XIXe siècles.

Une histoire familiale

S'agissant de ma famille, elle a compté en fait deux grandes figures : mon père bien sûr et mon oncle, Gabriel Le Roy Ladurie. Ce dernier était considéré aux yeux de la fratrie comme un génie. Il avait commencé comme petit employé de banque en Pologne, juste après la guerre de 14, pour fonder par la suite la banque Worms. Worms était en effet une entreprise maritime, dirigé par un certain Gabriel Worms. Ce dernier avait pris mon oncle comme adjoint et Gabriel avait fini par créer la banque du même nom dont il avait fait une puissance assez influente dans l'entre-deux-guerres. Il était l'ami de Paul Reynaud et du Comte de Paris — qui l'avait poussé à s'engager dans la Légion étrangère juste avant 1940. Mais il n'a pas eu, comme beaucoup d'autres, le flair suffisant pour comprendre que Vichy n'était pas une partie gagnée d'avance. En tant que banquier, il joua un rôle certain entre Paris et Vichy. Toujours est-il que le groupe de La Synarchie, dont les deux frères étaient adhérents, a été très influents dans les ministères vichystes au début des années 1940. Mon père fit partie de celui d'avril à septembre 1942 — pas la meilleure périodisation, bien sûr. Peu à peu mon oncle a bien compris que ce choix pouvait s'avérer dangereux. Un jour, un monsieur qui pensait qu'il était dans la Résistance — mon père, lui, en était mais de celle de la droite catholique — lui a demandé : « Que dit le grand chef ? » Et mon oncle lui a répondu : « Le Grand chef a dit : silence, prudence ! » À la Libération, ils ont tous les deux fait de la prison. Pas très longtemps. Mon oncle s'en est sorti sans trop de mal et mon père a été condamné à une espèce d'indignité nationale avec sursis. Par la suite, mon oncle a refondé un groupe financier mais il est mort assez rapidement d'un cancer des poumons. Il a eu beaucoup d'influence sur moi. Pas politiquement bien sûr mais par son aura. Il était très prestigieux dans la famille et un peu ailleurs aussi. On a du reste souvent confondu le destin des deux hommes. Quand le ministère où se trouvait mon père a été formé en avril 1942 — ministère dirigé par Pierre Laval — Radio Londres a parlé du banquier Ladurie. Ils avaient confondu mon père et mon oncle. Cela s'est encore produit récemment avec une journaliste du *Monde*.

J'ai envoyé une lettre de protestation et puis j'ai laissé tomber. En fait, je m'en fiche un peu.

— Est-ce si sûr ? Ne disiez-vous pas plus haut avoir rejoint le PC un peu en réaction avec l'engagement de certains membres de votre famille [1] *?*

En fait, les choses sont un peu plus complexes. Mon entrée au PCF s'est produite en 1949, bien après ces événements. Quoi qu'on pense, je n'ai jamais eu la tentation de suivre l'orientation paternelle. J'avais été en effet un communiste très dur et on ne peut pas impunément passer d'un bord à l'autre. Il est trop facile de se reconvertir, d'aller à l'ENA et d'entrer ensuite dans les affaires. Il m'a semblé qu'il était préférable de suivre une certaine continuité et de rester modeste professeur de lycée, faire une thèse, et ainsi de suite. Au demeurant, cette espèce de fanatisme qui fut le mien durant mes années PC, m'a amené, encore récemment, à être l'objet de vives attaques de la part d'anciens camarades tels Jean-Claude Passeron et quelques autres. J'ai donc fait carrière dans l'enseignement alors que la logique aurait voulu, une fois passée l'agrégation, d'entrer à l'ENA et d'embrasser la carrière politique.

Mon impression est que les socialistes importants que j'ai pu observer sont, me semble-t-il, assez désolés par l'effondrement du communisme. C'est un peu de leur identité qui se détruit et, par réaction, ils invitent des gens qui se lamentent comme eux sur la chute de ce régime. Je me souviens de Krista Wolf, « grand écrivain » de la RDA, venue faire une conférence et littéralement en larmes sur l'écroulement du communisme cependant que les socialistes du Ministère compatissaient à son malheur. Ainsi donc, Lang — entre autres — les invite et ces gens viennent pleurnicher dans des cocktails. Il est assez amusant d'observer cette solidarité discrète des socialistes français, certains du moins, avec les débris du communisme soi-disant dissident. J'y étais, je ne disais rien mais je riais intérieurement.

Revenons à la BN. Lors du congrès de l'IFLA, j'ai un peu expliqué ce qui se passait en France, notamment l'absurdité des quatre tours de la future BDF. J'ai toutefois demandé à ce que mes propos ne figurent pas dans le compte-rendu final pour ne pas avoir d'ennuis avec le pouvoir en place.

Inauguration prévue : mars1995

Tôt ou tard, nous aurons des élections. Il n'est pas certain que la droite l'emporte — comme le prophétisent certains — vu le sabotage lepéniste. Mais, si la droite arrive au pouvoir, maintiendra-t-elle le projet ou se rabattra-t-on sur un projet plus modeste comme celui que j'avais proposé ?

---

[1] Cf. p. 20 et *passim*.

Qui peut le dire ? Mais maintenant que la machine est sur les rails, peut-on encore l'arrêter ?

Concernant la création du catalogue informatisé, sur les onze millions de notices à prévoir, nous en avons déjà informatisées plus d'un million dont sept cent mille concernant un auteur et un titre, le reste se composant des anonymes, etc. Il va sans dire que tout cela suppose une informatisation sans faille.

À propos de l'INA, Tasca, Lang et Mitterrand ont tranché : la bibliothèque de France et la BN garderont le dépôt légal des livres et l'INA — qui théoriquement n'a qu'une vocation commerciale — aura le dépôt légal des films, associé au Centre National du Cinéma (CNC). Cela semble définitif. La BN cependant conserverait les cassettes, supports qui deviennent au fil du temps des espèces de livre[1]. Mais, même si les cassettes deviennent des manières de livres à garder en bibliothèque, leur durée de vie ne va guère au-delà de cinquante ans, dit-on, alors que les bons vieux manuscrits ou incunables des XVe et XVIe siècles peuvent durer un millier d'années — voire plus — comme ces merveilleux manuscrits carolingiens que l'on trouve à la BN ou en Irlande. Je me souviens, lors de ma visite à Dublin, avoir pu admirer une miniature irlandaise, très ancienne et magnifiquement coloriée, qui représentait deux rats en train de pendre un chat. A moins que ce soit l'inverse.

C'est mon prédécesseur, Georges Le Rider, qui avait fait venir le dépôt légal du film dans l'espace de conservation de la BN. Un certain Aucagne, issu je crois de l'industrie privée, avait même été nommé en 1983 pour s'occuper de toutes ces questions[2].

Nous avons eu affaire, ces jours-ci, à un groupe de sénateurs, membres de la commission « Culture » du Sénat, très intéressés par la question. Il y avait là des gens de droite, un vieux socialiste, ainsi que des collaborateurs de Maurice Schumann. Tout ce petit monde est allé voir Higonnet, mon collègue de Harvard. Ils savent maintenant que les tours constituent une absurdité à la fois technologique et bibliothéconomique. En général, le grand public cultivé, selon l'expression consacré, sait qu'il y a quelque chose qui ne va pas avec ces quatre tours. Madame Escoffier-Lambiotte, éminente journaliste au *Monde*, m'a même demandé l'autre jour, à propos du projet Tolbiac : « Mais qu'est-ce que cet assassinat ? » Que répondre ?

En fait, dans le système actuel, les quatre tours compteraient chacune quarante étages sur 100 mètres de hauteur, dont quatorze étages de magasins. On imagine les innombrables renvois d'ascenseurs. Philip Leighton fait remarquer que la monumentalité de l'entreprise et l'accent mis sur sa valeur symbolique, peuvent considérablement affecter les coûts, jusqu'à les

---

[1] Ces cassettes de films font aujourd'hui figure archaïque mais elles étaient prises en compte à l'époque dans le dépôt légal.

[2] Cf. p. 29, 58.

augmenter de 50%. Tout le problème est là : entre la fonction utilitaire d'une bibliothèque et son aspect esthétique, il faut choisir. On est, une fois de plus, face à l'antagonisme fonctionnalisme ou structuralisme, Malinowski ou Lévi-Strauss. En l'occurrence, le structuralisme des tours est incapable de revêtir certains avantages esthétiques tandis qu'un fonctionnalisme rigoureux pourrait éventuellement être porteur de beauté mais à un coût nettement moins élevé.

« Un projet immarchable »

Notre ami Jamet va organiser un colloque avec une vingtaine de personnes. Il m'en a informé aimablement, lors d'un déjeuner, au congrès de l'IFLA à Stockholm. Mais, j'avais eu connaissance d'un certain nombre d'informations notamment sur les crédits de fonctionnement de la future TGB par des collègues japonais, un mois avant que Jamet m'en parle. Bref, tout cela va être coûteux, on s'en serait douté. On passera ainsi d'un budget de fonctionnement BN de 300 millions tout compris (salaires inclus) à un budget BDF de plus d'un milliard et demi. Même Chirac aurait dit, à ce propos, que le projet était « immarchable ».

Une fois encore, la comparaison entre Mitterrand et Louis XIV est tentante. Le Roi Soleil est un fonctionnaire. Il fait un château, assez bas de plafond et qui se prête très exactement à ce qu'on attend d'une cour royale. Louis XIV dispose en effet d'un espace immense — comme nous à Tolbiac — mais il ne fait ni tours, ni château médiéval. Il a compris que ce style architectural était passé. Il construit un building tout à fait fonctionnel, à peu d'étages et pas spécialement beau. En dépit de la présence d'une salle d'une grande splendeur — la Galerie des glaces — Versailles reste, pour le logement du courtisan moyen, une espèce d'HLM. C'est ainsi que Saint-Simon, initialement logé dans une sorte de cul-de-basse-fosse avec sa femme, n'a pu disposer d'un bel appartement à Versailles que lorsque son épouse accéda à une fonction importante auprès des princesses. Il pouvait enfin inviter les gens à dîner.

Pour en revenir à Tolbiac, et d'après ce que je sais, la décision se serait appuyée sur certaines considérations plus ou moins politiques : on avait choisi un sino-américain — Pei — pour la pyramide du Louvre. Il s'agissait désormais de choisir un Français et ce fut ce malheureux Perrault qui l'emporta. En fait, le cahier des charges était, dès l'origine, invraisemblable. Jamet l'avait-il seulement lu ? Rédigé par deux jeunes collaborateurs, il comportait, entre autres, ce projet cocasse d'une bibliothèque tripartite : une BN pour les jeunes, une BN pour les vieux et une BN pour les savants. A partir de là, les architectes sollicités — face à un jury bidon puisque c'était Mitterrand qui décidait — ont présenté une vingtaine de projets, tous aussi difformes les uns que les autres ou totalement saugrenus. Parmi ceux-ci, il y en avait un, en particulier, composé de trois espèces de marmites dont chacune abritait une bibliothèque différente. Un bibliothécaire nord-américain, que Mitterrand avait placé là pour la forme, se réjouissait surtout de faire un beau voyage à Paris pour l'occasion. Il se fichait des tours comme de l'an 40. Comme il me le fit remarquer très gentiment : « En France, vous ne faites jamais rien comme tout le monde.» Perrault aura eu au moins le mérite de présenter un projet non dénué d'une certaine valeur esthétique. Pour autant, celui-ci n'est pas fonctionnel pour la bonne et simple raison qu'il n'a pas été conçu dans ce but. Il pourrait en effet servir à de toutes autres fins. Le président de la République avait peut-être une idée déjà faite ou bien il a choisi la maquette qui lui semblait la moins consternante. Il se dit qu'on aurait là une symbolique du verre et de la transparence. Personnellement, j'ai surtout eu écho de la symbolique des quatre livres ouverts sous la forme de quatre tours. En fait — mais comment savoir ? — cette symbolique aurait été inventée après coup, alors que le projet Perrault avait déjà été accepté ou sur le point de l'être.

Madame Badinter me dit qu'à gauche, on considère la polémique contre les tours comme terminée. On n'y peut donc plus rien.

Varia

J'ai revu dernièrement Jacques Julliard. Il doit rencontrer Mitterrand mardi prochain. Mais il m'a dit, toujours courageux, « je ne lui en parlerai pas. Les carottes sont cuites.» En fait, il faudrait construire un bâtiment à la fois beau et fonctionnel où on aurait la place pour faire des jardins et des magasins, en grande partie souterrains[1]. Le problème avec Mitterrand est qu'il veut marquer l'espace public de son empreinte. Il a d'ailleurs déjà commencé à le faire. Après l'Arche de la Défense et la Pyramide du Louvre on a maintenant le Taj Mahal de Tolbiac. En conséquence, quand les gens monteront sur les tours de la BDF, ils verront l'Arche au loin et Paris sera devenu l'immense tombeau de Mitterrand.

Les choix de Mitterrand sont parfois invraisemblables. Il y a d'abord eu Attali, Jamet n'en parlons pas et maintenant on parle de mettre à la tête de cette université française de Moscou, Marek Halter un monsieur qui n'est pas un universitaire mais un touche-à-tout sans génie. L'homme n'est pas méchant, tant s'en faut, mais il reste quand même d'une extrême médiocrité. Dans le même ordre d'idée, Madame de Saint-Phalle, rencontrée récemment, m'a confié qu'un des responsables, placés à la tête des services secrets dans les premières années du septennat, avait fait plusieurs séjours en hôpital psychiatrique.

---

[1] C'est ce qui s'est partiellement produit.

Dernière information sur le transfert des livres. Selon le procès-verbal du conseil d'administration du 20 juin 1990, envoyé le 6 août à tous les responsables de la BN, les premiers magasins du nouvel établissement seront disponibles courant 1994. C'est court. Mais le président est frappé d'une maladie assez fréquente chez les chefs d'État : « l'inaugurite. » Il veut inaugurer le nouvel établissement avant son départ de l'Élysée. La date est d'ailleurs déjà fixée. Tolbiac, qui ne sera certainement pas terminé, va être néanmoins inauguré le 20 mars 1995, juste avant la fin de son mandat[1]. Comme toujours, les considérations personnelles du chef de l'État prennent le dessus sur les nécessités scientifiques et bibliothéconomiques. On va donc inaugurer une bibliothèque quasiment vide[2]. Autrefois, pour ce genre d'événement, les bâtisseurs posaient une première pierre, on mettait des pièces d'or dans un trou *ad hoc*, on se munissait d'une truelle d'argent et l'archevêque local bénissait le nouvel édifice. Là, le point de vue est tout autre. Il s'agit d'empêcher que le Rocard ou le Giscard recueillent le bénéfice de l'opération. Je ne vois pas d'autres raisons. Nous allons donc être obligés de déménager Richelieu en septembre 1994 alors que, selon Goldberg lui-même, il nous faudra quatre ou cinq ans pour tout transférer. En effet, le nouvel établissement ne sera vraiment en état de marche qu'en septembre 1998 ou 1999. Toujours le même cantique : *ad majorem Mitterrandi gloriam*[3].

La chose semble se confirmer : on va bel et bien déménager deux cent mille volumes pour que Mitterrand puisse inaugurer des rayonnages pratiquement vides, le reste — soit 10 800 000 volumes — ne venant que plus tard. Selon certains, si l'établissement n'est terminé, du moins pour le gros œuvre, qu'en septembre 1998, il faudrait transférer des millions de livres en septembre 1996 voire en janvier 1997, c'est-à-dire au moins deux ans après l'inauguration de circonstance de 1994. Toujours ce système régalien aux dépens du bon déroulement démocratique ou tout simplement du bon sens. L'opposition commence d'ailleurs à s'y intéresser un peu. Incidemment, Pierre Chaunu me disait ces jours-ci que la santé du Président donne à celui-ci quelques soucis. Mais nous sommes-là, une fois de plus, dans le secret d'État.

J'ai eu quelques contacts avec Gérard Longuet, un type intelligent ; avec Pascal Clément, qui a été vice-Président de je ne sais trop quoi ainsi qu'avec Giscard et Chirac. J'ai l'impression que Pascal Clément s'intéresse un peu à ces questions. Tous ces gens de l'opposition essaieront de discuter de nos problèmes en commission des finances du Sénat. Le danger serait évidemment qu'on refuse en bloc les crédits au projet élyséen, ce qui, au point où nous en sommes, serait absurde.

---

[1] L'inauguration du bâtiment aura lieu le 26 mars 1995.

[2] L'ouverture des salles du rez-de-jardin date, elle, du 9 octobre 1998.

[3] « Pour la plus grande gloire de Mitterrand ».

Pour retourner au quotidien de la BN et à ses « turpitudes », nous nous retrouvons en ce moment avec une soixantaine d'emplois vacants, ce qui constitue un déficit en main-d'œuvre considérable. On devait nous affecter trente-huit magasiniers. Un concours national a donc eu lieu en avril dernier et finalement nous avons obtenu trente-neuf affectations dont cinq hommes et trente-quatre femmes. Sur ces trente-neuf, il y a déjà douze ou treize désistements. Ce sont des gens de province, aux salaires modestes mais qui jouissent évidemment d'un pouvoir d'achat supérieur en zone provinciale par rapport à Paris. Ils n'ont donc pas envie de déménager dans la capitale et on les comprend. Nous n'aurons, au bout du compte, que vingt-quatre ou vingt-cinq magasiniers. Il faudra alors organiser un nouveau concours, soit parisien soit purement BN. Ou pas de concours du tout pour que l'on puisse recruter de façon empirique. Comme toujours, les méthodes de la fonction publique ont quelque chose d'inimaginable et peu connues des gens. Va-t-on manquer de personnel ? Certainement. Mais on fera ce que l'on fait toujours dans ces cas-là : on gèrera la pénurie. Une manière comme une autre de ne pas augmenter le nombre de fonctionnaires. A l'inverse, pour le récolement il y aura soixante-dix embauches de plus. Il faudra des toilettes supplémentaires et autres commodités. Tout cela est compliqué.

La polémique sur les tours — encore elles — est en train de devenir un ballon de football politique entre droite et gauche. Biasini est un personnage capable mais décidément un drôle de type. C'est un courtisan à la Saint-Simon. Il est intelligent, efficace, beaucoup plus agréable que Jamet mais il reste tout de même un homme de pouvoir et d'intrigue. Il sait ce qu'on doit faire pour ne pas déplaire au Prince.

J'ai vu ces jours-ci Pierre Nora, vieil ami au même titre que Jacques Julliard. Tous deux sont plus ou moins les conseillers *de facto* de la Bibliothèque et ils savent très bien qu'on ne doit plus évoquer les tours, sujet devenu tabou. Cela leur permet en revanche de parler d'autre chose et après tout c'est ce qui importe. Les critiques que je formule à juste titre contre certains des excès du projet Mitterrand, circulent dans Paris et me font certainement du tort quant à mon maintien au poste d'Administrateur général. Mais, faut-il nécessairement garder le silence ? Je suis absolument hostile à cette idée. Il existe trop de sottises sur les problèmes d'architecture. C'est du reste ce que j'ai expliqué à Pierre Nora. Ceci dit, il a raison sur un point : Mitterrand a donné, à juste titre, un coup de pied dans la fourmilière et a remis les bibliothèques à l'ordre du jour. Il a, par ailleurs, pris des décisions judicieuses comme d'empêcher l'adjonction d'une piscine (« l'aqua boulevard ») ou de refuser des salles de cinéma autour de la nouvelle Maison. Au fond, Jamet voudrait, par le biais de la Bibliothèque, introduire ou réintroduire l'audiovisuel. Sur ce point, il n'a pas tout à fait tort. Par ailleurs, l'idée d'une salle de presse à l'américaine, avec 300 journaux quotidiens venus du monde entier, est parfaitement justifiée. Mais, en aura-t-on les moyens ? Étant donné l'énormité des crédits de fonctionnement nécessaires, il serait, par exemple, déraisonnable de maximiser à l'excès l'audiovisuel avec des espaces particuliers réservés par exemple à Michel Foucault, à l'anniversaire de 1789, à la révolution dans les pays de l'est ou autres. Cela chargerait inutilement le bateau. C'est toujours la même chanson : les socialistes tapent au tiroir-caisse et, de temps à autre, commencent les guerres.

Mes relations avec Laure Adler, qui gère nos affaires à l'Élysée, sont difficiles. Elle est l'œil de Mitterrand à Richelieu. Je dois avouer qu'elle me fatigue. Quand je viens lui rendre visite, elle me fait toujours poireauter une heure dans son antichambre, que j'emploie à lire de vieux romans policiers de la série noire. Je pense qu'elle éprouve un très grand plaisir à faire ainsi attendre un professeur au Collège de France. Mais il m'est difficile de le vérifier. J'ai du reste rencontré sa mère, très aimable, qui m'a dit avec fierté être la mère de Laure Adler. J'ai cru comprendre que cette dame était à la fois auvergnate et giscardienne. Pour en revenir à Laure Adler, elle possède dans son bureau un Soulages — pas forcément le meilleur — un sous-Picasso et un portrait de Mitterrand moitié pompier moitié photo.

J'ai également vu Michel Noir dans sa bonne ville de Lyon. Il a pas mal d'ennemis qui prétendent, de façon très injuste, que c'est un bellâtre frustré dont l'esprit ne va pas au-dessus du genou. Personnellement, il m'a paru plutôt cordial et m'a reçu aimablement. Son adjoint m'a confié qu'en fait il serait plutôt rocardien. Je lui ai un peu expliqué nos problèmes et tant pis si je parle trop. J'aimerais qu'on dise un jour de moi la phrase que Marc Bloch voulait faire inscrire sur sa tombe : *Dilexit veritatem* (« il a aimé la vérité »). Son vœu, pour les raisons que l'on connait, n'a malheureusement pas pu être exaucé. [1]

Marc Bloch, Lucien Febvre et les Annales

— Vous venez d'évoquer la figure tutélaire de Marc Bloch, et bien que vous ayez déjà abordé la question, pouvez-vous rappeler ce qu'il fut pour vous en particulier et pour l'historiographie en général ?[2]

Marc Bloch et son ami Lucien Febvre, fondateurs tous les deux de l'École des Annales, eurent selon moi des démarches diamétralement opposées. La pensée de Marc Bloch — et ce que je vais dire n'a rien de péjoratif — s'origine dans de pures abstractions. Celle de Lucien Febvre, de façon tout aussi séduisante, se développe au plus près de la réalité concrète. Je veux dire par là qu'elle procède des conditions les plus terriennes.

La pensée de Marc Bloch, notamment dans son grand ouvrage sur *Les caractères originaux de la France rurale,* s'appuie sur sa très vaste culture

[1] Marc Bloch, grand historien et résistant, a été fusillé par les Allemands, en 1944.

[2] Cf. p. 116 et sv.

allemande et anglaise. C'est à partir des travaux de ces deux grandes écoles historiographiques étrangères, mais aussi à partir de sa propre pensée, qu'il a élaboré ses théories et ses découvertes sur l'histoire rurale française, en particulier sur les bocages et les paysages. Il a écrit ainsi quelques-uns des chapitres les plus originaux de son œuvre agraire. Le Goff, Bercé et quelques historiens américains se sont, de leur côté, énormément inspirés de son ouvrage emblématique, *Les Rois thaumaturges*, autrement dit les pouvoirs de guérison qu'étaient censés détenir les rois de France.

En ce qui concerne Lucien Febvre, le meilleur ouvrage qu'il ait écrit sur l'histoire rurale et nationale — sa Franche-Comté sous Philippe II[1] — procède de considérations, je le répète, beaucoup plus terre-à-terre. Il s'attache en effet dans cet ouvrage à étudier à fond les archives locales, à repérer les mouvements démographiques, les crises dues à la guerre, etc. Il est donc sur ce point le prédécesseur direct de Pierre Goubert et des historiens des régions comme Abel Poitrineau sur l'Auvergne, Bartolomé Bennassar sur Valladolid et l'Espagne rurale, Alain Corbin sur le Limousin au XIXe siècle[2], François-Georges Dreyfus sur les villes allemandes ou Goubert lui-même sur le Beauvaisis.

Du fait de l'Occupation allemande, la mort prématurée de Marc Bloch et son patriotisme exacerbé, ont empêché que son œuvre puisse aller, malgré quelques publications posthumes de premier ordre, au-delà de quelques livres importants dont les deux chefs-d'œuvre déjà cités : *l'histoire rurale*[3] et *Les Rois thaumaturges*[4]. J'ai eu plus de mal, en revanche, à entrer dans son ouvrage sur la société féodale, considéré comme essentiel. Mais peut-être ai-je manqué de courage ou d'initiative. Quant à Lucien Febvre, sa *Franche-Comté* reste un grand livre. En revanche, j'oserai formuler une critique sur son Rabelais où il a réfuté l'idée d'un athéisme chez ce dernier. Peut-être n'a-t-il pas tout à fait tort mais d'une façon générale, toute idée d'athéisme au XVIe siècle n'est concevable qu'à partir de Cyrano de Bergerac quand ce dernier déclare : « Il ne faut croire d'un homme que ce qui est humain », signe univoque d'une négation du divin. Ceci dit, on peut encore remonter très en-deçà. Il y a eu, par exemple, l'athéisme italien de la Renaissance — que Febvre a largement sous-estimé — et l'athéisme à Montaillou où j'ai découvert, entre autres tendances, un certain athéisme paysan : « Dieu a été fait comme nous, foutant et merdant. » Finalement, il existe une double postérité de Febvre et de Bloch : Febvre, dans la mesure où son modèle d'histoire régionale de Franche-Comté a permis l'éclosion de très nombreuses thèses sur l'histoire régionale, françaises et étrangères. En ce sens, c'est bien Lucien Febvre qui en est le fondateur — comtois en

---

[1] Lucien Fèbvre, *Philippe II et la Franche-Comté*, 1911.

[2] Alain Corbin, *Archaïsme et modernité en limousin au XIX° siècle (1845-1880)*, 1975.

[3] Marc Bloch, *Les Caractères originaux de l'histoire rurale française*, 1931.

[4] Marc Bloch, *Les Rois thaumaturges*, 1924.

l'occurrence. Et d'autre part, Marc Bloch, dont le souci premier n'était pas régional mais national et même supranational, au sens de l'histoire comparée. Marc Bloch a été un grand historien des paysans et il fût suivi, en cela, par toute une école. Naturellement, un certain nombre de bons esprits tendent à considérer que l'histoire des paysans a quelque chose de pétainiste — ou « pétiniste », comme on disait après la guerre — et qu'elle est donc à mettre au rancard. C'est malheureusement le cas de Bernard-Henri Lévy. C'est aussi le cas d'un grand historien de Vichy, Julian Jackson, auteur d'un ouvrage tout à fait excellent — *La France sous l'Occupation* — mais que le mot « paysan » fait pratiquement vomir. Or, Marc Bloch a montré qu'on pouvait parfaitement voir le passé rural de la France sous un autre jour. Il faut rappeler à ce propos que, considérer éternellement la noblesse et le clergé au XIIe siècle et non pas la paysannerie (90% de la population de l'époque), ce serait comme un astronome qui négligerait l'énorme planète qu'il a pourtant la charge d'observer au profit d'un minuscule satellite de cet astre.

Le quotidien de la BN

Dans l'ensemble, les lecteurs ne sont pas mécontents. En fait, ils s'imaginent que le service ici est déjà perturbé par le projet BDF. Ce qui n'est pas le cas. On a encore quelques années devant nous avant le grand chambardement. L'autre jour, alors que je passais dans la salle de lecture — j'y passe au moins une ou deux fois par jour — j'ai croisé deux collègues, Contamine et Vigier, historiens assez connus, qui m'ont interpellé : « Alors ? Le personnel est toujours aussi désagréable ? » Ils ne réalisaient pas le moins du monde ce que leurs propos pouvaient avoir d'insultant pour moi. Cela me rappelle ce journaliste, rencontré le matin même et qui m'a dit : « Qu'est-ce que vous avez comme flemmards ici ! » Et de me citer le cas de ce catalogueur indélicat qui se vantait à tout vent de ne pas faire le catalogage parce qu'il était trop mal payé. Mon interlocuteur est reparti en grommelant entre ses dents : « Quelle bande de branleurs. » En fait, il y a des tas de gens bien dans le personnel, magasiniers et autres.

A propos de journaliste, l'un d'eux m'a confié qu'il était pour le maintien de Richelieu. Il voudrait qu'on y laisse au moins trois millions de bouquins. C'est peut-être ce qui arrivera. Comme on a une coupure chronologique possible en 1875, ce serait une solution. On aura décidément tout envisagé.

Lors de mon voyage en RDA, j'avais rencontré la bibliothécaire en chef d'une des plus grandes bibliothèques berlinoises. La dame m'avait servi un grand verre de schnaps — il était onze heures du matin — suivi de nombreux autres. J'étais sorti de son bureau dans l'état que l'on devine. Lors de cette visite, j'avais également croisé un doyen d'université, communiste, et lui avait demandé : « Quelle est votre légitimité ? » Il m'avait répondu : « C'est l'avenir. » Évidemment, il ne pouvait pas dire : « C'est le peuple ».

On rencontre, de temps à autre, des gens quelque peu dérangés parmi les lecteurs. Je pense en particulier à cette association dont les tracts sont disséminés un peu partout sur les tables de la salle Labrouste. On peut y lire : « autodafés à petit feu ; il est temps de sauver ces fonds irremplaçables qui meurent inexorablement par suite de l'acidification du papier. » J'ai fait retirer tous ces tracts. Cela nous fait passer pour des gens « qui laissent tout pourrir. » Jugement d'autant plus injuste que nous poursuivons ce long mais nécessaire travail de désacidification. Un papetier farfelu m'a même dit que, contrairement à tout ce qu'on raconte, l'acide conserve le papier. Mon ancêtre qui fut papetier vers 1830 a dû se retourner dans sa tombe.

On m'a parlé récemment d'un rapport du Conseil d'État, très hostile au projet Mitterrand, à Dominique Jamet et à la nouvelle Bibliothèque. Les pièces du rapport, que j'ai fini par me procurer, portaient sur l'organisation du concours d'architecte : aucune considération de coût n'était mentionnée. Le ou les cabinets ministériels consultés — s'ils le furent — étaient incapables d'avancer le moindre chiffrage. Mais le plus effarant, pour les auteurs du rapport, est qu'aucun cahier des charges n'existait. Les notes personnelles des uns et des autres montrent que les discussions au Conseil d'État avaient été longues et houleuses. Affaire à suivre.

Je vais reprendre mon cours au Collège de France en décembre prochain, après une année sabbatique bien méritée. De telles années sont volontiers accordées aux professeurs du Collège pour qu'ils se livrent à leurs recherches. En ce qui me concerne, la BN étant un emploi à plein temps, il était normal que je bénéficie d'une telle mesure.

Tandis que Mitterrand et Jamet manipulent des milliers de tonnes de béton, moi je m'occupe de l'informatisation du catalogue autrement dit du fichier BN bien connu des lecteurs.

AUTOMNE 1990

Deux mots sur mes activités journalistiques. Elles ont toujours été fréquentes et, ce, depuis le début des années 1970. Mais, actuellement, je suis obligé de les limiter quelque peu pour des raisons de temps car la BN m'occupe beaucoup. Je continue à écrire assez régulièrement dans *L'Express* où je fais des comptes rendus de livres d'histoire, récents ou plus anciens. J'y ai mes entrées depuis longtemps mais je ne suis pas sous contrat, je ne l'ai jamais voulu. Je veux être libre d'écrire ailleurs. Giesbert, avec lequel je suis en assez bons termes, me demande de temps à autre un papier mais en me confinant dans l'Histoire. On ne m'a jamais demandé un papier d'humeur. En fait, cela m'arrange plutôt vu la situation politique difficile dans laquelle je me trouve. Récemment, les gens de *L'Express* m'ont interrogé sur la « capitation », un impôt parfait de l'Ancien Régime, apparu au temps de Louis XIV quand l'État manquait d'argent. Madame Thatcher veut maintenant le réintroduire en Angleterre sous la forme de ce qu'on appelle la « *Poll Tax* ». Les Anglais se sont longtemps moqués de nous avec nos grèves et nos manifs interminables et les voilà qu'ils manifestent à leur tour contre le thatchérisme. Cela me rappelle inévitablement les révoltes populaires sauvages du XVIIe siècle contre les mesures fiscales des rois Bourbons. Pierre Goubert, notre grand historien du petit peuple, s'est vaguement intéressé à ces révoltes mais je pense surtout aux études récentes sur les nu-pieds du Cotentin — toujours sous les Bourbons — contre les agents des gabelles qui leur interdisaient de faire cuire l'eau de mer dans d'énormes marmites afin d'obtenir du sel. Comme les choses ont changé depuis.

Ceci dit j'ai quand même écrit quelques papiers d'humeur pour *L'Express* et le *Nouvel Observateur,* notamment sur les instituteurs. Contrairement à ce que pensent certains de mes visiteurs, Mitterrand ne lit pas forcément mes articles. Il ne risque donc pas de le prendre mal. Mais il faut néanmoins rester assez prudent. Une allusion de trop et le pouvoir actuel, qui est très chatouilleux, pourrait le prendre mal. Je dois avant tout songer à conserver mon poste ici où j'ai la faiblesse de me croire utile.

Zola : psychodrame autour d'un l'héritage

— Récemment, vous avez reçu l'arrière-petite-fille d'Émile Zola. Une entrevue plutôt agitée.

C'est peu de le dire. Ce fut un psychodrame étonnant. Du vrai Zola ou plus exactement du Balzac. Zola avait exigé en effet que tous ses manuscrits soient donnés gratuitement à la Bibliothèque nationale. Or, la dame en question souhaitait les vendre. Elle m'a alors raconté l'histoire de sa vie — dont je n'avais que faire — le but de notre rencontre étant de justifier pourquoi elle souhaitait monnayer ces papiers en dépit des dernières volontés du grand écrivain. Nous nous sommes disputés, elle et moi, au sujet du montant qu'elle réclamait à savoir six à dix millions de francs anciens. En fait, cette dame était déjà en conflit avec des membres de la génération précédente issue d'un troisième mariage de Zola, chacun prétendant être propriétaire des précieux papiers. J'ai eu droit au récit des divorces, assez nombreux dans la famille, à commencer par la situation de Zola lui-même qui vivait sur deux ménages. L'arrière-petite-fille en question était accompagnée par son mari, un homme affable et discret. Nos discussions ont surtout porté sur le manuscrit du *J'accuse*, un texte doté d'un pouvoir symbolique extraordinaire et que la communauté juive de New York s'apprêtait à acquérir. On prétend qu'un homme d'affaire japonais se serait proposé d'acheter le précieux document et de le céder à la France. L'ennui est que ce monsieur semble être plus ou moins lié à une secte bouddhiste. Alors à l'Élysée, où l'on suit toute l'affaire, on se tâte, on se demande s'il faut vraiment banquer pour l'auteur de *Germinal*[1]. Mais nous sommes en pleine campagne présidentielle et cela peut se comprendre. Finalement Mitterrand a allongé la subvention.

Varia

Hier, j'ai déjeuné avec Fillioud, le directeur de l'INA et dont j'ai déjà parlé. Cet institut devrait avoir en effet le dépôt légal des archives télés et radios, entre autres. Je ne le déplore nullement. Nous avons déjà tellement à faire avec le dépôt légal des imprimés. Ceci évite, par ailleurs, à la futur Grande Bibliothèque d'accoucher du monstre audiovisuel dont rêvait Jamet. Comme le CNC n'est pas en bons termes avec l'INA, Fillioud nous fait des risettes. Il a sans doute besoin de nous pour l'aider à recycler ses subordonnés qui n'ont pas une très grande expérience sur le fonctionnement du dépôt légal. Au passage, je lui ai expliqué non sans prudence, tout ce que

---

[1] Effectivement, grâce à l'aide de l'État, la BN a fini par acquérir le précieux manuscrit que la communauté juive de New York envisageait, de son côté, d'acheter. C'eut été « un désastre pour la France », dit ELRL.

je pensais des problèmes de la TGB afin qu'il porte le message discrètement à Charasse et pourquoi pas à Mitterrand avec qui il est en bons termes. Je dois cependant me méfier car je me suis pas mal agité ces derniers temps et j'ai l'impression que ça sent un peu le roussi.

Désormais, tous les quinze jours, je comparais devant une espèce de tribunal présidé par Biasini. Il jette le masque. En même temps il devient plutôt aimable, il voudrait bien être ministre de la Culture, d'après ce que l'on dit. Ce serait une superbe fin de carrière, notamment pour un type particulièrement inculte, même s'il s'avère par ailleurs un grand bâtisseur. On comparait donc devant cette espèce de petit tribunal où se trouvent Jamet, Biasini et quelques autres. Je suis sommé, à cette occasion, de faire ceci ou cela. J'incline respectueusement la tête mais je n'en pense pas moins. Cela me rappelle le temps où j'étais professeur à Paris VII et où je devais comparaître devant un tribunal à la chinoise que présidait Jean Chesneaux, sinologue ou pseudo sinologue. Après avoir été stalinien moscoutaire, comme tout le monde ou presque, il était devenu prochinois, avec les avantages et les inconvénients du genre.

L'une des tâches gigantesques sera le récolement c'est-à-dire un inventaire général de tous les livres et de toutes les fiches. Il sera suivi par la fameuse informatisation du catalogue et par le déménagement. Tout cela va prendre beaucoup de temps et coûtera beaucoup d'argent. Le récolement et les diverses opérations associées devaient se dérouler sur quatre ou cinq ans. Finalement, on en arrive, pour une partie d'entre elles, à deux ans. Ce n'est pas déraisonnable. Jamet voudrait un récolement nocturne, pour rendre possible la lecture le jour. En fait, il faudra fermer la BN pendant une certaine période. Le récolement pose de vastes problèmes : empêcher les gens de fumer, faire attention aux risques de vols et ainsi de suite. Il faudra embaucher quantité de personnes, de l'Afrique noire jusqu'à l'Écosse en passant par la France. On parle déjà de plusieurs centaines. En même temps que le récolement, ils veulent, cerise sur le gâteau, que l'on fasse le pastillage en plaçant la capsule de sécurité sur le dos des livres.

J'ai revu ces jours-ci Philippe de Villiers. On en a besoin ces temps-ci, avec la faux et le crucifix, car les gens vraiment respectables, à la Furet, ne veulent pas se mouiller dans cette affaire BN-BDF. Ils savent que c'est la marotte de Mitterrand et ils ne prennent pas de risque.

J'ai également croisé Stoléru, politicien d'ouverture, navigant entre la droite et la gauche[1]. Un excellent homme, très religieux mais pas très doué pour la politique. Il voudrait s'enraciner dans les Vosges mais quand un paysan du coin lui parle du prix du bœuf, il regarde ostensiblement sa montre jusqu'à ce que l'agriculteur comprenne qu'il est l'emmerdeur de service et se retire de la discussion. Il est incapable d'avoir des relations chaleureuses. Comment espérer faire carrière ? Comme je m'imagine, à tort

---

[1] Cf. p. 26.

ou à raison, avoir besoin de l'appui des politiciens, j'avais accepté de lui écrire un petit texte sur l'an 2000. Lorsque je le lui ai montré, il en a profité pour m'engueuler parce que j'y faisais un peu d'humour. J'ai compris que nos relations n'iraient jamais bien loin. Cela s'est vérifié par la suite. Comme pour la plupart des politiques, la BN est le cadet de ses soucis. Mais je ne pense pas qu'à Stoléru, bien sûr.

La *National Gallery* américaine, organisme culturel considérable, va organiser une grande exposition sur Christophe Colomb. Pour la circonstance, la BN va beaucoup prêter. Il y aura Bush et peut-être malheureusement Mitterrand et le roi d'Espagne. Cette entreprise étant pour nous importante, j'ai décidé de bien me tenir pendant un an et de tâcher de garder mon poste.

Une nouvelle coupure ?

Dans le compte rendu de nos réunions du mois d'octobre avec Biasini, figure ma déclaration formelle contre le système des tours, excessivement coûteux. Cela ne m'a pas rendu plus populaire parmi l'élite des décideurs de la BDF. Mais tant pis. Il fallait que ces choses-là fussent dites. Nous avions jonglé avec les chiffres : les 7,3 milliards initialement prévus sont devenus 10 ou 12 milliards. Bien sûr, je n'y peux rien, je suis un simple spectateur dans cette affaire. De Villiers, qui incarne la droite — sinon l'extrême droite — voudrait sabrer la totalité des crédits. Il est totalement opposé au projet. Une chose est sûre : personne ne conteste, à ce jour, le chiffre d'un milliard et demi de crédits de fonctionnement annuel que coûtera la TGB. J'ai livré ce chiffre à de Villiers qui l'a répété devant tous les membres des Conseils généraux, à l'Hôtel de Ville. De toutes les manières, je suis persuadé que quels que soient les défauts de Mitterrand, cette chose gigantesque finira par marcher dans les dix années qui viennent. D'autant que Mitterrand semble, sur certains points, avoir fait quelques progrès : il est maintenant sensible à l'idée qu'il ne faut pas mélanger bibliothèque nationale de dépôt légal et bibliothèque populaire, sous peine de voir les livres précieux du dépôt légal s'endommager rapidement et gêner le travail de la recherche. Il faudra, en effet, éviter les immenses files d'attente, comme au Louvre, pour que les malheureux chercheurs ne soient pas noyés au milieu de vingt milles touristes voulant monter à l'assaut du château fort. Mais je pense, et c'est heureux, qu'il y aura des entrées séparées entre la BN et la bibliothèque populaire. Avec un petit judas entre les deux.

L'actuelle opposition s'imagine toujours qu'elle va gagner en 1993. S'agit-il d'une illusion ? Et que fera-t-elle du projet TGB, en cas de victoire ? Fumaroli défend une option qui est loin d'être absurde : faire une coupure en 1864. Celle-ci existerait déjà, paraît-il, dans les magasins. On ne déménagerait alors que la portion des livres post-1864. Mais comme le dit de

Villiers « Vous aurez, dans ce cas, une levée de boucliers.» Au fond, on est complètement coincé. Il y a également la position des ultra-libéraux, anciens maires d'arrondissement, et surtout Madelin qui m'a reçu de façon extrêmement froide, dans un décor impersonnel et très mode. Ceux-là veulent tout privatiser. La seule personne qui me soutienne ici est, bizarrement, Chevènement.

Une hypothèse circule en ce moment : Jamet et moi serions limogés et Gattégno, l'homme de fer, prendrait le pouvoir sur les deux bibliothèques. Ma hantise : que la TGB connaisse le même sort que l'Opéra-Bastille[1], actuellement en proie aux difficultés de toutes sortes. Les contrats pour le personnel et les artistes sont souvent en retard. Est-ce une façon pour Bérégovoy de se venger de je ne sais quel contentieux ? Les Finances sont furieuses de ce que l'Élysée les ait doublées et, face à ces dépenses excessives, ils essaient de fermer le robinet. Je pense, à ce propos, à Attali. Quand il me demandait un livre, je lui envoyais la photocopie mais il n'aurait jamais eu l'idée de mettre le nez sur un écran pour lire l'ouvrage. Il me faisait penser à ces généraux, riches de leur formation théorique mais qui n'ont jamais entendu siffler une balle.

Je me suis rendu l'autre jour à Montpellier. J'ai vu les exploits architecturaux de Georges Frêche, son maire. Ils ne sont pas méprisables. Malheureusement, les nouveaux immeubles font parfois figure de cage à lapin.

Bien sûr, il y a en ce moment des événements qui dépassent tout à fait nos petites affaires de bibliothèques comme la réunification de l'Allemagne. Je me crois revenu au temps de ma philo[2] où j'apprenais l'unité allemande sous Bismarck. Fort heureusement, Kohl n'est pas Bismarck mais un homme, semble-t-il, plutôt pacifique.

Jean-Pierre Guénot s'agite beaucoup ces jours-ci. Il est très efficace. Hier, on avait les tissus Boussac à la galerie Colbert, puis Paribas. Nous prenons, on le voit, quantité d'initiatives mais je crains que vers 1994 mon équipe roule dans l'abîme des décisions présidentielles.

Nos opérations promotionnelles s'étendent maintenant au-delà de la BN, jusqu'au Palais-Royal. Dans ces opérations de prestige, je crains un peu les manifestations du personnel. Nous aurons ainsi un défilé de mode la semaine prochaine. On m'a même photographié avec des mannequins. Que ne ferait-

---

[1] Cf. p. 59, 101, 178.

[2] ELRL explique : « Mon choix de la Terminale '' philo'' vient de ce qu'on y enseignait le grec ancien. J'avais à l'époque une vocation ecclésiastique et mes parents, sur ce point comme sur tant d'autres, étaient soucieux de ma promotion sociale dans le clergé. Impossible, bien sûr, de devenir pape. Mais, évêque, oui. Le grec me paraissait alors la condition indispensable pour une telle promotion. Cependant, la vocation cléricale me quitta rapidement et le grec avec elle. Je suis resté néanmoins un bon latiniste, une qualité qui m'a permis d'écrire, plus tard, *Montaillou,* à partir d'un document en 3 volumes entièrement rédigé en langue latine. »

on pas pour notre grande Maison ? Il y aura nécessairement de la musique tonitruante et les lecteurs de manuscrits seront vraisemblablement mécontents. Ceci dit, ceux des imprimés devraient être épargnés. Or, je l'ai dit, les batailles de la BN se gagnent au département des imprimés.

Nous avons, ces temps-ci, des alertes syndicales sans lendemain. Mais, tôt ou tard, les choses finiront par exploser. Les bibliothécaires-adjointes ont distribué un tract il y a quelques jours, annonçant que lundi, elles et ils allaient commencer tout une série d'actions. Elles — car ce sont surtout des femmes — se mobiliseraient notamment pendant le week-end. De leur côté, les magasiniers ont des tas de problèmes, petits ou grands, à commencer par leur sempiternelle « prime d'habillement ». Ils nous menacent, comme d'habitude, d'une grève. Je les connais personnellement et cela me permet d'arranger parfois les choses, sans trop d'illusions.

Lundi, je devais aller à Roanne voir le ministre Jean Auroux. Mais on m'a déconseillé le voyage étant donné l'agitation sociale à la BN. Les grévistes m'ont fait savoir que s'ils n'avaient pas satisfaction, ils fermeraient la grande salle de lecture. En fait, je pense qu'on aura trouvé quelques crédits qui nous permettront de gagner du temps. Le vrai problème dans cette affaire est ahurissant : un type du ministère a oublié, semble-t-il, d'apposer sa signature et cela bloque les crédits. L'épopée continue du reste : au lieu qu'en dix minutes le problème soit réglé, le dossier est reparti cahin-caha, dans je ne sais quelle direction. Il a refait le tour de tous les ministères, et par la poste bien sûr. Trois mois de perdu !

Des champignons à Richelieu

Après les prix Montblanc, j'ai récemment distribué des prix BN. Nous en avons donné à Gattégno, à Henri-Jean Martin — historien du livre — et à Bernard Pivot. On a également doté d'un prix la ville de Sélestat qui a une bonne politique bibliothécaire. L'an prochain, j'essaierai de faire passer Pierre Nora pour une récompense de ce genre. Mais ce sera plus difficile.

Tout n'est cependant pas aussi festif. On a découvert ces temps-ci des champignons à la BN. Est-ce l'air conditionné ? Si, à Tolbiac, nos architectes font bien les choses, nous aurons un air conditionné plus pur. Mis à part les champignons, notre autre problème est la pollution issue des pots d'échappement. Les voitures innombrables qui passent rue Richelieu et les poussières et impuretés qui s'en dégagent, arrivent à pénétrer jusque dans les ouvrages précieux les plus soigneusement calfeutrés[1].

J'ai à nouveau évité une grève des magasiniers. Cet « exploit » a consisté à aller porter moi-même les arrêtés de nomination au ministère de la Culture.

---

[1] Au demeurant, à cause de cette pollution automobile, les gens qui travaillent à la BN ont souvent les ongles noirs. Ce n'est pas le cas dans les autres arrondissements parisiens.

Au lieu que la chose prenne six mois si l'on avait utilisé les canaux bureaucratiques, elle a pris une heure, ma course à pieds de Richelieu à la rue de Valois, incluse. En fait, nous connaissions un fonctionnaire, qui connaissait lui-même un type du Budget. Cela a demandé un peu d'énergie mais la chose en valait la peine pour sauvegarder la paix sociale à l'intérieur de l'établissement.

— À l'occasion, vous n'hésitez pas à faire appel au secteur privé. Vous ne craignez pas d'en offusquer certains ?

Nous avons en ce moment une exposition sur l'Égypte ancienne et, phénomène de plus en plus courant, on a eu recours en effet au privé. Certains, dans la Maison, nous ont accusés de prostituer la BN, établissement public, aux intérêts privés, voire au capitalisme. Mais, d'un autre côté, les files d'attente qui s'allongent devant nos expositions prouvent que nos pratiques ne sont pas si critiquables. Il faut donc savoir aboutir et je ne regrette rien.

Plus généralement, il faut travailler avec les jeunes générations. Ainsi, ai-je rencontré et pour ainsi dire embauché un jeune, Bruno Colin, qui va nous faire un Salon de l'Histoire et il y a bien sûr cet autre collaborateur, Guénot, qui se trouve être un ami de mon fils et qui s'occupe de la communication. Il emploie par moments des procédés hétérodoxes mais tant que l'administration ne nous dit rien, nous continuons. Certes, parfois il me fatigue un peu à toujours parler de « cœur de cible », expression tirée du langage des publicitaires. Mais, il est efficace et agréable à vivre, et c'est ce qui me convient. Nous ferons ce Salon de l'Histoire en septembre 1991, en compagnie de divers éditeurs et avec le concours de quelques historiens. Bien sûr nous aurons recours là encore aux sponsors et au secteur privé, avec les dangers « prostibulaires »[1] que cela comporte.

— La BN vient d'hériter du Journal de Bertrand de Jouvenel. Dans quelles conditions s'est effectuée cette importante dation ?

Nous avions eu, il y a quelque temps, un contact très intéressant avec la famille Jouvenel[2]. Avant-hier soir, j'ai donc rapporté à la BN, qui en devient dépositaire, les 259 cahiers du Journal de Bertrand, allant de 1942 à 1981. La compagne de ce monsieur, que la famille Jouvenel apprécie fort peu — le mot est faible — est accusée d'avoir mis la main sur l'héritage de Bertrand, dont le journal du vieux maître qu'elle nous a généreusement donné. Il y est question, entre autres choses, de l'histoire peu commune du couple Bertrand de Jouvenel-Colette, semblable en cela à celle de Diane de Poitiers avec

---

[1] « Adjectif inventé par un historien lyonnais. Il vient de *prostibulum* et désigne dans le latin du Moyen Âge un établissement d'étuves où il y avait partout des lits et des appareils de bain nulle part », dixit ELRL.

[2] Cf. p. 208.

François Ie et Henri II. Le père, Henry de Jouvenel, et le fils, Bertrand, avaient en effet, simultanément ou successivement, la même maîtresse. Quand l'auteur du *Blé en herbe* a eu cette liaison avec Bertrand, son beau-fils, elle était déjà la seconde épouse de Henry mais elle a hésité à se mettre en ménage avec le jeune Bertrand de trente ans son cadet. Le père, Henry de Jouvenel, l'a très mal pris et a quitté le domicile « conjugal ». Il est resté néanmoins en bons termes avec son fils. Au début des années 1950 — Colette avait alors 80 ans — elle a envoyé à Bertrand un album de photos intitulé *Paradis terrestre*, avec cette dédicace : « Pour Bertrand, me suis-je bien fait comprendre ... »

Mon père avait bien connu Henry de Jouvenel, un homme politique assez important de l'entre-deux-guerres, et son fils Bertrand. Celui-ci était considéré à l'époque comme l'un des grands intellectuels français du second tiers du XXe siècle. Il avait commencé une carrière foudroyante et, parmi ses faits d'arme les plus marquants, il avait réussi à interviewer Hitler à l'époque où celui-ci accédait au pouvoir. Puis, comme tant d'autres du même genre, il a mis un pied sinon dans la collaboration du moins dans Vichy et cela a beaucoup diminué son statut d'intellectuel influent et nuit ultérieurement à sa carrière. À noter qu'il était resté l'ami de Raymond Aron, lequel l'avait soutenu après la guerre. Bertrand de Jouvenel a eu en effet un procès de presse où il fut accusé de collaborationnisme et Raymond Aron est venu généreusement témoigner en sa faveur. Par l'expérience de ma propre famille, entre autres, j'ai connu quelques-uns de ces hommes remarquables dont un faux pas vichyste a brisé, définitivement ou provisoirement, la carrière. Parmi eux, il y eut donc Bertrand de Jouvenel — en dépit de tout le prestige intellectuel dont il jouissait — et Gabriel Le Roy Ladurie mon oncle, génie de la finance. D'une certaine façon, mon père a eu une carrière un peu similaire. Un jour il m'a confié : « Ma carrière s'est achevée en 1942 » autrement dit, l'année même où il avait été ministre sous Pétain. Comme m'a fait remarquer un ami philosophe, Michel Henry : « Il fallait bien un type qui fasse le sale boulot.» Par « sale boulot », il entendait non pas collaborer mais s'occuper du ravitaillement. En fait, certaines situations sous l'Occupation étaient plus complexes qu'il n'y paraît. Si je reprends, par exemple, le cas de mon oncle Gabriel, on peut noter qu'il a fondé la banque Worms avec le fils de la famille Worms qui était juive. C'est toute la complexité de l'Occupation où des personnalités juives de haut niveau ont pu faire carrière, y compris lors de relations financières avec l'occupant. Du reste, Worms et Gabriel Le Roy Ladurie ont été tous deux inquiétés, mais sans plus, à la Libération.

— Aussi étonnant que cela puisse paraître, le passé de votre famille ne semble pas avoir porté préjudice à ses enfants.

Il faut dire que le ministère de mon père lui avait valu un grand prestige, notamment dans les milieux de l'enseignement catholique où j'étais pensionnaire. Il l'a évidemment payé plus tard par l'épuration. Mais, les élèves du collège Saint-Joseph où je me trouvais en 1942, me saluaient ironiquement du titre de « fils de ministre ». Puis, quand mon père a démissionné de son ministère les mêmes m'appelaient « fils de ministre détrôôné », avec cet inénarrable accent normand. C'était plutôt amusant. Certes j'ai un peu pris le contrepied en devenant communiste plus tard. Mais j'aurais pu ne pas être stalinien. Il est vrai que j'ai eu des ennuis avec de jeunes villageois normands, des gens de mon âge, lorsque la situation s'est retournée contre les collaborateurs. Il m'est arrivé de recevoir des cailloux. Je filais alors sur mon vélo à toute vitesse.

A vrai dire, je ne connais qu'une personne ayant échappé post-mortem au feu inévitable de l'anti-vichysme : Pierre Etienne Flandin, l'un des grands hommes politiques de l'entre-deux-guerres, promoteur, nous en avons parlé, du premier projet de loi en faveur du vote des femmes[1]. Grâce à cet exploit préliminaire, Flandin a eu droit il y a quelques années à une magnifique émission en son honneur sur une chaîne de télévision française. Ces dames n'ont fait aucune allusion au fait qu'il avait collaboré pendant les premières années au régime de Vichy. C'est un état de grâce exceptionnel, à mon avis, puisqu'en principe une simple compromission avec le régime vichyste suffit à rendre critiquable, et parfois condamnable, toute carrière ultérieure — à l'exception notable de Pinay et de Mitterrand.

Varia

Pour en revenir à la BN, nous avons eu ces temps-ci pratiquement tous les manuscrits de Feydeau, grâce à son petit-fils Denis. L'étoile de la BN a cessé de pâlir et du coup les donateurs se sentent motivés. En remerciement, j'aimerais que l'on donne à la BN une représentation d'une pièce de Feydeau, avec tous les acteurs et actrices en caleçon long et porte-jarretelles. Nous venons également d'acheter un poème japonais du XVIIe siècle. Les spécialistes seront à la fête.

Le mécénat joue évidemment un rôle important pour nous. L'autre soir, nous avons invité *L'Express*, suivi quelques jours plus tard de la Banque de Paris et des Pays-Bas. Nos réceptions ont lieu généralement dans cette merveilleuse galerie Colbert — même si la sonorité n'est pas très bonne.

J'ai revu l'un de nos trésoriers qui est à la fois comptable, gestionnaire et une troisième spécialité que j'ai oubliée. Je lui disais que la BDF de Jamet nous étrangle tout en nous apportant quelques avantages pour la confection du catalogue informatisé. Il n'avait pas l'air d'accord. Je n'ai pas osé contredire ce monsieur par ailleurs dans les meilleurs termes avec le chantier de Tolbiac.

---

[1] Cf. p. 131.

L'un de nos plus graves problèmes en ce moment concerne l'affaire du codex mexicain dont j'ai déjà parlée[1]. Rappel des faits : un lecteur, ressortissant mexicain, avait quitté la salle des manuscrits avec le précieux document caché sous sa chemise. Cet individu voulait le revendre sur le marché florissant des codex. Mais, s'étant fait pincé, il a déguisé son forfait en vol patriotique et s'est enfui à Mexico. Malgré les nombreuses démarches de notre ambassade, les Mexicains ne veulent plus rendre cette pièce inestimable. Il doit se trouver actuellement dans les caves de l'Institut d'anthropologie de Mexico. Un ambassadeur français, particulièrement stupide, s'est permis de m'engueuler à ce sujet. Je l'ai envoyé promener vu que je n'y étais pour rien, le vol s'étant produit avant mon entrée en fonction. Dans cette affaire, le gouvernement mexicain s'est fort mal conduit. Depuis ce temps-là, nous avons une politique de stricte surveillance vis-à-vis des lecteurs issus de ce pays.

Nous avons eu un cas analogue avec un manuscrit hébreu du Moyen Âge. Une personnalité, proche de la BN, avait volé ce manuscrit. Il avait coupé les angles du livre où se trouvaient l'inscription « BN » et les cotations, et il cherchait à le revendre à New York.[2]

Nous travaillons, ces temps-ci, avec un couple de chercheurs américains, Monsieur Gordius et sa femme, sur les monnaies du cabinet des Monnaies et Médailles de la BN, pour vérifier si l'argent qu'elles contiennent au XVIe siècle est d'origine mexicaine ou péruvienne. Nous avons trouvé un traceur radioactif pour ce faire mais ça n'a rien apporté de nouveau. En revanche, le procédé est très intéressant pour la datation. Quand Henri III décide en effet de créer l'écu, c'est parce qu'il y a un gros arrivage d'argent espagnol venu du Pérou. Nous allons essayer de faire la même chose pour l'or du Brésil. La découverte de l'or du Brésil, au XVIIIe siècle, est en effet un des moteurs de la croissance économique européenne.

[1] Cf. p. 26, 138.

[2] « Les choses, dans ce cas, se sont mieux passées que pour le codex mexicain. Un lecteur israélien ayant eu vent de l'affaire, nous en a informé et, grâce à lui, mon successeur Jean-Noël Jeannenay, a pu récupérer le manuscrit. Quelle différence entre les comportements de ces deux pays : le gouvernement mexicain, stupidement nationaliste d'un côté, et de l'autre le gouvernement israélien dont les responsables se sont conduits de façon très fair play. » (ELRL)

HIVER 1990 – 1991

Revenons à l'informatisation du catalogue. En ce moment nous essayons d'enfourner 30 000 notices d'un coup. J'espère qu'en mars 1991, on arrivera à 1 200 000 notices informatisées, le but à atteindre étant pour l'heure de dépasser le cap du million. L'informatisation est donc en marche et on commence à pouvoir l'utiliser. Apparemment les lecteurs ont l'air content.

« Une commode Louis XV »

Je me fais du souci à propos de la nouvelle bibliothèque de Tolbiac. Dernier chiffre : chaque étage par tour n'aurait que 480 m^2 de surface utile, chose tout à fait absurde pour d'immenses magasins à livres puisque nous ne disposerons que de cinquante-six étages au total. Les magasiniers seront sans arrêt dans les ascenseurs. Tout cela est parfaitement irrationnel mais ça se fera quand même. Ceci dit, mieux vaut cela que rien du tout. En plus, le malheureux Perrault change régulièrement son fusil d'épaule. C'est ainsi que Mitterrand lui a fait décapiter les quatre tours de quelques mètres. Il était question également de volets en bois de couleurs différentes. Cela ressemblera, s'exalte l'architecte, à une marqueterie du XVIIIe siècle. Mais n'est-ce pas confondre les quatre tours avec une commode Louis XV ? Comme me l'a confié Arnaud, le directeur des techniques de conservation à la BN, « Le XVIIIe siècle, on n'en a rien à secouer. » Après ses excursions au XVIIIe siècle, Perrault semble être revenu maintenant à sa métaphore de la peau de verre par-dessus une peau de bête ou plus exactement de béton. Tout cela est quand même un peu bizarre.

Sinon, globalement, les choses ne vont pas si mal. Grâce au Grand Projet, nous avons plus d'argent que nous n'en aurions jamais eu. J'aurais donc tort de me plaindre. Nous pouvons ainsi poursuivre sereinement nos quatre grands chantiers : l'informatisation du catalogue et celle de la communication, notamment dans les salles de lecture ; le micro-fichage de 500 000 titres et enfin le récolement. Tout cela démarre très bien. Nous avons commencé à lancer des appels d'offre et le personnel semble motivé.

Avec Jamet, nous n'avons pas ou plus de raison de nous disputer. J'ai confié à l'une des collaboratrices du cher Dominique que Jamet et moi étions maintenant comme de vieux époux.

EXCURSUS

L'École des Annales : un bouleversement novateur

— *Peut-on considérer l'École des Annales comme une rupture épistémologique ?*

Pas si simple. L'histoire trouve bien évidemment ses origines à partir d'Hérodote — qui était également géographe — de Thucydide et peut-être, plus encore, de Tacite. Tous les historiens se situent par définition dans cette filiation, d'une façon ou d'une autre. En ce sens, il n'y a pas une École des Annales qui remplace tout d'un coup ce qui existait auparavant. En revanche, l'un des modèles possibles, fondateur de telle ou telle école historique, peut venir du duc de Saint-Simon qui s'intéressait beaucoup aux cabales, aux factions, aux camarilla(s). Le cas de l'École des Annales, en France et ailleurs, est assez typique. Il s'agit d'un groupe, dès les origines, assez structuré, avec ses deux leaders, Febvre et Bloch. Par la suite, ce groupe s'est extravasé dans tout l'Hexagone et, on peut le dire, dans le monde entier. Si bien que l'École des Annales n'a plus aujourd'hui le monopole de ce qu'elle est ni de ce qu'elle fait. Nous pouvons affirmer, non sans une certaine vanité, qu'elle fut comme une super nova, avec une étoile fulgurante au centre — les deux fondateurs — et des nuages qui se répandent depuis à des distances extrêmement lointaines, dans les différentes cultures mondiales.

— *Soit. Mais les Annales ont impulsé, dans la recherche historiographique, une dynamique si forte qu'à bien des égards elles s'apparentent, malgré tout, à un point de non-retour.*

En fait, elles ont à la fois impulsé et expulsé[1]. Il faut rappeler que le petit noyau initial constitué par Febvre et Bloch s'est inspiré des intuitions de la *Revue de Synthèse* d'Henri Berr ainsi que des propos d'économie politique, aujourd'hui un peu dépassés mais très féconds sur le moment, de Simiand avec ses phases A et B : la phase A pour une économie en croissance et la phase B pour les périodes de crise, de dépression et de stagnation des prix. Cela dit, ce schéma, qui a pu être utile, est maintenant obsolète puisque sous

[1] Cf. p. 119, 241.

Colbert, par exemple, il existe une stagnation des prix mais voisinant avec une croissance économique tout à fait remarquable.

À partir de ces prémices, vont émerger des gens comme Lucien Febvre et sa thèse fondatrice sur la Franche-Comté où, pour la première fois — ou presque — à partir des travaux de l'École géographique française (de Martonne et autres), il va inventer un genre historique inédit d'histoire régionale, économique, sociale et autres. Il sera suivi par Marc Bloch, avec sa trilogie : *Les Rois thaumaturges* puis *Les caractères originaux de l'Histoire rurale française* — deux bibles — et, enfin, *La société féodale*, en 1939.

Le thème des rois thaumaturges, guérissant l'adénite tuberculeuse, sera repris, un peu plus tard, par Jacques Le Goff ainsi que dans un ouvrage américain sur l'inhumation des rois de France, où l'on retrouve le thème des deux corps du roi : le corps physique et le corps spirituel[1]. Cette thèse s'est vérifiée du reste lors de l'enterrement du général de Gaulle. On avait les deux corps de l'ancien chef d'État, l'un à Colombey où le cercueil était porté par le conseil municipal et l'autre à Notre-Dame où se trouvaient tous les Grands de ce monde privés de l'intimité du cercueil. De Gaulle s'est ainsi payée la tête des puissants au profit des paysans de Colombey, qu'il aimait tout particulièrement.

Autre événement, enfin : la fondation de la revue *Annales*, *Economie, Société, Civilisation* qui fut à l'époque un modèle d'histoire structurale, détachée de l'événement pur avec parfois, dans des recoins insignifiants de la revue, des tendances prosoviétiques qu'on trouvait notamment chez Georges Friedmann, l'auteur du *Travail en miettes*. Je l'ai revu quelques années plus tard et lui ai dit que ce n'était pas le meilleur de son œuvre et il m'a aussitôt répondu : « Mais à l'époque, j'étais andouille. » La métaphore était merveilleuse. Je pense que la revue s'est assez peu intéressée à la psychanalyse et au freudisme, malgré quelques allusions. Certes, Alain Besançon a utilisé les concepts freudiens comme grille de lecture. Mais il a abandonné, me semble-t-il, cette entreprise et il a glissé par la suite vers une conception religieuse, notamment chrétienne de son approche. Quoiqu'il en soit, les *Annales* ont proposé quantité d'options historiographiques qui se sont poursuivies par la suite ou, au contraire, ont disparu.

— Est-ce que les deux fondateurs ont eu une descendance en ligne directe ?

Je le crois et parmi ceux-ci je compte, ce qui peut étonner, Albert Soboul, excellent connaisseur de Bloch tout en se séparant de lui sur certains points et le tenant, à tort ou à raison, comme quelque peu mandarinal. On peut également citer Pierre Goubert, un incontestable disciple post-générationnel de Febvre et surtout de Bloch. Plus généralement, le courant Marc Bloch se retrouve bien évidemment chez Georges Duby.

---

[1] Cf. également : Ernst Kantorowicz, *Les deux corps du roi* [1957], trad. Gallimard 1989.

Pendant l'Occupation, les contacts entre Febvre et Bloch sont restés courtois et amicaux avec néanmoins des moments difficiles dans la mesure où Febvre était dans une situation plutôt confortable, ne faisant l'objet d'aucune poursuite, tandis que Marc Bloch fut partiellement limogé de l'université par le gouvernement de Pétain. Compte tenu de ses mérites immenses et de son passé d'ancien combattant de 14-18, il obtint quand même une chaire à Montpellier alors qu'il avait été précédemment professeur à la Sorbonne. Il eut d'ailleurs, à Montpellier, un conflit avec Augustin Fliche, un historien de l'Église, qu'il tenait, avec un peu d'exagération sans doute, pour un parfait imbécile. Je me souviens d'un disciple de Fliche en particulier, un certain Dupont qui, pour flatter Fliche, s'était mis à attaquer la thèse de Marc Bloch sur le Moyen Âge.

Pour poursuivre cette généalogie, Febvre a engendré Robert Mandroux, auteur de bons livres d'histoire moderne. Malheureusement, pour des motifs que j'ignore, il s'est fâché avec Fernand Braudel. Saint-Simon aurait dit que Mandroux en est mort de chagrin — ce qui est évidemment inexact — mais il est vrai que cela a fortement traumatisé Mandroux. Il y a une histoire, qui est peut-être une légende, mais assez prodigieuse sur la brouille entre Braudel et Mandroux, bruit qui du reste a fait certainement beaucoup de mal à Mandroux : Lucien Febvre venait de mourir, son corps était exposé dans la chambre mortuaire et, sur le lit où reposait le grand homme, figurait un manuscrit, je ne sais trop pourquoi — peut-être pour lui rendre hommage — non encore publié et intitulé « Honneur et patrie ». Là-dessus, Braudel sort quelques instants de la chambre où il laisse Mandroux seul. A son retour le manuscrit avait disparu. De là une brouille mortelle entre les deux hommes. Cette histoire a d'ailleurs eu un prolongement dans la mesure où Furet avait, je crois, retrouvé dans les archives d'une noble famille du Cotentin (s'agissait-il des Tocqueville ?), un manuscrit de ce genre. Mais, mes connaissances à ce sujet restent vagues. L'anecdote en question a quelque chose de tellement extraordinaire qu'il m'a semblé qu'on pouvait en faire état. Ainsi, Braudel et Mandroux étaient les deux fils spirituels de Lucien Febvre même si, entre les deux, l'entente n'était pas toujours au beau fixe. Braudel était l'aîné et Mandroux le cadet, et une sorte de droit d'aînesse l'a emporté, justifié me semble-t-il par l'œuvre de Fernand Braudel. Cela n'enlève rien au mérite de Mandroux.

Par la suite, Ernest Labrousse a rejoint l'École. Il venait d'un horizon un peu différent. Au départ, à la sortie de la guerre de 14-18, Labrousse était un avocat socialiste. C'était un type extrêmement consciencieux. Il lisait les thèses du début à la fin et du coup, accaparé par cette paternité multiple, sa production personnelle s'est tarie. Ceci dit, il n'aimait pas écrire. Mais il a engendré quantité d'élèves extrêmement brillants comme Goubert et quelques autres. Je m'honore d'avoir fait partie, modestement, de cette espèce de pléiade.

Il y a donc eu cette pré-génération Henri Berr-Simiand, la génération Febvre-Bloch, suivie de celle de Braudel-Labrousse, et puis juste après Goubert, il y a eu la mienne, composée entre autres de Le Goff. Il existe une lettre célèbre de Goubert à Le Goff, où Goubert l'appelle « chère vieille chose ». Le Goff l'a bien pris.

Depuis vingt ans, la politisation s'est acharnée. À l'époque, il y avait vraiment les Annales et les autres. Aujourd'hui, comme l'esprit des Annales s'est répandu un peu partout, il s'est formé des antagonismes entre droitisation et gauchisation. A joué aussi l'effet génération. Les gens de mon âge sont plutôt conservateurs et les jeunes plus progressistes. En fait, les Annales étaient considérées, à l'origine, comme plutôt à gauche. Faisant partie des Annales, je l'étais donc aussi. Il est bien possible que cette politisation était déjà à l'œuvre, à l'époque, sans que je m'en rende compte. Aujourd'hui, je n'ai pas le temps de m'occuper des Annales, je suis surchargé par mon travail à la BN. En revanche, je vais toujours aux réunions du CNRS, fort importantes pour les nominations des chercheurs.

— Assiste-t-on aujourd'hui à l'émergence de nouveaux courants historiographiques, par rapport à l'École des Annales ?

À l'heure actuelle, cette dernière reste indépassable[1]. L'alternative est simple. Ou bien vous revenez à une histoire politique traditionnelle qui conserve sa valeur. C'est ce que fait François Furet, avec un très grand talent. Ou bien on continue à explorer dans des directions multiples et inédites comme l'a fait l'École des Annales. C'est ce que j'ai pratiqué moi-même avec l'histoire du climat ou comme l'un de mes élèves dont la thèse portait sur l'histoire de la vitesse automobile[2]. De son côté, Jean Delumeau a exploré, très loin, le champ de l'histoire religieuse. L'École des Annales est par conséquent devenue une véritable institution, loin du groupuscule qu'il était à ses débuts, mais totalement dépassée par son succès. En ce sens, oui, on peut considérer l'avènement de l'École des Annales comme une rupture épistémologique. Certes, il y a toujours eu des tentations, des tentatives de faire de l'histoire des mœurs — comme Voltaire et, dans une moindre mesure, Michelet — mais avec les Annales, cela est devenu systématique. Ceci dit, quand on passe de Newton à Einstein, on reste dans le domaine de savoirs rigoureux alors que dans le cas de l'histoire, on est dans le secteur de ce que d'aucuns ont appelé une « science molle ». Disons-le, avec l'École des Annales, on a affaire à de nouveaux terrains plutôt qu'à de nouveaux concepts. Quand on jette un œil sur les concepts marxistes — force de production, rapports de production, superstructure — on a une construction architecturale. Le danger avec le marxisme est, évidemment, que cela

---

[1] Cf. p. 119 et sv.

[2] De nos jours, dans un domaine un peu différent, l'histoire du sport et spécialement du football, semble prendre une place importante.

devienne un moteur à gaz pauvre, un immense ectoplasme qu'on étale et qui stérilise. Furet, injustement peut-être, était assez critique de Braudel — un peu trop à mon sens. Il voyait notre bon maître non pas comme un penseur mais comme un découvreur, assez vaniteux comme beaucoup de grands hommes. Personnellement, je suis moins un théoricien qu'un explorateur. Plus exactement, je me situe dans la tradition des historiens telle qu'elle existe depuis 2000 ans et qui remonte à Hérodote, Thucydide et Tacite. Il y a un côté tisserand chez les historiens : trame structurale et chaîne événementielle. Je citerai à ce propos un historien anglais, Lawrence Stone, bon connaisseur de la culture française, et qui avait repris une phrase, déjà célèbre chez nous : « C'est en allant vers la mer que les fleuves restent fidèles à leur source.» Je dirai pour ma part que c'est en allant vers une forme d'histoire événementielle que le fleuve des Annales reste fidèle à sa source. En d'autres termes, l'histoire, à un certain moment, doit en effet déboucher sur la politique.

— Quel est, au juste, le rapport entre l'École des Annales et ce qu'on appelle « la Nouvelle Histoire » ?

En fait, quand l'École des Annales est devenue à la mode, on a cherché à la vendre dans le grand public. Est-ce moi ? Est-ce Le Goff ? Est-ce Nora ? Toujours est-il qu'est paru un livre intitulé *La Nouvelle histoire*[1], dirigé notamment par ces deux derniers. Par la suite, s'est produit le séisme de Mai 1968 avec le refus de l'histoire quantitative. Refus parce que d'une part les historiens n'y étaient pas préparés ; refus ensuite par la réapparition d'une espèce de romantisme historique et un retour en force — qui n'est pas illégitime en soi — de l'histoire classique, des biographies, bref de l'événementiel et de ce qui se vend en général. J'ai un bon ami éditeur qui m'exhortait : « Surtout pas de chiffres, pas de graphiques, pas de tableaux, il faut que les livres se vendent. » C'est peut-être vrai. En attendant, la quantification permet parfois d'y voir plus clair. Moi-même, en faisant *Montaillou*, je me suis écarté momentanément du quantitatif pur et dur. Mais, on ne peut pas étudier, par exemple, l'histoire du climat, sans le recours à la quantification. Ce que j'aime, au reste, dans les études sur le climat est leur apolitisme. Certes, l'extrême droite est anti-GIEC, l'extrême gauche aussi parce que le sujet ne pose pas les vrais problèmes du sous-développement. Mais cela viendra après. Sinon, le thème est assez neutre. J'ai, en l'occurrence — situation nouvelle pour moi — une position indépendante et proche d'un certain nombre de scientifiques et d'historiens intéressés par ce problème.

[1] Le Goff (J), Chartier (R), Revel (J), *L'histoire nouvelle*, Paris, Retz, 1978 ; rééd. Bruxelles, Ed. Complexe, 1988.

La plupart de mes ouvrages originaux repose sur des idées que j'ai eues étant jeune. André Burguière m'a demandé un jour où j'avais trouvé l'idée du *Carnaval de Romans.* Je l'ai découverte dans une excellente revue d'érudition du Dauphiné, à une époque où j'écrivais ma thèse sur *Les paysans de Languedoc*. Elle en comporte déjà un résumé. Georges Frêche m'avait fait remarquer à l'époque que cet épisode se situait non pas en Languedoc mais en Dauphiné. Pour moi, cela n'avait pas d'importance. D'autant que la périodisation sacrée était respectée.

— Pour quelles raisons un historien ne pourrait-il sortir de sa périodisation pour peu qu'il respecte une certaine orthodoxie méthodologique ?

En principe, je suis historien de la période allant du XVIe au XVIIIe siècle, époque dite moderne. Mais j'ai toujours eu besoin de partir des années 1300 — la Peste noire et autres. Je ne me suis donc jamais gêné pour bousculer les limites sacrées dont je parlais plus haut. Il m'arrive également de fureter dans l'histoire contemporaine, à travers des livres de souvenirs ou à d'autres occasions. J'estime, personnellement, que de 1300 à 1990, j'ai le droit de me promener. Est-ce que cette périodisation existe dans d'autres pays ? Oui, d'une certaine façon. La division sacrée est toujours la même : l'Antiquité, jusqu'à l'extrême fin de l'Empire romain aux environs de 450-500 après J.C ; puis le Moyen Âge, disons du Ve siècle au XVe siècle. Elle inclut les Mérovingiens, les Carolingiens, les Capétiens, et s'arrête soit à 1452 avec la naissance de l'imprimerie, soit en 1492 avec la découverte de l'Amérique. On trouve ensuite l'histoire « moderne » — celle dans laquelle je devrais théoriquement m'enfermer — qui commence donc en 1452 ou 1492 et s'achève en 1789, date à laquelle on fait démarrer l'histoire contemporaine. Cette division sacrée autour de 1789 est particulière, soulignons-le, aux historiens français. Jacques Le Goff, par exemple, règne sur une période s'étalant, approximativement, de 450 à 1400.

— On a pu dire que toute thèse était un peu une autobiographie. Qu'en pensez-vous ?

Peut-être. Mais ça l'est de moins en moins, probablement parce que la grosse thèse d'autrefois — la thèse d'État — prenait dix ans et plus de la vie d'un homme ou d'une femme. Elle était donc intimement liée à une vie de famille, à des postes itinérants et des affectations[1] — et parfois même à la propre vie du thésard. Je me souviens du cas, absolument tragique, de cette excellente historienne dont l'époux était parti rejoindre une maîtresse à l'étranger et qui s'était jetée d'une tour avec, dans son sac à dos, sa thèse de

[1] ELRL raconte : « Je me souviens de mon fils, alors âgé de 5 ou 6 ans et qui parcourait mon bureau en s'exclamant : '' je fais ma thèse, je fais ma thèse''. »

doctorat achevée portant la mention « c'est fini ». Il y eut soutenance mais posthume, bien sûr.

Les façons de procéder, d'un pays à l'autre, dans le domaine de la recherche, peuvent être très différentes. Le chercheur américain reçoit une bourse non négligeable de son université et il va faire une thèse, par exemple sur le protestantisme à Rouen en 1560. Il trouve des listes de familles bourgeoises protestantes et au bout de deux ou trois ans, il revient aux États-Unis et publie son livre sur l'avènement du protestantisme dans la région rouennaise à partir de 1560. L'ennui, c'est qu'un chercheur français, plus obstiné, montre au bout de cinq à dix ans, que dès 1540, il y avait des tendances protestantes à Rouen. Il ne part pas simplement de listes mais de documents notariés. C'est un peu l'inconvénient des Américains : ils vont trop vite. Tandis que le chercheur français, à l'époque tout au moins, labourait plus en profondeur. C'est ce que j'ai fait pour le Languedoc.

Pour en revenir à la dimension autobiographique d'un travail de recherche, et plus particulièrement d'une thèse, ma famille n'avait pas de tradition paysanne. Elle devait sûrement posséder des ancêtres paysans mais peu mis en valeur. En fait, nous eûmes un prêtre défroqué durant la Révolution, puis, au Second Empire, un fonctionnaire des Tabacs — autrement dit un ancien polytechnicien. Il était assez fortuné et avait rassemblé une jolie collection de peintures et de gravures, divisée progressivement entre les différents héritiers de la famille. Il y eut ensuite mon grand-père, arrivé au grade de commandant dans l'armée et appartenant à une droite très dure. Surgit mon père, qui décide de devenir un paysan parce qu'il possède un domaine de cent-vingt hectares et toute sa vie il va se bâtir sur ce lien à la paysannerie. Il est devenu, par la suite, l'un des grands leaders paysans français. Tout ceci pour dire que j'ai été élevé dans le culte des paysans. Si bien que je me suis fait historien de la paysannerie. Mon père trouvait ça un peu ridicule et puis finalement il a accepté.

D'une façon générale, mes rapports avec mon père ont toujours été un peu difficiles. Mais, au fond on n'a pas eu de conflit majeur. C'est après la guerre, quand je suis devenu communiste, que les choses se sont dégradées. Mais nos relations ont survécu à cet épisode et ont fini par se normaliser. Il a vu que je me débrouillais plutôt bien. De fait, nous n'avons jamais été fâchés même s'il a toujours subsisté, par la suite, ce différend entre nous.

— *Curieusement, vous n'évoquez jamais votre mère. Pourquoi ?*

C'est là en effet une injustice. Ma mère appartenait à la petite noblesse de l'Orne. C'était une gentille femme, un peu écrasée par la personnalité puissante de mon père. Elle a géré très difficilement la ferme. Elle n'était pas préparée pour cette tâche mais enfin elle se débrouillait tandis que mon père se trouvait le plus souvent possible à Paris, à diriger les syndicats agricoles, à faire de la politique sous Vichy et plus tard, devenu député durant deux législatures, à s'occuper des affaires publiques. C'est donc elle qui s'occupait de la ferme. Elle dirigeait, entre autres, les ouvriers agricoles, une tâche ardue pour une femme de l'époque. Ils ont même fait grève un jour. Elle a beaucoup souffert évidemment de la mort de mon frère, emporté par un stupide accident d'avion. C'était une femme extrêmement pieuse. Par humilité, elle allait balayer le pavé de l'église paroissiale alors qu'elle était châtelaine du village. Elle s'occupait des vaches, des veaux et des autres animaux de l'étable. L'été, je donnais un coup de main à la ferme, avec mon frère. C'était un travail harassant : on rentrait les moissons et, le soir, il fallait hisser, avec la fourche, les gerbes sur les charrettes tirés par des chevaux — de magnifiques charrettes en bois bâties sur les modèles anciens du XVIIIe siècle. Mon père, lui, restait dans son rôle de parfait *gentleman farmer*. Sur les photos, on le voit toujours en costume : il ne prêtait jamais la main physiquement. La gloire de mon père était de ne pas avoir de fermiers. Normalement, en effet, il aurait dû louer sa ferme à un fermier. Mais, en fait, c'était lui qui dirigeait le travail. Il perdait néanmoins pas mal d'argent et à la fin il s'est retrouvé au bord de la faillite. Il a été sauvé par mon beau-frère Fauroux. Ironie de l'histoire, au départ mon père n'avait pas voulu de ce gendre. Comme j'avais été communiste, il pensait que Fauroux, bien que catholique de gauche, flirtait lui aussi avec le communisme. Un beau jour, celui qui allait devenir mon beau-frère est allé trouver mon père et lui a dit : « alors ! C'est oui ou c'est non ? » Il a dit oui et leur a fait un superbe mariage en invitant tout le Calvados alors que mon propre mariage avait été plus discret.

— *Quels bénéfices avez-vous tirés du marxisme, en tant qu'historien ?*

J'ai été marxiste. Je ne le suis plus vraiment. Je crois que le marxisme a été déshonoré par Lénine. Mais c'était un système de pensée intéressant[1]. Normalement, cela aurait dû évoluer vers une vision sociale-démocrate de la société. Au lieu de ça, il y a eu la catastrophe du léninisme et du stalinisme, et la doctrine est devenue une idéologie assez violente. Les historiens communistes existaient alors mais ils n'étaient pas très au fait, à l'exception de Soboul, lequel a fait une magnifique thèse sur les sans-culottes. Le tarif, à ce moment-là, à la Sorbonne, était de mille pages pour une thèse d'État. Le fait est que cela a produit parfois des chefs-d'œuvre. Parmi ces historiens, nous eûmes Furet, Dupâquier, Goubert, ma modeste personne et quelques autres. Là où je veux en venir est que beaucoup de chercheurs, notamment historiens, sont passés par le marxisme. Ils ont réalisé des études sociales en profondeur qu'ils n'auraient jamais faites sans le marxisme. Il s'est bien rencontré quelques droitiers comme Dreyfus, auteur d'une thèse sur Strasbourg qui, lui, appartenait à une droite dure. Mais en règle générale le marxisme a aidé les historiens à prendre conscience que les masses existent, que les mouvements sociaux sont des opérateurs puissants, que l'économie

[1] Cf. p. 185, 203.

joue un rôle et, à partir de là, on dépasse le marxisme vers la démographie et l'écologie. C'est ce que j'ai fait. En 1956-1957, j'ai découvert l'histoire du climat. J'aurais pu, dans la foulée, me lier avec les écologistes puisqu'incontestablement mes recherches, à partir de 1955, sur l'histoire du climat depuis l'An mil à nos jours, relèvent d'une activité d'historien écologiste. Mais, sans doute, trouvais-je, à l'époque, les écolos un peu trop à gauche. Ceci dit, je n'ai rien contre les écologistes actuels. Au contraire.

EN GUISE DE CONCLUSION

— *Si l'on en croit le nombre de visiteurs, l'actuelle exposition sur l'Égypte ancienne semble très appréciée par le public. De son côté, le grand chantier BN-BDF avancent rapidement. Peut-on dire que les problèmes appartiennent au passé ?*

Pas sûr. Nous sommes en effet ces jours-ci en pleine exposition sur l'Égypte ancienne. Je suis toujours paniqué à l'idée que cette collection d'objets précieux présentée au public, soit victime d'un incendie. Cette manifestation connaît effectivement un énorme succès, conduite par un homme de talent un peu farfelu — mais peut-être n'est-ce pas une mauvaise chose en l'occurrence — avec du rock et des clips légèrement ridicules quand même. La sécurité n'était sans doute pas parfaite à cent pour cent puisqu'une dame s'est cassé le fémur durant sa visite.

Côté cour, les grands chantiers BN du Président démarrent bien : récolement — accompagné d'embauches importantes — micro-fichage et toujours l'informatisation du catalogue. Nous sommes passés en effet d'un budget de 300 millions à un budget de 380 millions. Ces sommes représentent sans doute peu de chose à côté de l'entreprise Jamet mais il s'agit d'un supplément matériellement et symboliquement non négligeable. Ce n'est vraiment pas pour moi le moment de jouer les Don Quichotte et de me battre contre les moulins à vent.

On dit que Mitterrand commence à se lasser de son jouet ou du moins souhaite-t-il le compléter par d'autres entreprises grandioses. Il penserait maintenant au musée des Arts et Traditions Populaires (les ATP). Réalise-t-il enfin que Jamet n'est pas à la hauteur ?

Consolons-nous tout de même avec l'idée que le projet, en dépit de son côté mégalomaniaque, a plutôt l'air de bien tourner. Je ne suis toujours pas allé visiter le chantier Tolbiac car, évidemment, je ne peux y aller dans la clandestinité. Il faut que j'y sois invité, condition qui n'est pas réalisée actuellement.

TABLE DES MATIÈRES

Structures éditoriales du groupe L'Harmattan

L'Harmattan Italie
Via degli Artisti, 15
10124 Torino
harmattan.italia@gmail.com

L'Harmattan Hongrie
Kossuth l. u. 14-16.
1053 Budapest
harmattan@harmattan.hu

L'Harmattan Sénégal
10 VDN en face Mermoz
BP 45034 Dakar-Fann
senharmattan@gmail.com

L'Harmattan Cameroun
TSINGA/FECAFOOT
BP 11486 Yaoundé
inkoukam@gmail.com

L'Harmattan Burkina Faso
Achille Somé – tengnule@hotmail.fr

L'Harmattan Guinée
Almamya, rue KA 028 OKB Agency
BP 3470 Conakry
harmattanguinee@yahoo.fr

L'Harmattan RDC
185, avenue Nyangwe
Commune de Lingwala – Kinshasa
matangilamusadila@yahoo.fr

L'Harmattan Congo
67, boulevard Denis-Sassou-N'Guesso
BP 2874 Brazzaville
harmattan.congo@yahoo.fr

L'Harmattan Mali
Sirakoro-Meguetana V31
Bamako
syllaka@yahoo.fr

L'Harmattan Togo
Djidjole – Lomé
Maison Amela
face EPP BATOME
ddamela@aol.com

L'Harmattan Côte d'Ivoire
Résidence Karl – Cité des Arts
Abidjan-Cocody
03 BP 1588 Abidjan
espace_harmattan.ci@hotmail.fr

L'Harmattan Algérie
22, rue Moulay-Mohamed
31000 Oran
info2@harmattan-algerie.com

L'Harmattan Maroc
5, rue Ferrane-Kouicha, Talaâ-Elkbira
Chrableyine, Fès-Médine
30000 Fès
harmattan.maroc@gmail.com

Nos librairies en France

Librairie internationale
16, rue des Écoles – 75005 Paris
librairie.internationale@harmattan.fr
01 40 46 79 11
www.librairieharmattan.com

Librairie l'Espace Harmattan
21 bis, rue des Écoles – 75005 Paris
librairie.espace@harmattan.fr
01 43 29 49 42

Lib. sciences humaines & histoire
21, rue des Écoles – 75005 Paris
librairie.sh@harmattan.fr
01 46 34 13 71
www.librairieharmattansh.com

Lib. Méditerranée & Moyen-Orient
7, rue des Carmes – 75005 Paris
librairie.mediterranee@harmattan.fr
01 43 29 71 15

Librairie Le Lucernaire
53, rue Notre-Dame-des-Champs – 75006 Paris
librairie@lucernaire.fr
01 42 22 67 13